久保田　剛

# 時令説の基礎的研究

溪水社

# 序文

時令説という語は、広く通用しているとは言いにくいが、代わりに礼記月令篇と言えば、平安期より広く知られてきている。月令篇は、時令説の篇章における代表と目されている存在である。時令という語は月令篇に見えており、天子（朝廷）の発する命令（政令）であり、年ごとの自然（季節など）の推移、変化に順応すべく、その時その時に必要とせられる事柄について、天子が人々を教導するという形式で発令せられるものである。月令篇を例としてみると、年ごとの年間を春・夏・秋・冬の各三か月とし、これら十二の月それぞれの内容が、時令を中心に述べられてあり、全体として時令説と呼ばれるものが形成せられている。

戦国時代の半ば以降、五行説の創始、盛行と関連して、陰陽五行思想が形成せられ、隆盛となるが、その影響を顕著に受けた時令説が唱道せられるようになる。時令説はまた、秦帝国による大統一という当時の趨勢を反映して、天子（帝王）による国家、社会の経営はいかにあるべきかという、優れた統治論の性格をも有していた。本書で時令説と称するのは、戦国から秦、漢にかけての、上記のような特色をもつ篇章の内容を指している。

時令説の来歴は、十分には確かめられないが、古来の暦法と観象授時の伝統の上に成り立っていることは明らかである。本書で扱っている大戴礼記夏小正篇と詩経豳風七月篇とは、前述の時令説とは同列に扱えないものである。しかし両篇とも、古来の暦法と観象授時の伝統を明確にふまえたものであり、時令説の多くの篇章に対して重要な影響を及ぼしているという面をもち、古い型の時令説として扱うこととした。

時令説の諸篇については、これまでに多くの研究、論考がなされている。しかしなお、基本的な、基礎的な面を含めて、究明すべき問題が残されているように思う。本書では、そのような実情をふまえて、個別の篇章の本文校定という基礎的な課題に重点を置き、一方では、時令説の核心をなす、天人相関思想、陰陽五行思想についての基本的な側面、事象の究明に努めている。

平成十一年七月十七日

著　者　識

時令説の基礎的研究　目次

## 後　篇

第三章　礼記月令篇における四立の儀礼と五行



第三章　礼記月令篇における四立の儀礼と五行
——色彩と鸞をめぐって——……274



第四章　礼記月令篇における気について（1）
——陰陽（陰気・陽気）をめぐって——……292

# 時令説の基礎的研究

# 前篇

前篇では、時令説の諸篇について、文献としてとり扱う際の基本的な問題を検討する。この分野においては、清朝考証学を始めとする成果が数多くあるが、なお残された問題が散在する状況にある。第一は、本文の確定がかなり不十分な状態の篇についての検討である。

a・大戴礼記夏小正篇。

大戴礼記は、例えば小戴礼記（礼記と通称）の場合と比べてみると、伝承のされ方が不遇であって、散佚が目立つなど、問題の多い書物である。夏小正篇について見ると、かなりの欠落部分が感知せられること、経と伝との関連の不審な箇所などがある。欠落の問題は、補填まで考えれば、至難のことであるが、欠落の所在を確定できるなら、一定の意味があろう。この篇については、右のような問題を検討するとともに、本文の確定について、従来の研究成果の上に付加する努力をしたいと思う。

b・管子、幼官・四時・五行の三篇。書物としての管子には問題点が多く、先学による考究も多い。右の三篇にも、篇全体としての問題が、色々とある。幼官篇については、先学の成果に依拠しながら、改めて本文を点検し、いっそうの確定に努める。そして、この篇独特の構成の問題、年間区分のあり方などについて、検討を加える。四時、五行の両篇についても、本文確定に努め、篇の内容全体の構成上の特色、問題点について検討する。

第二は、篇章の内容全体の性格についての検討である。

a・豳風七月篇。

この篇は、詩経所収のものであるから、詩篇としての性格が基本にあることは当然である。その上で、この篇を時令説の篇章として扱うことになるのであるが、先学の指摘、論考に依りながら、慎重に検討をする必要がある。

またこの篇では、年間十二の月の名称が二種類の暦法（夏正、周正）によって表記せられ、そのような月々によって、内容全体が構成せられている。このような事態を、どのように認識し、とり扱うべきか、従来の論考に学びながら、慎重に検討をする必要がある。

b．管子幼官篇。

この篇の時令に関する部分の内容については、全般にわたって五行説による潤色を認めるのが通説とせられ、時令説の篇章の中で、他に類例を見ない特異な五行のあり方とせられている。ただこの篇には、五行そのものの記述が皆無という事実があり、この点を重く見て通説を否定し、五行説との関連のない状況の下で、内容全体が成立したとの主張がある。この篇の内容全体の性格として、五行とのかかわりは見出されなければならないが、それには、十分に慎重な検討がなされなければならない。

第三は、篇章の成立と相互関係についてである。呂氏春秋十二紀の各首篇（十二月令紀と略称）と礼記月令篇であるが、両篇の内容全体を通覧すると、文字、用語の異同、変異がかなりあり、ごく僅かな明確な相違箇所があるものの、全般的な同一性が明らかであり、両篇の内容全体は、ほとんど同一のものと見られてきている。したがって礼記鄭注以来の通説では、呂氏春秋と礼記との成立の前後関係から見て、十二月令紀の内容を、そのまま礼記にとり入れて月令篇としたと見ている。

近年、十二月令紀についての新しい見方が表明せられ、十二月令紀と月令篇についての通説を否定する新説が提起せられた。そこで筆者は、両篇の関連を改めて問い直すことにした。前述のように、両篇の内容が、全般にわたってほとんど同一であると見られる点は、否定しえない。その上で、両篇の間に見られる、僅かではあるが、明確な相違箇所に注目し、これらの記述をどのようにとり扱うべきか、慎重に検討する必要がある。困難を伴う検討事項であるが、これまでの通説を否定するには至らなくても、別の見方が必要ではないかと思われる。

# 第一章　夏小正について

## 一、欠落の所在と補塡への試み

漢代に大戴礼記に編入せられ、曲折をへて今日まで伝えられてきた夏小正であるが、この篇は、もっとも古い型の農事暦として、あるいは礼記月令篇のような時令、時令説を述べる篇章の原型として、多くの先学によって注目せられ、考究せられてきた。そうした状況の中で、現在われわれの目にする夏小正が、篇章としての基礎的な面において、重要な問題点をいくつか残していることも事実である。この篇にかなりの分量の欠落が存在することは、そのひとつである。

この篇の本文校訂には、清朝学者の労作がいくつもあり、筆者も、それらを主な参考として、自分なりの夏小正経文をいちおう定めてみたが、それにしても、自分の立場からこの篇をとり扱おうとした場合、自分の定めた経文には、程度のひどい欠落箇所がいくつも存在していて、このままで論考を進めていくことに強い疑問を感じたのである。そこでこの欠落の問題に若干の接近を試みることにした。

## （一）　経文の構成をめぐって（検討事象の模索）

まずはじめに、先学の考証をひとわたり見て、筆者なりに得た経文（全文）を掲げておきたい。

正月
啓蟄・鴈北郷・雉震呴・魚陟負冰・農緯厥耒・初歳祭耒・囿有見韭・時有俊風・寒日滌・凍塗・田鼠出・農率均田・獺獸祭魚・鷹則爲鳩・農及雪澤・初服干公田・采芸・鞠則見・初昏參中・斗柄縣在下・柳稊・梅杏杝桃則華・緹縞・雞桴粥・

二月
往耰黍襌・初俊羔助厥母粥・綏多女士・丁亥、萬用入學・祭鮪・榮菫・采蘩・昆小蟲・低蚳・來降、燕乃睇・剝鱓・有鳴倉庚・榮芸・時有見稊、始收・

三月
參則伏・攝桑・委楊・羵羊・螜則鳴・頒冰・采識・妾子始蠶・執養宮事・祈麥實・越有小旱・田鼠化爲鴽・拂桐芭・鳴鳩・

四月
昴則見・初昏南門正・鳴札・囿有見杏・鳴蜮・王萯秀・取荼・秀幽・越有大旱・執陟攻駒・

五月
參則見・浮游有殷・鴂則鳴・時有養日・乃瓜・良蜩鳴・啓灌藍蓼・鳩爲鷹・唐蜩鳴・初昏大火中・種黍菽糜・煮梅・蓄蘭・菽糜・頒馬・

六月
初昏、斗柄正在上・煮桃・鷹始摯・
七月
秀雚葦・狸子肇肆・湟潦生苹・爽死・荓秀・漢案戸・寒蟬鳴・初昏、織女正東鄉・時有霖雨・灌荼・參中則旦・
斗柄縣在下・
八月
剝瓜・玄校・剝棗・栗零・丹鳥羞白鳥・辰則伏・鹿人從・鴽爲鼠・
九月
内火・遰鴻鴈・主夫出火・陟玄鳥蟄・熊羆豹貉鼶鼬則穴・榮鞠・樹麥・王始裘・辰繫于日・雀入于海爲蛤・
十月
豺祭獸・南門見則旦・黒鳥浴・箸冰・雉入于淮爲蜃・初昏織女正北鄉・
十有一月
王狩・陳筋革・嗇人不從・時有養夜・隕麋角・
十有二月
鳴弋・玄駒賁・納卵蒜・虞人入梁・隕麋角・

この篇の欠落状況を見るにあたって、その構成について考えることから始めたい。この篇に見られる各文は、二、三、四文字といったきわめて短いものが大多数である。全体で百二十六の文があるうち、四字までのものが百七を占め、六字のものまでとすれば、百十九を数える。さらにこれらの各文は、それぞれ独立的に完結性をもたせて記されてある。なかには二、三の文が連続して、関連をもたせてあるようなところ（例えば、正月の「時有俊風。寒日滌。

凍塗。」）もあるけれど、それも各文の独立性、完結性を見るのに支障とはならない。

この篇の構成は、いたって単純、単調だと言える。全体を区分しているものは、正月から十有二月までの各月だけである。そして各月のどれをとってみてもほぼ同様であるが、例として三月について見ると、まず三月の表示があって、そのもとに、星象（天文・暦法）記事、時候記事そして行事が、とりたてて区分などされることなく、排列せられている。そこには、礼記月令篇などに見られる、時令にかかわる教説は、直接的には（字句の上からは）全く見られず、要するにこの篇は、簡易、素朴な農事暦と言ってよいものである。（以上のような事情から、以下の叙述では、夏小正の各文のことを、「項目」あるいは「事項」という言葉を用いてとらえてゆきたいと思う。）

さて、この篇の十二の月には、正月…二十四、二月…十四、三月…十四、四月…十、五月…十五、六月…三、七月…十二、八月…八、九月…十、十月…六、十有一月…五、十有二月…五というように、各項目が排列せられてある。各月の項目数の間には、明らかに不均衡な状況が見られる。もっとも少ない六月は、初昏斗柄正在上という暦象記事を除くと、わずか二項で時候や行事を示すこととなり、それでは、農事暦をいうひと月としての体裁を保ちえないのである。似たようなことで、十、十有一月、十有二月の各月も、項目数の少なすぎるのが目につく。二月、十有一月、十有二月には暦象記事がない。また正月は、他の月と比べて極端に項目数が多い。

このような不均衡は、錯簡などに原因を求めて、現状を変更することによって修正することが可能であり、先学の考証においても、取り入れるべきものがいくつかある。また例えば礼記月令篇を基準として、夏小正の項目を移動、整備することも思いつかれるであろう。しかしそうしたやりかたは、安易に、また全面的に適用することはできない。この篇について全体的に眺めた場合、問題の不均衡は、流伝の過程における欠落が主要な原因と考えるのが妥当であろう。

夏小正に見られるこのような不均衡な状況は、本来あるはずのないものである。夏小正のような素朴な農事暦にあっても、月令篇のような、進んだ時令・時令説の篇章にあっても、これらの篇章には共通して、形式、内容のいずれにおいても、なんらかの均衡、調和を保つことが要請せられるからである。これらの篇章は、いわゆる観象授時に始源を発するものであるが、このことから自明に、星象観測、自然観察の記録という中心的な事項において、均衡、調和を保つ必要のあることがわかる。これらの篇章においては、まず根拠の第一としての暦法理論が、四時、八節、十二節月、二十四気、七十二候といった、年間、月間の均衡を保った区分、表示のしかたを発見、考案し、それらと密着した形で、あるいは十分な関連をもって、年間おりおりの時候や行事を排列し、展開しているのである。またこうした均衡や調和は、日月星辰を始めとする自然の運行の整合性を、ありのままに記述した結果であるとともに、自然に対してそうあってほしいと祈り、ひいては人事も順調でありたいと願う、呪術、宗教、思想（その主なものは、陰陽、陰陽五行思想、天人感応思想である）の産物であって、こうした点からも、その必然性は非常に強固なものがある。

夏小正などの篇章において、均衡、調和のとれたありかたがすべてでないことは言うまでもない。その形式、内容ともに、もっともよく整備せられている月令篇についてみても、十二の月の字句の分量や時令の件数には、相互に差異があるし、基本的な要素としての二十四気にしても、十三を数えるだけといった状況である。しかし、筆者が注目し強調しているのは、さまざまな様相があり、時代的なへだたりもあるなかで、これらの篇章のどれにも、その基本的な要素において、均衡、調和を保つという特質が存するということである。

以上のように考えてきたことにもとづいて、夏小正の欠落状況を次のようにとらえ、検討の範囲や対象を、もう少し明確にしてゆきたい。

まず暦象記事について。現在の筆者には、この分野に関して専門的に検討するだけの素養がない。しかしもっとも基本的なこの分野を看過するわけにはいかないので、この論考に必要な程度において、しばらく考えてみたい。

前述のように、二、十有一、十有二の各月には、暦象記事が見られない。しかしもとは、すべての月にわたって、観測の事実にもとづく項目が存在していたにちがいないのである。この篇の暦象記事は、星宿の観測によるものばかりであるが、五月の時有養日(夏至)、十一月の時有養夜(冬至)などから、太陽観測の事実も十分にうかがうことができる。いま、星宿観測による項目についてだけ見ていくと、三月、六月が各一、四、五、八、九、十の各月が二、正月が三、七月が四となる。

全く欠けているふた月も含めて、暦象記事がこのように不均衡な状態になっているのは、主として欠落によるものと考えられるのである。なお八月の参中則旦と十月の時有養夜(いずれも、現在の夏小正の所属月)とは、先学の考証があって、前者は七月に、後者は十有一月に移すのが妥当と考えられる。このうち後者は冬至にあたる記事で、五月の時有養日(夏至)とあいまって、この篇における四時、十二節月の重要な基準になっているものである。そこでこれについて、少しばかり述べておきたい。

冬至と夏至の間が百八十日余、約六か月であることは言うまでもない。しかし現在の夏小正において、両者が十月と五月に記されてあることは、このことと必ずしも矛盾しない。実際問題として考えた場合、しばしばありうることである。陰陽暦の行われるところでは、十三月の年がしばしばであったほど、太陽回帰年と十二の月の位置とはよくずれたからである。しかし夏小正の十二の月は、年ごとに異なる現実に対して、暦法理論に支えられた標準として存在させられているのであって、冬至、夏至の場合も、その点では全く同様である。このように考えてくると、両者が現在の夏小正で十月と五月に記されてあることは正しくないことになるのであって、十月と四月、十一月と五月のいずれかの組み合わせであったと想定すべきであろう。さらにこの二組を比較してみると、常識的に言って、十一月の冬至のほうが妥当であろう。こちらを取れば、いわゆる立春正月の暦に近くなり、十月の冬至を取れば、まる二か月以上をへだてた正月ということになって、このような型の暦は、通常ほかに見当らないからである。このようなことから、現在の夏小正では十月に記されている時有養夜は、もと十有一月にあったのが、誤って移されたものと考えるのである。

次は時候記事である。ほかの同類の篇章でもそうであるように、時候と行事との間に区別をつけにくいという事情のあることが、まず問題である。例として三月のものについて見ると、頒冰、祈麥實の場合は、行事そのものとしての性格が比較的明瞭である。ところが、攝桑、釆識になると、桑とか識(草)の葉などを採取するという行事なのであるが、同時にこれらの植物の生長、繁茂の状況をも表わしているのであって、時候記事として考えなければならない場合も多いのである。蟄則鳴、拂桐芭のような項目は、時候そのものとしての性格が明瞭である。このように、ごく表面的に見ていっただけでも、時候か行事かと、簡単に分別することの困難な実情が存するのである。

このような事情を考えに入れた上で、総数百二十六項目から星象記事十八項目を除いた残りのものを見てゆくと、時候そのものと考えてよい項目が六十八ほどになる(一八頁の別表参照)。時候や行事を表示する項目全体の三分の二ちかくを占める数である。筆者は、夏小正の欠落を検討するという当面の目標との関係から、ここで、上記のようないわば純然たる時候記事六十八項目にかぎって論を進めることにしたい。ことが複雑になれば、不確定の要素も増してくるおそれがあるので、この際、それでは非常に考えにくくなってくるのである。なお、ここで区別した六十八項目を、以下の論述では、「時候」記事または項目と呼ぶことにしたい。

詳細は後に述べるとして、これら「時候」記事は、現在の夏小正において、どのような排列状態になっているか、特に欠落の状況はどうかという点であるが、それはおおまかには、さきに全体を概観したのと同様な状況になっている。すなわち、六、十有一月において極端に少なく、八、十、十有二月も不足なことがたしかであり、正月は極端に多い。

現在の夏小正における欠落は、どこに、どのように存在するのか、正確に決定することはもちろんできない。不十分だという気持ちも強いのであるが、いちおう前述のように考えておいて、次に欠落を埋める方法について考えてみたい。「時候」記事における欠落を埋めるというのは、どのようなことであるのか。

## （二）　時候記事と七十二候

年ごとにくりかえす、あるいは変動もある自然の推移、運行であるが、農事暦や時令の篇章においては、めぼしい自然現象をありのままに記録する一方、時候記事としてのまとまった観念のもとに、年間、月間を周期的に均衡をもたせて区分するということをしたのである。その区分は、天文観測と暦法理論とに密着したものであり、ふつう四時、八節、二十四気、七十二候のようなのがある。当面の問題については、これらのこととの関係から探ってゆかなければならない。

このうち四時の観念は、きわめて古くから存したものと見られ、夏小正においても当然あったものと考えられる。ただ現在この篇には春、夏、秋、冬のどの文字も見当たらない。だからといって、この篇に四時の観念がなかったとするのは誤りであろうが、十二の月が四時にどのように分属するのかを確定することは困難である。前に見たように、冬至を十有一月においているところから、一年の始は(正月あるいは初歳の語がある)立春正月とする暦法のものに近く、先学の多くの見解もそうであり、いちおう、春は正月、二月、三月、夏は四月、五月、六月、秋は七月、八月、九月、冬は十月、十有一月、十有二月としているものと思われる。

次に八節であるが、冬至、夏至の項目が見られるだけである。しかし現在のこの篇に見あたらなくても、この二至と不可分の関係にある二分は、その観測事実と観念とが存していたであろうと想定せられなければならない。しかし残った四立の観念については、それを推定させるような項目が全くないので、不明とするほかはないのである。結局八節については、その観念の存在は疑問とせざるをえない。

四時を明示するものが見あたらないうえ、八節についてもこのような状態であるので、十二の月が明記せられているにもかかわらず、この篇の農事暦としての基本的性格は、前述の程度にしか把握できないのである。この篇の暦法は至って古く、素朴なものであって、年、月などの規定のしかたも、後世のものと比べてゆるやかだったのであろう。その反面というか、むしろ特色と言わなければならないのであるが、そうした理論的な観念の見出しにくいかわりに、日常経験的な時候記事の類が、全篇にわたって多量に収められてあって、これらが、年、月などを区分し、秩序だてる際の主体となっているように感じられるのである。

八節より後出の二十四気、七十二候の観念が、夏小正に存しないことはたしかである。ちなみに、二十四気に該当する項目は、現在の夏小正には、啓蟄（驚蟄）、時有養日（夏至）、時有養夜（冬至）の三者だけである。前に想定した春分、秋分をかりに数えても、五項目にしかならない。七十二候に至っては、二十四気から派生的に考案せられたものであるから、観念そのものとしては、二十四気以上に夏小正と無縁のものである。ところが、四時、八節、二十四気と、順次に夏小正とのかかわりを見てきて、どれも直接的にはほとんど見るべきものがないのに対して、いちばん後出の七十二候に関しては、その実質において、この篇と深くつながっているという状況が見られるのである。筆者は、この七十二候の、夏小正に対する特異な関係を手がかりとして、問題の欠落に接近してみたいと思う。ここで混乱をさけるために、観念としての七十二候（これは夏小正にはない）と、夏小正に多く見えていて後に七十二候に採用された項目とを区別して、七十二候的項目という名称で、夏小正の該当項目を述べることにしたい。また、後にとりあげる礼記月令篇あるいは呂氏春秋十二紀についても、七十二候の観念そのものはなく、夏小正と同じく七十二候的項目という用語で、当該項目をとり扱うことにする。

七十二候について、ここで必要なかぎりのことを述べてみると、二十四気の一気が十五日なのを三分し、五日ごとの時候とその推移を基本として、ひと月を六候、一年を七十二候と、全く均衡をとって年、月を区分したものである。これを文献にたどってみると、二十四気は淮南子天文訓、漢書律暦志、七十二候は逸周書時訓解、魏書律暦志がもっとも古い。このうち時訓解については諸説があるけれども、要するに二十四気、七十二候は、文献的には漢代以降に成立したものと考えるべきである。しかしその実質となると、例えば漢志所見の二十四気は、天文学的な考察によって紀元前五世紀前半のものとせられているし（能田忠亮、禮記月令天文攷　一九三七　参照）、七十二候も、その考案せられるにあたって、すべての項目を提供したと思われる礼記月令篇は、ほとんどそのまま、紀元前三世紀後半の呂氏春秋十二紀に溯ることができるので、これらの観念は、載せられている文献よりもかなり古くから存していたものと考えられなければならない。

それはそれとして、ここでもう一度たしかめておいて先に進みたいのであるが、先行文献に見られる七十二候的項目は、七十二候という観念とは無関係のものであって、各項目が、実質的に七十二候のどれかに近似しており、あるいは同一であったとしても、七十二候的項目は、七十二候とは別種の秩序と均衡とをもった体系に属しているものである。夏小正、月令篇、十二月令紀（呂氏春秋十二紀の各首篇のこと、以下こう呼ぶ。）に見られる七十二候的項目も、すべてこのようにとらえられなければならない。そこで、これらの篇章において、七十二候的項目が、年、月を区分することを始めとする、全体の秩序と均衡とに、どんなかかわりをもっているのかを見てゆき、夏小正においては、以上のことを「時候」の項目群との関係に限定して見てゆきたいと思う。現在の夏小正について見るかぎりでは、「時候」の各項目は、秩序と均衡とを失った形で排列せられているようであるが、本来、この篇を成り立たせる基本的な要素として、最小限の秩序と均衡とを有していた項目群であったと思われるからである。

## （三）　七十二候的項目をめぐって

同じく七十二候と称しても、時代によってちがいを生じている。微々たる用字の異同は今は別として、時訓解の系統のものと魏書の系統のものとで質的に異なる点だけについて簡単にふれておきたい。歴代の正史における七十二候を見ると、数の上では前者に属するもののほうが多いのであるが、魏書の系統のものが、なるたけ時候そのものを表示する項目に限定しようとした点が見られるのに対して、時訓解の系統のものは、いわば魏書のものからいくつかの項目を入れ替えたような形で、行事や教説、教令を内容とする項目を混入したところがあるのである。しかし今は、七十二候そのものを詳細に検討する立場にないので、これからの検討の資料としては、どちらも七十二候として同様に扱ってゆくことにしたい。したがって、後の資料では、七十二候と言いながら、挙げた項目の数は、それより多くなってくるのである。

ここで、検討の中心資料となるものを、一括して掲げておくことにする。それは、七十二候の全項目と、夏小正の七十二候的項目と、同じく夏小正の「時候」記事とである。（別表・次頁）

これらの資料について、まず七十二候の検討から始めることにする。前にも述べたように、七十二候の全項目は、十二月令紀または礼記月令篇にその原型を見出すことができる。ただそのうち次頁の資料で處暑にある禾乃登のみは、十二月令紀、月令篇（ともに孟秋）では、農乃升穀、農乃登穀であって、原型となった点では問題はないにしても、かなり変化したものとなっている。この一項以外は、あれば文字の少異くらいで、ほとんど原型のままといってよい。

〔別表〕

| 節気 | 七十二候 逸周書時訓解より 魏書律暦志より | | | 夏小正 七十二候的項目 | | | 夏小正「時候」記事 |
|---|---|---|---|---|---|---|---|
| 立春 | 東風解凍 | 蟄蟲始振 | 魚上冰 | 時有俊風 寒日滌凍塗 | 啓蟄 | 魚陟負冰 | 正月 啓蟄 鴈北鄉 雉震呴 魚陟負冰 囿有見韭 時有俊風 寒日滌 凍塗 田鼠出 獺獸祭魚 鷹則爲鳩 柳梯 梅杏杝桃則華 緹縞 雞桴粥 |
| 雨水（驚蟄） | 獺祭魚 | 鴻鴈來 | 草木萌動 | 獺獸祭魚 | | | |
| 驚蟄（雨水） | 始雨水 桃始華 | 倉庚鳴 | 鷹化爲鳩 | 梅杏杝桃則華 | 有鳴倉庚 | 鷹則爲鳩 | 二月 初俊羔助厥母粥 榮菫 昆小蟲 來降燕乃睇 有鳴倉庚 榮芸 時有見稊始收 |
| 春分 | 玄鳥至 | 雷乃發聲 | 始電 蟄蟲感動 蟄蟲啓戸 | 來降燕乃睇 | | 昆小蟲 | |
| 清明（穀雨） | 桐始華 | 田鼠化爲鴽 | 虹始見 | 拂桐芭 | 田鼠化爲鴽 | | 三月 委楊 羵羊 螿則鳴 越有小旱 田鼠化爲鴽 拂桐芭 鳴鳩 |
| 穀雨（清明） | 萍始生 | 鳴鳩拂其羽 | 戴勝降于桑 | 湟潦生苹 | 鳴鳩 | | |
| 立夏 | 螻蟈鳴 | 蚯蚓出 | 王瓜生 | 鳴蜮 | | 王萯秀 | 四月 鳴札 囿有見杏 鳴蜮 王萯秀 秀幽 越有大旱 |
| 小満 | 苦菜秀 | 靡草死 | 小暑至 | | | | |
| 芒種 | 螳螂生 | 鵙始鳴 | 反舌無聲 | | 鴂則鳴 | | 五月 浮游有殷 鴂則鳴 時有養日 良蜩鳴 鳩爲鷹 唐蜩鳴 菽糜 |
| 夏至 | 鹿角解 | 蜩始鳴 | 半夏生 木菫榮 | | 良蜩鳴 唐蜩鳴 | | |
| 小暑 | 温風始至 | 蟋蟀居壁 | 鷹乃學習 | | | 鳩爲鷹 | 六月 鷹始摯 |

| | | | | | |
|---|---|---|---|---|---|
| 大暑 | 腐草爲螢 | 土潤溽暑 | 大雨時行 | 時有霖雨 | |
| 立秋 | 涼風至 | 白露降 | 寒蟬鳴 | 寒蟬鳴 | 七月　秀雚葦　狸子肇肆　湟潦生苹　爽死　荓秀　寒蟬鳴　時有霖雨 |
| 處暑 | 鷹乃祭鳥 | 天地始肅 | 禾乃登 | 鷹始摯 | |
| 白露 | 盲風至<br>鴻鴈來 | 玄鳥歸 | 羣鳥養羞 | 陟元鳥蟄<br>丹鳥羞白鳥 | 八月　栗零　丹鳥羞白鳥　鹿人從　鴽爲鼠 |
| 秋分 | 雷始收聲 | 蟄蟲坏戸<br>殺氣浸盛<br>陽氣始衰 | 水始涸 | | |
| 寒露 | 鴻鴈來賓 | 爵入大水爲蛤 | 鞠有黄華 | 遰鴻鴈<br>雀入于海爲蟄<br>榮鞠 | 九月　遰鴻鴈　陟玄鳥蟄　熊羆豹貉遰　鼬則穴　榮鞠　雀入于海爲蛤 |
| 霜降 | 豺乃祭獸 | 草木黄落 | 蟄蟲咸俯 | 豺祭獸 | |
| 立冬 | 水始冰 | 地始凍 | 雉入大水爲蜃 | 箸冰<br>雉入于淮爲蜃 | 十月　豺祭獸　黒鳥浴　箸冰　雉入于淮爲蜃 |
| 小雪 | 虹藏不見 | 天氣上騰地氣下降 | 閉塞而成冬 | | |
| 大雪 | 冰益壯<br>地始坼<br>鶡旦不鳴 | 虎始交<br>芸始生 | 茘挺出 | | 十有一月　隕麋角　時有養夜 |
| 冬至 | 蚯蚓結 | 麋角解 | 水泉動 | 隕麋角<br>隕麋角 | |
| 小寒 | 鴈北郷 | 鵲始巣 | 雉雊 | 鴈北郷<br>雉震呴 | 十有二月　鳴弋　玄駒賁　隕麋角 |
| 大寒 | 鶏乳 | 征鳥厲疾 | 水澤腹堅 | 鶏桴粥 | |

いま便宜的に月令篇を用いて、原型としての七十二候的項目と七十二候の全項目とをつき合わせていくと、次のような類別のあることに気がつくのである。

A群(四十九項目)。月令篇の各月にわたって、一様に、特定の位置に記されてあり、すべてそのままの形で、七十二候の項目となっているもの。(別表において、すべてに傍線を付してある。)

B群(残りの項目)。月令篇の各月において、順次に述べられてある章句の中から、必要に応じて、そのままあるいは断取した形で、七十二候の項目とせられているもの。

いまA群、B群について、孟春の場合を例として挙げておこう。(太字が該当の項目)

A、孟春之月、日在營室、昏參中、旦尾中。其日甲乙、其帝大皞、其神句芒、其蟲鱗、其音角、律中大簇、其數八、其味酸、其臭羶、其祀戸、祭先脾。**東風解凍**、**蟄蟲始振**、**魚上冰**、**獺祭魚**、**鴻鴈來**。天子居青陽左个、乘鸞路、駕倉龍、載青旂、衣青衣、服倉玉、食麥與羊、其器疏以達。

B、是月也、天氣下降、地氣上騰。天地和同、**草木萌動**。王命布農事、命田舍東郊。皆修封疆、審端經術、善相丘陵阪險原隰土地所宜、五穀所殖、以教道民。必躬親之。田事既飭、先定準直、農乃不惑。

A、Bそれぞれについて、前掲の別表と比べてみれば、両者の関係はすぐ明瞭となるが、さらにこれを、全般的にとりまとめてみると、次のように言うことができる。

A群

(1) 例示したような表現ないし前後関係のものが、全く同じ形式で、十二の月すべてに存し、七十二候的項目は、常に固定せられた位置をその中に占めている。別の言いかたをすれば、例示した表現、項目のすべてが、背後にある暦法理論や陰陽五行思想などによって、ほぼ完全に均衡を保った状態になっており、七十二候的項目も、そうした中に所定の位置を占めているのである。

(2)　こうした状況の中で、七十二候的項目は、一、二の例外を除いて、すべてそのまま七十二候の項目とされている。例外というのは、孟秋の鷹乃祭鳥、用始行戮が鷹乃祭鳥に、季秋の豺乃祭獣、戮禽が豺乃祭獣になっているものである。

(3)　このような各項目が、例示した孟春で五項目になっているのを除くと、十一の月においては、すべて四項目ずつ排列せられている。おそらくもとは、各月の時候記事として四項目ずつ、したがって十二の月に四十八項目となっていたものと考えられる。

なお、上の(2)の例外的な語句(七十二候に取られていない用始行戮、戮禽)は、なんらかの事情によって、誤ってこのように記されたものと考えられる。これらはどちらも、それぞれ鷹乃祭鳥、豺乃祭獣に対して、従属あるいは付属の関係にあって、単独で時候記事となることはできないし、この位置での存在意義は乏しいのである。さらにまた、これらを含む一連の箇所は、前に見たように、形式、内容いずれにおいてもよく均衡が保たれ、整備せられているのである。以上のことから、これらの語句は、誤って記されたものと考えてよいであろう。また、(3)でふれた孟春の五項目であるが、前に考えたように、すべての月に四項目ずつ排列する原則があったとすればどれか一項目は、なんらかの事情があって余分に加わったものと考えられる。しかしそうは言っても、具体的にどの項目がそれとはにわかには決められないし、この際、五項目のすべてが七十二候の項目となっていることから、例外的な、疑問な点を含みながら、四十九項目のすべてを一様にとりあげてゆきたい。

B群

(1)　月令篇には「是月也」で始まる、例示したような文が習見するけれども、そうした文の中から「草木萌動」のような一句が、一項目として七十二候に取られているのである。(二句を一項目としたものが、ひとつだけある。後述、次頁十行目)

(2) 取られた項目のほとんどが時候そのものを内容としているが、孟秋の農乃登穀(別表七十二候、處暑の禾乃登)、孟冬の閉塞而成冬(同上、小雪の閉塞而成冬)の二項目は、もとは、行事そして教令の性格を有したものであった。

(3) この二項目を除いた残りは、時候そのものとしてよい項目であるが、A群のものと比べた場合、同じ傾向のものと、そうでないものとの二種類のグループが目につくのである。すなわち、全体的に見た場合、A群のどれもが即物的、具体的、個別的であるのに対して、B群のは、その傾向のものもあるけれども、観念的、抽象的、一般的な、いわばA群と対照的な傾向のものが併存するのである。

(2)に挙げた二項目のうち、孟秋のものは、「是月也、農乃登穀。天子嘗新、先薦寢廟。命百官、始収斂。…」とある中から、行事として述べられている農乃登穀の句をとり出して禾乃登としたものであり、孟冬のものは、「是月也、天子始裘、命有司曰、天氣上騰、地氣下降、天地不通、閉塞而成冬、命百官、…。命司徒、…。」とある中から、まず時候をいう天氣上騰、地氣下降の二句を一項目(同文)として、次に閉塞而成冬という教令の一句を一項目(同文)としているのである。もちろん原型がどのようであれ、七十二候の項目とされた以上は、どれも一様に時候を表示するものなのであるが、原型の段階でも時候を述べるものであった項目と、これら二項目のような、原型では行事や教令であったものとは、性格の異なったものとして見てゆく必要もあるのである。B群には、数少ないけれども、A群には見られない、こうした特異な性格の項目が含まれているのである。

(3)に挙げたことであるが、B群に顕著な特色として見られるものは、孟春の草木萌動、季秋の草木黄落、孟秋の天地始肅、仲秋の殺氣浸盛、陽氣始衰といった各項目における、時候表示の観念的、抽象的な傾向である。(前の(2)でとりあげた天氣上騰、地氣下降も、やはりこの中に入る。)これらの各項目に対応するものを、A群の中にかりに求めてみると、仲春の桃始華、季秋の鞠有黄華、孟秋の涼風至、あるいは白露降、孟冬の水始冰、または地始凍といったぐあいになるであろう。このように、B群には、A群のと対照的な傾向が見出されるわけであるが、一方では、A群に類似の傾向も存しており、やや雑多な性格がうかがえるのである。そしてこれらのことは、時候をいう項目群としてみるかぎり、B群がA群より後の時代の産物であることを示す、ひとつの根拠となっているように思われる。

さて次に、前掲の別表を用いて、夏小正の七十二候的項目の検討に入りたい。これまで七十二候について、月令篇との関係を通して、A群、B群に分けてそれぞれの特色を見てきたのであるが、こんどは、両群それぞれの夏小正との関係を調べることから始めたい。便宜的に、七十二候のほうを基準とすることにして（相対的な関係であるから、どちらかを移動させる必要を認めた場合には、夏小正のほうを動かすことにする。前掲の別表もそうである。）、両者について対応する項目を求めてゆくと、だいたい三十三組ほど得られる。その内訳は、A群について二十七組、B群には六組である。

B群のほうから、六組のものを順に挙げてみると、次の通りである。

玄鳥至　　來降燕乃睇
蟄蟲咸動
蟄蟲啓戸 }　昆子蟲
鳴鳩拂其羽　　鳴鳩
大雨時行　　時有霖雨
蟬始鳴　　良蜩鳴　唐蜩鳴
麋角解　　隕麋角　隕麋角

文字、用語、表現のしかたに相違があるけれども、先学の見解など参照してみても、六組ともに対応関係は十分に見出すことができる。ただ末尾の二組については、若干の問題がある。まず蟬始鳴に対する良蜩、唐蜩（どちらも蟬の類）であるが、どちらが直接に対応するのかは不明である。しかしいずれにしても、ここで必要とする対応関係は確実に得られるので、今はそれだけに止めておきたい。次に麋角解に対して、同文の隕麋角が十有一月、十有二月と二見している点であるが、暦法的に見て、両者がほぼ一致する冬至（仲冬）と十有一月との組み合わせのほうを取ることにしたい。

次にA群について、同様に前掲の資料によって、二十七組が挙げられる。

①東風解凍　時有俊風　寒日滌　凍塗
②蟄蟲始振　啓蟄
③魚上冰　魚陟負冰
④獺祭魚　獺獸祭魚
⑤桃始華　梅杏杝桃則華
⑥倉庚鳴　有鳴倉庚
⑦鷹化爲鳩　鷹則爲鳩
⑧桐始華　拂桐芭
⑨田鼠化爲鴽　田鼠化爲鴽
⑩萍始生　湟潦生苹
⑪螻蟈鳴　鳴蜮
⑫王瓜生　王萯秀
⑬鵙始鳴　鴂則鳴
⑭鷹乃學習　鳩爲鷹
⑮寒蟬鳴　寒蟬鳴

⑯鷹乃祭鳥　鷹始摯
⑰元鳥歸　陟元鳥蟄
⑱羣鳥養羞　丹鳥羞白鳥
⑲鴻鴈來賓　遰鴻鴈
⑳爵入大水爲蛤　雀入于海爲蛤
㉑鞠有黄華　榮鞠
㉒豺乃祭獸　豺祭獸
㉓水始冰　箸冰
㉔雉入大水爲蜃　雉入于淮爲蜃
㉕鴈北郷　鴈北郷
㉖雉雊　雉震呴
㉗鶏乳　鶏桴粥（鶏始乳）

さきにも述べたように、これらの各組は、七十二候のほうを基準として固定させ、それに合わせて夏小正の対応項目を（なかには月をまたがって移動させて）順次挙げていってできたものである。（このことの全貌は、前掲の別表を見れば、明瞭になるようになっている。）

このような操作を経た上で、まず時期的にも内容的にもほとんど問題のないものをとり出すと、②③④⑥⑧⑨⑪⑬⑮⑲⑳㉑㉓㉔の十四組となる。⑨のような同文のものから、②、⑧のようなかなりの相違が感じられるものまで、いろいろありはするが先学の見解に照らしてみても、すべて同一の時候記事と考えてよい。次に⑤⑦⑰㉒㉕㉖㉗の七組は、内容的には、前の十四組と同程度に問題のないものばかりであるが、時期的に（所属する月が）合わなくて、夏小正のほうを移動させたという事情のあるものである。ただ㉗の場合は、經義述聞巻十一に指摘があるように、易緯乾鑿度鄭注に「夏小正十二月鶏始乳」とあるのを経文として採用するならば、時期の問題もなくなり、最初に挙げたグループに入れることになる。

この時期的なずれに関しては、実にいろいろなことが考慮せられなければならない。まず、さきほどから七十二候を基準としてきたのであるが、相対的な関係であるから、夏小正のほうを基準とすることも、まったく正当なのである。本来なら、時代的に古い夏小正のほうを基準とすべきであるが、その基準となりうるかどうかが、現在の夏小正にあっては問題であり、また欠落の問題は、それにからまっていることなので、かりに七十二候を基準としただけである。次に、時候を表示する同一の用語が、時代によって異なる時期のものとされている事実があり、事はやっかいである。前漢末に、二十四気の啓蟄と雨水とが入れ替えられたことは著明であるが、時代を遡り、暦法の未熟の度合も増してくると、これらに類することの発生の可能性は大きくなってくるようである。挙げればまだいくつもあるけれど、この七組における時期のずれに対しては、どれについても時候記事としての内容の同一性を重視し、いっぽう七十二候と夏小正との間の年代的なへだたりの広さを考慮に入れて、この程度のずれは許容することとして、組としての成立を認めておくことにしたい。結局ここまでで、二十七組のうちの二十一組について、ほぼ問題のない対応関係を見出したということになる。以下、残った六組について、少し立ち入って検討してみたい。

①、⑱の二組は、時期的には一致していると見てよいが、内容的に問題がある。まず①は、東風解凍に対して、前掲の三項目がいっしょになって対応しているという点である。これら三項目のうち、俊風について、伝は南風だというが、孔廣森の補注も言うように、東風であることはたしかである。寒日滌、凍塗については諸説があるけれども、「寒さが日々に滌《おさま》る。」と「凍った地表がとけて塗《どろ》になる。」と解するのが妥当と思われる。（王聘珍の解詁、洪震

煊の疏義、王樹枏の校正補注を参照）この二項目をこのように解すると、両者を合わせて「解凍」に対応するものと考えて問題はないし、さらにそれぞれに東風、俊風を冠して、一組の対応関係を見出すことにも問題はない。ただこの組だけが、一項対一項という多くの場合と異なって、一対三になっている点が問題として残るが、これは、年代の長いへだたりの間に、時候のとらえかた、表示のしかたが変化した一例ということであろう。なおこの東風解凍の一項目は、A群のなかにあって、やや異色の項目である。温風始至、涼風至あるいは地始凍のような類似の項目と比べてみると、複合的な内容となっていることがわかる。夏小正における時候表示のしかたが、一候一項目主義とでも言うか、いずれの項目も単純、素朴な時候内容であることからすれば、東風解凍について、一項目だけで対応しえないのは当然でもある。以上のように、この①は、特異な一組である。

次に⑱であるが、月令篇の羣鳥養羞の鄭注には、

羞、謂所食也。夏小正曰、九月、丹鳥羞白鳥。説曰、丹鳥也者、謂丹良也。白鳥也者、謂閩蚋也。其謂之鳥者、重其養者也。有翼爲鳥。養也者、不盡食也。二者文異。羣鳥丹良、未聞孰是。

とあり、十二月令紀の高注には、

寒氣將至、羣鳥養進其毛羽、御寒也。故曰、羣鳥養羞。

とある。諸家に多くの説があるけれども、難解な項目である。問題は、鄭注以来、疑問を感じながらも、夏小正の丹鳥羞白鳥が、この羣鳥養羞と共通した時候記事だとされてきたこと、それが妥当であるのかどうかということである。今の場合、この点が明らかになることが、もっとも必要なのである。

高注に従えば、羣鳥は鳥《とり》であって、この立場からは、夏小正の側の項と関連はありえないことになる。夏小正の伝（鄭注では説曰としている）が、丹鳥を丹良（虫《むし》）のことだとしているのに対して、鄭注は、羣鳥との関連を認めながらも、見解を明らかにしていない。ところが皇侃（月令のこの項の孔疏引）が丹良是螢火とし、いっぽう古今注に、

「螢、腐草爲之。一名丹良、一名丹鳥、食蚊蚋焉。」とあるのに端を発して、後世の諸学者によって、この羣鳥養羞と丹鳥羞白鳥とは、ともに螢にかかわる時候記事として主張せられてきているのである。この主張にはなお難点も存するであろうが、今これに従っておきたい。

　次は⑩、⑫の二組である。⑩に見える蓱、苹なる植物（萍の版本もある）は、爾雅に、「苹、蓱。其大者、蘋。」とあり、「説文に、蓱、苹也。苹、蓱也。」とある同一の植物で、浮草の類である。夏小正のほうの湟潦は池や沼のことであるから、要するにこの組のふたつの項目は、同じ内容のものと考えてよいのである。問題となるのは、季春と七月とに、両者がひどく隔って記載せられている点である。この点にとらわれて、爾雅にもうひとつ「苹、藾蕭。」と別種の植物を挙げているのを採用する説（解詁）に従うのは妥当でないが、両者の記載事項をこのまま認めるかぎり、時候記事としては別々のものでしかないのである。錯簡、誤伝として移動させて合わせるか、現状のままで「蓋苹以季春生、乃至秋霖時行、湟潦苹滿、故又言生。」（郝懿行の爾雅義疏）のように解するか、同じ内容の時候記事であるだけに、決着をつけるのが困難である。しかしこの際、以上の事情をふまえた上で、これらふたつの項目を組として挙げることには意味があるであろう。

　⑫は、月令篇の王瓜生の鄭注に、「王瓜、萆挈也。今月令云、王萯生。夏小正云、王萯秀。未聞孰是。」とあることから、王瓜と王萯とが同一の植物なのかどうか、生と秀《はなさく》とは、どちらが妥当であるかという、ふたつの問題が生じたのである。ところで王瓜生は、十二月令紀では王菩生となっていて、高注は、「菩或作瓜。瓠甊也。是月乃生。」と言っている。許維遹の集釈には、この菩を媒介として、菩―瓜、菩―萯の通用が考証せられているが、それに従って、王瓜と王萯とを同一の植物としてよいと思う。第二の問題である生と秀との相違であるが、十二月令紀、月令篇、今月令はみな生となっていて、夏小正だけが秀といった状況になっている。しかし夏小正自体では植物に生をいうのは湟潦生苹だけであって、秀をいうものは四見しており、ほかに秀と同じ意味あいの華、榮、芭を用いた

ものも四見していて、むしろ秀のほうが妥当のようでもある（前掲の別表にすべて見える）。いろいろ考えてみることはできるが、現状のままでは、両者は、同一の植物についての相当へだたった時期のことを表示したものとなる。七十二候に依拠して、夏小正のほうを脱簡、誤伝とすることは簡単であるが、鄭玄も態度を保留しているように、生か秀かについては、確定することは困難である。そこで今は、この王萯秀を、⑴王萯生（四月）とする、⑵王萯生（四月）、王萯秀（某月）とする、という可能性の範囲にとどめておき、王瓜生との対応関係を見出して、組とすることとしたい。

おわりに⑭、⑯の二組である。いずれも、鷹もしくは鳩についての一連の時候記事で、A群ないし月令篇では、仲春の鷹化爲鳩を加えて考えなければならないし、さらに少なくとも、孟春の獺祭魚、季秋の豺乃祭獣を関連項目としておかなければならない。いっぽう夏小正について同様のことを見ておくと、⑭、⑯に挙げたもののほかに、正月の鷹則爲鳩があり、また正月に獺獣祭魚、十月に豺祭獣となっている。そして、これらの関連項目も含めて、双方を見くらべると、時期的に（所属する月が）少しずつずれているほかは、よく対応した関係にあると言える。

ところが、⑭に挙げた鷹乃學習の鄭注（月令季夏）に、「鷹學習、謂攫搏也。夏小正曰、六月、鷹始摯。」とあって、以後なんら疑問を感じられることなく、この見解が踏襲せられているようである。それが正しいとすると、⑭、⑯の二組は解消されて、鷹乃學習―鷹始摯の組だけしか成立しないことになるが、筆者は、⑭、⑯のように対応関係を考えるのが正しいと思っている。

鄭注の問題点は、十二月令紀の高注と比べても感じられるが、前に挙げた関連項目の中で、獺祭魚―鷹乃祭鳥―豺乃祭獣が主軸の記事であること、鷹乃學習は付帯的（時候としては前ぶれ的）な記事であることを十分に意識しなかったことにある。なお高注を引用する関係で、鷹乃祭鳥（月令孟秋）の鄭注を見ておくと、「鷹祭鳥者、將食之、示有先也。」となっている。さて十二月令紀も鷹乃學習（季夏）、鷹乃祭鳥（孟秋）とあって、月令篇と同文であるが、その高注は、前者には、「秋節將至、故鷹順殺氣自習肆、爲將搏鷙也。」とあり、後者には、「是月、鷹摯殺鳥於大澤之中、四面陳之。世謂之祭鳥。」とある。前者を、「秋を迎えるにあたって、鷹が、鳥《えもの》を捕える活動に備えて練習をする。」、後者を、「活動の時期が来て、鷹が、最初に捕えた鳥を、事始めの儀式として祭る。」というように理解していいと思われるが、これに従って、夏小正の問題の記事は、鳩爲鷹を「鳩が鷹となって、活動の時期を迎える。」、鷹始摯を「活動の時期が来て、鷹が、鳥《えもの》を捕えることを始める。」と解すべきだと思う。したがって、⑭、⑯のような対応のさせかたが正当なのである。

⑭、⑯について、以上のように考えることにして、残された問題は、⑭季夏―五月、⑯孟秋―六月という、時期的なずれについてのことである。しかしこの程度のずれは、前にも考えたように、暦法的な規定のしかたの精粗の差によって、ありうることでもあるし、組としての対応関係を見出す点においては、支障のないこととしておきたい。

以上、検討の内容が煩瑣にもなったが、ここで、A・B両群と夏小正との対応関係について、簡単にとりまとめておきたい。これまでの検討の過程で見られたように、かなり問題のある組も少々あって、すべてを一様に扱えないきらいはあるけれど、いちおう、A・B両群の対応状況を以上のようだとして、次のようなことが言えると思う。

(1) 使われている文字、用語、さらに表現形式の点では、両群に共通して、夏小正のものと同文もしくはそれに近いものがある一方で、同じ内容でありながら、いろいろと異なったものも多かった。それは、年代的な、地域的な要素が主として影響した結果であろうが、年間のめぼしい時候を表示した、不変性の強いこの種の項目にも、先秦時代をずっと遡れば、不易、変易の入り組んだ様相が見られて、興味深いものがある。

(2) B群の場合、全体の1/5～1/6にあたる六組ほど、夏小正との間に対応関係が見られた。この少ない組の数は、年間十二の月にわたって両者の関係を見ようとした場合、非常な障害になってくる。個々の対応関係はそれとして、

B群を全体的にとらえて、夏小正とのつながりを求めることは、ほとんどできないのである。

これに対してA群のほうは、半数以上の二十七組があって、B群とは全然ちがった事情にある。このA群と夏小正との対応状況を、年間を通して眺めてみると、かなりひどく均衡の破れたものになっている。すなわち、孟春、季秋の両月では四組ずつ全部が対応しており、仲春は三組であり、著しい対応関係が見られるのに、逆に、仲冬にはまったく組がなく、仲夏、季夏の両月では、それぞれ一組だけであり、孟夏は、⑫の疑問点を重視すれば、二組とするのにためらいを感じるといった状態である（前掲の別表、参照）。

前に見たように、B群は、異なった性格の項目が雑居した感じの傾向があり、同じ七十二候の中にあって、A群のほうは、単一に時候そのものの項目ばかりからなり、均衡をもって十二の月に排列せられたものであった。このような特色をもったA群が、夏小正の「時候」記事に対して、上のような偏在の傾向のあるかかわりかたをしているのは、どういうことであろうか。現在の夏小正に見られる欠落ということが、そこに介在しているように思われるのである。

## 結語

いわゆる七十二候を起点とし、月令篇を経由して、夏小正へと接近していった。その過程において、まずA群四十九項目を見出し、このA群が、現在の夏小正とどのようにかかわっているかということを検討した。その結果を中心としながら、この節の主要目標である、夏小正の欠落の問題を考えてみたい。

起点としての七十二候の範囲では、すべて時候を表示する、同等の各項目であったが、各項目の根拠となった月令篇との関係において、それらはA・Bふたつの群に分別することとなった。A群のほうは、月令篇の十二の箇所に、すでに時候の項目として排列せられてあるものを、すべてそのまま採用したものであった。B群のほうは、月令篇の十二の月の随所に述べられてある時候的な記事を、それを含んでいる文中から抜き出した形のものが多い。(一部には、A群と同じような、そのままで項目となったものもある。)B群のほうは、関係記事をすべてではなく、選び出したのであり、既成のものというより、文中から断取して項目化したものが多いのである。別な言い方をすると、A群のすべての項目は、月令篇においては、各月に四項目ずつ排列するという原則(孟春は例外)によって確定せられた時候記事であり、B群のは、やはり時候を表示するものとして伝承せられていたものであるが、時候記事そのものとしては、A群ほどには、定着または確定していなかったものと思われる。

そこで次に、A・Bそれぞれ群を単位として夏小正とのつながりを検討してみると、B群のほうは、きわめて散在的な対応関係しか見出されなくて、それ以上に夏小正への接近を試みることは困難となった。A群のほうは、形式・内容ともによく整った項目群であるところから、まず数から言って、その半数以上の項目が対応していることは、夏小正とのつながりの密接さを考えてよい程度だと言える。さらにその対応状況について見ると、非常によく対応している月と、そうでない月とが目立つ、偏在的な特色を有するものであって、この点が、A群と夏小正とのつながりを端的に物語っているように思う。すなわち、よく対応している月々は、A群の全体的な性格から、夏小正との全面的な対応のあることを示し、対応のない(あるいは、ひどく対応を欠いた)月々は、そこに欠落のあることが原因となって、そのような状況になっているのだと思われるのである。

年ごとの自然の運行、四季の変化、その中における諸事象が時候記事として農事暦などに収載せられるのであるから、多くの記事の中には、年間を見通した均衡の上に立ったものもあろうし、そうでないものもあるであろう。が、長年にわたって国家、社会の重要な生活基準とせられる農事暦にあっては、前者のような時候記事が各月にわたって配置せられることが、基本的な要件のひとつであったのである。夏小正においても、当然そのようなものがあったはずで、それをA群に求めるのは順当なことであろうと思う。

巨視的に見た場合、A群・B群ともに、十二月令紀、月令篇以来、すなわち秦、漢両帝国の形成の後ずっと清朝の時憲書に至るまで、なんら変更せられることなく、時候を表示するものとして通用せられたのである。こうした事実のあることからすれば、これら両群について、同様の事態を、十二月令紀より以前に遡って想定することは、きわめて妥当なことだと言える。ことにA群の場合、B群と顕著に異なって、時候そのものを内容とする、単一な性格の項目群であり、十二月令紀の段階で、すでに十分に均衡を保った、確乎とした時候記事であったということから、こうした想定を、ずっと古い時代まで試みることが許されるであろう。そしてその表われのひとつとして、さきに夏小正について見た状況を考えるのである。ただそこにも見られたように、十二月令紀（秦帝国の統一期）から、戦国、春秋と遡っていくと、時候記事としては同一であっても、その認識あるいは表記のしかた、文字、語句の使われかたについては、秦漢以後の同一性、不変性とは相違のあることを考えに入れなければならない、この点、個々の時候記事の検討において、十分な慎重さが必要なことは言うまでもない。

さて、以上のような考察の結果、七十二候のうちのA群を、文字、用語、表記のしかたは別として、すべて夏小正の「時候」記事として組み入れてよいことになった。その際、すでに検討を試みた二十七組は、すべて認めるものとすれば、次の二十二項目を、新たに夏小正に入れることとなる。

正月（孟春）　鴻鴈來

二月（仲春）　始雨水

三月（季春）　虹始見

四月（孟夏）　蚯蚓出　苦菜秀　小暑至

五月（仲夏）　螳螂生　反舌無聲

六月（季夏）　温風始至　蟋蟀居壁　腐草爲螢
七月（孟秋）　涼風至　白露降
八月（仲秋）　盲風至　鴻鴈來
九月（季秋）　なし
十月（孟冬）　地始凍　虹藏不見
十有一月（仲冬）　冰益壯　地始坼　鶡旦不鳴　虎始交
十有二月（季冬）　鵲始巣

この結果、さきに「時候」記事について、「六、十有一月は極端に少なく、八、十、十有二月も不足なことがたしかであり、正月は極端に多い。」とした欠落状況は、新たに六月…三、十有一月…四、八月…二、十月…二、十有二月…一の各項目を加え、いくぶんかは補正せられることになった。

夏小正の全体を見わたした場合には、依然として、各月の項目数、内容面ともに、不均衡な点が目につき、欠落の問題も、さして解決せられたとは思えない。この問題はここでうちきることとするが、ささやかな得られたことといえば、夏小正のような農事暦における基本的な要素のひとつである時候記事について、年間を見とおした、しかも十二の月に均衡を保った法則性が見出せたことと、それに従って、各月の時候については、欠落をいちおう免れた形で把握することができるようになったことである。

## 二、経文についての問題箇所の検討

夏小正の経文は、古拙、素朴な特色をもっている。また、長年月の鍛練をへた凝固性のようなものも有している。これらは、この篇の古さと、安定性（たしかな基盤をもって成立したこと）とを物語っているようである。しかしまた、この経文には、難読箇所が多い。それには、この篇が、伝承の過程において、長く不遇であったことが、複雑にからまっているのであるが、こうした点から、この篇を読む者は、どれだけが経文かということを、しばしば考えさせられる。筆者も、自分なりにこの問題を考え、経文を定めてみたのであるが、この節は、その過程における、若干のことを述べたものである。（経文の全部は前節の冒頭に挙げている。）

現在のわれわれが目にする夏小正の経文は、戴徳の伝と呼ばれるものと入り組んでいて、おおまかに言えば、経↓伝、経↓伝という形になっている。しかし個々の場合について、よく見てゆくと、経と伝との識別がつかないものがあって、いろいろと論議を呼んでいるのである。したがって、この篇の経文を定めるということは、第一に、経と伝との識別ということになろう。そして第二には、経としてあげられ、その点では異論のないものであっても、それが一文であるのかどうかということ、すなわち経文の句読の確定ということであろう。

もちろん右のことを遂行するためには、難読箇所が多いという事情もあって、字義のいちいちから始められなければならない。しかしこの節では、それは必要なかぎりに制限して、経文を定めるという目標に直進したいと思う。かりに難読箇所であっても、諸家の見解に照らして、ともかく経文として定められるならば、ここでは特に問題としないことにする。

## （一） 経、伝の識別

大戴禮記補注（孔廣森）の夏小正篇の冒頭に、「傳有一事分釋者、有二事並釋者。文既錯糅、故條別之、著於毎月之下。」と問題を提示しているが、まず経、伝の識別ということから始めたい。以下、とりあげる箇所が篇内の順序どおりになっていないのは、問題の処理と説明のつごうのため、そうしただけである。

### 1 匽之興五日翕望乃伏（五月）

この九字は、校正大戴禮記補注がわずかに否定しているほかは、諸家のほとんどが経文としているものである。校正補注の説は、後でとりあげるとして、この九字を一経文とした場合、夏小正の経文（諸家の挙げる数は約百三十）の全般的な傾向と相反することから見てゆきたい。この篇の経文の圧倒的多数は、四字せいぜい六字までの、きわめて短いものである。内容的には、ほぼ一様に、具象的、即物的なもので、抽象的、観念的な傾向は、ほとんど見られない。（これらの点は、前節で述べた。）また、文というより項目といった趣きがつよく、一事＝一項目主義とでも言えるような記述のしかたが感じられる。

右のようなことから、この九字は、経文として受け入れがたいものを感じさせる。なるほど、文字数のきわだって多い文は、このほかにもある。熊羆豹貉鼶鼬則穴（九月）、梅杏杝桃則華（正月）などそれであるが、「則穴」、「則華」という表現で明快なように、これらは、この篇の各文の全般的な傾向に沿ったものなのである。たまたま、列挙された動植物の数の関係で、文字数が多くなり、その点が例外的であるだけなのである。ところで、この九字の意味内容はどうであろうか。諸家の見解を参照すれば、「匽《せみ》が興《あらわ》れて、五日（または十五日）ほどさかんに翕《あわ》せなき、望（十五日間）で伏《かくれ》る。」ということになろう。まず匽は、この箇所の伝はなにも言っていないが、三つ後の経「唐蜩鳴」のところで「唐蜩鳴者、匽也。」と言っているところから、蝉の類と考えていることがわかる。詩大雅蕩の毛伝に、「蜩、蟬也。螗、蝘也。」とあり、この匽を「せみ」の類と解する点で、諸家に異論はない。次に興、伏は、匽の出現と死没である。五日について、伝は、「五日也者、十五日也。」と言っていて、これに従う者が多い。これは、下の望を十五日間だと解し、これと合わせて三十日（蝉の活動期間を三十日とする説）と計算するところからきている。望の十五日間は、この場合その通りだと思うが、五日を十五日と解することには、疑問を感じる。結局全体の意味は、前述のように考えるのであるが、これほどの字数で、このような内容のものを、夏小正の経文とすることはできないように思う。蝉に関してだけ見ても、ほかに良蜩鳴。唐蜩鳴。（ともに五月）、寒蟬鳴（七月）という典型的な経文があり、この九字は、例外的にすぎるのである。

校正補注は「此九字、乃申釋之詞。與經文絶不類。當在下傳匽也下爲傳文。…」という雷學淇の説を引いて、従来の通説を改めているが、従うべき見解である。前に考えたことと合わせてみると、この九字が「経を申釈したものので、経文とは全く異類のものだ。」ということがよくわかるのである。なおこの九字を伝文だとした場合、どの経についての伝かということであるが、この点も校正補注に従って、この九字と後続の七十一字とを一括して、三つ後の経「唐蜩鳴」、その伝「唐蜩鳴者、匽也。」の次に移すことにしておきたい。

## 2　於時月也萬物不通（十一月）

この八字が、於時月也と萬物不通とに分かれることは明らかである。諸家の多くは、この八字すべてを、あるいは萬物不通にかぎって、経文と考えているが、筆者は、夏小正疏義などの見解に従って、この八字すべてを伝文だと考えるのである。

この八字を経、伝のどちらに定めるにしても、⑴月令篇の天氣上騰、地氣下降、天地不通、閉塞而成冬。（孟冬）との関係を中心とした内容面、⑵於時月也という字句あるいは表現のしかたについての形式面、これらの両者を検討することが必要である。

⑵のほうから始めたい。

この於時月也が、月令篇に習見する是月也と同類のものだという見解（大戴禮記補注、夏小正分箋）には、一定の意味がある。時と是との通用は、今の場合、異論のないところであり、「この月には」という意味の句として下の萬物不通につながっていく点、ごく自然な理解のしかただと言える。ただこの八字を、そういう一文だとして夏小正の経文と考えるには、大いに問題がある。第一に、八字という文字数の多さ、また、四字ずつの二句で一文となっている点である。この篇の経文の全般的な傾向は、前にも考えてきたが、それと比べて、この八字は異常である。ほかに類例を求めてみると、丁亥萬用入學（二月）、初昏斗柄正在上（六月）、初昏織女正東郷（七月）のようなのがあるけれども、丁亥、初昏と、この於時月也とは、同じく時期、期間を表わすものでありながら、非常なちがいを感じさせる。時期、期間を表わすものとしては、時有俊風（正月）越有小旱（三月）のようなのもあるが、これらを加えて考えると、この於時月也の表現上の特異さが、ますます目立つのである。だから、この八字に、月令篇のような言いかたを認めることには意味があるとしても、そのことと、この八字が経文かどうかということとは別のことであって、右のように、かりに経文とした場合、その表現のしかたに問題があるのである。

第二に、経、伝ということをぬきにして、この八字を含む、ひとまとまりの記述を挙げてみると、「嗇人不従不従者弗行於時月也萬物不通」となる。そして問題の箇所を、「不㆑従者、弗㆑行㆓於時月㆒也。萬物不㆑通。」というように読む意見があるのである（校正大戴禮記補注）。この場合も、時月はやはり是月と解するのであるが、不従→不従者と受けた伝の文の一部として考えてみようとした点は、穏当と言うべきであり、玉海では、萬物不通だけを経文としているという事実も、この弗行於時月也のつながりを支持するものである。しかしここまで進んでくると、もはや表現のしかたの検討にしぼっているわけにいかない。さきに(1)として挙げておいた内容の面を加えて、考えてゆくことにしたい。

内容的に見た場合、この八字において、萬物不通が中心となることは言うまでもない。また、この萬物不通が、かりに伝の文であったとしたら、さきに挙げた月令孟冬の天地不通と同類のものと考えてさしつかえない。例えば、この萬物不通のすぐ後に、「隕麋角。隕、墜也。日冬至、陽氣至始動、諸向生皆蒙蒙符矣。」とあるように夏小正の伝は、天地、万物の様相を、陰陽の気の消長によって考えている点、月令の場合と同じであるからである。したがって、この八字について、於時月也＝是月也として、月令篇によくあるような「是月也、萬物不通。」という意味の文だとして、夏小正の伝とすることには、一理があると言えるのである。だが、そのような意味の文として、これを経だと考えることは、よほど無理なように思われる。かりに萬物不通だけに限って経文だとするにしても、やはり否定されるように思われる。

夏小正の経文には、陰陽の消長という観念、あるいは陰陽思想といったものとの直接的な関係は見出せない。また、個々の事物、現象を具体的に述べるだけで、天地、万物的な、抽象化されたものはほとんど見られない。たとえば、冬至、夏至の記述が、時有養夜、時有養日のようであり、月令篇あたりで草木萌動、草木黄落と、ひとまとめに「草木」と言う場合もよくあるのに、この篇では、すべて囿有見韭、采芸、栗零といったように、必ず個々のものを記載する。したがって、夏小正の経においては、諸事象のとらえかた、その表現のしかたのどちらについても、萬物不通は存立しえないように思われる。夏小正疏義に、「此傳申廣不從之義、言不惟農人弗行也、即大而天地、小而蟲豸、皆自不通。不通者、閉塞之義也。」と言っているように、月令孟冬の天地不通、閉塞而成冬に類する考えかた、述べかたであって、伝の文として理解せられなければならないであろう。

以上のように考えてきた結果、この於時月也萬物不通に関して、次のようにまとめておきたい。

a　この八字を含む最小限のまとまりは、「畜人不従不従者弗行於時月也萬物不通」であるが、このうち、経は「畜人不従」であり、伝は、「不従者、弗行於時月也。萬物不通。」と考える。

b　於時月也は、是月也の意味の句ではなく、校正補注の言うように、「弗㆑行㆓於時月㆒也。」とつながって、経文「畜人不従」の不従を解説しているものである。

c　右のように句読した経、伝は次のような意味となる。経、畜人（田夫、農人——農官）は、（王の狩、そのほかの行事に）従ってゆくことをしない。伝、（経文の）不従というのは、この月（の特定の期間）に、（畜人は王の諸行事に、従って）行かないということである。それは、（この期間に、天地、陰陽をはじめ）万物が（おたがいの関係がとだえてしまって）通じ合わない（状況になっている）からである。

### 3　采蘩（二月）

この二字を経と見るのには、異論はない。ただ版本あるいは学者によっては、字句を増して経文とするものがあるので、それらに関して検討を加えてみたい。

この采蘩をめぐって、榮菫采蘩の四字を連ねて経文とするもの（大戴禮記解詁）があるが、榮菫と采蘩とは明らかに別の事であり、二字ずつで単独の経文と考えられなければならないのは当然で、解詁の場合も、両者を連ねてはいるものの、おそらく四字で一経文とは考えていないものと思われる。したがって、榮菫との関係では、特に問題はないものとする。

次に、采繁由胡の四字を経文とするもの（大戴禮記補注、夏小正分箋）がある。「采㆑繁」ではなく「采㆓繁由胡㆒」であるから、これは吟味しなければならない。この采繁の前後を見て、経、伝ひとつながりのものをとり出すと、次のようになる。

　榮菫采也采繁由胡繁由胡者繁母也繁旁勃也皆豆實也故記之（主として校正大戴禮記補注のもの）。

諸家の本にいくぶん相違があって、この点を追究することも必要であるが、そのような状況の中で、繁（＝蘩）、由胡（＝游胡）、繁母、旁勃を用いて当面の経、伝を識別しようという点では異論はないので、それらを中心として検討を進めたい。

　これらの言葉の意味をまず考えてみると、繁なる植物について、次のような説明が引かれている。

　蘩始生、一莖耳。采食其上體、留下體寸許、四旁皆勃然生。又采其上食之、則旁生彌衆、故謂之旁勃。謂其母曰由胡。

また爾雅に繁由胡とあり、二、三の経伝の注解に「繁由胡、由胡旁勃也。」と同じ言いかたのものがある。これらの諸文から、大方の異論のない点を挙げると、次のようになろう。

　繁なる植物は、別に由胡と呼ばれた。この繁（＝由胡）は、根本のちかくが旁生（―発芽・増殖）する性質を有し、そのために旁勃とも呼ばれた。そして、この旁生、旁勃する母体（本体）という意味あいで、もとの繁のことを繁母あるいは由胡と呼ばれた。

　右のように考えたことが正しければ、経文を、采繁とするか、采繁由胡とするかという点は、自然に定まってくるように思われる。采繁由胡とした場合、繁と由胡とに分かれるのであるが、この両者は、同一の植物の単なる異称にすぎないのであるから、四字の意味は、（母体としての）繁すなわち由胡を采《と》（り集め）る、となる。これに対して采繁の二字で経文とした場合、旁生のものか母体なのかは別として、繁を采《と》（り集め）る、ということである。繁由胡なる三字の植物とは考えられないので、「繁すなわち由胡」ということになるのであるが、そうした内容の経文は、この際とうてい考えられないのである。したがって、経文は采繁の二字であって、由胡なる二字は、夏小正疏義、校正大戴禮記補注などに従って、伝文だとすべきである。そして、前にもあげた一連の経、伝は、校正補注の意見をとって経＝釆繁。伝＝繁、由胡。由胡者、繁母也。繁母、旁勃也。と、伝をいくぶん改めて、定めるべきだと思う。

### 4　榮鞠樹麥（九月）

榮鞠を経文とする点では、異論は別にないのであるが、下に接続する樹麥をめぐって見解の相違を生じている。この樹麥の前後ひとまとまりを挙げると、次のようである。

○大戴禮記補注　樹麥を伝とする

若蟄而榮鞠鞠草也鞠榮而樹麥時之急也

○夏小正疏義　樹麥を伝とする

榮鞠鞠草也鞠榮而樹麥時之急也

○大戴禮記解詁　樹麥を経とする

榮鞠樹麥鞠草也鞠榮而樹麥時之急也

○夏小正分箋　樹麥を経とする

而榮鞠鞠草也樹麥鞠榮而樹麥時之急也

これらのうち、樹麥を伝とする補注、疏義ともに、それぞれの版本の字句をそのまま前提とした上で、鞠榮而樹麥の部分を、樹麥の時期についての説明だと考えるのである。すなわち経は、樹麥（麦をまく）のことは直接に言うことなく、榮鞠（菊が咲く）の中に含めている、だから伝はそれを受けて、榮鞠の二字を「菊が咲いたら麦をまく」というように解説したのだとするのである。なお補注は儀禮經傳通解に榮鞠樹麥の四字で経としている点について、理由を示すことなく単に「非」とだけ言ってしりぞけている。

ところで、夏小正の経伝について、諸本をもっとも多く比較している校正大戴禮記補注は、「榮鞠」の見出しの下に次のように言っている。

盧本、秦本、孫本、李本、此下俱從朱子增樹麥二字。今從之。孔說非也。傳本經文、有此二字。玉海經文、作鞠榮而樹麥。傳文亦應複擧。

この校正補注の見解と一致するものは、前に列挙した中では、解詁の経「榮鞠樹麥」であるが、校正補注の指摘によればそれと同じ経文をかかげた版本のいくつもあることが知られる。またほかにも、玉海の鞠榮而樹麥、分箋の樹麥（これの依拠するところは別に示されていない）のような経文がある。

夏子正の経文を見わたすと、四季おりおりの草木の様子、ことに榮、華、秀（いずれもはなさく）の記載されているのが目だつ。それに比して、人事（農事に限ってみて）の場合は、記載された数は少ないが、それらが年間のしかるべきところに配してあることはうかがうことができる。このような状況と、榮鞠・樹麥、そしてこれらに関する諸説とを、どのように関係づけたらよいであろうか。補注や疏義の見解、すなわち、榮鞠なる二字の経文は、菊の花が咲くという第一義的なことに加えて、麥をまくという農事をも示しているとの理解のしかたも、十分に成立しうることではある。問題の樹麥が伝文だと確定されるなら、そのような理解のしかたがむしろ必要になってくるのである。ところがこの場合、さきに見たように、樹麥を経文とした版本がいくつも存するという事実があるので、それを否定し去るだけの根拠があるかどうかということになってくる。しかしこの点に関しては、補注、疏義ともに特に述べておらないので、この両説をめぐっては、これ以上に検討を進めるわけにゆかないのである。

ここで、前項でとりあげた榮菫、采繁（二月）について考えてみたい。この両者は、前述のように、それぞれ独立した経文として確定したものである。けれども、この榮菫、采繁も、可能性としては今ここで検討している榮鞠と樹麥とのような状況にあるということができるのである。すなわち、釆繁が記載されないでいて、または伝の文の中に述べられてあって、経文「榮菫」の意味は、菫の花が咲くという第一義的なことに加えて、繁を釆（り集め）るという行事をも示しているということである。そして、このような可能性は夏小正のどの経文に関しても想定しうると言っていいほどなのであるが、それはそれとして、榮菫、釆繁のように、現在、どちらも経文として定まっている場合があるということは、動かすことはできない。結局、ここで考えていることは、この篇の経文の全般的な特色によって、決着がつけられることだと言えよう。この篇の各文は、きわめて短かいものがほとんどである。古拙、素朴であって、項目的に次から次へと並べられた観がある。そうした中にあって、榮菫、釆繁も榮鞠、樹麥も、四者すべてが記載されてよいし、四者のどれか（釆繁、樹麥の場合、その可能性が高い）が背後にかくされてしまってもいいのである。記載する、しないに関して、これらの場合、明確な態度は見出すことができないのである。このように考えてきた結果、筆者は、この樹麥を経文と認める見解に従うことにする。この篇の記述のしかたから見て、この樹麥が、榮鞠のかげにかくれてしまう可能性も十分にあるが、これを経文とした版本のあるという事実を否定する材料が見あたらないからである。

## （二）　経文の句読

夏小正において、経文として諸家に異論のないものの中で、句読に関して問題の存するものがある。句読のしかたによって、一文となったり、二文あるいはそれ以上になったりするという問題である。それは、寒日滌凍塗（正月）および昆小蟲抵蚳（二月）である。なお、経文の表示に関して明快な態度を有している大戴禮記補注に、農及雪澤初服于公田（正月）、妾子始蠶執養宮事（三月）、王狩陳筋革嗇人不従（十有一月）をそれぞれ一経文（一事）として挙げてあるので、これについても考えておきたい。

補注の挙げるものから見ると、これらはどれも、ひとつの文になりうる、関連をもった記述である。しかし諸家の多くは、それぞれを、二ないし三の文だとして受けとめるのである。それは、前にもふれたような、この篇の各文の全般的な特色が、主として要請するからであろう。これを最も古い注解である伝について見ると、補注本で次のようになっている。

経＝農及雪澤。
伝＝言雪澤之無高下也。
経＝初服于公田。
伝＝古有公田焉者古言先服公田而後服其田也。

また、

経＝執養宮事。伝＝執操也養長也。
経＝妾子始蠶。伝＝先妾而後子何也。曰事有漸也。言事自卑者始。

また、

経＝王狩。伝＝狩者言王之時田冬獵爲狩。
経＝陳筋革。伝＝陳筋革者省兵甲也。
経＝嗇人不従。伝＝不従者弗行。

このような経→伝、経→伝の次第を、補注は前記のように、二、三集めるという形に改めて一経文とするのであるが、伝の句読意識は、そのようではなかったものと思われる。諸家の多くが、さきの一組の経→伝ごとに、一経文と受けとめているのであるが、そのほうが正しいであろう。

寒日滌凍塗と昆小蟲抵蚳に移ろう。これらは前の三者とちがって一経文と見て、難点もさしてないように感じられる。伝は、どちらにおいても、五字を挙げた後に自説を述べている。そこでもう少しそれぞれについて立ち入って考えてみたい。

寒日滌凍塗。これらに関しては、もうひとつ、前に接続する時有俊風とあわせて考えなければならない。そして、これを加えた一連の記述が、禮記月令篇の東風解凍（孟春）に相当するものとして、よく挙げられているものである。そこで、諸家の注解を参考にしてこれらの記述の意味を述べてみると、時有俊風＝東風が吹く、寒日滌＝寒さが日々に滌《おさま》る、凍塗＝凍った地表がとけて塗《どろ》になる、というようになる。後世、東風解凍とまとめられたと言われるのももっともで、三者は、立春の頃の時候を表現した、関係の深いものである。

ところで、このような寒日滌凍塗を、補注と疏義は二経とし、分箋は一経とするが、解詁、校正補注はややあいまいで、どちらなのか明確にできない。伝の場合は、五字を挙げて述べているが、それだけで一経としたとは、もちろんきめられない。また伝は、一連のものと考えてよい時有俊風については、別に挙げており、これを一経としたことは、諸家に異論がない。前から考えてきているように一事一経主義とでも言おうか、素朴、単一な内容を、きわめて短かい文にし、次々に挙げるのが、この篇の通例である。それからすれば時有俊風を経と見てよければ、寒日滌そして凍塗と、考えるのが順当であろう。

昆小蟲抵蚳。この五字については、補注と疏義とが、昆小蟲と抵蚳の二経文としている。この五字を、一経、二経のいずれに見るにしても、内容的に、昆小蟲と抵蚳との二部分としなければならない点は、異論のないところである。ところが、それぞれの意味内容となると、諸説があって、なかなか定まらないのであるが、いちおうの意味を考えておくと、昆小蟲のほうは、伝も小蟲動也と言うように、多くの小蟲がしきりに動くということで、月令仲春の蟄蟲感動に相当するものと見られ、抵蚳は、伝などによって、蟻の卵または子を抵《えらびと》る、とするか、分箋のように、蚳（水中の介蟲）を抵《さ》してとる、とするかであろう。（抵蚳は、いずれにしても、祭祀に供える醢《しおから》の材料となる蚳を取る行事である。）

抵、蚳に関して、不確定なものを残してしまったが、昆小蟲が、蟄蟲咸動にあたる時候記事であり、抵蚳が、蚳の採集行事である点は不動である。とすれば、この二者は、関連しあう面もあるが、明らかに二事であって、それぞれ独立した経文と考えられなければならない。

## （三）　箸冰（十月）について

経、伝いずれにおいても、諸学者の版本、注解に、この二字は見あたらない。筆者の見るところ、夏小正分箋にだけ、次の指摘がある。経として「箸冰」を挙げ、「石刻残本、有此文。箸著古通。著現也。月令孟冬、水始冰。…著冰、猶結冰。」と言っている。ここに言う石刻残本を確かめることはできないが、「氷が水面に著れる」という意味内容のことを、冰箸でなく箸冰と表現した点、榮某（某がはなさく）とか鳴某（某がなく）といった、夏小正に特有とも言える、古拙、素朴な文のグループのものと見られるし、この篇には、ほかに魚陟負冰（正月）、頒冰（三月）という経文が存することもあって、この箸冰を経文と認めておくことにしたい。

# 第二章　豳風七月について

## 一、構成上の問題点――いわゆる「月にかけて」を中心に――

詩経の豳風七月の詩は、形式、内容のいずれにおいても、詩経の中で異彩を放っているもので、多くの先学に関心を持たれてきている。この七月詩について、筆者は、若干の検討を試みるにあたって、先学の論考のいくつかを参考としながら、全体の構成に関することを考えておきたいのである。

この詩を読む者は、（ある地域―それがどこであるかに問題があるが―における）一年中の主要なあれこれが、年間の各月にかけて敍せられている、という感じをもつことであろう。事実、毛、鄭以来、このことはほとんど自明のこととして、暗黙のうちに感覚せられてきたふしがある。ところが津田左右吉氏はこのことに疑問をいだいて、自分の見解を、詩の内容に即して具体的に明かにしている。（「豳風七月の詩について」東洋史会紀要I、一九三六、また儒教の研究(1)所収、一九五〇。ここでは、全集第一六巻による。以下の引用ページは、同書のものである。）

津田氏は、まずこの詩について、

あるいは勧農の詩とし、あるいは農民の年中行事を歌ったものとするやうな見解には、詩の内容から見てある程度に首肯せられる点があり、また月にかけて自然の風物や農桑のしごとなどが敍してあり、特に卒歳とか改歳とかいふ語さへあるために、それによってこの詩の作られた時代の暦法を考へようとすることにも、意味は

ある。（四七一頁）

とする一方、

この詩の主題もしくは重要なる材料がよし年中行事であるとしても、これは決して年中行事の記録ではない。さうして詩である以上、その用語なり句の構造なりまたは表現のしかたなりに於いて、散文的記録と違ってゐるところがあるはずである。だからもしこれを年中行事の散文的記録と見なし、それによって何ごとかを考へようとするならば、種々の誤解がそこから生ずる虞がある。（四七一頁）

という意見を述べている。

津田氏の見解は、橋本増吉氏の所説への批判として発表せられたという事情もあるらしく、これに対する橋本氏の反論や意見の開陳が見られる。（「支那古代暦法史研究」、一九四三）橋本氏は、まず、

予は、この詩の中には年中行事の記事が他の季節その他の記事と共に記されていることを、認めているだけで、この詩が完全な年中行事の記載でないのは、多言を費すまでもなく、一見して明白なることであるから、その点について津田博士の見解と相違ありとは思わない。（三九八頁）

と述べている。

両氏が注意深く指摘している点は、この詩において、一年中の主要な行事がすべて包含せられた、そういう意味の「年中行事」を見出すことは期待できないということである。冒頭に「感じ」ということで述べたが、その年中行事に関する点では、あれこれと敍したもので、すべてを敍したものではないことを、ここで確認しておかねばならない。ただこのことは、この詩に見られる顕著な特色のために、時に見失われてしまうということがあるので、この際、この点も考えておく必要がある。

七月詩の八章、八十八句について、その形式上の特色はと言えばそれはまず、各章のかなりの句にわたって年間

の「某月」の表示が見られることであろう。これを内容について見ると、表示された各月に対応した「その月の事象（時候・行事など）」が端的に叙せられたものという感じがつよい。いわば形式と内容の両方の特色が直結したものを、つよく印象づけられるのである。ところが、こうした特徴的なものを感じながら、さらに各章、各句についてこまかく見てゆくと、だんだんに異なった趣きのものに気づくようになるのである。よく見ると、年間の各月とはいっても、どの月もまんべんなく挙げられているわけではない。また、各月の呼びかたも一様でなく、ごく普通のもの、そして特異なものと、著しい差異がある。内容面においても、各月の重要事があれこれと挙げられているにもかかわらず、整った年中行事と見るには、一貫性、統一性を欠いたところがあり、むしろ特定の志向といったものが、全般にわたって感じられるのである。だから、この詩においては、一年中の諸事ということに関しては、整序された年中行事を目ざすのではなくて、特定の志向に導かれて、重要なものをあれこれと叙したと考えられなければならないのである。

津田氏はつぎに、この詩の数箇所について、構成面における問題点を提出している。その中心は、この詩の多くの句が月にかけて敍せられている反面、「あることがらを叙しながら、どの月のことであるかをいわない場合のある」（四七七頁）こと、「何事についても必ず月にかけているとは限らない」（四七九頁）との指摘である。また橋本氏は、このことに関してほぼ同じ見解をとりながら、津田説への批判も展開している。

両氏の基本的な立場は、冒頭に「年間の各月にかけて」として挙げたことを部分的に否定するもので、「月にかけて」いない箇所のあることを主張するものである。たしかにこの詩には、某月にかけて叙した句が多く見られ、このことは、この詩全体の特色を形づくっているのであるが、しかしその反面、八十八句をいちいち数えあげてゆくと、某月を伴わないものが四十七句も存するという事実がある。だからこうした事実からすれば、両氏の所説を起点とした「月にかけて」云云の問題は、これら四十七句と年間の各月との帰属関係の検討ということが中心になってくるのである。そこでまず、その該当箇所を挙げ、それらについての若干の注釈家の見解を見た上で、問題に接近してゆきたいと思う。（次頁別表A）

津田氏は、この表すべての箇所について見解を示したわけではない。この点は、橋本氏の場合も同様である。示されたのは、⑶⑷⑹⑿⒀についてだけである。したがって、のこり九箇所に関しては見解をただしようがない。けれども、「月にかけて」敍せられているのかどうかという問題意識のもとに、五箇所も挙げて見解を示したのであるから、のこりの九箇所に関しては、別に問題とする必要を感じなかったものと受けとってよいであろう。とすれば、これら九箇所については、津田氏においては、それぞれの箇所のすぐ前の句にある月（別表A参照）にかけて敍せられたものとなる。だが、それはそれとして、以下の検討においては、津田、橋本両氏の見解を中心としてとりあげながら、十四の該当箇所全部にわたって考えてゆきたいと思う。

ここで別表Aを概観しておこう。⑽⑾については、「某月のこと」とした見解は、それぞれ一家にしか見出せない。また、これほどではないとしても、ほかの箇所にも、見解を欠いていることが、空欄の所在によって知られる。こうした状況について、どのように考えるべきであろうか。それは、この詩における「某月のこと」という把握のしかたに関して、毛、鄭以来の諸家に共通した態度があって、諸家それぞれに、自説として表明する必要を感じていない箇所については、何も言わないことによって、その所属する月を暗示するということであったと思われる。だから、何も言及せられていない箇所については、月を伴った句のうちで最も近いものを（別表Aではそれぞれの最初の句）に導かれた、すなわち、その月にかけて敍せられたものだと了解せられるわけである。このような態度は、津田、橋本の両氏にもあったにちがいなく、前にふれたように、両氏が「月にかけて」の問題意識を明確にもちながら、十四の該当箇所全体については、むしろ少数の箇所にしか見解を表明していないことが、それをよく物語っていると言える。

〔別表A〕

| | 月を冠しない句群 | 鄭箋 | 集伝 | 毛詩伝疏 | 毛詩伝箋通釈 |
|---|---|---|---|---|---|
| (1) | 二之日栗烈　無衣無褐　何以卒歳 | 二之日 | 二之日 | | |
| (2) | 四之日擧趾　同我婦子　饁彼南畝　田畯至喜 | | 二月 | 四之日 | |
| (3) | 春日載陽　有鳴倉庚　女執懿筐　遵彼微行　爰求柔桑 | 春日 | 春日（九句合せて） | 春日（九句合せて） | 春日（二月）（九句合せて） |
| (4) | 春日遲遲　采蘩祁祁　女心傷悲　殆及公子同歸 | 春日 | | | |
| (5) | 蠶月條桑　取彼斧斨　以伐遠揚　猗彼女桑 | | 來歳の蠶月 | 來春 | 蠶月（三月） |
| (6) | 八月載績　載玄載黄　我朱孔陽　爲公子裳 | | 八月 | 八月 | 八月 |
| (7) | 一之日于貉　取彼狐狸　爲公子裘 | | 一之日 | 一之日 | 一之日 |
| (8) | 二之日其同　載纘武功　言私其豵　獻豣于公 | 二之日 | 二之日 | 二之日 | 二之日 |
| (9) | 十月穫稲　爲此春酒　以介眉壽 | 十月 | | 十月 | 十月 |

| | 月を冠しない句群 | 鄭箋 | 集伝 | 毛詩伝疏 | 毛詩伝箋通釈 |
|---|---|---|---|---|---|
| (10) | 九月叔苴　采荼薪樗　食我農夫 | | | | 九月 |
| (11) | 四之日其蚤　獻羔祭韭 | | 四之日 | | |
| (12) | 十月蟋蟀入我牀下　穹窒熏鼠　塞向墐戸　嗟我婦子　曰爲改歳　入此室處 | 十月 | 十月 | 十月 | 十月 |
| (13) | 十月納禾稼　黍稷重穋　禾麻菽麥　嗟我農夫　我稼既同　上入執宮功　晝爾于茅　宵爾索綯　亟其乘屋　其始播百穀 | 十月 | | 十月 | |
| (14) | 十月滌場　明酒斯饗　曰殺羔羊　躋彼公堂　稱彼兕觥　萬壽無疆 | 十月 | | 十月 | |

〈注〉この表にあげた箇所の順序が、詩中のものと異なったところのあるのは、検討の便宜のためである。毛伝を挙げなかったのは、関連した見解がきわめて少ないからであり、鄭箋以下の四家を選んだのは、見解が比較的に多いという事情からである。なお説明の便宜のために、どの箇所のはじめにもすぐ前の一句（月を冠した）を付している。

さて、別表Aのうち、(1)〜(11)の範囲のものを、まず考えてみたい。この範囲のものはどれも、句数が多くない。(3)だけが四句で、残りはすべて三句までであり、(11)のように一句だけのものもある。内容的に見た場合、句の間のつながり、それぞれの箇所ごとのいちおうのまとまりといった点は、割合に見やすい感じである。また、それぞれの前接する句（別表A、某月を伴う句）との関係も見出しやすいと言える。鄭箋が、この範囲では、(2)(5)(6)(7)(10)(11)と半数以上の箇所に見解を表明していないのも、こうした状況と無関係ではあるまい。

この(1)〜(11)の範囲で、津田氏は、(3)(4)(6)についてだけ、「月にかけて」という点で異論を唱えている。(3)(4)に関するものから始めたい。津田氏は、

何ごとについても必ず月にかけているとは限らないので、第二章の春日載陽、有鳴倉庚も、春日遲遲、采蘩祁祁も明らかに月にかけていってはいない。詞章としては、それが九月授衣の次にあるけれども、九月の風物でないことは勿論である。（四七九頁）

と述べ、根拠を特に示すことなく、ともかく「月にかけて」いないのだとする。ところが氏は、別のところではなほ、三月の名がこの詩に現われていないが、第二章に春日遲遲とあるのは、此の月のことを暗示してゐるらしく、第三章の蠶月もまた三月に當るであらう。（四七七頁）

と言って「月にかけて」いるのだと理解しようとしており、矛盾を来しているようである。また橋本氏も、

もとより、この詩篇の凡べての詩句が、何事についても必ず月にかけてあるという訳ではなく、第二章の春日載陽から以下全部が春の季節について敍せしものなることは、その内容から見て明白であるから、たとひそれが七月流火、九月授衣なる詩句のつぎにあったからといって、九月にかけて敍せるものでないことは何等の疑問なきところであり、（四〇五〜四〇六頁）

と、津田氏に似た見解を述べ、さらに、

第二章の春日遲遲、采蘩祁祁より以下の句が恐らく三月の記載なることは、三月の文字なきもその内容よりして之を察することが出来るし、（三九七頁）

と、これまた矛盾したような意見を述べている。

いったいここで「月にかけて」という言いかたをしているのは、某月のこと、または某月にかかわること、といったような、ことがら（実質的内容）への志向が第一にあるのであって、単なる表現上のこととして、某月という用語の有無だけを問題としているのではない。したがって、この(3)(4)に関して、両氏が、某月でなく春日（たしかに用語は月でない）となっている表現上のことだけを問題としているのだとしたら、「月にかけて」ということでなされた論議として不十分だと言わなければならない。またもし表現上のことだけにとどまっていないのだとしたら、両氏ともに、前引したような矛盾した見解をとっていることになるのである。「春日」という表現はそれとして、両氏も「三月」だと推測しているように、やはり(3)(4)は、実質において「月にかけて」敍せられたものと理解せられなければならない。なおこの(3)(4)を、白川静氏は夏正の二月のこととする。（『稿本詩経研究』、一九六〇、通論篇三〇四頁）白川氏も引用するように、夏小正の二月に、有鳴倉庚、また采蘩と、ここと同文のものがあることだし、さらに有鳴倉庚のほうは、呂氏春秋十二紀（仲春之月）、礼記月令篇（仲春之月）、淮南子時則訓（仲春之月―二月）など多くの文献によく見かけるもので（蒼庚鳴、倉庚鳴と少変しているが）、こうしたことから、この七月詩では春日という表現のしかたをしているけれども、それは、有鳴倉庚、采蘩祁祁以下のことを「月にかけて」敍したものと考えるべきで、その月は、夏正の二月とするのが妥当と思われるのである。

なお残された問題として、(3)(4)の春日の場合、右に見たように「月にかけて」敍すのなら、なぜ「某月」という表現をとらなかったのかということがある。またこのことは、この詩における各月の称呼全体の問題ということでもある。この問題に関しては、節を改めて検討しなければならないが、およその見当だけを述べておくと、この詩においては、年間の各月が言われている中で、この春日を含む春季（この期間が実は問題なのであるが）の各月については、すべて通常のでない称呼が用いられているのである。一之日、二之日、三之日、四之日（順に、周正の一月、二月、三月、四月のこと）と称し、蠶月というのがあり、春日ともあるわけである。また、夏正の三月の称呼が見られないということ（蠶月をこれに当てる説もあるが）も、その「ない」ことによって通常でない状況を暗示しているように考えられる。こうした状況は、四月から十月（いずれも夏正のもの）までの各月がごく普通の称呼でもって順調に挙げられているのとひどく対照的である。そしてこのことは、この詩に夏正、周正の二暦法が併用せられたこと（この点は後にとりあげる）に端を発したものであって、この両暦法の歳首のあたり（春季）に、修辞上、内容上のくふうが施された結果であろうと思われるのである。

次に(6)についてであるが、津田氏は、

第三章の載玄載黄、我朱孔陽も八月載績に導かれたものであらうが、八月のしごととして解する必要は無い。（四七九頁）

とだけ言って、別に根拠を示すことなく「必ず月にかけていふとは限らない」との具体例のひとつとして述べている。これについて橋本氏は、

第三章の載玄載黄、我朱孔陽なる句は、その次の爲公子裘なる句に、その意がつづいてゐるのであるから、その前の八月載績なる句とも、連絡あるものとして解するのが正当であらう。（四〇六頁）

という反対の見解、すなわち「月にかけて」敍せられたものとの考えを述べている。別表Aに挙げたところでも、集伝以下の三家は八月のこととしており、鄭箋が何も言わないのは、前にもふれたように、おそらく自明のこと（八月のことという意味で）と考えたからであろうし、この(6)が「月にかけて」敍せられたもので、八月のことと理解すべきことは正当であろうと思われるのである。

以上で、別表Aのうち(1)〜(11)の範囲で、この詩における「月にかけて」の問題に関して、津田氏の異論があるものを検討した。その結果、この範囲においては、津田氏(及び橋本氏)の異論は成立しないことになった。従来の通説的な立場が、明確でない点がありはするけれども、この詩のどの箇所も(すべての句が)「月にかけて」叙せられてあるというものであったのを、覆えすにたるものは見出せなかった。しかし、津田氏の異論に触発されて、いま一度、この詩における「月にかけて」という問題を考えてみることは有益であろうと思う。

この詩において「月にかけて」叙せられたことというのは、年間の某月のこととして、あるいは某月にかかわることとして、諸事が述べられてあるというほどの意味である。この諸事というのは、冒頭に「一年中の主要なあれこれ」という表現で挙げておいたものであるが、これについて少し考えてみたいと思う。

この諸事のなかで第一のものとしては、この詩の農事暦的な性格を形づくっているものが挙げられる。暦の基本的な要素にあたる、客観性のつよいものである。まず、流火(一、二、三章)、觱發、栗烈(一章)、鳴鵙(三章)、秀葽(四章)のような、天象、時候の系列のものがあり、ついで、授衣(一、二章)、于耜、擧趾(一章)、載績(三章)のような、年ごとに正確にくりかえされる主要行事の系列のものがある。これら第一の類のものは、その客観性、不変性のゆえに「月にかけて」という点で、最も見やすく、誤解されることの少ないものである。しかもこの第一の類のものが、数から言うと、「諸事」の大部分を占めているのである。

第二のものとしては、折にふれての感懐や心情の描写、表明、あるいは教導的な呼びかけといったものが挙げられる。第一の類が客観的な特色をもつのに対して、この類のものは、主情的な傾向のものと言える。例えば別表A(1)であるが、

衣《ころも》無《な》く褐《けがわ》無《な》ければ、何《なに》を以《も》って歳《とし》を卒《お》えん(着物もなく毛織物もなければ、どうして年が越せる。吉川幸次郎氏、詩経国風下二六六頁、中国詩人選集所収　一九五八)

というもので、この類のひとつである。ところが、こうした主情的な傾向のものは、いま検討中の「月にかけて」の問題に関しては不安定、不確定な趣きをもっていて、慎重に見定める必要がある。この(1)の場合でも、こうした心情は、第一に二之日（周正二月、夏正十二月）のものとして考えられなければならないが、かと言って、二之日と同様に寒気のきびしさを歌われた一之日（周正一月、夏正十一月）における心情と想像することも、簡単に否定してしまうことはできない。この詩の第一章では、さらに一之日（第三句）から遡って、第二句の「九月《くがつ》には衣《ころも》を授《さず》く」（九月には着物の用意、吉川氏二六五頁）とある九月において、冬衣の用意をしながら遠く越年のころまで思いをいたしたその心情だとすることも、そのこと自体は、けっして無理ではないであろう。ことが折にふれての心情であるだけに、解釈の余地はいろいろと出てくるけれども、この(1)の場合、「卒歳」とあるのを最も重く見て、その月である二之日（周正二月、夏正十二月）にかかわることと定められなければならないであろう。そしてこの点は、注釈家においても、ほぼ異論のないところである。

次に(7)(9)を一括してとりあげて、第二の類の特色や問題性について、もう少し考えてみたい。(7)には周正一月（夏正十一月）における狩猟、(9)には夏正十月（周正十二月）における収穫という、それぞれの月に属する行事が見られる。すなわち「月にかけて」敍せられたことがらが見られる。ところが、(7)には、将来（おそらく来年）のこととして、獲物の狐や狸の毛皮を用いて裘を作り、公子（領主の若様）に献上するのだとあり、(9)にも、とれた稲を用いて春酒を作り、祭祀などの用に供して福寿を祈ろうとあり、心情的な内容のものが併せて敍せられているのである。もちろんこれらの主情的敍述は、年間の某月に「裘を作って献上する」とか「春酒を作って祭祀に供する」とかいう行事のあることをも暗示するものである。しかしこの(7)(9)においては、年間の行事そのものとしてではなく、周正一月（夏正十一月）、夏正十月（周正十二月）にかかわる心情の内容として描かれているのである。このように見てくると、(7)(9)の場合も、それぞれ、一之日、十月という「月にかけて」敍せられていることには問題はないけれども、それが第一に、心情としてのものであること、第二に心情の内容として、いま歌われている月の行事あり、そうでない他の月の行事ありといった複雑さがあることに注意しなければならない。この詩において、「月にかけて」叙せられた某月のことというのは、その大多数は、ごく単純で客観的な、見定めやすい性質のものであるが、一方には、少数ながら主情的なものがあって、某月のことと直接的に考えてよい点、そうでない点と、見定めにくい性質のものもあるのである。

以上で(1)〜(11)の範囲を終えて、残った(12)(13)(14)について検討してゆきたい。この三者は、いずれも「十月云云」の句に接続している。分量的に見た場合、(1)〜(11)に比べて、かなり、あるいは著しく多い。(1)〜(11)が、どれもせいぜい三句どまり(3)だけ四句)であって、この点からは、内容は複雑にはならないし、問題性もそう強くは出てこないのに対して、この三者は、(13)など九句に及ぶ多い句数が、内容を複雑にし、問題性を強めているという事情がある。

例によって、津田、橋本両氏の見解を検討することを中心に進めてゆきたい。津田氏は(12)について、この五句が、すぐ前の十月云云の句に誘われて冬季の生活を叙したものとしつつ、その内容として十月云云の句に続かないことを主張する。そしてこの五句を、「十二月(もしくは十一月及び十二月)のことを言ったものとすべき」(四八〇頁)としている。津田氏の見解の根底には、この詩の各月がすべて夏正によって言われているとの認識がある。この詩における周正の存在を否定し、夏正と周正との併存を認めないという立場である。だから、この(12)にある「改歳」は、第一章の「卒歳」(別表Aの(1))と同じ十二月(夏正)のことでなければならないようになる。津田氏においては、改歳=十二月が不動の前提になっていて、この(12)について、「冬季の生活」とか、「もしくは十一月」といった、あいまいさを含んだ見解にまとめられたような感じがするのである。

橋本氏の見解は、津田氏と正面から対立するものである。対立の根本は、暦法についての認識の相違にある。橋本氏の詳細な所説を逐一述べるわけにはいかないが、その要点は、この詩を東周時代のもので、支配階級関係の者

（宮廷詩人）の作ったものとし、暦法史の推移をたどる中で、この詩に夏正、周正の併存を認めたものである。（四〇二～四〇三頁）そして、この併存を認める点は、毛、鄭以来の通説と合致したものでもある。ただ津田説への批判としては、暦法史に関する不備をついた点が中心となっているので、議論のかみ合わないうらみがあるけれども、直接的な批判は、一之日……四之日という称呼をめぐって見ることができる。橋本氏は、これらの特異な称呼について、一之日＝周正正月、三之日＝夏正正月とふたつの正月が含まれているとし、それぞれにこのような称呼が用いられている点に特に注目する。そして、この詩に関して周正の存在を認めない津田氏が、一之日を夏正の十一月だと見て、「十一月」と表現せられなかった理由を、修辞上の要求があってのことだとする点は、橋本氏も認めてよいとするが、夏正正月を「三之日」と表現した理由については、津田氏のような考えかたでは説明がつかないと批判している（四〇三～四〇四頁）。橋本氏の注目するように、年間の各月を多く挙げるこの詩において、正月あるいは一月の言葉がなく、かわりに一之日、三之日と言われているのは異常であって、それには重大な理由があったにちがいないのである。とりわけ夏正正月（一月）を三之日と表現したことには、読む者は非常な抵抗感を抱かせられるのであって、これは、橋本氏の言うように、周正の三月を明確に意識した上で「三之日」と言ったのにちがいないのである。すなわち、一之日、二之日、三之日、四之日の称呼を、津田氏が、すべて夏正による称呼だとし、順に十一月、十二月、一月（正月）、二月に当るとしたのは誤りであって、これらはすべて周正によった称呼であって、一月（正月）、二月、三月、四月に当ると考える橋本氏の見解が正しいと言わなければならない。

津田氏の見解は、その根本において誤りがあるので、その見解に沿って、⑿における「月にかけて」の問題を検討することはできなくなった。橋本氏のほうは、この⑿を、十月にかけて敍せられたものという見解をとるのであるが、その所説は、暦法をめぐっての津田説の批判が主体で、「月にかけて」の点では次のように言っている。

穹窒熏鼠以下が十月にかゝってゐるとも、かゝってゐないとも、見られ得る形式をなしているが、曩に述べた通りに、他の点からこの詩篇中に夏暦と共に周暦の思想の混在することが認められる以上は、やはり第五章のそれ等の詩句も凡べて十月にかけられてゐるものとして認むる方が、正当であらうと考へる。（四〇七頁）

なお注釈家の見解についても、別表Aの四家とも十月のこととしているように、この⑿を、「月にかけて」敍せられたものと考え、十月改歳をいちばんの根拠として、十月にかけて理解するのが通説となっているようである。ただこの⑿を十月にかけて理解するにしても、改歳云云のほかに、根拠として考慮すべき点があるように思われる。次の⒀に移って、そこで併せて考えてみたいと思う。

さて⒀であるが、この箇所は、それを含む第七章全体とほとんど一体のものとして考える必要がある。全体が十一句であるのに対して、この⒀が、九句までを占めており、「某月」の称呼を伴った句は、この章では最初の二句だけという事情もある。したがって⒀の検討においては、まず第七章全体を単位としてとりあげることとしたい。

最初の第三句、第四句は、前の第二句の納禾稼に直結していて、十月に収穫せられる穀物を列挙したものである。ことがらとしては最も把握しやすい句群である。また脚韻も、穋、麥とこれらの二句だけで踏まれている。

次に、この第七章全体が、第五句によって二分せられることに注目したい。この第五句、嗟我農夫は、第五章の第九句、嗟我婦子（すぐ前に検討した⑿に見えるもの）と同様な性格のもので、領主あたりが「嗟《ああ》我《わ》が農夫《のうふ》よ」（ああうちの働き手よ、吉川氏、二七五頁）と呼びかけたものである。領主から出される布告（一種の行事）をふまえたものという可能性のつよいものである。前に⑴〜⑾の検討の際に見ておいた内容上の分類から言えば、客観的な事象として敍せられた第一類ではなくて、第二類の主情的な傾向のものである。そしてこの主情的な呼びかけが、内容的にどこまでかかっているかというと、それは最後の十一句までだと、ごく自然に見出すことができる。第六句に我稼とあり、第八、第九の両句には、晝爾、宵爾とあり、第十、第十一の両句には、亟其、其始とあって、これらはそれぞれに、第五句の呼びかけに照応したものと考えられるし、内容的に見ても、第四句までが、九、十月の収穫のことを敍したのに対して、この五句以下は、農閑期に入るにあたっての心情を述べたと考えられるのである。また脚韻について見ると、第五句には踏んでいなくて、第六、七句が同、功、第八、九句が茅、綯、第十、十一句が屋、穀となっており、第七章全体としては、最初から二句ずつで脚韻を踏んだ形式が、第五句で一度中断せられた形になっていて、この面でも、全体が大きく二分せられた様相を見出すことができるのである。

第七章に関して以上のように見ておいて、「月にかけて」という問題意識のもとに、津田、橋本両氏の見解をとりあげてみたい。津田氏が、第十一句の其始播百穀を、十月の行事でなくて春のことを言ったものとするのは、その限りでは、容認してよいことである。そして、その限りでのみ、「十月納禾稼の十月がこゝまでかゝるものとは見なしがたい。」（四八〇頁）との主張は正当だと言える。しかし津田氏の見解には、第五句以下の語句に関して十分な注意がはらわれていない点がある。すなわち、第五句の嗟我農夫以下の全部が、実は、十月の行事そのものを単に敍しただけのものでないこと、領主あたりの呼びかけ（言葉）という形で、十月における教導的なことがらが主情的に紋せられていること、こうした点への注意が欠けているように思われるのである。津田氏の言うように、第十一句の其始播百穀は、行事としては春のものであろう、しかしここでは、春のそのようなことを、十月における教導的な呼びかけとして言っているのである。だからそういう意味で、十月納禾稼の十月は、第十一句まで、すなわち⒀の終わりまでかかっていると見なければならないのである。

橋本氏の場合は、我稼既同（第六句）までは十月にかかり、上入執宮功（第七句）から以下は十月以後の行事を敍したものと見るのであるが、そうしたとらえかたも、かりにここの章句をすべて、客観的な行事を敍したものとすれば、十分に可能なことであろう。したがってこの⒀について、上入執宮功以下を「十一月乃至十二月にかゝるものであろう。」（四〇六頁）と考えることも、うなずけることではある。しかし橋本氏の見解も、第五句の嗟我農夫以下の内容について、注意に欠ける点があると思われるのである。それは、前にも述べたように、この⒀を含む第七章全体が、第四句までは客観的な行事を敍し、第五句以下は主情的な教説を敍すというように、大きく変化しているのを、よく見てないということであって、こうした観点に立って⒀について考えるならば、すべて十月にかけて敍せられたものとするのが、ごく自然なこととなるのである。その線に沿って、もう一度⒀の内容をたどっておくと、まず第三、四句は、十月における収穫行事に関して客観的に言われており（穀物名を列挙するだけ）、第五句から後は、主情的なふんいきの表現を伴いながら、十月あるいはそれ以後の行事にふれ（橋本氏の言うように、十一月にも十二月にもなる）、さらに（津田氏の言うように）来春の播種にまで及んだものと見られるのである。

いまひとつ⒁については、津田氏には別に意見がなく、橋本氏は⒁の全部を十月の行事として「この時農事畢り、ここに饗献の礼を行ふことを述べしもの」（四〇七頁）と言っている。したがって両氏の見解に関しては、「月にかけて」という点で問題はないことになる。だが、いま少しこの⒁について、それが十月における収穫感謝の祭事を敍したものという点を見ておくと、末句の萬壽無疆の使われかたは、小雅に散見する報以介福、萬壽無疆、また報以介福、萬壽攸酢（以上は楚茨）、報以介福、萬壽無疆（信南山および甫田）と同類のものであって、こうした祭事に慣用せられたらしいが、この⒁の場合、この萬壽無疆の句が、終末に位置していて、しめくくりの働きをしているのである。この点からも、⒁の箇所全体が十月にかけて敍せられているものと見るべきことは、きわめて当然のことであろう。

さて以上のように検討してきた結果、この七月詩においては、すべての句が（また句群の形で）「月にかけて」敍せられたものと考えてよいことになった。ただし、このことは、その結果だけをとって言えば、毛・鄭以来の通説的なことがらにすぎないのである。明確にそれと指摘せられたことではなくて、暗默のうちの了解的なこととして在ったのではあるけれども。それでは、津田、橋本両氏の見解をめぐって、この「月にかけて」の問題を検討してみたことには、どのような意味があるのであろうか。

それは第一には、「月にかけて」敍すという基本事項に類することを、この詩のすべての句にわたって確認したことである。むしろ再確認と言ったほうがいいかもしれないが。そして第二には、「月にかけて」敍せられたことがらに関して、若干の特徴的なものを見出したことである。第二のことについて要約的に述べておくと、「月にかけて」敍せられたものには二種あって、第一の類は、星が見える、花が咲く、鳥が鳴くといったもの、また、草を摘む、穀物を納める、豊年祭を催すといった、時候や行事を客観的に敍したものであり、第二の類は、「寒さのきびしい歳末を思うと……」、「今年の桑つみはこうだった（あるいは、来年の桑つみはこうしたい）。」、「わが農夫たちよ、この後……」といった、折にふれての心情の描写とか、感情のこもった呼びかけのような、主情的な傾向のものである。

七月の詩について、いわゆる「月にかけて」の問題を考える際には、右のような類別がなされなければならないが、津田、橋本の両氏とも、この点で不十分だったと思われる。両氏の議論は、ほとんどみな右の第二の類のものに対してなされたものであるが、それぞれ具体的に見たように、該当箇所の主情的な特質を「月にかけて」考えられなかった点に、最大の問題があったのである。だから、この詩における「月にかけて」の問題は、以上のように決着がついたとして、それとは別に、両氏の見出している「某月のこと」は、それ自体は十分に想定できることであるし、この詩の農時暦的な性格を考えるような時には、欠かせるわけにはいかないものである。年間の各月に属する客観的な事象を数えあげようとする場合、明らかに某月と言われているものはもちろんであるが、某月と言われてなくて、「某月のこと」だと見出し、数えあげる必要のあるものが、両氏によって指摘せられているからである。

## 二、七月流火について

### はじめに

詩経豳風七月の詩には、第一章の冒頭に七月流火とあって、続く二、三章のはじめにも、同文のくりかえしがある。この七月流火について、筆者は、その暦象記事としての特質を検討した結果、それがこの詩全体の構成に関して、ある重要な役割を担っていることを見出した。この詩には、夏正、周正の両暦にもとづく、年間を通した農事暦的秩序が見られるのであるが、この七月流火は、その秩序における重要な基準となっているものと考えられるのである。以下、そのような結論がえられたことについて述べてみたい。

この詩は、詩経諸篇の中にあって特異な存在であり、先学に多くの論考があることでもあり、そうした点を考えて、まずはじめに、二、三のことを前提として述べておきたい。

その一　この詩のすべての句は、あるいは単独に(例えば第一章の七月流火とか一之日觱發のように)、あるいは句群として(例えば第一章の二之日栗烈、無衣無褐、何以卒歳のように)、年間のどれかの月にかけて敍せられている。このことは、いわば毛、鄭以来の通説的なことであったが、近年、津田左右吉、橋本増吉の両氏は、これに疑問を提出し、いくつかの句については、否定する見解を示したのである。しかし筆者は、このことに関しては、両氏の見解に賛成しない(前節に詳述)。

その二　この詩には、いわゆる夏正、周正の二通りの暦が用いられている。このことも、毛、鄭以来言われていることであるが、津田氏には異論があり（夏正だけが用いられているとする）、それに対する橋本氏の批判もある（通説を支持）。このことについても、筆者は通説に従うことにしたい（前節、参照）。

その三　この詩の作られた年代についても、先学に多くの説がある。今ここでは、暦法史の上において、この詩における夏正、周正の併存状況が、どのように位置づけられているのかという点にかぎって見ておきたい。この点に関して参照せられねばならないのは、春秋経文の暦的事象を中心になされた諸研究であるが、新城新蔵氏は、春秋中期（文・宣の頃）に周正が新たに採用せられたものとし、橋本増吉氏は、新城説を批判しつつ、周正が春秋初期より用いられたとしている（新城氏、春秋長歴、東洋天文学史研究所収、一九二八、三一六頁。橋本氏、支那古代暦法史研究、一九四三、三九四・四二八頁）。そして前者には、籔内清氏（中国文明の形成、一九七四、五六頁）の支持もある。しかし、専門的な研究の範囲で、今日なお十分な結論が得られていないようであるので、ここでは、年代的なひろがりを認めながら、およその見当をもっておくことにしたい。

その四　この詩の主題はなにかという点についても、先学に多様な見解がある。また、津田氏には、当面のことに関係の深い、次のような指摘もある。

この詩の主題もしくは重要なる材料がよし年中行事であるとしても、これは決して年中行事の記録ではない。さうして詩である以上、その用語なり句の構造なりまたは表現のしかたなりに於いて、散文的記録と違ってゐるところがあるはずである。だからもしこれを年中行事の散文的記録と見なし、それによって何ごとかを考へようとするならば、種々の誤解がそこから生ずる虞がある。（「豳風七月の詩について」、東洋史会紀要Ⅰ、一九三六、ここでは全集第一六巻による）。

主題の問題について直接的にふれるのは、別の機会にしたいと思うが、ここでたしかめておきたいことは、この詩の主題をどのように見出すにしても、その基本となる要素として、農事暦的な諸事があって、しかもそれらは、まぎれもない（空想せられたのでない）事実としてあるのだという点である。この詩を根本的な意味で成り立たせている要素として、農事暦をふまえた諸事実（津田氏の言う年中行事は、この中に含まれる）があるということである。津田氏の指摘に関連して言えば、この詩は、農事暦的な諸事実を記録することそのものを主題としてはいない、が、この詩の全般にわたって数多く敍せられた農事暦的な諸事実が、この詩の形式においても、内容についても、重要な要素となっている点を強調しておきたいのである。そして、これからとりあげる七月流火の一句は、そうした農事暦的な諸事実の中に入ることはもちろんであるが、さらに同類の他のものには見られない、重要な性格をもっているように考えられるのである。

## （一）　流火について

七月流火の一句は、前にその一にも挙げたように、これだけで月にかけて敍せられた一単位であり、その点から言えば、独立のまとまりのある内容のものである。「七月」とあるのは、夏正による称呼であって、先学にも異論のないところであるし、これをひとまずきりはなして、まず「流火」について検討することにしたい。

まずこの流火の意味について、二、三の注解によって考えてみよう。毛伝は、「火、大火也。流、下也。」と言い、鄭箋は、「大火者、寒暑之候也。火星中而寒来暑退。故将言寒、先著火所在。」と言い、集伝は、「流、下也。火、大火、心星也。以六月之昏、加於地之南方。至七月之昏、則下而西流矣。」と言っている。第一に、この流火というのは、さそり座のなかご星（あかぼし）が、昏の時刻に、西方に傾いてかかった状態を意味するのである。このような状態、または地上からの見えかたは、もちろんこの星だけに限られたことではない。黄道帯を周行する星の場合、もっとも典型的に見かけられるのであるが、数多くの星が、こうした状態になるのである。これらの星の運行を地上から見ていると、南中の状態を頂点としてはさんで、黄道の湾曲に沿って東方から登ってきて、やがて西方に傾いて行き、落下するようなたどりかたをするのである。そうした状況の中で、一等星などの強く輝くものが特別に注目せられるのは当然のことであるが、この火（大火、心星）の場合、まさにそれに当るのである。きわだって赤く、強く輝くこの星が、西方に傾いてかかった状態は、非常に印象的なところがあったのであろう。それを「流火」と表現したのである。以下の文章においては、これを「大火が西流する」、あるいは「大火の西流」という言いかたをしたいと思う。第二に、この流火すなわち大火の西流は、天空に見られる顕著な事象を言い表わすとともに、地上においても、夏の暑気が退きはじめ、秋の冷気がやってくることを指示するものである。さらに、そうした時候の指示ということから必然的に、冬季に必要な衣服の準備をはじめとした人事（仕事や行事）について教示するものとなっているのである。この点を端的に表わしているのが、七月流火、九月授衣という二句のつながりとくりかえし（一、二章）とであろう。

以上のように、この流火の意味するものは、第一に、大火の西流という天象であり、第二に、寒暑の交代、あるいは秋冷の来訪という時候であり、第三に、その時候の要請する人事であるということになる。

ところでこの流火という用語は、先秦の文献において類例を見ない、特異なものである。そこで次に、このことをとりあげてみたい。この大火の星は、きわめて古い時代から、参星（オリオン座のみつぼし）と密接に関連づけて観察せられ、暦の基準として用いられたらしいが、文献について見ても、夏小正、呂氏春秋十二紀など、数多く記載せられている事実がある。にもかかわらず、この流火という用語は、この七月詩だけに特有のものなのである。

星象の観測ならびにその記録として、もっとも普通になされるのは、その南中についてであるが、この大火に関しても、初昏大火中（夏小正五月）、昏火中（呂氏春秋十二紀、季夏）というような記述を、諸書に見ることができる。だからこうした通例をふまえて、この流火に対する注解においても、さきに引用したように、鄭箋にしろ、集伝にしろ、まずこの星の南中のことにふれ、その上で西流について述べているのである。そこで、この流火の特異性をめぐって考えられなければならないことは、第一に、南中と西流との関係、特に両者の観測上における差違についてであり、第二に、この詩にかぎって、なぜ南中が用いられないで、西流ということが選ばれたのかということである。

第一の点であるが、集伝には、引用したように、六月に南中、七月に西流とあるから、両者の関係とか差違についての見解が、はっきりとわかる。毛伝、鄭箋の場合は、集伝ほど明快ではないが、小雅の四月篇の毛伝に、「六月、火星中。」とあるのを援用すれば、集伝と同様だと理解してよいであろう。これらによって考えると、この詩においては、大火の星が六月の昏に南中してから約一か月の後、すなわち七月の昏に、黄道帯に沿って約三十度ほど西方に移行した状態のことを、「流火」と表現したのだということになる。ただここで留意しておきたいことは、またこのことは、後にとりあげるのであるが、「七月流火」という場合、それは、七月になったので大火が西流するというよりか、より根本的には、大火の西流するのを見て、今は七月だと確信することなのである(橋本増吉氏、前掲書四〇二頁参照)。

第二の点、すなわち南中でなく、西流が選ばれた理由についてであるが、それには、およそ次のようなことが考えられる。この問題には、南中か西流かということの前に、なぜ大火の星が選ばれたのかということが、より本質的な問題として介在している。そしてこれは、この詩に夏正、周正のふたつの暦が用いられたこと、その際、両者それぞれに独特のありかたが要請されたことに起因しているのである。大火の星は、全く必然的なこととして、夏正のほうの暦的基準として選ばれたのである。

この大火に基準を求めるにあたって、その南中をあてたのでは、六月(季夏)となるので、ここでは適当でなかった。歳首（正月）に対置せられる七月（孟秋）が、また必然的に基準として定められ、それに合わせて、大火の西流ということが選ばれたのである。

以上、流火ということをめぐって検討をこころみてきたが、ここで、その対象の範囲を、この詩の全体にひろげなければならなくなった。そこで、項を改めて、先に進んでゆきたいのであるが、そのための資料（別表B）を一括して掲げておくことにしよう。（次頁参照）

この詩における暦の用いられかた、特に暦的基準について考えるのであるから、年間の各月について、星象、気候とか草木鳥獣などの態様とかいった、暦に直結するものが中心になることは当然である。この中心資料になるものを、ここでは「時候」とまとめて呼ぶことにしよう。ところが、農事暦の主な構成要素には、この「時候」と並んで、いまひとつ行事があり、しかもこの両者は、常に相即的な関係にあって、分別して見ることのできないところがあるのである。時候だけを表記しながら、同時に行事をも示し、あるいはこの逆もあり、というような場合がよくあるのである。（第一章、第一節の（一）・（三）参照）。さきに「流火」の意味内容について、二、三の解釈に従いながら、時候と行事との両方にまたがって理解したのであるが、それは、この流火にも右に述べたような特質がそなわっているからである。

しかし、そうしたことを考慮しながらも、この詩の各月において直接的に表記せられている「時候」を重視して、当面の問題を検討することは、けっして不当なことではないと思う。そこで資料（別表B）として、第一に「時候」を挙げ、第二に、行事として表記せられたもので、時候の用語を含むものを挙げることとし（前述のことを考慮して、第一のものに準じて扱う）、なお参考までに、第三として、行事だけを表記したもの（時候の用語を含まないもの）を挙げておくことにする。つまりこれで、この詩における農事暦的な諸事実が、すべて挙げられたことにもなるのである。

〔別表B〕

| 周正 | 夏正 | 「時候」 | 行事～時候 | 行事 |
|---|---|---|---|---|
| 一之日（2） | | ○觱發 | | ○于貉 ○取彼狐狸（爲公子裘） |
| 二之日（3） | | ○栗烈 ○卒歳 | ○鑿氷沖沖 | ○載纘武功…于公 |
| 三之日（2） | | | ○納于凌陰 | ○于耜 |
| 四之日（2） | | | ○獻羔祭韮 | ○擧趾 ○饁彼南畝 |
| | 春日（2） | ○載陽 ○有鳴倉庚 ○遲遲 | ○女執…柔桑 ○采蘩祁祁 | |
| | 蠶月（1） | | ○條桑…女桑 | |
| | 四月（1） | ○秀葽 | | |
| | 五月（2） | ○鳴蜩 ○斯螽動股 | | |
| | 六月（2） | ○莎雞振羽 | ○食鬱及薁 | |
| | 七月（7） | ○流火 ○流火 ○流火 ○鳴鵙 ○在野 | ○亨葵及菽 ○食瓜 | |
| | 八月（6） | ○萑葦 ○在宇 | ○其穫 ○剝棗 ○斷壺 | ○載績 ○載玄載黄（爲公子裳） |
| | 九月（6） | ○在戸 ○肅霜 | ○叔苴 ○采荼 ○薪樗 | ○授衣 ○授衣 ○築場圃 |
| | 十月（5） | ○隕擇 ○蟋蟀入我牀下 ○改歳 | ○穫稲 ○納禾稼 ○黍稷重穋 禾麻菽麦 ○（于茅） | ○穹窒熏鼠 ○塞向瑾戸 ○爲此春酒 以介眉壽 ○（上入…乘屋） ○（其始播百穀） ○滌場 ○朋酒…無疆 |

注1　各月に（　）で示した数字は、それぞれの月が、この詩の中に出てくる回数である。なお、春日、蠶月については、順に二月、三月のことだと見ておくが、従来、諸説の存するところである。（前節、五二頁参照）

注2　○印ごとに独立した資料である。中途省略（…）のものがあるが、資料として見やすくするためと、資料として直接関係がないためである。

注3　この節の最初に述べた前提に従って、すべての項目が、それぞれ右端の月に属するものとしてある。ただし（　）を付した六項は、それぞれの月にかけて叙してはあるが、行事としては他の月に属するもので、例外として扱わなければならない（前節、五七・五八頁、六〇頁以下参照）。しかし、いずれも行事であるから、主として時候を見ようとしている今の場合、いちおう支障のないものである。

## （二）　流火と七月

前の項で流火ということをとりあげ、この特異な用語が、なぜ選ばれたのかという点について、およその見当をつけるところまできたのであるが、この項では、整理してまとめた資料（別表B）を用いながら、見当をつけたことがらを吟味してゆきたいと思う。

別表Bを見ると、周正、夏正のすべての月について、その称呼、用いられた回数、そして年間を通しての次序がわかるのである。ただし注としてふれておいたように、春日、蠶月については諸説があって、なお明確でない点が残っている。しかし、それはそうであっても、これらを夏正に属するものと見ることには問題はなく、また年間を通しての次序も、表におけるものと異なってくることもないことを、ここでたしかめておきたい。

ところで、この詩におけるように、複数の暦が用いられることになった場合、暦の本来の性格からして、どの暦も、まったく対等に用いられるということはありえないのである。そこで、このような当然の要請を背景として、この詩においても、周正、夏正の両暦の間に、どちらが主導的なありかたをするかということが、具体的に見られるのである。

そのもっとも順当な箇所として、また直接的に述べられているのが、歳末、歳首あたりについての状況である。暦である以上、なにを、どの時点をその基準とするかということは、もっとも重要なことがらであるが、それとして第一に考えられなければならぬ歳首に関して、この詩では、次のような叙せられかたがしてあるのである。第一章に「卒歳」とあり、またそれを受けたものとして「三之日」とある。この場合の月の称呼は、周正によるものであるが、ここで述べられてあるのは、夏正の歳末、歳首のことである。これに対して第四章には、「十月」に接続して「一之日」、「二之日」とあり、また第五章には、「十月」にかけて「改歳」と言われている。したがってここには、周正の歳末、歳首が見出されるのである。

これらふたつの歳首は、約二か月をへだてたものであるが、双方ともに、歳首として認められていることはたしかである。そして、このような暦的基準をもつ両者が、対等な関係を保つことはできないので、どちらかが主導的な地位を占めることになっているはずであるが、そのことは、どのようにして究明すべきであろうか。それは、もちろん第一に、今とりあげている歳首においてどうかということであり、第二に、年間全体を通して、総括的に検討することである。

第一の点に関して注目しなければならないのは、ふたつの歳首を含む四か月が、単一に周正によって敍せられている点である。そのうち周正の歳首は、一之日(＝一月)と言われ、夏正のは三之日(＝三月)と言われている。歳首＝一月という通念があって、周正の場合は一之日＝一月＝歳首となるから、全く問題はないけれども、夏正の場合は、三之日＝三月→(夏正の)一月＝歳首としなければならないので、かなり強い抵抗感がもたれるのである(橋本氏前掲書、四〇三・四〇四頁参照)。ただし周正の立場からすれば、この三之日というのは、一、二、三、四と順に言われた中に入っているのであるから、抵抗感など全くないのである。このように見てくると、歳首を含む四か月間においては、周正のほうが主導的な地位を占めていることは明らかである。(なお橋本氏は、この詩に見られる周正を、この当時の公式の暦、すなわち公的には夏正より優位に立つものであったとしている。前掲書、四〇二・四〇三頁)

では第二に、年間全体を通して見た場合はどうであろうか。まず各月の称呼、用いられた回数といった形式的なものについて、両暦の状況を見ると、次のようになっている。

(1) 周正の各月は、四か月にしか及んでいないのに対して、夏正の各月は、九か月にわたって用いられている。

(2) 周正の各月の回数を合計すると九であるが、夏正の合計は三十三である。また、両者の間のこのような大差は、(1)に挙げた、四か月と九か月という関係を考慮に入れても、容易には埋まらないのであるが、それは、夏正の七、八、九、十の四か月が、そろって多い回数であることがあるからである。

(3)　周正の場合は、総数九の全部の月に特異な称呼が用いられているのに対して夏正の場合は、三十三のうち三十までに、ごく普通の称呼が用いられている。

つぎに、右に見たような形式的な面でのことを考えに入れながら、各月の内容に立ち入って、検討を加えてみたい。（検討を加える順序として、年間全体についてであるから、歳首が第一に挙げられなければならない。しかし前述のように、歳首についてはすでに検討してあるから、ここでは、歳首以外のものから始めることになる。）

## 1　七月について

七月には、七項目の時候が見られる。この数は、どの月とくらべても、もっとも多いものである。そしてその内訳は、星象、鳥、虫、植物と多様であって、農事暦における基準のそなわりかたでは、他の月に例を見ない、充実したものである。またこの七月には、別表Bに見られるように、行事だけの内容のものは、ひとつもない。このように見ると、この七月の内容は、時候の表示を主要な特色としたものであって、農事暦の基準にあたる性格のものに限定せられた趣さえ感じられるのである。

しかも、このような特色に関してとくに注目せられるのが、流火の一項である。この流火の意味などについては、前に述べた通りであるが、今ここで重要だと考えられるのは、第一に、この流火が、この詩における唯一の星象記事だということであり、第二に、この流火が、この詩の一、二、三章といずれも冒頭に反覆して用いられていることが、他に例を見ないことだという点である。（反覆表現としては、この詩には、行事の中に九月授衣があるだけで、時候の中では、この流火が唯一のものである。）

以上のように、七月という月には、流火を中心とした独特の性格をもった内容が見られるのであるが、それは、この詩において、歳首の各月をのぞけば、他のどの月にも見ることのできない、確乎とした暦的基準となるものであった。この詩の作られた年代においては、星象が、すでに暦法の第一の基準となっていたことはまちがいないので、唯一の星象である流火の重みは大であって、七月という月が、たとい一年の中間に位置するものであっても、基準としての価値は、ここでは十分に認められるのである。

## 2　七月～十月について

さきに、年間の各月について、称呼などの形式的な面について見たが、そこで感じられたのは、いくつもの点における、夏正の優位といったことである。これらの各点は、客観的な事実にもとづく指摘であり、それから感じたことも、ごく自然なことであると思う。しかし、確実なことに思えるこれらのことも、各月の内容にもとづいた根拠が与えられなければ、けっして十分だとは言えない。冒頭にかかげた津田氏の意見を想起しただけでも、当面の問題に対して、きわめて慎重でなければならないからである。

周正、夏正のふたつの暦にもとづく、年間各月を通した秩序の存在することはたしかであり、避けることのできない要請を背景として、いずれかの暦が、主導的なありかたをしていることも、まちがいのないことである。そのいずれかということは、やがて見出されるのであるが、いずれにせよ、それぞれの暦の基準は、周正については歳首、夏正については歳首と七月、このようにたしかめてある。

これだけのことを確認しておいて、別表Bに見られる時候の様相を検討することにしたい。まずひとつ、春日におけるものが目にとまる。これらの五項目は、この月の時候をよく表示しており、農事暦の構成要素として十分な意味のあるものである。しかし、ここで主として考えている、年間全体の秩序のありかた（特に年間全体の秩序の基準の問題）に対して、春日の五項目が、どのようにかかわっているのかという点では、これといった顕著なものを見出せないのである。春日の称呼そのものは、蠶月とならんで特異な存在にちがいなく、そうした点を中心として、当面のことに関しても、興味を感じることがないでもないけれども、ここで積極的にとりあげることは控えておきたいと思う。

次に、七月から十月までの四か月における時候の様相が目にとまる。このうち七月のものについては、さきに考えたのであるが、ここでは、各月ごとのことでもありながら、むしろ四か月を通して認められることについて述べてみたいのである。これらの四か月については、さきに形式的な面において、そろって回数の多いことに注目しておいたが、表に見られるように、時候の項目が、やはりそろって多数であることに、まず気づかれるのである。この四か月よりほかの各月に目をやると、春日を除いて、時候の項目は、一、二を数えるにすぎないのであるから、このことは注目すべき事象だと言える。

さらに、これら四か月の時候の各項を月ごとに見てゆくと、さきに見た七月の場合が、最もよく整っていて、他の三か月は、七月には及ばないけれども、時候の表示を見るのに、そう不足だとは思われない。これを、一、二の項目しかない、他の多くの月の場合と比べるならば、よく整って見えることは論をまたないのである。また、在野（七月）→在宇（八月）→在戸（九月）→入牀下（十月）と、この四か月を通して、時候の表示という点において信頼度の高い蟋蟀の生態を叙してあることは、特に注目せられなければならないであろう。各月それぞれの時候表示は、この一連の表示によって、年間全体とのかかわりにおいて、非常にたしかなものとなり、これら四か月以外の各月に対して、暦的な重みを増してくるのである。

年間全体の暦的秩序に対して、周正、夏正のいずれが主導的な地位を占めているのか、この問題を終結してよい段階にきたと思う。歳首における周正の主導的地位は、たしかめられた通りであるが、以下にまとめられるように、年間全体を通して見た場合には、夏正のほうが、主導的な地位を保っているのである。冒頭に前提として述べておいたように、ここの年間全体というのも、具体的に言うと年間の各月を唯一の単位としたものであって、それらのつながりの総体であるとの認識のもとに、検討せられなければならないが、そういう年間全体ということで、まず形式的な面で言うと、夏正の占める期間は九か月に及んでおり、用いられた総数は、周正の九に対して、夏正は三十三であり、その称呼は、周正がすべて特異なのに対して、夏正は、ほとんど全部が普通のものである。これらは、月を唯一の単位として考えるこの場で、夏正の主導性を卒直に示すものだと言えるであろう。称呼の点について少し考えておくと、夏正の各月のほとんどが、ごく普通に表記せられてあることは、ここでは重要な意味をもつ。ごく普通に表記せられた夏正の各月が数多くある一方、周正の各月の場合、数少なく、しかもすべて特異な表記となっていることは、第一に、歳首において周正が優位を保っている状況を、そこに局限させ、顕著にさせており、第二に、年間全体のひろがりにおいて、夏正の主導的な状況を、顕著に示しているように思われるのである。

次に、各月の時候を中心として検討した、内容的な面についてまとめてみたい。年間を通しての暦的秩序に対して、当面の問題の範囲で深いかかわりをもつものは、歳首を除いた場合、七月と、七月から十月までの四か月間とであった。歳首に関しては、周正の主導性が見出されてあるので、ここではそのままとして、七月以下の場合、結局何を示すのであろうか。唯一の星象である流火を中心として認められる、七月の確乎たる基準性は、他の月の追随を許さない独特のものであった。暦の基準といえば通例歳首であるのだが、それがこの詩では、周正のと夏正のと、ふたつある。対等の基準ということはありえなくて、周正の主導的な役割がそこにあるのだけれども、歳首がふたつということは、依然として事実なのであって、基準のあるべき姿としては、なにか割り切れないものを残しているのである。このような歳首の状況に対して、七月の存在はきわめて印象的である。特にその基準性のたしかさにおいて、歳首のそれに割り切れなさがあるだけに、七月という中間的な存在であるにもかかわらず、年間全体の暦的秩序の中心だと考えてよいほどに感じられるのである。

七月から十月までの四か月間における時候の表示するものは、年間全体の暦的秩序に対する、非常な重みのあるものである。年間の各月を、農事暦におけるそれとして支える時候記事は、この四か月を除く他の月では、一、二を数えるに過ぎない（春日を例外とする）。それらはもちろん、それなりに役割を果たしているのであるが、それに対して、これら四か月に見られる顕著な特色は、なにか特別の役割を示すものと考えるのが順当であろう。特別の役割というのは、前に見た七月の高い基準性、その七月以下の四か月における時候の豊富さ、さらに蟋蟀による一貫した時候表示、これらを主な根拠とした、夏正の秩序の強調ということである。そしてこの点を、前に形式的な面で予測した夏正の主導性と関連づけてみると、両者あいまって、夏正の主導性を決定的なものにしていると言うことができるのである。

周正、夏正のいずれが主導的な地位を占めているのか、またその際における、基準はどのようであるのか、この節で、これまでに主として検討してきたのは、これらの問題についてであった。その結果は、いわば二重構造的な主導性と、基準のありかたというようなことであった。年間全体を通してという点では、夏正のほうが主導的な地位を占めており、その基準は七月におかれてあった。（夏正には、もうひとつの基準である歳首＝一月があるけれども、年間全体に対する基準としては、七月に譲った形になっているのである。）一方、歳首あたりの四か月間にかぎってという点では、周正のほうが主導的であって、その基準は、いわゆる周正正月であった。今、これらの結果を正しいものと認めた上で、次の段階に進んでゆきたいと思う。

右に得られた結果について強く感じられることは、暦とその基準とのありかたにおける異常さ、特異さということである。そこでその特異なことのひとつ、七月流火について、なぜ右に見たようにならねばならなかったのかを考えてみたいと思う。

この詩の暦的秩序において見られる、二重構造的な主導性は、必然的に、次のような問題状況をひきおこしていた。それは第一に、歳首に関して、ここだけに限定した形で、周正が主導的な地位を占めたために、夏正の歳首は、明確にそこに叙せられてありながら、年間全体に対する、確乎とした暦的基準とはなりにくいものになったということ、そして第二に、年間全体を通して主導的な地位を占めている夏正は、歳首の事情はそれとして、その地位を支えるのにふさわしい、確乎とした基準を必要とし、それが求められたということである。

暦の基準として、古くから最も有力であった参と大火とが、ここでも想起せられたことは、全く当然のことである。有力な暦的基準としては、古く、斗（北斗七星）もあったのであるが、斗は周極星であるので、今の場合、参や大火といっしょに考えられないところがあり、したがって、黄道帯を周行する星座としては、参と大火とは、暦的基準としてほとんど絶対的な存在だったと言ってよいのである。また、前に述べたことでもあるが、これら参と大火とは、それぞれ独立した基準であることはもちろんであるが、年間をほぼ二分する位置関係にある、そういう呼応した基準という特色をもつものであった。そういう参と大火とが、この詩において、暦的基準として関与するのであるが、さきに挙げた問題状況と関連して、参のほうは、表面上、なにもないような形をとられなければならなかったのである。夏正の年間に対して、参（昏の南中）は孟春（一月）を指示し、大火（昏の南中）は季夏（六月）を指示する。したがって、暦的基準としては、歳首を指示する参のほうが第一に挙げられなければならないことは言うまでもない。ところがこの詩における夏正は、歳首あたりにかぎって、主導性を周正に譲っているので、そのような状況に大きな影響を与えるものは避けられなければならなかったのである。この場合、参による夏正の歳首の指示は、夏正の主導性を強く主張するもので、周正のそれに対抗するほどのものなのである。このようにして、参と、参の指示する夏正の歳首とは、この詩においては、暦的秩序の特別な事情によって、表面上は直接それと表記せられないこととなったのである。そして前に見てきたように、夏正の歳首は、たしかにそれと認められるのではあるけれども、用語としては三之日というような、周正の歳首に主導性を譲ったものとなっているのである。

それでは、歳首において基準の表示を抑制しなければならなかった夏正としては、年間全体に対して主導的な地位を占める存在として、どんな基準のもちかたをしたのであろうか。歳首以外に基準が求められなければならなかったこと、年間全体に対して確乎とした基準となりうること、これだけの条件を満たすものとしては、大火よりほかに、ほとんど考えつかなかったであろう。大火と対をなす参が、ここでは特別の事情があって表面には決して現われないのであるが、そういう歳首での特別な事態が、問題の基準に関して大火が選ばれなければならないことに、深く結びついているのである。この詩における暦的基準としての大火は、(表面には現われていない)参と呼応して、年間全体に対するその役割を果たしているのだと言わなければならないのである。

隠された基準とも言うべき参の指示する歳首(一月、孟春)に呼応して、大火の場合、通例、六月(季夏)を指示するものとせられている。通例というのは、昏の南中をとることであるのだが、今の場合、その通例に従ったのでは、非常につごうの悪いことが起こるのであった。それは、この通例によって指示される六月(季夏)が年間全体の中心的な基準とされることは、ほとんどできないことだったからである。今の場合、もっとも優先することは、年間全体を通しての確乎たる基準の設定であるが、それを参と大火との呼応関係によって求めなければならないのであるから、この点からすれば一月(孟春)と七月(孟秋)という組み合わせのほかには、適当なものはありえないのである。参との呼応関係を保ちながら、年間全体に対する基準として大火は選ばれたのであるが、参のほうは、どこまでも隠された形となったままで、表面的には、大火が単独に基準となることになって、そこで七月(孟秋)ということが決定的になったのである。

星象を観測し、それを記録するにあたって、もっとも普通になされたのは昏の南中ということであり、暦象記事となれば、ほとんど通例として、昏の南中は定着していたはずである。だからこの詩において、暦象記事ということで、いわば正面きって、こうした通例を破るということは、よほどの理由がなければならないはずであるが、それが、前述したような、暦的基準としての七月が定められたということであった。大火を用いて、暦的基準としての七月を指示する、このことが、流火ということばを、独特のありかたのものとして、この詩において生み出させたのであった。七月流火と言えばごく普通には、「七月には」、あるいは「七月になったから」に続いた、「大火が西流する」と理解せられる。もちろんそれは誤りではないが、より正確には、「大火が西流する」、だから「今は七月だ」ということなのである。この詩の作られた時代の暦は、どの暦を用いたとしても、人々における現実の各月は、年ごとにゆれ動いた。ほぼ三年の間隔で閏月を置いたことが、そのことを端的に示している。そうした、年ごとにかなりの幅でゆれる各月に対して、「今は某月だ《ほんとは某月のはずだ》」と確信させる暦的基準は、非常に重要な役割をもつものであった。だからこの詩の七月流火は、唯一の星象である流火（大火の西流）に依拠して、年間全体に対する暦的基準としての七月を、確乎としたものとして設定するという、農事暦における最大の役割を担ったものだと考えられるのである。この一句が、第一章、二章、三章にわたって、それぞれの章首に反覆して用いられていることも、その重要な役割を強調したいという意図の、ひとつの表われだと考えられるのである。

# 第三章　呂氏春秋十二紀と礼記月令篇

ここに呂氏春秋十二紀と称しているのは、紀元前二三九年に編纂せられたと言われる呂氏春秋十二紀の各首篇のことであり、礼記月令篇というのは、漢の武帝時代には存在していたとせられる礼記の一篇であり[1]、鄭玄が、「本呂氏春秋十二月紀之首章也（月令孔疏引）」と言ったものである。以下この章においては、特に断らない限り、右のような意味で、十二紀、月令篇という呼び方をすることにする。

従来の通説では、鄭玄の見解を中心として、十二紀と月令篇との関係は、後者が前者を、ほぼそのまま踏襲した

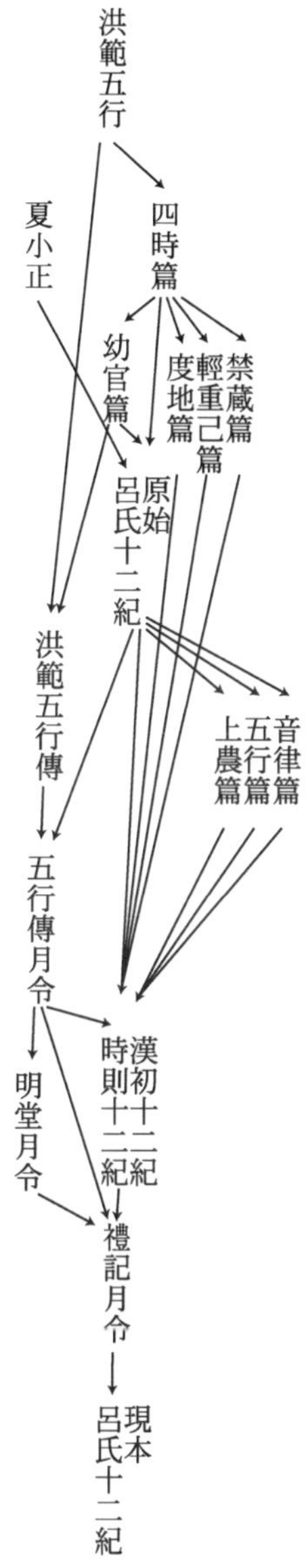

と見られているのであるが、近年、島邦男氏は、「五行思想と礼記月令の研究」（一九七一）において、前頁に引用したような新説を述べられた(2)（一二七頁）。

島氏が挙げられた篇章に限らず、中国上代における書物や篇章について、成立年代や伝承の問題を追究することは、具体的な、実際的な局面においては、非常に困難な事柄である。しかし同時に、この種の問題は、研究者にとって非常に重要な事柄であるので、島氏の所説を考慮に入れながら、若干の考察を試みたいと思うのである。

前掲の関係図において、島氏は、「原始呂氏十二紀」（紀元前二三九、呂氏春秋成立時のもの、前引書五七・五九頁）、「漢初十二紀」（淮南子時則訓と同じ、一一七頁）なる篇章を挙げておられるが、もちろんこれらは、島氏が仮設、仮称せられたものである。これらの篇章は、島氏の所説においては、重要な位置を占めているものであり、仮設、仮称せられるだけの意味もあるものである。しかしこの章では、そうした点はしばらく措いて、清朝人の考証を経た十二紀、月令篇を、あるがままの姿で見て、両者の間における問題点を見出し、検討してみたいと思う。十二紀については、許維遹の呂氏春秋集釈の本文を用い、月令篇は、十三経注疏における経文を用いることとする。

十二紀と月令篇の本文を照合すると、約四百四十の相違箇所が見られる。多数の相違箇所であるが、そのほとんどは、実質の意味においては異なるものではない。例えば孟春に、

太蔟—大蔟、候鴈北—鴻鴈来、宿離不忒—宿離不貣、（いずれも前者が十二紀）

とあるが、大半はこうした異同であり、中には、やや複雑な相違箇所もあるが、ほとんどのものは、通説が、十二紀と月令篇とを実質において同一のものと見做し、後者が前者をほぼそのまま踏襲したとする、その範囲に入るものである。

しかし、両篇には、数少ないけれども、右の範囲に入れることのできない相違箇所がある。そしてこれらの箇所について、島氏の指摘や意見があるが（前引書、二二六頁以下）、この章では、島氏の見解を考慮しながら、両篇の関係

についての考察を試みたいと思う。

## 一、飭死事（月令篇、仲冬の月）をめぐって

これについて島氏は、

時則・呂氏には存せず、礼記月令だけに存するものには「飭㆑死㆑事」の一句があり、これは仲冬の「其器閎以奄」の次に記されている。其器の次に句を挿入してゐる例は、この他に仲夏に「其器高以粗、養㆓壮佼㆒（呂氏は養壮狡に作る）」とある以外にはなく、これは文意を成すが、右は文意を成さず衍文である。（前引書、二一六頁）

と述べておられる。

しかし先学の多くは、この飭死事を衍文と見ていないし、また孫希旦氏のような、

仲春物始生、故存諸孤。仲夏物方盛、故養壮佼。仲秋物已成、故養衰老。仲冬物皆藏、故飭死事。（礼記集解、仲春、存諸孤の条）

という優れた見解も存する。島氏が衍文とせられる根拠は明確でないが、もしその可能性があるなら重大なことになるので、少し突っ込んだ吟味を試みたいと思う。

それには、島氏も一部言及せられた「其器……」に後続する記述を、十二の月すべてについてみるのが適当である。ただし、孟春、孟夏、孟秋、孟冬の各月については、今の場合、除外せられてよい。これらの月のどれも、「其器……」に後続するものは、全く同型の表現で、いわゆる四立の行事に関することが述べられているからである。

そして残る八か月の関係箇所は、次の通りである。

(1) 仲春。其器疏以達。是月也安萌芽、養幼少、存諸孤。
(2) 季春。其器疏以達。是月也、天子乃薦鞠衣于先帝。
(3) 仲夏。其器高以粗。養壮佼。
(4) 季夏。其器高以粗。命漁師、伐蛟取鼉登龜取黿。
(5) 仲秋。其器廉以深。是月也、養衰老。授几杖、行糜粥飲食。
(6) 季秋。其器廉以深。是月也、申厳號令。
(7) 仲冬。其器閎以奄。飭死事。
(8) 季冬。其器閎以奄。命有司、大難。旁磔、出土牛、以送寒氣。

島氏の指摘にもあったが、(3)と(7)とは、表現のしかたがほとんど同型である。筆者は、さらに(1)、(5)も、ある意味では、(3)、(7)と同型、同類のものと見てよいと思う。それぞれの主文を辿ってみると、(1)安萌牙、養幼少、存諸孤。(3)養壮佼。(5)養衰老。(7)飭死事。というように、表現の型、また内容も、一連の関係にあることが明らかであるからであり、鄭注も、(1)には助生氣也、(3)には助長氣也、(5)助老氣也、(7)飭軍士戦必有死志、と述べて、(7)について変化があるものの、四者の対応関係を明確に看取しており、前引の孫氏の場合は、もっと明確に対応関係を認めていた。

十二紀や月令篇のような、時令(月令)を述べる篇章の根本に、例えば春夏秋冬のような、自然界の運行、様相に順応しようとする思想のあることは、周知のことであるが、そうした中で、春＝生、夏＝長、秋＝収、冬＝蔵の用語とあり方は、最も代表的なものとして、これらの篇章の随所に見られるのである。(1)、(3)、(5)、(7)の記述は、この一連のあり方に沿ったものであるが、さらに鄭注の用語に従って、生、長、老、死とも表現することができる。草木を始め、生命あるものが、自然界において年ごとにこの一巡を繰り返すのに対して、最も素直に人事を順応させようとしたものと考えられるのである。

これら(1)、(3)、(5)、(7)のほかに、(2)、(4)、(6)、(8)と関係箇所を挙げたけれども、この四者の場合は、右に概観した(1)、(3)、(5)、(7)における関連に対して、表現の型からも、内容的にも、直接にはつながらない。もちろん広い意味では、この四者も、生長収蔵のあり方に沿ったものであるが、ここで問題としているのは、より具体的な、明確な関連であることから、これらを同列に扱うことはできないのである。

以上の概観によって、月令篇における(1)、(3)、(5)、(7)の関連は了解できると思うが、島氏の主張が、この中の(7)を衍文とするものであることから、その可能性を否定するには、もう少し具体的な吟味を必要とするように思われる。

前に触れたように、(3)と(7)とは、表現上ほとんど同型であるが、(1)と(5)も実質的には(3)、(7)と同型であり、一連の関係にあるものである。今(3)と(5)とを比べることから始めると、養壮佼と養衰老とがそれぞれの主文であって、両者の表現のしかたは全く同型である。(3)の場合は、養壮佼のほかには何もなく、これだけで行事の性格を端的に表明しているのであるが、(5)の場合も、ほかの字句がありはするけれども、養衰老が主文であって、これが行事の性格を端的に表明している点は、(3)の場合と全く同様である。

(5)の場合は、まず養衰老と述べて行事の性格（主旨）を表わし、続いて授几杖以下で、行事内容の主なものに具体的に触れているのである。したがってこれら授几杖以下に相当する記述は、(3)の養壮佼の後にも当然あってよいものであり、現実には全く記されていないが、養壮佼の場合にも、授几杖以下に相当することが、主な行事内容としてあったのである。つまり(3)と(5)とは、具体的な行事内容についての記載の有無という相違があるけれども、これらは見かけ上の相違に過ぎないものであって、養壮佼、養衰老という、両者を代表する主文は、全く同型の表現をとり、密接な関係をもつ行事の性格を述べているのである。

以上のように、(3)、(5)、(7)はいずれも、主文の表現がほとんど同型であり、三文字からなる一句であり、密接に関係し合う行事の性格を述べているのである。三者の簡単な意味は、(3)（仲夏の月に）青年たちの中で、身体がたくましく大きく、また容姿がりっぱで美しい者を、養成することに心がける。(5)（仲秋の月に）老衰した人びとを、いたわり、奉養することにつとめる。(7)（仲冬の月に）国家の大事である戦争において、兵士たちが必死の覚悟をもつように勧め戒める。[3]というほどである。

次に、このような(3)、(5)、(7)に(1)を加えて考えてみたい。この(1)の場合は、三文字から成る同型の句が、三つ並列せられている。鄭注は、三句をまとめて「助生氣也、」とだけ言っているが、孫希旦氏が、

萌牙、植物之始生者。幼少、動物之未成者。幼而無父、曰孤。（礼記集解）

と言うように、より具体的には、すべて生命あるものの幼弱者をいたわり、養育することに心がける、というものである。植物、動物、人間と、生命あるものすべての始生の気に対して、前述のような、生、長、収、蔵（もしくは生長老死）のあり方から、十分な関心をもち順応してゆこうというものである。

この(1)を(3)、(5)、(7)と比べた場合、(1)だけが三句から成る主文という点で異なっているようであるが、実質的には異なるものではないのである。(1)、(3)、(5)について、鄭注が、

助生氣也。助長氣也。助老氣也。

と言っているのが示すように、(1)、(3)、(5)、(7)のいずれもが、時令（月令）の基調にある生長収蔵（もしくは生長老死）のあり方によるもので、人事はもとより、自然界における生命あるもの、活動、運行するもの、陰陽などの活力、活気のようなものまで包括して述べられているのである。こうした状況の中で、(3)、(5)、(7)の場合は、表現上あるいは直接的には、人事だけを挙げているのであり、(1)の場合は、植物、動物、人間と広く生命あるものを挙げたことから、両者の間に具体的な意味内容としては差異が生じることになったのである。したがって両者の間には、見

かけ上の相違があるだけで、生長収蔵（もしくは生長老死）のあり方による一連の記述だという点では、全く相違ないと言ってよいのである。

以上のように、月令篇における(1)、(3)、(5)、(7)は、仲春、仲夏、仲秋、仲冬と四時の仲月を連ねていること、それぞれの主文は、すべて三文字のほとんど同型の句で表現せられていること、そして、生長収蔵もしくは生長老死のあり方にもとづく、自然界の運行、様相に順応する行事であること、このような一連の関係を保って記載せられたものである。

これを現在の十二紀について見ると、(1)、(3)、(5)はほとんど同一のものであり、(7)だけが全く見えないという状態になっている。このことは、これまでの考察からすれば、十二紀にも(7)すなわち飭死事が記載せられていた（これら一連の記述については、十二紀と月令篇とは全く同様であった）ことを示し、現在の十二紀にそれが見えないのは、伝承の過程で脱落したことを示しているものと考えられる。

前引のように島氏は、月令篇の飭死事＝(7)を衍文だとせられるので、結果的に、十二紀、月令篇とも、(1)、(3)、(5)という記載のされ方が正当だと説かれたことになる。しかし前述のように、(7)を欠いては、これら一連の記述は成り立たないのであって、(7)を衍文と見るべき要因はないように思われる。

結局、飭死事をめぐる十二紀と月令篇との相違は、十二紀における単なる脱落ということであるので、実質的には相違はないことになるのである。もし相違の可能性があるとしても、それは、従来の通説が、両篇を実質において同一のものと見做した、その範囲に入るもの（文字の異同程度）であって、改めて問題とすべきものではない。

## 二、時令の遵守と恩恵の記述

(1)　行之是令、而甘雨至三旬。（季春紀）
(2)　行之是令、而甘雨至三旬。（孟夏紀）
(3)　行之是令、是月甘雨三至三旬二日。（季夏紀）
(4)　行之是令、而涼風至三旬。（孟秋紀）
(5)　行之是令、白露降三旬。（仲秋紀）
(6)　行之是令、此謂一終、三旬二日。（季冬紀）

右の(1)～(6)は、すべて十二紀のものであり、すべて月令篇には見られないものである。これらの記述について考察するには、例えば(1)の文に後続する、

(7)　季春行冬令、則寒氣時發、草木皆肅、國有大恐。行夏令、則民多疾疫、時雨不降、山陵不收。行秋令、則天多沈陰、淫雨早降、兵革竝起。

という記述を同時に取り扱う必要がある。また(7)として挙げたのと同型、同類の記述が、(2)～(6)のすべてに後続して見られ、さらに他の六か月にも見られる。つまり(7)と同型、同類の記述は、十二紀のすべての月の末尾に見られるものである。そしてまた、月令篇の十二の月のすべてにも、全く同様に見られるのである。

(7)として例示した記述は、いわゆる天人相関（感応）思想にもとづくもので、時令（月令）を述べる篇章に頻見し、違令と災害（災異）、すなわち時季に合わない政令を行うことによって、種々の災害（災異）が起るという内容のもの

である。確信をもって述べられるこれらの事項は、時令（月令）が、自然の様相、推移に忠実でなければならない、忠実であることによってのみ、天下、国家におけるすべてのことが、順調に維持、運営せられるということを、「もし忠実でなかったならば」との仮定のもとに、忠実でないあり方を禁止することによって保障したものである。

時令（月令）を述べる篇章において、時令（月令）の遵守という根本的なあり方を、遵守違反の禁止という形で保障しようという方向に対して、(1)～(6)のものは、「もし忠実であったならば」として、その必然的な結果としての自然の恩恵を保証したものである。(7)の類の記述と(1)～(6)の記述とは、天人相関（感応）思想に基づく時令（月令）の遵守と恩恵ということを、いわば表裏の関係を保ちながら強調したものである。

年ごとの自然の様相、運行に順応して、時令（月令）が遵守せられるという人間社会の営みが、相関（感応）的に自然のあり方に影響を及ぼして、自然からの恩恵が得られるとする呪術的な思想、信仰は、時令（月令）を説く篇章に普遍的な、根本的な事象であるが、(1)～(6)の記述は、そのことを最も端的に表明しているものである。

ここで(1)～(6)の具体的な意味内容を考えてみたい。まず(1)～(6)のすべてが、行之是令の句で始まっている。これについて高注は、「行是之令也。」と言い、劉師培氏（集釈引）は、

注行是之令也、當作行是月之令也。今挩月字。淮南時則訓作行是月令。高説本之。

と言っている。要するにこの行之是令は、(1)～(6)のどの場合も、それぞれの月の最初からの色々な内容を一括して受け止めて、「以上の諸令を正しく行ったならば」と言ったものに違いなく、その「諸令」は十二の月ごとにまとめて述べられているのであるから、それぞれ「この月のすべての令」ということになるのである。

次に、(1)～(5)は、「以上の諸令を正しく行ったならば」に続いて、甘雨、涼風、白露という、それぞれの時季の自然の恩恵がもたらされるというものである。そして恩恵のもたらされ方が、三旬とか三至、三旬二日とか言われているのであるが、これらについて、

○十日一雨、三旬三雨也。(2の高注)
○十日爲旬。二日者、陰晦朔日也。月十日一雨、又二十日一雨、一月中得二日耳。故曰三旬二日。(3の高注)
○陶鴻慶曰、高注陰、爲除字之誤。又二十日一雨、謂十日一雨者二次、非謂隔二十日始一雨也。玩注意、蓋謂三旬中、除去晦朔二日、則一月祇得二旬有八日。至第三旬之雨、當在下月。是一月之中、祇得雨二日也。然是月三旬、必除去晦朔不計、未詳何義。高氏蓋見正文既云甘雨三至、又云三旬二日、故爲此説、以求通歟。竊疑三至之三爲衍文。正文但言是月之雨僅二日耳。蓋是月、水盛土潤、禾稼将成、神農方有巡功之事。大雨之行、不利於數。故三旬二日而已足也。(3の集釈)
○故白露降三旬、成萬物也。(5の高注)

といった注解が見られる。

恩恵のもたらされるのが三旬(その月の全般)にわたるという点では、(1)~(5)のどれについても問題はない。そして陶氏の言うように、(3)の三至の「三」は衍文であろう。甘雨至三旬もしくは涼風至三旬という表現が、(1)~(6)を通しての基本的な型であることは明瞭だからである。したがって問題となるのは、(3)の「二日」という語である(6)にも見える)。この語は、高氏の時にも現行本のように見えていて、前引のような高注が施されてあり、これを受けた陶氏の説もあるけれども、十分に肯けるものではない。ここでは、この「二日」に関する疑問は後日に残して、(1)~(5)のどれもが、三旬すなわち一か月にわたって、甘雨、涼風、白露の恩恵が、きわめて順調にもたらされるという程度の内容のものと理解しておくことにする。

いまひとつ、(6)の場合がある。高注は、

終、一歳十二月終也。三旬二日者、十日一旬也。二十日爲二旬、後一旬在新月、故曰三旬二日。

と言い、集釈には、

陶鴻慶曰、季夏篇云、行之是令、是月甘雨三至（案、三字疑衍。説具本條。）、三旬二日。此文三旬二日、與彼同。而上無所承、不知所指何事。高注云云、與季夏篇注語意略同。（案、此注亦有譌奪、當以彼注互補。）疑正文三旬二日之上、當有脱文、亦指雨雪言之。蓋是月、冰水方盛、歲事告終、民咸獻力。故雨雪之節、月中祗得二日。與季夏同、以見祁寒盛暑、皆非常月之比也。

とある。陶氏の指摘するように、また(1)～(6)と見比べれば容易に気づかれるように、この(6)の「三旬」の上には、もと「雨雪」ほどの語があったのが、高氏の頃にすでに脱落していたものと考えるべきである。

「二日」に関する疑問は前述したが、「此謂」という表現も、ここの本文としての違和感を抱かせるものである。こうした点はあるものの、要するに(6)の場合も、(1)～(5)と同類の事柄を述べたものと解すべきで、一年の終りの季冬の月に、「以上の諸令を正しく行ったならば」に続いて、甘雨、涼風、白露と一連の自然の恩恵（雨雪－前述）が、三旬すなわち一か月にわたって、きわめて順調にもたらされるという程度に理解しておきたい。

(1)～(6)の意味内容は以上のように理解することとして、これと関連して、淮南子時則訓に見える同類の記述について見ておきたい。

(1')　行是月令、甘雨至三旬。（季春）
(4')　行是月令、涼風至三旬。（孟秋）

これら(1')、(4')の意味内容は、さきの(1)～(6)に比べて明快である。「この月の、以上の諸令を正しく行ったならば」、甘雨、涼風という自然の恩恵が、三旬すなわち一か月にわたって、きわめて順調にもたらされるというもので、実質的には、(1)～(6)と全く同じものである。

ただ、ここで気づかれることは、これら一連の同類の記述が、十二紀には六つの月に、時則訓には二つの月に見えるという、記載上の差異の示すものである。両篇において、これら同類の記述が六つの月と二つの月とに記載せられているのは、両篇ともに脱落があってこのようになったと考えられる。(3)に「是月」とあり、(1')、(4')に「是月令」とあるのが暗示するように、この類の記述は、もともと年間十二の月のすべてに記されてよいものである。これらの記述と表裏の関係にある、違令と災害（災異）の記述は、前述のように、十二紀、月令篇ともに、十二の月のすべてに記されてあり、さらに時則訓にも、同様に記されてある。

このように、(1)~(6)、(1')、(4')の類の記述も、十二紀、時則訓には、もと十二の月のすべてに記されていたものと考えるべきであるが、仮にそうでなくて、年間のいくつかの月に記されたものと考えた場合、現在の十二紀の(1)~(6)、時則訓の(1')、(4')には、記載せられた月が恣意的な配置となっており（この類の記述は、例えば孟春、孟夏、孟秋、孟冬のように、秩序のある配置がなされるのが通例である）、いずれにせよ、両篇におけるこれらの記述の現状は、いくらかの脱落を経たものと見なければならないのである。

さて十二紀に見える(1)~(6)の類の記述が月令篇には全く見られないことについて考察を試みるのであるが、前述のように、このことは、時令（月令）の遵守と自然の恩恵という、これらの篇章における根本的な事柄についての、表裏一体の関係にある二種類の記述をめぐって検討することになるのである。

まず、前に(7)として例示した記述から考えてみたい。違令と災害（災異）と呼ばれるこの類の記述は、前述のように、年間の十二の月にわたって、全く同型の表現形式で、ほとんど同一の字句で、十二紀と月令篇、さらに時則訓にも見えているのである。すなわちこの類の記述は、少数の文字の異同はあるものの、三篇ともに同一の文章と見てよいものである。

これに対して、正面から遵守と恩恵を説く記述の場合は、十二紀には(1)~(6)、時則訓には(1')、(4')と見えているが、月令篇には全く見られないのである。つまり、時令（月令）の遵守と恩恵ということを述べるに当って、十二紀と月令篇とは、一面においては全く一致し、他面においては全く相違するという点が見られるということなのである。

右のような相違を中心にしながら、それぞれの篇全体として、両篇がどのような関係にあるのかを考えてゆきたい。第一に、前述のように、十二紀と月令篇との間には、約四百四十もの相違箇所があるにもかかわらず、そのほとんどが、文字の異同程度であることから、実質的には、両篇の内容は同一視せられてよいのである。このように、それぞれの篇全体として両篇を見比べた場合、(1)〜(6)の有無という相違は、全般にわたって同一視せられる中での、特定の事項に限られた、部分的な相違、きわめて明白な相違ということである。

第二に、その「特定の事項」すなわち前述の二種類の記述であるが、これらは前述のように、時令(月令)の遵守と恩恵ということを、表裏の関係を保ちながら強調したものである。時令(月令)の遵守と恩恵ということは、十二紀、月令篇の根本をなすものであるから、両篇には、右の二種類の記述のほかにも、そのことを直接的に述べたものが、数多く見られる。そして、それらの記述はすべて、文字の異同はあるにしても、同一視せられるものである。したがって両篇における(1)〜(6)の有無という相違は、時令(月令)の遵守と恩恵ということを述べた記述が全般にわたって同一視せられる中での、部分的な、きわめて明白な相違ということである。

(1)〜(6)の記述の有無という、十二紀と月令篇との間の相違は、右のように把握すべきだと思われるが、このことは、両篇の関係についての通説(月令篇が十二紀をほぼそのまま踏襲したと見る—前述)に対して、かなりの疑問を投げかけるものである。漢の武帝時代とせられる礼記月令篇の成立の頃に、十二紀との関係がどのようであったのかを、直接的に知ることはほとんど期待しえないが、両篇の現在の姿をよく見ることを通して、両篇のもとの関係を推測するならば、次のようになる。

両篇の内容のほとんどは、実質において同一のものと見做されるもので、文字の異同はかなり多くあるけれども、篇章としての同一性を否定することはできない。通説が唱えられ、支持せられてきたのには、相当な根拠があったものと思われる。しかしその一方で、(1)〜(6)の有無という相違のあることは、それが特定の、部分的なものであるにせよ、きわめて明白なものであることから、ここでは重要な意味をもつものである。前述のように、(1)〜(6)の類の記述が、もと十二紀において、十二の月すべてに記載せられていたのであるなら、いっそう重要である。この類の記述が、もと月令篇に記載せられていて、それらのすべてが脱落した結果、現在のような状態になったのだとは、考えられないからである。

このように見てくると、十二紀と月令篇との関係は、時令(月令)を述べる篇章としての本質または性格において全く同一であり、具体的内容も、特定の、部分的な記述を除いてほとんど同一であるという、いわば異本的な関係にあるということになる。したがってこのままでは、十二紀から月令篇への授受を唱える通説は、否定せられるのである。特定の、部分的な記述にせよ、六つの月(おそらく十二の月)に及ぶ明白な相違のあることに関して、月令篇という経書の篇章の側に、授受の際にすべて見落されたとか、授受の後にすべて脱落したとかいうことは、到底ありえないからである。そこで通説の立場からは、授受のあった頃の十二紀には、(1)〜(6)の類の記述は全くなかったということが推測されうる。両篇に見られる全面的な同一性に重きを置けば、そういう推測も可能ではあるが、それを確かめる術がないのである。

十二紀と月令篇との関係は、結局、否定しえない同一性のあるところから、通説の成り立つ基盤をも有しながら、現状では、(1)〜(6)の有無というのっぴきならぬ相違のあるところから、直接の授受の関係はない、異本的な関係にあると考えるべきであろう。

ところで島氏には、(1)〜(6)の記述についての直接の論はないが、次のような指摘があって、氏の見解が窺われる。

①　原—然則柔風(四時祖本)春甘雨至、(一三五頁)
　　時—行是月令、(呂氏音律)申之此命、嘉気趣至、甘雨至三旬、
　　呂—行之是令、而甘雨至三旬、

②　原—時雨乃降、（四時祖本）夏（一三九頁）
　　時—（無）
　　呂—行之是令、而甘雨至三旬、

③　原—時雨乃降、（四時祖本）夏（一四四頁）
　　時—（無）
　　呂—行之是令、是月甘雨三至三旬二日、

④　原—（無）（一四七頁）
　　時—行是月令、涼風至三旬、
　　呂—行之是令、而涼風至三旬、

⑤　原—（無）（一五〇頁）
　　時—（無）
　　呂—行之是令、白露降三旬、

⑥　原—（無）（一六一頁）
　　時—（無）
　　呂—行之令[4]、是比謂一終、三旬二日、

右の①〜⑥に「呂—」とある記述は、これまで(1)〜(6)として扱った記述と同一のものである。そして、これらの右傍に、(a)何も施してないものは原始十二紀、(b)点線のあるのは漢初十二紀、(c)実線のあるのは漢初以降の増補、ということである（前引書一二七頁）。

島氏によると、①の呂（すなわち(1)）は、呂不韋の頃の成立当初の十二紀に記載せられ、④の呂（すなわち(4)）は、時

則訓と同じ頃の漢初の十二紀に記載せられ、②、③、⑤、⑥⑵、⑶、⑸、⑹のは、漢初以降の増補という形で十二紀に記載せられ、現在われわれが見る⑴～⑹のようになったのである。

島氏の附されている、他文献との関連はそれとして、十二紀というひとつの篇章において、⑴～⑹の類の記述が、右のような年月を経ながら、次々に記載せられたということは、あり得ることではない。前述のように、これらの記述は、おそらく十二の月のすべてにわたって、明白な、一連の関係を保って記載せられたもので、十二紀成立の当初に、すべて記載せられていたものと考えるべきである。

## 三、其性禮、其事視（十二紀、孟夏の月）をめぐって

### （一）　問題点の概略、検討の前に

現在の十二紀、月令篇について見ると、この二句は、十二紀にしか記載せられていない。この二句について、島氏は、「劉歆説に拠るものであるから後漢の増補である。」とせられる。（前引書　二一七～三〇〇頁）

島氏の所説を概略述べると、まず其性禮について、董仲舒に仁義禮智信の五常（五徳）の考えがあり、さらに五徳を仁義智禮信として相勝の五行に配した、仁（木）・義（金）・智（火）・禮（水）・信（土）の例があることなど、董氏が禮を水に配したことを挙げ、次いで、史記の天官書が禮を火に配していること、その天官書に劉歆が従って、漢書律歷志において禮を火に配し、五徳を相勝の五行に配して、仁義禮智信としたのであると言われる。そして、

斯くの如く劉歆が禮を火に配する天官書の説を採り、董仲舒に従って相勝の五行に仁義禮智信を配してゐて、これより後漢末に至るまで火の性は禮とされてゐる。呂氏十二紀のこの増益が劉歆以降に成ることは明瞭である。

と述べられる。

次に其事視について、島氏は、これが尚書洪範五事の貌言視聴思の中にあるものであること、伏勝の五行伝が、貌を木、言を金、視を火、聴を水、思を土に配していることに触れ、以下、視を火に配した洪範五行伝、五行伝月令、春秋繁露五行五事、漢書律歴志、天文志を挙げて、

右の如く五行伝月令・五行五事篇・律歴志・天文志はいずれも視を火に配して居り、特に律歴、天文志に於ては禮と視とが共に火に配されて居り、劉歆と同時代の楊雄の太玄経には、次の如く禮を性とし、視を事として、二七爲火、爲南方、(中略)性禮、情樂、事視、(玄数)と記してゐる。これから見ても呂氏十二紀の其性禮・其事視の増益は劉歆説に基づくものに外ならないことが解るのである。

と言われる。

其性禮・其事視についての考察にかかる前に、この二句を含む一連の関係箇所について、少しばかり触れておきたい。現在の十二紀では、

孟夏之月、……其日丙丁、其帝炎帝、其神祝融、其蟲羽、其音徴、律中仲呂、其數七、其性禮、其事視、其味苦、其臭焦、其祀竈、祭先肺。Ⓡ

と見えているが、これら一連の記述は、時令を述べる篇章に習見するもののひとつで、陰陽五行、特に五行説に拠って、各種の事項を、年間の四時(五位)あるいは十二の月に配列せられたものである。

ところで島氏は、これらの記述について、次のように挙げておられる(前引書、一三六頁)。(ただしⓈⓉⓊは、筆者の附

加。）

原―四月（夏小正）、Ⓢ其日丙丁（四時子本）、其音羽（幼官）、其數七、其味苦、

時―孟夏之月（呂氏音律）孟夏（五行傳）孟夏之月、招搖指巳（天文訓）正月指寅十二月指丑、昏翼中（夏小正）昏南門正、旦婺女中、

Ⓣ其位南方（四時・五行傳）（天文訓）南方火也、其日丙丁、盛徳在火（四時・五行傳）、其蟲羽（五行傳）時有倮虫之孽、其音徵（五行傳）倡聲徵、

律中仲呂（呂氏音律）孟夏生仲呂、其數七、其味苦、其臭焦、其祀竈、祭先肺（五行傳）仲夏、設主於竈、牲先肺、

呂―孟夏之月、日在畢（天文訓）四月建畢、昏翼中、旦婺女中、Ⓤ其日丙丁、

其帝炎帝、其神祝融（天文訓）南方夏也、其帝炎帝、其佐朱明、（明堂月令）夏日、其帝炎帝、其神祝融、其蟲羽、其音徵

律中仲呂、其數七、其性禮、其事視（漢書天文志）夏火、禮也、視也、其味苦、

其臭焦、其祀竈、祭先肺、

右のうちⓊ以下の部分は、前掲のⓇ以下の部分と同一のものであり、ここで主として考察の対象とする箇所なの

であるが、島氏は、右に示されたように、Ⓢ→Ⓣ→Ⓤの順に増補せられて成り立つものだと主張せられるのである。今それを具体的に辿ってみると、「原」すなわち呂不韋の時の「原始十二紀」は、其日丙丁、Ⓐ其音羽、Ⓑ其數七、Ⓒ其味苦、Ⓓであり、次いで、「時」すなわち時則訓＝「漢初十二紀」では、Ⓒ＝羽が徴に変改せられ、Ⓐ＝其位南方、Ⓔ盛徳在火、其蟲羽、Ⓓ＝律中仲呂、Ⓕ＝其臭焦、其祀竈、祭先肺、というように、次々に割り込ませた増益があり、さらに、「呂」すなわち漢初以降の増補があって成立した、現在の呂氏春秋十二紀では、Ⓐ＝其位南方が削除せられ、Ⓑの盛徳在火も削除せられ、それに代わって其帝炎帝、其神祝融が増益せられ、Ⓔ＝其性禮、其事視が増益せられるという事実があったことになるのである。

右のような経過について、島氏は、前引のように、関係諸文献の記載を並記することによって、実証し得たとせられるようであるが、仮に諸文献との符合をそのまま認めるとしても、「呂氏春秋十二紀」と称する、この意味では同一の篇章において、右にⒶ〜Ⓕとして見たような、文献伝承上のこととしてはかなり異常と言える変改、削除、増益が、なぜなされたのであるかについての説明が必要なのではあるまいか。

これら一連の記述（Ⓡ以下＝Ⓤ以下）は、各種の事項を、主として五行説によって、十二の月すべてと中央土とに分配し、全く同型の排列のしかたで記載したものである。（この点については、Ⓢ以下、Ⓣ以下の場合も、全く同様である。）そして、時令を述べる篇章に習見するこの類の記述には、例えばここに見られる帝―神、音―律のような、明確な相互関係を持つものも散見するけれども、一連の記述全体としては、脈絡的な一貫性を保っているわけではなく、主として五行によって分配せられたものが、やや恣意的に、次々に挙げられていったような趣が見られるのである。したがって、このような点からすれば、この類の記述において、一度排列せられた事項が脱落したり、排列せられた後で、新たな事項が挿入、附加せられたりしても、不都合を生じないとも考えられるのであろう。

しかし見方を変えて、この類の記述を成り立たせている五行の権威のようなものに注目してみると、この類の記述には、前の恣意性をめぐって考えられることと対照的な、固定性、不変性が備わっているのに気づくのである。すなわち、この類の記述における各種の事項は、主として五行説によって分配、排列せられる際には、やや恣意的に扱われたであろうが、分配・排列がなされた後は、そのようにあらしめた五行の権威が強く働いて、一度成立した秩序（分配のされ方、排列の順序など、記述のあり方全般）に、固定性、不変性を備えさせるのである。また、この類の記述は、例えば年間の十二の月のどれにも記載せられるように、ある篇章の多くの箇所にまたがって、ほとんど同じ型の一連の記述として存在するために、仮に一字、一語の改変があっても、それが直ちに、他の多くの箇所に影響を及ぼすしくみになっているので、この面からも、一度成立した秩序が改変されにくい傾向、すなわち固定性、不変性を備えていると言えるのである。主として右のようなことから、筆者は、島氏の主張に対して、しかるべき説明が必要であろうと感じるのである。

右に触れた事柄は、いわば十二紀成立の基本にかかわる重要なものではあるが、この節では、これら一連の記述の中に見える、其性禮、其事視なる二句について、限定的に考察しようとしているので、今は疑問を提出したに止めておいて、現在の十二紀のその箇所（前掲のⓇ以下＝Ⓤ以下）を、いちおう通説に従って、呂不韋の時代の十二紀のものとしておき、考察を進めたいと思う。

## （二）　十二紀における五性、五事

前述のように、島氏は、其性禮と其事視をいちおう別々に取り扱って、前者は、董仲舒の仁義智禮信→劉歆の仁義禮智信という変遷の中に、五行相勝と結びついた五性（五常）を見出し、後者は、終始、洪範〜伏勝五行伝の五事としておられる。しかし筆者は、董氏の仁義智禮信ということは考えるべきでなく、董氏の場合も、仁義禮智信の次序で、五行配当がなされていたと考えるべきだと思う。

春秋繁露五行相生篇に、木―仁、火―智、土―信、金―義、水―禮と配当せられていることの理由を、島氏は、五行相勝の仁―木、義―金、智―火、禮―水、信―土という配当意識があったからだとせられるが、いかがであろうか。今、五行相生篇に見られる五行配列事項の中、対応関係の明快なものを挙げると、次のようになっている。

| | A | B | C | D | | |
|---|---|---|---|---|---|---|
| 東方 | 木 | 農之本 | 司農 | 司農尚仁 | 執規而生 | 木生火 |
| 南方 | 火 | 本朝 | 司馬 | 司馬尚智 | 執矩而長 | 火生土 |
| 中央 | 土 | 君官 | 司營 | 司營尚信 | 執繩而制四方 | 土生金 |
| 西方 | 金 | 大理 | 司徒 | 司徒尚義 | 執權而伐 | 金生水 |
| 北方 | 水 | 執法 | 司寇 | 司寇尚禮 | 執衡而藏 | 水生木 |

右の諸事項を概観すれば、全体的な構成が、五行相生にもとづいた配列によって成り立っていることは明らかである。そして、C段の各事項を、このような配列として位置づけているものが、A段、B段（五行相生→五官）の配列と各事項であることは明示せられており、また、D段の各事項も、右の事情に密接にかかわっていることは明らかである。

　このように見てくると、D段の各事項は、五行相生にもとづいて配列せられ、位置づけられていることは確かである。したがって、この意味では、仁智信義禮の次序が、ここでの五者の関連を表わすものとして、考えられなければならないのである。しかし、それはそれとして、D段に取り入れられ、配列せられる前の、これら各事項の次序としては、孟子から出た仁義禮智、それに信が加わった、仁義禮智信を想定すべきであろう。董氏は、漢書の本伝では、仁義禮智信を五常として挙げているのであるが、それがここでは、前述のように、五行相生に結びつけられたものと解するのが妥当であろう。

以上のように考えた結果、董氏の春秋繁露には、五行相生に配当せられた仁義禮智信（五性、五常）が見られたのであるが、このことは、十二紀に、五行相勝に配当せられた五性が見られることと、(5)どのように関連しているのであろうか。もちろん今は、五性と五行との関係という点に限って、両者の関連を考えてみるのであるが、要するにそれは、戦国後期から秦、漢へと、五行説が盛行を見せる中での事象であって、儒家的色彩を有する仁義禮智信（五性）が、五行にも潤色せられた用語となって、ある場合には相勝にかかわり、別の場合には相生にかかわるという状況があったということである。数多くの事項が、相勝、相生などの五行理論によって、分類、配当、排列せられているのが、当時の諸文献に見られるのであるがそうした中に、前述の五性の場合もあったのである。

孟子が仁義禮智について力説したことは、周知のことであるが、戦国後期に五行説が盛行するようになった状況の中で、この仁義禮智に信が加えられて、五行の色彩を帯びた仁義禮智信が言われるようになり、後には五性、五常（例えば漢書董仲舒伝）と称されるに至ったと思われる。また、五行説の創始者と言われる鄒衍については、直接的な文献資料が乏しいけれども、その所説は、土、木、金、火、水の次序による五徳終始の理論を中軸とする、五行相勝説（木金火水土）の類であったことは確かである。（例えば、小林信明氏、中国上代陰陽五行思想の研究、一九五一、一五〇頁以下を参照。）そして、彼の新奇な所説の基本に、儒家の思想が存していたことは、早く司馬遷が指摘しており（史記本伝）、多くの先学も認めている所である。

以上のように考えてくると、漢代になって五性、五常と言われた仁義禮智信は、戦国後期に五行説が創始せられ、急速に勢力を伸ばしてゆく中で、儒家における重要な言葉として、また五行相勝に結びついたものとして用いられるようになり、それが十二紀編纂の際に記載せられることになったのであり、さらに漢代になって、董氏（春秋繁露）によって、五行相生に結びつけて説かれたのであると解せられるのである。

一方、其事視についてであるが、島氏もそう解せられているように、これが尚書洪範の五事より出たものであることは確かである。ところで洪範篇の成立については、春秋、戦国にまたがる諸説が存するけれども、篇中の五行、五事など五行説にかかわる記述は、鄒衍等の相勝説とは異なる系統のものであるが、戦国後期における五行説の盛行という状況の中で、独特の地位を占めていたものと思われる。そういう洪範の五事が、貌言視聴思という元の次序のままで、相勝説の木金火水土に結びつけられることが起こり(6)、それが、十二紀編纂の際に記載せられたものと思われるのである。

現在の十二紀孟夏の月に、其性禮、其事視とあるのは、もとは、五性、五事として、十二紀に記載せられたことを示しているが、筆者は、五性、五事がそれぞれ単独にでなく、既成の一組のものとして、十二紀成立の当初から、五行配列事項の中に記載せられていたものと考える。

前述のように、十二紀に記載せられた段階の五性、五事は、前者が孟子から出て成ったことは、ほぼ確かであり、後者はまさに、尚書洪範から出たものであり、ともに儒家の特色を帯びた言葉であるが、さらに両者ともに、五行相勝と結びついたものである。このことは、戦国後期における、儒家と五行説とのかかわり、特に、五行相勝説を盛行させた鄒衍等に、儒家的体質があったことと、密接な関係をもっていると思われる。五行説においては、あらゆる事象を五行によって体系づけることがなされたが、その中に、儒家系の重要な用語が、配置せられる必要があったのであろう。

前掲の箇所(Ⓡ以下＝Ⓤ以下)を見ると、其帝(五帝)、其神(五神)のような組み合わせのものがあるが、其性禮、其事視すなわち五性、五事も、前述の関係からして、一組のものとして記載せられたものと考えるべきである。十二紀編纂の時期に、あるいはそれに先立って、五行相勝に結びついた仁義禮智信(五性)と貌言視聴思(五事)とが存していたのが、十二紀に記載される時には、既に一組のものとして取り扱われ、多くの五行配列事項の中に織り込まれたのである。
以上のように、現在の十二紀に見える其性禮、其事視については五性、五事に関することとして考えるべきであり、五行相勝に結びついた五性、五事が、既成の一組のものとして、十二紀成立の当初に記載せられたと考えられるのである。したがって、十二紀における五行配列の原則からすれば、これら五性、五事の場合も、十二の月及び中央土に、分配、記載せられたものと考えられなければならない。十二紀における五行配列の諸事項は、十二の月については、四時の三か月ずつ、全くの重複をくりかえしながら、列挙せられているのである。そこで、今は五性、五事に限って、十二紀成立時のものとして挙げておくと、次のようになる。

孟　春、其性仁、其事貌、(仲春、季春同じ)
孟　夏、其性禮、其事視、(仲夏、季夏同じ)
中央土、其性信、其事思、
孟　秋、其性義、其事言、(仲秋、季秋同じ)
孟　冬、其性智、其事聽、(仲冬、季冬同じ)

## (三)　十二紀と月令篇との同一性と相違点

十二紀成立の当初における、五性、五事の状況は、以上のようであったとして、次に、現在の十二紀では、孟夏だけに其性禮、其事視とあり、月令篇には、五性、五事が全く見られないという、この相違点を中心とする検討に移りたいと思う。通説の立場では、十二紀と月令篇とは、後者が前者を、ほぼそのまま踏襲した(ほとんど同一のもの)と見られているのであるが、右の相違点は、通説に対してかなりの疑問を抱かせるものなのである。

最初に考えておきたいことは、現在の十二紀には、其性禮、其事視についての高注が見えないという点である。前述のように、この二句は、五行配列事項の箇所（Ⓡ以下＝Ⓤ以下）に含まれているものであるが、この箇所に排列せられた事項には、この二句を除いてすべて高注が施されている。さらにこの箇所は、十二の月と中央土とに、全く同じ形式で、一連のものとして記載せられたものであるので、それらの箇所のすべての事項について見ると、一々高注が施されているのである。もっともこれらの事項には、三か月ずつ全く重複したものがあるので、それらの場合は、一度だけ注して、後はすべて省略せられている。

このように、十二の月と中央土とにおける五行配列事項に施された高注を見てゆくと、すべての事項に一々注するという態度をとっていることは明らかであるから、その中の其性禮、其事視の二句だけに注が見られないということは、きわめて異常なことだということがわかる。

現在のいわゆる高注本における右のような実情にもとづいて、高氏の注した時の十二紀について推測してみると、其性禮、其事視の二句が、そこに記載せられていたならば、高氏は、五行配列事項のすべてに一々注するという態度から、この二句にも、必ず注したものと思われる。とすると、現在の十二紀において、この二句に対する高注が欠けているのは、伝承の過程において脱落したと解するほかないのである。しかしその可能性は、現在の十二紀の状況からすれば非常に乏しいように考えられる。前述のように、すべての事項に一々注されたのは確かであるから、その中から、この二句の注だけが脱落し、他の夥しい事項の注は、すべて無事であったと考えるのは非常に無理なことだと思われるからである。

このように見てくると、あるいは高氏の注した十二紀には、この二句の記載はなく、したがって高注も当然なかったとも考えられる。とすると、その後の伝承過程において、この二句が書き加えられて、現在に至ったということになるのである。しかしそのように解することも可能ではあるが、その具体的な根拠は、何も得られないのである。

高注本の現状から、高氏の注した十二紀における、この二句の存否を推測しようとすると、右のような不可解な結果に行きつくのである。したがってここでは、高氏の注した十二紀に、この二句が記載せられていたか否かは、不明であるとしておくほかはないのである。ただここで、右のことと関連して、高氏の頃に、またその前後においても、彼が注したのとは別の十二紀が存していたこと、それらの場合にも、この二句の存否は当然かかわり合っていること(記載せられた版本があったかもしれない)、具体的には不明であるが、これらのことを、十二紀の伝承過程における事実として想起しておくことは、有益であろうと思う。

さて、この章で月令篇というのは、十三経注疏における経文、すなわち唐の太宗時代の礼記正義におけるものを意味しているのであるが、その太宗時代とあまり隔っていない玄宗時代に刪定せられた「礼記月令」が、後に開成石経に刻まれて、今日に残されており、それには次のような記述があって、筆者の立場からは、強い関心が持たれるのである。

㋐ 正月之節、……其性仁、其事貌、……
㋑ 四月之節、……其性禮、[7] 其事視、……
㋒ 中央土、……其性信、其事思、……
㋓ 七月之節、……其性義、其事言、……
㋔ 十月之節、……其性智、其事聽、……

右の中、当面の考察に最も関係の深い㋑の該当箇所を挙げると、次の通りである。

四月之節、日在昴。昏翼中、曉牽牛中。斗建巳位之初。Ⓦ其日景丁、其帝炎帝、其神祝融、其蟲羽、其音徴、律中仲呂、其數七、其性禮、其事視、其味苦、其臭焦、其祀竈、祭先肺。

なお、このほかのⓐⓤⓔⓞにも、右と全く同じ形式で同類の事項を述べた箇所が見られ、五者は完全な対応関係にあるのである。（ただしⓤの場合は、中央土の特質から、Ⓦ以下に相当する箇所だけとなっている。）

右の箇所を前掲の十二紀の該当箇所（九八頁の呂―以下の箇所）と比べてみると、Ⓦより前には、かなりの相違があり、Ⓦ以下は、全く同一である。（ただひとつ、景―丙の相違が見られるが、これは嫌名を避けて「景」を用いたと考えられるから、実質的には、両者ともに丙に相違ないのである。）Ⓦより前における相違は、全体として天文記事という点では異なるものではないが、四月之節、斗建巳位之初の二句は、記述をより明確にするために、旧来の解釈に従って加えたものであり、昴と牽牛とは、戦国後期と唐代との間の年代の隔りによって、星宿の位置が変動したためのものであって、刪定者としては、当然の変改ということなのであろう。

右はその一例に過ぎないが、この「礼記月令」には、それまでの月令篇の内容を、事柄としてはほぼ同じのままで、意を以て変改した箇所が散見する。一字一句まで忠実に伝承しようと心がける経書の伝統の中で、この「礼記月令」は、特異な存在である。(8) 問題の其性禮、其事視、さらに五性、五事についても、当然、この「礼記月令」の、こうした特質にかかわるものとして考えられなければならないのである。

右のⓌ以下と礼記正義における月令篇の該当箇所とを比べてみると、後者には其性禮、其事視の二句が見られないが、この点を除くと、両者は全く同一である。（景―丙については前述。）また、この四月の節以外の四者（前掲のⓐⓤⓔⓞ）についても、右と全く同様の関係がみられる。つまり、Ⓦ以下と全く同型、同類の記述が、これらの四者にも見られるのであるが、それぞれについて、月令篇の該当箇所と比べると、其性某、其事某の二句の有無を除いて、全く同一なのである。

以上のように、玄宗時代の「礼記月令」のⓐ〜ⓞにおける記述は、それぞれの特定箇所（Ⓦ以下として例示したもの）において、其性某、其事某（五性、五事）の有無という点での相違を除けば、すべて月令篇の該当箇所と全く同一だということがわかるのである。また、十二紀の該当箇所と比べると、㋑の場合は、問題の其性禮、其事禮も含めて、すべて同一であり、その他の㋐㋒㋓㋔の場合は、月令篇との間に見た関係と全く同様である。

このような状況について、どのように考えるべきであろうか。第一に、右のような「礼記月令」を删定した玄宗、さらに李林甫以下の学者たちが、礼記正義における月令篇を見ており、問題の其性禮、其事視を始め、五性、五事のすべてが、そこに記載せられていないことを承知の上で、前掲のように、五性、五事を記したことは確かであろう。第二に、玄宗や李氏らが従来の月令篇に全く見えない五性、五事を、その「礼記月令」に新たに書き加えたのは、当時の十二紀に、それらの記載が存したことによるものと考えられる。現在の十二紀に其性禮、其事視の二句が見えており、そのために、前述のように、「礼記月令」の㋑のⓌ以下と十二紀の該当箇所（前掲のⓇ以下＝Ⓤ以下）とが全く一致することは、そうした事情を暗示するものと思われる。

現在の十二紀には、五性、五事は、孟夏の月にしか見えないのであるが、前に考察しように、十二紀成立の当初においては、十二の月と中央土とのすべてに記載せられていたものと考えるべきである。そして玄宗時代の十二紀に、五性、五事がすべて記載せられていたか、現在のように、孟夏の其性禮、其事視だけになっていたか、さらに別の記載のされかたであったか、それは不明である。しかし筆者は、礼記正義の月令篇に、五性、五事が全く見えないこと、「礼記月令」を删定した玄宗や李氏らは、そのことを承知の上で、彼らが月令篇と一体と見ていた十二紀に、五性、五事に関するなんらかの記載があるのを根拠として、意を以て「礼記月令」に取り入れることとしたものと考えるのである。(9)

右のように、太宗時代の月令篇と玄宗時代の「礼記月令」とは、ともに鄭玄以来の通説（十二紀と月令篇の同一視）を取る立場にありながら、五性、五事の記載において全く対照的な関係にあるのであるが、この関係は、いわば十二紀における同類の記載を間に挾んで生じたものと思われる。前者は、十二紀の記載を傍らに感じながら、経文の忠実な伝承の方を優先させて、そうした記載の見えない旧来の月令篇の記述に、ありのままに従ったのであり、後者は、十二紀の記載を見て、旧来の月令篇の記述に不備な点を感じ、意を以て記載することとしたのである。このように考察して来ると、太宗、玄宗の頃の十二紀には、具体的には確かめられないが、五性、五事に関する何らかの記載があったことは確かであると思われる。したがって、太宗時代においては、十二紀と月令篇とは、五性、五事の記載の有無という点で、明らかに相違していたと考えられるのである。現在の両篇における其性禮、其事視の有無という相違は、太宗時代については、右のように考えられなければならない。

## 結　語

これまで考察してきたことを要約しながら、現在の十二紀と月令篇とにおける、其性禮、其事視の有無という相違点をめぐって、両篇の関係をどのように考えるべきかを述べてみたい。

戦国末の、成立当初の十二紀には、この二句も含めた五性、五事のすべてが記載せられていたと考えられるのであるが、それが現在の十二紀では、この二句のみとなっているのは、その間における甚しい脱落の結果と解するほかないのである。また、後漢の高誘の時については、この二句の存否は不明とせざるをえなかったが、唐の太宗、玄宗の頃には、五性、五事のなにほどかの記載があったと見ることができた。このように見てくると、推測を困難にさせている要素はあるけれども、成立当初の十二紀に記載せられた五性、五事は、脱落を蒙りながらも、なにほどかの記載は保たれ続けたと考えてよいであろう。

太宗時代における十二紀と月令篇とは、五性、五事の記載の有無という点で、明確な相違があったと考えられたが、両篇のこの関係は、大筋においては、月令篇の成立当初からのものであったと考えられる。漢の武帝時代に成立したと見られる月令篇であるが、通説の言うように、十二紀から月令篇への授受があったとするなら、当時の十二紀にも、五性、五事の記載があったとせられるから、成立当初の月令篇には、五性、五事のすべてが記載せられていたと考えられなければならない。まさに、玄宗時代の「礼記月令」における五性、五事（前掲一〇六頁）のようであったに違いないのである。

しかし、太宗時代の月令篇に、五性、五事が全く見られないという事実のあることから溯って行くと、そのようなことは、到底ありえないことなのである。武帝時代といえば、経学の権威が公認せられ、一字一句も忽にしない経文伝承の伝統も確立した時期であって、その頃の月令篇に、もし五性、五事が記載せられていたなら、太宗時代までの間に、十二の月と中央土とにまたがった多くの記述のすべてが、脱落してしまうということは、到底ありえないことだからである。

太宗時代の月令篇に五性、五事の記載が全く見られないことは、右のように、月令篇の成立当初から、その通りであったことを示していると解せられる。一方、月令篇成立の頃の十二紀には、五性、五事のなにほどかの記載があったとせられるから、結局、成立当初の月令篇は、五性、五事の記載において、その当時の十二紀と、明確な相違があったのであり、こうした両篇の関係は、太宗時代において見たのと同様であったと考えられるのである。

さて筆者は、前節において、十二紀と月令篇との関係を、時令（月令）を述べる篇章としての本質または性格において全く同一であり、具体的内容も、特定の、部分的な記述を除いてほとんど同一であるという、異本的な関係にあるものとしたが、本節において考察した結果も、それと全く同一のものとなったのである。現在の十二紀と月令篇とに見られる、其性禮、其事視の有無という相違は、十二の月と中央土にまたがって、全く同じ形式を用いて、夥しい五行配列事項が記載せられている中での、五性、五事の二項目の有無という相違なのであった。この相違は、まさに両篇の間に見られる同一性の中での、特定の、部分的な、しかも明確な相違なのである。前節で述べたことと合わせて、通説の成り立つ余地をなお残しながら、両篇の間には、直接の授受の関係はない、異本的な関係のあることを、第一に見出しておきたいと思うのである。

**注**

（1）現存する礼記については、成立年代など、不明な点が多い。ここでは、武帝時代には存在していたと見る。参照、本田濟氏編、「中国哲学を学ぶ人のために」（一九七五）、八七頁。
（2）島氏の説については、伊藤計氏、「月令論」―月令形式について―（日本中国学会報第二十六集、一九七四）、五八～六〇頁に紹介がある。
（3）この飭死事について、王夫之の礼記章句には、「死之者、送死事、飭者、修具之。……」と述べ、葬事と解している。生長収蔵の主旨からすれば、葬事と見る方がよりよいように思えるが、孟冬の経文に、賞死事とあり、また飭喪紀ともあるのを合せ考えると、ここの死事を葬事と解するのは少し無理であろう。
（4）この箇所は、島氏の原文のままにしているのであるが、誤った点があり、「行之是令、」として考える。
（5）現在の十二紀には「其性禮、其事視」の二句だけが見られるのであるが、これが五行配列事項の中に記されていることから、もとは、五性、五事が五行相勝によって分配せられ、記載せられたものであることは明らかである。この点においては、島氏も同じ見解である（九六・九七頁参照）。
（6）もともと洪範篇には、水火木金土の次序の五行があるので、この五行に近接して記載せられている五事は、この五行と関係を有する性格のものと解せられてよいと思われる。しかし、秦漢の際の学者といわれる伏勝は、洪範の五行と異なる五行相勝によって、この五事を解しており（清、孫星衍、尚書古今文注疏引）、このことからも、戦国末頃に、五行相勝と結びついた五事すなわち貌言視聴思が存したことが推測せられるであろう。
（7）呂氏春秋集釈には、この記載について触れてある（孟夏のこの項）。
（8）経義考（清、朱彝尊）には、この「礼記月令」について、一字をも忽にしないで忠実に伝承してきた、経学の伝統を冒瀆するものであると非難する意見が述べられ、その変改した箇所の主要なものを、列挙してある（巻一四九）。

（9）月令孔疏には、鄭玄の見解を通説として、「今且申鄭旨釋之。按呂不韋集諸儒士、著爲十二月紀、合十餘萬言、名爲呂氏春秋。篇首皆有月令、與此文同。是一証也。……」と述べているが、玄宗時代においても、孔疏の考え方が踏襲せられていたものと思われる。

# 第四章　管子幼官篇について

## 一、幼官篇と陰陽五行説

### はじめに

幼官篇については、先学の間に多くの考究がある。しかし依然として、不明な点も少なくない。筆者も、なにほどかの解明を試みようとするのであるが、まず前提的に、この篇の本文校定に関して必要な事を述べておこう。

**1　若因夜虚、守静人物、人物則皇、**

現行本の冒頭にある一文である。管子集校(1)などに様々な見解があるが、詳細は別にして、この文を若因処虚、守静人物、則皇、と改める説をとり、少し後の常至命……の前に移すことにしたい。一見して明らかなように、この常至命から始まる一段は、四字、四字、二字の文が並列せられ(2)、順に則帝、則王、則覇と全く同型の用語が連なっている。この段の最初に、右のように改めた文を移すと、皇・帝・王・覇の並列となり、また、この段全体が九つの文から成ることとなり、前後の文章展開の上から、最も適合した本文になるのである。

## 2 九和時節の和

前述の検討の結果、幼官篇の本文は、五和時節の一句から始まることとなった。後に詳細に述べるが、この篇には、この五和時節を中枢・根源とする五つの系列の記述が見られる。今、五和時節に直接対応するものだけ挙げると、

中央、　五和時節、
東、春、八挙時節、
南、夏、七挙時節、
西、秋、九和時節、
北、冬、六行時節、

というようになっている。右の中の九和時節について検討したいのであるが、管子纂詁（漢文大系管子、巻三、六頁）に、「衡謂、或言挙、或言和、互見為義。非有異也。」とあり、また六行時節の条に、「衡謂、行猶挙也。」（同上七頁）とある。前掲の五者の中、八挙、九和、六行と変化はあるものの、これらは四時それぞれの時節に関して、「挙行」の意味合いを共通して述べているのである。この点についての纂詁の見解は承認すべきであるが、九和の和も同様に解するのはいかがであろうか。

前掲の五者の中、春・夏・秋・冬に限って見た場合には、九和の和をも纂詁のように解すべきかもしれない。しかし前掲のように、春夏秋冬の関連と同時に、中央と東南西北の五系列の関連のものであって、その中で、五和と九和と和の字が重複するという事態が見られるのである。

五和時節以下の五者は、並列的に挙げられた趣きを有しながら、五和時節対他の四者という、際立った関係なり特色をもっている。これらの点も後に詳述するが、東南西北また春夏秋冬に分述せられた四者と、それら四方・四

時に対して超越的に、中枢的に機能する五和時節といった関係にあるのである。今、この関係を最も直接的に示す事項だけを見ておこう。本文の中から、五和―和気、八挙―燥気、七挙―陽気、九和―湿気、六行―陰気という組み合わせ、そして五系列の関連が見られるが、これらを見ただけでも、五和の和が、超越的な、中枢的な中和・調和の和であるということに気づかれ、一方、西・秋に配置させられた九和の和と、際立って相違するものであることが明らかになってくる。したがって、このように見てくると、九和の和を、纂詁のように、八挙や六行の挙・行と共通の用語と解するのは無理だと考えられる。前掲のような、同型の表記によって列挙せられた五者の中で、同じ和の字が、際立って異なる意味に用いられることはほとんどありえないことである。現行本の九和の和は、もと行であったのが誤まったものと考えられる。春・夏に八挙、七挙と述べ、それと対耦的に、秋・冬には、九行、六行と述べ、四者で共通して「挙行」の意味を表わしたものと考えられる。

### 3　聴羽声（夏）、聴徴声（冬）

前項でもふれたが、幼官篇には、五つの系列の下に列挙せられた記述が見られる。先学の多くが五行説にもとづくものと解する記述であるが、その点は後に改めてとり上げる。右の二項目は、いわゆる五声に属するが、五声の通例の配置と異なっているのである。

これらの二項目について、旧注[3]には、

尹知章云、羽北方声也、火王之時、不聴徴而聴羽者、所以抑盛陽。

朱長春云、春秋之声、与月令合、冬夏与月令反。月令主声、幼官主聴。

との解説を挙げている。両者とも五声の通例の配置（礼記月令などに見える、五行説にもとづく配置）を承認の上で、それに異なる羽、徴の配置について説明をしたものである。しかし朱氏の見解は、春秋、冬夏の他に方中の宮があるこ

と、その宮が月令篇の配置と合っている点を説明しきれないこととなり、納得のゆくものではない。

また尹氏の見解は、時令の篇章の注解に時に見かける類のもので[4]、五声が通例、夏＝徴、冬＝羽であるのに、幼官篇では逆になっている点を、盛陽(夏)、盛陰(冬)の障害を抑制する意図による配置と解しているのである。伝統的な解釈に沿っていて、現行本の実状を前提とすれば評価すべきかもしれないが、いかがであろうか。

今、検討の便宜上、関連する事項をとり出して列挙しておこう。

| | A群 | B群 |
|---|---|---|
| 中央、 | 五、宮、 | 六、徴、 |
| 東、春、 | 八、角、 | 七、羽、 |
| 南、夏、 | 七、羽、 | 八、角、 |
| 西、秋、 | 九、商、 | 九、商、 |
| 北、冬、 | 六、徴、 | [5]五、宮、 |

A群は、現行本からとり出したままに並列したものである。B群は、数字の順序を整えて、それに合わせて五声も並べかえたものである。右の五声も含めて、この篇の五つの系列の諸事項は、すべてA群のような五つの数との密接な関係を保っている。A群のような数のあり方については後に詳述するが、それとは別に、一連の数であるから、数字としての順序も考慮せられているに違いないのである。そこで順序にしたがってB群のように並べかえて見ると、五声の通常の順序が、宮・商・角まで正しくとられ、羽と徴とが入れ代わっていることがわかる。音楽論においては、通常、宮＝八十一、商＝七十二、角＝六十四、徴＝五十四、羽＝四十八という数が当てられ、多→少の順が通常であるが、B群では、別種の数字であっても、羽＝七、徴＝六と入れ代わっている点は、異常だと考えなければならない。なお、時令の篇章の代表と見なされる礼記月令篇にも、五つの系列の中に、幼官篇のと同じ五

数、五声が見られるが、そこでは、徴＝七、羽＝六となっていて、五声のすべてが、数字の順序と合ったもの（通常の状態）となっているのである。

以上のように検討してくると、幼官篇に挙げられた五声は、密接な関係にある五数の順序との関連から、また礼記月令篇における五数、五声の関連の仕方から、宮・商・角・徴・羽の通常の順序に依拠したものと見なければならない。したがって、現行本に聴羽声（夏）、聴徴声（冬）とあるのは、もと聴徴声（夏）、聴羽声（冬）であったのが誤まったものとすべきである。

以上、論考を展開するに当って、幼官篇の本文校定に関することを、必要な限りにおいて述べた。したがって以下の論考においては、右の検討の結果を用いて、現行本の本文を部分的に改めた上で、とり扱うこととする。なお本文全体については、次節において再検討している。

## （一）　幼官篇の構成について

この篇には、方中、東方方外、南方方外、西方方外、北方方外という明確な区切りが二度用いられてあり、それによって、篇全体が前半、後半と明確に区分せられている。そして、前半が時令、後半が用兵と、明瞭に区別せられる内容となっている。ここでは、考察の便宜上、前半部分を幼官篇と呼んで、時令の篇章のひとつとしてとり扱うことにする。(6)

主題にとり組むために、この篇の構成上の特色について、若干の検討をしておきたい。まず全体を概観すると、第一に、右に述べた方中以下の五つの区分が目につく。全体が五つの部分から成ることは明瞭であるが、五つの部分の関連や構成上の特色を示すものは、五和時節、君服黄色、味甘味、……
八挙時節、君服青色、味酸味、……
七挙時節、君服赤色、味苦味、……
九行時節、君服白色、味辛味、……
六行時節、君服黒色、味鹹味、……

という五系列の同型の記事である。これらの記事について、先学の多くが五行説に依るものと見る一方、有力な反対論もあり、本節では後に吟味を試みるが、いずれにせよ、幼官篇全体が五つの部分から成り、それが構成上の基本であり、そうした構成の根幹として、右に挙げた五系列の記事が位置づけられることは確かである。

全体を概観して第二に目につくのは、

春行冬政粛、……十二、地気発、戒春事、……
夏行春政風、……十二、小郢、至徳、……
秋行夏政葉、……十二、期風至、戒秋事、……
冬行秋政霧、……十二、始寒、尽刑、……

という四系列の時令記事である。前述のように、この篇全体は方中以下の五つの部分から成っているが、それらの中、最初の方中の部分を除いた東・南・西・北の四部分は、右の春・夏・秋・冬の四部分と、すべて重なり合っている。したがって、これら重なり合った四部分は、春～東、夏～南、秋～西、冬～北という構成になっていることは明確であり、前掲の四系列の時令記事が、これら四部分の構成の基本となっている点も明らかである。

以上のように概観した上で、次に、この篇の構成の根幹と見られる五系列の記事について、若干の考察を加えてみよう。前に一部分を挙げたように、本文からとり出して並列してみると、これらは全く同型の五系列のものであり、さらに、並列したものを順にタテ、ヨコに見てゆくと、全体がI、II、IIIの部分から成る特色を有しているのに気づかれる。

I、五和時節の一項、及びヨコに並列せられる四項。前頁の五系列の冒頭の五項目。

II、君服黄色、味甘味、聴宮声、治和気、用五数、
君服青色、味酸味、聴角声、治燥気、用八数、
君服赤色、味苦味、聴徴声、治陽気、用七数、
君服白色、味辛味、聴商声、治湿気、用九数、
君服黒色、味鹹味、聴羽声、治陰気、用六数、

III、飲於黄后之井、以倮獣之火爨、蔵温儒、行敺養、坦気修通……。
飲於青后之井、以羽獣之火爨、蔵不忍、行敺養、同右
飲於赤后之井、以毛獣之火爨、蔵薄純、行篤厚、同右
飲於白后之井、以介獣之火爨、蔵恭敬、行摶鋭、同右
飲於黒后之井、以鱗獣之火爨、蔵慈厚、行薄純、同右

一見して明瞭なように、これらの記述全体が、時令の篇章に習見する五行配列記事に似た趣のものである。しかしその一方、独特の性格をも有している。まずIIの部分は、礼記月令篇とほぼ一致する。五色、五味、五声、五数と、五行配列事項と言われるものにすべて一致し、先学の多くが、この篇と五行説との関連を見出す根拠とするものである。ただIIの中で治某気の五項目は、月令篇などの代表的な時令の篇章には見えず、管子四時篇に類似のものが見える程度で、かなり異色のものである。

IIIの部分は、I・IIと連なった全体としては、時令の篇章に習見の五行配列記事の類と見られる。ただIIIの各項

目は、他の篇章には類例の乏しい、独特の趣きと内容のものである。さらに、末尾の坦気修通以下の記述は、五系列すべて、全く同一の反覆となっている。もっともⅠ・Ⅱ・Ⅲを通じて、各項目は同型で、同一反覆の趣きのものである。しかし坦気修通以下の文は、それとは異なり、すべて全く同一の反覆なのである。全く同一の反覆であっても、五系列に挙げられれば、五系列の項目のひとつには違いない。Ⅲの部分は、こうした特異な項目を含みながら、幼官篇に独特の性格のものとなっているのである。

Ⅰの五項目は、各系列を代表する、したがって五系列全体を代表する趣きのものである。前掲のようにⅠに見える五つの数はすべて、五系列の中の一項目として再度挙げられている。一項目として再度挙げられた五つの数は、礼記月令篇など時令の篇章に習見のものと同様の、五位（五方）あるいは四時それぞれに尊重せられる数である。Ⅰに見える五つの数は、それとは異なる、幼官篇に独特の趣きのものである。

Ⅰの五項目は、すべて同型で、時節という語を伴っている。この時節は、時候そして時令の意味を主とした語であるが、こうした用語を伴ったⅠの五項目は、後続するⅡ・Ⅲの諸事項と比べて明らかなように、五系列の中の一項目というより、冒頭に特に挙げられた、全体を代表する性格のものと考えられる。そしてこの中、八挙、七挙、九行、六行の四者は、前述のように、挙行という共通の意味合いで述べられているのであるから、八挙時節以下の四項目は、数の変化以外は、全く同一のことを述べたものなのである。すなわち、春・夏・秋・冬の四時において、八・七・九・六の各数を根拠として、それぞれに適した時候・時令を定め、挙行するという程のことである。

Ⅰの中の八挙時節以下の四項目が、右のようだとして、残る五和時節について考えてみたい。この五和時節という項目は、他の四項目との間に、前述のような共通性をもつ反面、次のような独特の性格を具えているのである。

その第一は、五位（五方）に分述せられた五系列の項目としては五項目とも一致するが、他の四項目が四時に配置せられるのに対し、五和時節だけは、四時のどこにも属せしめられていない点である。しかし五和時節（とその系列）

と四時との関係は明快である。概観したように、東南西北と春夏秋冬とは全く重なり合って述べられ、融合、一体化の関係にある。四時と四方とが一体的であり、五和時節（とその系列）は方中（中央）に在るので、四時・四方に対して中枢的存在であることは明らかである（一三二頁、表二参照）。

第二は、Iの中で、八挙時節以下の四項目が、数の変化があるだけで、全く同型、同内容である（前述）のに対し、五和時節は、そうした四項目と顕著な相違点をもつことである。

五和時節と四項目との関係を端的に示すものとして、前に五和―和気、四項目―四気のことにふれたが、前掲のように、五系列のすべてを並列して、順にタテ、ヨコと見てゆくと、五色における黄色、五味～甘味、五声～宮声というように、五和時節以下の系列が、五系列全体において、中枢的存在として、超越的に中和・調和の役割りのものとなっていることがわかる。そして、このような五系列の関係の中において、八挙時節以下の四項目は、八・七・九・六の数を根拠として、四時それぞれに適した時候・時令を定め、挙行するというものであり、五和時節の一項目は、四時の時候・時令に対して、中枢的に、超越的に中和・調和の役割りを果す、特別な五という数を示したものである。

第三に、この五和時節が幼官篇全体の冒頭に挙げられている点である。この篇全体が五つの部分から成り、五つの系列を根幹とする構成となっているが、五和時節は、そういう構成の冒頭に在り、同時に篇全体の冒頭に在るのである。第一、第二、第三と見てくると、この五和時節は、直接的には、八挙時節以下の四者に対する前述のような役割りのものであるが、同時にこの五という数は、五つの系列を根幹とするこの篇全体の構成の、同時に、時令記事を中心とする内容全体の、根源者的存在として挙げられていると考えられるのである。

## (二) 幼官篇と陰陽五行説

周知のように、陰陽、五行の両説は、もとは別個のものであった。おそらく戦国時代中期以降に五行説が創唱せられると、古来の陰陽説と密接にかかわり合い、融合して陰陽五行説として、思想史上に重きをなすようになった。以下の考察では、便宜的に両者を切り離して扱うが、必要に応じて、陰陽五行説として見ることも見失なわないようにしたい。

この篇と陰陽説との関連は明確であり、先学の間にも異論は見られない。五行説との関連については、先学のほとんどが認めており、それが通説とせられてきた。通説の根拠は、時令の篇章に習見する五行説、及び五行の下に系列化せられた諸事項に対して、この篇にも類似の記述が見られるという点である。

右の通説に対して戸田豊三郎氏[7]は、右の関連諸事項の共通性を認めた上で、通説は、①幼官篇には、五行のどれ一つも見えないこと、②五系列にわたって五・八・七・九・六の数が挙げてあり、これらの数と五行説との本質的な関係を認めるが、それは誤りであること、③五行説の出現より前から、古く物事を五の下にまとめることがなされ、幼官篇が書かれた頃は、そのことが盛んであって、五行説とは関係なく、五の下に諸事項が挙げられたのであること、との見解を述べられている。

戸田説の細部については省略するが、その指摘には、傾聴すべき点が少なくない。ただ筆者は、先学の様々な見解に学びながら、幼官篇と五行説との関係について吟味したいと思っているので、戸田説についても、そういう立場から触れてゆくことにしたい。

礼記月令篇など時令の篇章の多くは陰陽五行説と密接な関係をもっている。しかしそうした中で、小林信明氏[8]に指摘があるように、これら時令の篇章を通して、五行(木火土金水)そのものは、直接的に挙げられることが少ないという事実がある。幼官篇の場合も、そうした状況との関連が考えられるが、ここで改めて、五行説との関連を吟味してみたい。

前掲の五系列の資料の中から、

中央、　五和時節、　治和気、　用五数、
東、春　八挙時節、　治燥気、　用八数、
南、夏　七挙時節、　治陽気、　用七数、
西、秋　九行時節、　治湿気、　用九数、
北、冬　六行時節、　治陰気、　用六数、

というように関係事項を列挙しておこう。

### 1　治某気をめぐって

和気以下の五気の中、燥・陽・湿・陰の四気と陰陽説との関連は明瞭であり、陰陽系の四気と呼ぶことにする。これら陰陽系の四気に対して、和気は別格的な異質の性格のものである。これまでも若干ふれてきたが、四気が四方・四時に配置・直結せられているのに対し、和気は、方中(中央)に在って、四時のどこにも配せられないで、四時に超越的にかかわる中枢(中和・調和)の機能を有するものである。

陰陽系の四気は、例えば尚書洪範の雨・暘・燠・寒・風、また左伝(昭元)の陰・陽・風・雨・晦・明といった、いわゆる天地、陰陽の気の類として習見するが、和気は、そうした類のものとして挙げられることはない。ただ管子四時篇には、次のような注目すべき事項が見られる。四時篇にも、幼官篇のと類似の五系列の事項が多数見られるが、その中に、其気曰某という項目で風(東・春)、陽(南・夏)、陰(西・秋)、寒(北・冬)という、幼官篇のと同類の陰陽系の四気が挙げられ、それら四気に対して、土(中央)が挙げられている。もちろんこの土は五行の土であるが、注目すべきは「実輔四時入出、」あるいは「和平用均、中正無私、」という機能を有するとせられている点である。前述した和気の機能と比べてみると、ほとんど一致するものである。

四時篇の場合、五行(木火土金水)の明文があるので、右に見た五系列の事項が、陰陽系の四気と五行の土とが組み合わさって、五行的構成の下に挙げられたものであることは明瞭である。幼官篇の場合、四時篇と同類の時令の篇章であり、右に見た両者の共通性から、五行の明文は見えないけれども、陰陽系の四気と組み合わさっている和気は、五行の土と同様に考えてよいであろう。したがってこれら五系列の五気は、陰陽五行説に依拠した五行的構成の下に挙げられたものと解すべきであろう。

## 2　五和、八・七・九・六をめぐって

五系列の項目の中に見えるこれらの数は、早く漢代から、先学によって五行の数と解せられ、また尚書洪範篇の五行と数とに依拠するともせられている。(9) 筆者も大筋では右の通説に従うべきだと思うが、戸田氏の異論もあり、ここで改めて吟味を試みてみたい。

前述のように、これらの数は五系列の中に二度挙げられている。そして二度目の五数は、礼記月令篇などに見えるのと同類のものであり、一方の五系列の冒頭の五数は、幼官篇に独特のものである。冒頭の五数は、五系列を代表する性格を有するが、その中の八・七・九・六は、四時の時令の根拠とせられ、これらの数によって時令が定められ、挙行せられるというものであった。

ところで幼官篇の時令は、すべて「十二、……」という項目として挙げられている。その一部を前に示したが、

この十二(日数、期間)は、現行本では春＝八、夏＝七、秋＝八、冬＝七と合計三十項目となっている。これらの十二は、年間三百六十日として、それを三十で除して得たものであることは明瞭であるが、年間三百六十日とするのが時令の篇章に習見のことであるのに対し、時令の基本単位としての十二、及び十二を生み出した三十は、他に類例を見ない独特のものである(一三二頁、表一参照)。

右の三十の根拠が、五系列の冒頭に見える五数の中の八・七・九・六であることは、これまで見てきたことから明確である。ただその際、右に述べた春＝八、夏＝七、秋＝八、冬＝七という時令の項目数との相違が問題となる。八・七・八・七の数そのものは見えないが、これだけの項目数が挙げられているという事実の重みから、これらの項目数が三十の根拠ということも考えられるからである。

冒頭の五数の中の八・七・九・六とこれらの項目数とは、春・夏において同一であり、秋・冬に一ずつ合わないという奇妙な関係にある。そこで現行本の実状を見てゆくと、冬の時令の挙げ方に不審な点があるのに気づかれるのである。「十二、始寒、十二、中寒、十二、寒、十二、大寒、十二、大寒、」とあり、全部で七項目の時令の中、五までを「寒」で表示してあるのである。他の季節の実状と比べてみても異常と言える「寒」の多さであり、冬の期間とはいえ、時候の表示として「寒」の過多であることは明瞭である。

右に見たことは、現行本における八・七・九・六と八・七・八・七の間の奇妙な関係について、八・七・八・七という項目数の方に重大な問題点があることを示すものである。[10]しかもこれらの数そのものは明示せられているのでないことから、三十の根拠となるものは、八・七・九・六以外にはあり得ないこととなるのである。そこで次に、右の八・七・九・六と密接に関連する五(五和)について考えてみたい。

前節において、この五を含む五和時節について考察したが、要するにそれは、四時に分述せられた時令のすべてに対して、超越的に、中枢的な働きをするものであり、さらにこの篇の冒頭に位置して、この篇全体の構成の、また内容の根源者的存在となるものであった。また五和の和は、前項で吟味した和気と密接に関連し合っているが、その和気は、五行の土と一致する機能を有し、和気以下の五気が五行に依拠して挙げられたと見られる所から、五和の和についても同様なことが考えられなければならないのである。

右のことをふまえた上で、五・八・七・九・六の由来について見てゆきたい。多くの先学の指摘するように、右の数は、尚書洪範の、「一、五行。一曰水、二曰火、三曰木、四曰金、五曰土。」という記事と密接な関係をもっている。ただ右の数は、幼官篇だけでなく、礼記月令篇など時令の篇章に習見するものでもあるので、筆者は、幼官篇の場合を洪範篇と直結していると見るより、前引のような数と五行との関係が、いわば洪範型としてあったのが、幼官篇との独特のかかわり方をしたと見るべきだと思う。それはともかく、前引の洪範篇におけるような数と五行とにもとづいて、幼官篇では、以下のような独特の考案がなされたものと解せられる。

幼官篇では、四時に分述する時令の基本単位（期間）を洪範型の数と五行とに求めることがなされ、五・八・七・九・六の各数を得て、その中八・七・九・六を四時の時令の根拠とし、これらの合計数三十を用いて、時令の基本単位の十二を定めるという考案がなされたのである。すなわち、洪範型の中の五＝土を中枢・根源の数とし、その五に一＝水、二＝火、三＝木、四＝金を順に加えて、六＝水、七＝火、八＝木、九＝金とやはり洪範型と言える数と五行とを得た上で、時令の篇章としての幼官篇における五行的構成の要素として、五（土・中央）、八（木・東・春）、七（火・南・夏）、九（金・西・秋）、六（水・北・冬）と組みかえて挙げたものである[11]。したがって、確かに洪範型の数と五行とに由来する五行の数ではあるが、独特の考案がなされた結果、幼官篇に独特の五行の数となっているのである。なお右に示した幼官篇の土・木・火・金・水の順について、先学の間に、礼記月令篇などの木・火・土・金・水の五行相生の型との相違をめぐる議論があるが[12]、これらの篇では、五行相生の理論そのものが見られるわけでなく、四方・四時と中央という関係を主とした五行の位置なり順序が示されているので、両者の間に五行の型（性格）の相違はないのである。

さて、洪範型の数と五行とに由来しながら、幼官篇に独特の五行の数は作り出されたが、その過程において、五＝土は、八・七・九・六を作り出す中枢・根源として、重要な役割りを果していた。この五なる数は、五行の数のひとつ「五」であり、土と一体のものであるが、さらに根源的な意味での五行でもあるかに見える。このような特質をもつ五、ならびに八・七・九・六は、幼官篇の筆者にあっては、もはや五行（木火土金水）そのものと併記することは、必要のないことであったと思われる。これらの数を五系列の冒頭に挙げることによって、五行の数であるとの表示は十分にできたのであり、特に五の場合は、五系列の全体の、しかも篇全体の冒頭であるこの位置に挙げることによって、その重要性を顕示したのであろうと思われる。

五・八・七・九・六という五行の数について右に見たことは、前項（幼官篇の構成について）で見てきたこの篇の構成上の特色と一体的な関係にある。右に見た五行の数を根拠として、幼官篇の構成上の特色は形成せられているのである。そして見てきたように、この篇の五行的構成は、他の時令の篇章におけるものとの共通性を保ちながら、類例のない特異性をも有しているのである。

## 二、本文の再検討

### （一）　本文の確定（その経過）

この篇については、先学の多くの考証、論考のある反面、問題点も多く残されている。筆者は、時令の篇章のひとつとしてこの篇を取り扱っているが、そういう見地からすれば、現行本の本文自体に、なお吟味すべき箇所が目につくのである。そこでこの項では、本文の確定を主な目標とし、またその過程において、この篇の性格なり特色に関することを、いくつか考えてみたいと思う。

この篇全体の構成は明瞭である。方中、東方方外、南方方外、西方方外、北方方外という明確な五区分が二度なされてあり、それによって、前半（時令）と後半（用兵）とに区別せられる内容となっている。したがってこの項では、前述の見地から、右の前半部分を幼官篇と呼ぶことにする。[13]

幼官篇の本文校定については、管子集校などの貴重な成果がある。この項では、それらに学びながら検討を進めるのであるが、繁雑に過ぎることを避けるという意味で、この項における検討の結果を、最初に一括して全文として掲げておき、必要に応じて、現行本における問題箇所の検討という形で順を追って述べてゆくことにしたい。なお以下の検討の便宜のために、本文中から抜き出した事項を、表一、二として掲げておくことにする。

幼官第八

五和時節、君服黄色、味甘味、聴宮聲、治和氣、用五數、飲於黄后之井、以倮獸之火爨、藏温儒、行敺養、坦氣循通、凡物開静形生理。

若因處虚、守静人物、則皇、()常至命、尊賢授徳、則帝、身仁行義、服忠用信、則王、審謀章禮、選士利械、則覇、定生處死、謹賢修伍、則衆、信賞審罰、爵材祿能、則強、計凡付終、務本飭末、則富、明法審數、立常備能、則治、()()()、同異分官、則安。

通之以道、畜之以惠、親之以仁、養之以義、報之以徳、結之以信、接之以禮、和之以樂、期之以事、考之以言、發之以力、威之以誠。

一舉而上下得終、再舉而民無不從、三舉而地辟政成、四舉而農佚粟十、五舉而務輕金九、六舉而絜知事變、七舉而外内爲用、八舉而勝行威立、九舉而帝事成形。

九本博大、人主之守也、八分有職、卿相之守也、七勝備威、將軍之守也、六紀審密、賢人之守也、五紀不解、庶人之守也。

治亂之本三、尊卑之交四、富貧之終五、盛衰之紀六、安危之機七、強弱之應八、存亡之數九。

練之以散群傰署、凡數財署、殺僇以聚財、勸勉以遷衆、使二分具本、發善必審於密、執威必明於中。

春行冬政肅、行秋政雷、行夏政閹。十二、地氣發、戒春事、十二、小卯、出耕、十二、天氣下、賜與、十二、義氣至、修門閭、十二、清明、發禁、十二、始卯、合男女、十二、中卯、十二下卯、三卯同事。

八舉時節、君服青色、味酸味、聴角聲、治燥氣、用八數、飲於青后之井、以羽獸之火爨、藏不忍、行敺養、坦氣循通、凡物開静形生理。

合内周外、強國爲圏、弱國爲屬、動而無不從、静而無不同、舉發以禮、時禮必得、和好不基、貴賤無司、事變日至。

夏行春政風、行冬政落、重則雨雹、行秋政水。十二、小郢、至德、十二、絶氣下、爵賞、十二、中郢、賜與、十二、中絶、收聚、十二、大暑至、盡善、十二、中暑、十二、小暑終、三暑同事。

七擧時節、君服赤色、味苦味、聽徵聲、治陽氣、用七數、飮於赤后之井、以毛獸之火爨、藏薄純、行篤厚、坦氣循通、凡物開静形生理。

定府官、明名分而審責於群臣有司、則下不乘上、賤不乘貴。法立數得而無比周之民、則上尊而下卑、遠近不乖。

秋行夏政葉、行春政華、行冬政耗。十二、期風至、戒秋事、十二、小卯、薄百爵、十二、白露下、收聚、十二、復理、賜與、十二、始節、賦事、十二、始卯、合男女、十二、中卯、十二、下卯、三卯同事。

九行時節、君服白色、味辛味、聽商聲、治濕氣、用九數、飮於白后之井、以介獸之火爨、藏恭敬、行搏鋭、坦氣循通、凡物開静形生理。

間男女之畜、修鄉閭之什伍、量委積之多寡、定府官之計數、養老弱而勿遺、信利害而無私。

冬行秋政霧、行夏政雷、行春政烝泄。十二、始寒、盡刑、十二、小揄、賜予、十二、中寒、收聚、十二、中榆、大收、十二、大寒至静、十二、大寒之陰、十二、大寒終、三寒同事。

六行時節、君服黒色、味鹹味、聽羽聲、治陰氣、用六數、飮於黒后之井、以鱗獸之火爨、藏慈厚、行薄純、坦氣循通、凡物開静形生理。

器成於僇、教行於鈔、動静不記、行止無量、戒四時、以別息、異出入、以兩易、明養生、以解固、審取予、以總之。

一會諸侯、令曰、非玄帝之命、毋有一日之師役。再會諸侯、令曰、養孤老、食常疾、收孤寡。三會諸侯、令曰、田租百取五、市賦百取二、關賦百取一、毋乏耕織之器。四會諸侯、令曰、修道路、偕度量、一稱數、毋征藪澤、以時禁發之。五會諸侯、令曰、修春秋冬夏之常祭、食天壤山川之故祀、必以時。六會諸侯、令曰、以爾壤生物、共玄宮、請四輔、將以禮上帝。七會諸侯、令曰、處四體而無禮者、流之焉莠命。八會諸侯、令曰、立四義而毋議者、尚之于玄宮、聴于三公。九會諸侯、令曰、以爾封内之財物、國之所有、爲幣。九會大命焉出常至。千里之外、二千里之内、諸侯三年而朝習命。二年、三卿使受命四輔。一年、正月朔日、令大夫來修、受命三公。二千里之外、三千里之内、諸侯五年而會至習命。三年、名卿請事。二年、大夫通吉凶。十年、重適入正禮義。五年、大夫請受變。三千里之外、諸侯世一至。置大夫以爲廷安入共受命焉。

**表一**

春、十二、地氣發、戒春事、十二、小卯、出耕、十二、天氣下、賜與、十二、義氣至、修門閭、十二、清明、發禁、十二、始卯、合男女、十二、中卯、十二、下卯、三卯同事。

夏、十二、小郢、至德、十二、絶氣下、爵賞、十二、中郢、賜與、十二、中絶、収聚、十二、大暑至、盡善、十二、中暑、十二、小暑終、三暑同事。

秋、十二、期風至、戒秋事、十二、小卯、薄百爵、十二、白露下、収聚、十二、復理、賜與、十二、始節、賦事、十二、始卯、合男女、十二、中卯、十二、下卯、三卯同事。

冬、十二、始寒、盡刑、十二、小楡、賜予、十二、中寒、収聚、十二、中楡、大収、十二、大寒至静、十二、大寒之陰、十二、大寒終、三寒同事。

**表二**

| | | |
|---|---|---|
| 中央 | | 五和時節、君服黄色、味甘味、聴宮聲、治和氣、用五數、飲於黄后之井、以倮獸之火爨、藏温儒、行敺養、坦氣循通、凡物開静形生理。 |
| 東 | 春 | 八擧時節、君服青色、味酸味、聴角聲、治燥氣、用八數、飲於青后之井、以羽獸之火爨、藏不忍、行敺養、坦氣循通、凡物開静形生理。 |
| 南 | 夏 | 七擧時節、君服赤色、味苦味、聴徴聲、治陽氣、用七數、飲於赤后之井、以毛獸之火爨、藏薄純、行篤厚、坦氣循通、凡物開静形生理。 |
| 西 | 秋 | 九行時節、君服白色、味辛味、聴商聲、治濕氣、用九數、飲於白后之井、以介獸之火爨、藏恭敬、行搏鋭、坦氣循通、凡物開静形生理。 |
| 北 | 冬 | 六行時節、君服黒色、味鹹味、聴羽聲、治陰氣、用六數、飲於黒后之井、以鱗獸之火爨、藏慈厚、行薄純、坦氣循通、凡物開静形生理。 |

(1)　若因夜虚、守静人物、人物則皇。

(2)　聴羽聲

(3)　聴徴聲、

(4)　九和時節、

右の各項については、すでに前節（はじめにの項）で検討しているので、ここには結果だけを述べておくことにする。(1)は現行本の冒頭の一文であるが、「若因處虚、守静人物、則皇、」と訂正して、「常至命……則帝、」の前に移すこととする。(2)の羽を徴に、(3)の徴を羽に、それぞれ訂正する。(4)の和を行に訂正する。いずれも現行本の誤りを訂正して原本に復し、前掲の全文の中に述べている。以下の検討箇所もすべて同様である。

(5)　五系列の藏・行

この篇に見える五系列の記事（表二、五行配列記事）[14]の中に、藏・行という項目があり、先学の間に論議が見られる。検討の便のために、主な関連事項だけを列挙しておこう。

中央、　和氣、　温儒（藏）、敺養（行）、坦氣循通、凡物開静形生理。

東、春、　燥氣、　不忍、敺養、（同右）
南、夏、　陽氣、　薄純、篤厚、（同右）
西、秋、　濕氣、　恭敬、搏鋭、（同右）
北、冬、　陰氣、　慈厚、薄純、（同右）

右の藏・行の各項についての先学の見解に次のようなのが見られる。

行搏鋭、（集校上（一一九・一二〇頁）

孫蜀丞云、禮記月令、孟秋、務搏執。注、順秋氣、政尚嚴。則此文鋭當與捝同。説文、解、捝也。穀梁宣十八年傳、捝殺也。……又或與敓同。説文、敓、彊取也。

維遹案、後説是也。搏敓與月令搏執義同。

沫若案、孫、許之説皆非。五節言行藏、皆謂人君之修養。中節、藏温愞、行敺養、春節、藏不忍、行敺養、夏節、藏薄純、行篤厚、冬節、藏慈厚、行薄純、均主慈惠。秋氣卽肅殺。藏恭敬、以愼之可矣。何至公然以搏奪爲行。余謂、搏猶博也。鋭當爲悦。言心地寛博而愉悦。月令務搏執、同義。執、讀爲摯。摯猶篤厚也。故下云、命理（理爲司罰之官）瞻傷、察創、視折。其篤厚、慈愛、愼刑之意可見。鄭玄謂、順秋氣、政尚嚴、已失其解。

纂詁、藏恭敬、行搏鋭について、「内藏恭敬、外行搏鋭、順秋氣嚴肅也。」とある。（漢文大系管子、巻三、六頁）

郭氏の非とする孫、許二氏の見解は、時令の篇章に習見の理論にもとづくもので、いわば正統的な解釈なのである。すなわち、多くの時令の篇章には、陰陽五行にもとづき、四時の変遷に対応して、生・長・殺・死また生・長・収・藏、さらに徳（春・夏）、刑（秋・冬）といったあり方が見られることから、前掲の行搏鋭について、秋―殺・収・刑に相当する項目としての解釈がなされたのである。纂詁の見解も、右の点では同様である。ただ、時令に習見の理論によって解するには、この篇の藏・行の諸項目には重大な問題点が存するのである。

前掲の資料を見ると、五系列の下に挙げられた諸事項の中で、和氣以下の五氣が、時令に習見の理論に適合しているのに対して、藏・行の場合は、（イ）毆養が中央と東・春に重出、（ロ）薄純が藏、行にまたがり、夏、冬に重出、（ハ）慈厚、篤厚をほぼ同義と見れば、（ロ）と同様に重出、というような、習見の理論と合わない点が目につくのである。和氣以下の五氣がそうであるように、五系列の下の諸事項は、習見の理論に従って挙げられた場合、系列ごとに変化・調和が見られるのであるから、（イ）、（ロ）、（ハ）のような二系列にわたって重出する項目は、通常ありえないのである。したがって藏・行の各項が習見の理論にもとづいて挙げられたものならば、（イ）、（ロ）、（ハ）の点は、現行本における混乱ということになり、重出のいずれか一方が誤記なのか、あるいは別の事情によるものなのか、といった問題が生じるのである。

郭氏の見解は、右の習見の理論と藏・行の諸項目との関係を否定するものである。前引のように、中節、春節、夏節、冬節の各項目を一様に慈恵を主とするものと見た上で、秋節の二項目の場合、まず恭敬について、秋氣の粛殺との関連にふれて、部分的には習見の理論とのかかわりを認めるような点もあるものの、摶鋭については、習見の理論にもとづく搏奪の解釈を強く否定し、心地寛搏而愉悦と解して、前述の慈恵に近いものと見ているのである。その議論の細部については別として、ここで筆者は、郭氏が藏・行の諸項目を一様の性格のものと見たこと、したがって、これら諸項目と習見の理論との関係を否定した点に注目したいのである。

藏・行の諸項目について、郭氏が、すべて人君の修養に関することとした点には異論はないであろう。治世を実現し保持するのに必要な、人君の内心と行為に関する要点として挙げられているのである。このような性格の各項目が五系列の下に挙げられる際に、時令の篇章に習見の理論と無関係であることはありえない。したがって、こうした点からすれば、多くの先学が習見の理論によって解釈したのは当然のことである。しかしその上で、この篇の五系列の諸事項に見られる、習見の理論とのかかわりと、藏・行について郭氏が指摘した一様性（習見の理論とのかかわりの否定）とに関して、ここで吟味を試みたいと思う。

前にこの篇の五系列の諸事項（表二）について検討したが[15]、この五系列全体の構成、そして展開の様相からすれば、藏・行の各項目は、郭氏の指摘のように、一様性をもって挙げられたと解すべきである[16]。藏・行の個々の項目を見てゆくと、生・長・殺・死など習見の理論との関連が見られるものがある。しかし一方には、前述の（イ）、（ロ）、（ハ）の問題点、あるいは混乱と見られるものが現行本に存することも確かである。こうした実状をふまえながら、項目ごとに十分に解明することは困難と言わざるをえない。そこで、五系列全体の構成と展開の様相に重点をおき、細部における問題性はそれとして、吟味を進めてゆきたいと思うのである。

五系列の全体はⅠ、Ⅱ、Ⅲの部分に分けて見ることができ[17]、各項目の形式、表記の点を中心として順に見てゆくと、Ⅰ、Ⅱ、のものは、項目ごとにすべて同型で、礼記月令篇などの時令の通例に合った五系列への配置がなされていて（時令に習見の理論に合っていて）、この点で問題となる項目は見当らない[18]。Ⅲの部分は、この篇に独特の趣きのものであるが、それにしても飲・爨の箇所までは、Ⅱに続いてすべて同型であり、時令の通例に合った配置となっていて、この点で問題となる項目はない。次の藏・行に至って様相が変化する。各項目がすべて同型という点は変わらないが、時令の通例に合った配置とは言えない状況になっているのである。そして最後の坦氣循通以下は、五系列とも同型で、しかも同文というきわめて異色なものとなっているのである。

右のように、形式、表記に主眼をおいて、五系列の諸事項を順に見てゆくと、末尾の坦氣循通以下を異色の故に別格として除くと、五系列全体の中で、藏・行だけが、時令の通例に合っていない（習見の理論に合っていない）ことが知られる。形式、表記の点から見た場合、五系列の下の各項目はすべて同型であり、全体としてよく整った、明快な構成、展開のものとなっている。こうした点からすれば、藏・行だけに見られる異例の様相は、現行本における混乱ということではなく、別格と見た坦氣循通以下に直結する項目の、ごく自然の様相のように感じられるのである。

そこで今一度、内容上の展開という点から五系列全体を見てゆくと、Ⅰの部分は、五系列の冒頭において、それぞれ五行の数を挙げ、時令、時節の根源、根拠となるものを明確にしたものであり、以下Ⅱ、Ⅲと、時令を挙行する人君における必須の要件を、五系列にわたって順に配置、展開してゆくのである。その中でⅡの部分は、治某氣の項を除くと、すべて礼記月令篇などに習見のものと一致する。そしてⅢになると、飲・爨の項が独特の趣きを呈しながら、他の篇章との共通性（五色・五獣）をも保っているが、藏・行の二項目は、五系列の下の事項としてはこの篇だけの独特のものである。ただし内容としては、郭氏が「人君の修養」と言ったように、人君に必須の要件の中に当然挙げられてよいもので、この点では特異なものではなく、他の時令の篇章に類例を見ないというだけのものである。そして注目すべきは、Ⅱ、Ⅲと順に挙げられてきた人君に必須の要件の項目が、藏・行の二項目で終わって、同時に主語が人君から坦氣、凡物へと明瞭に変わって、五系列の末尾の事項となっている点である。

この篇の五系列の諸事項の中で、坦氣、凡物が主語となったこの箇所だけが、五系列のすべてに全く同一の項目となっているのである。しかもこれらの箇所は、五系列の下に順に展開せられた諸事項に連なって、その帰結として挙げられたものと見てよい。すなわち、五行の数が時令の根源、根拠として挙げられ、人君が自らに必須の要件として挙げられたものを体現、充足した結果、坦氣循通以下の理想的な状況が恒常的に実現せられるというものである。この帰結として述べられた理想的な状況とは、まず平坦の気が常に、どこにでも巡り通じているとある。[19]気に関しては、五系列の中に和氣以下の五気がすでに挙げられてあるが、この坦氣は、五気が五系列に分別、配置せられているのに対して、五系列に偏在、流行する、いわば超越的なものである。次に、右の坦氣循通にかかわり合って、凡百の事物（万物）が虚静の中に発生し、同時に生成（消滅などすべて）の道理が顕現するというものである。[20]時令の篇章としての幼官篇全体から見れば、五系列の諸事項は、全体の構成の根幹となるものであるが、そうい合、同一化することを言ったものである。

う点も考慮に入れると、五系列の帰結として挙げられた坦氣循通以下の項目は、時令の挙行に当っての、人君に必須の要件が体現、充足せられた結果として、時令という人事が、天地・自然の理想的な状況をもたらし、それと冥合、同一化することを言ったものである。

藏・行の項目は、五系列の中で人君に必須の要件が次々に挙げられ、その終りに、「人君の修養」すなわち人君の心身に直接かかわる、いわば最重要項目として挙げられていると見られる。藏・行の項目の前までは、五系列にわたって通例的に各項目が挙げられている。それが、人君の心身そのものという最重要項目に至ると、通例の挙げ方から一変して、五系列にわたって統合的に、一様性の志向をもって挙げるという、この篇に独特の考案がなされたものと思われる。五系列にわたって、人君の心身（藏・行）について統合的に、一様性をもって挙げることによって、次の坦氣循通以下とのかかわりを緊密に表明しようとしたのであろう。坦氣循通以下は、前述のように、五系列全体の帰結であり、五系列のすべてにおいて同一の字句である。五系列のすべてに同一の字句で挙げられた帰結に対して、藏・行の項目は、統合性、一様性をもって、形式的に呼応して挙げられているのであり、内容的にも、人君に必須の要件が体現、充足せられた結果、坦氣循通以下の理想の状況がもたらされるという展開の中で、人君の心身そのものと、宇宙、自然の理想的な状況とが、統合、冥合、一体化するというように、密接なかかわりをもって述べられたのであろう。

以上のように検討してきた結果、個々の項目における問題点は依然として残されるものの、藏・行の各項目は、現行本のままにしておくのが最も妥当であろうと思われる。述べてきたように、藏・行の場合は、時令の通例によらない独特の挙げられ方になっている。したがって、このことからすれば、前掲（イ）、（ロ）、（ハ）の問題点も、問題点としてでなく許容せられる程度のものとはなるが、それにしても、なぜこれらの三項目が重出せられたのかなど、依然として不審な点は残されるのである。そこでしばらく、藏・行については、現行本のままにしておきたいと思うのである。

(6)　攻之以官、……威之以誠。

前の一句は、集校(上、一〇九頁)における考証と、諸家のほぼ一致した見解に従って、もと考之以言であったとする。後の一句については、集校(同上)に二、三の異った見解が挙げられているが、安井衡氏、それを受けた郭沫若氏などに従って、誠は誠の誤りで、もとは威之以誠であったとする。

王念孫氏の見解は、威を感の誤りとして、もと感之以誠であったとするが、郭氏の批判もあるように、ここの十二の句は、すべて四文字、同型であり、また二句ごとの対の関係もかなり顕著に見られ、こうした関連の中の一句として位置づけると、王氏の見解には難点があり、安井氏などに従うべきである。

(7)　三擧而地辟散成。

ここの散字について、集校(上、一一〇頁)には、政(豬飼彦博氏など)とする説と、穀(張佩綸氏など)とする説を挙げている。後者のように穀成とすれば、地辟と密着し、四文字としてのまとまりもよい。しかし、一擧、二擧、三擧、……九擧という一連の項目の中に位置づけ、意味を考えてゆくと、地辟穀成とした場合、次の四擧而農佚粟十と重複的な趣きが強く、難点が感じられるのである。

前者のように政成とした場合、再擧、三擧、四擧と前後だけ見ても、民無不從、地辟政成、農佚粟十となって、順当な関連のものということができる。現行本の散字のままでは不審であることは確かであって、右のように検討した結果、この散は、もと政であったのが誤まったものと考えられる。

(8)　十二、大暑至、盡善、十二、中暑、十二、小暑終。

集校(上、一一七頁)によれば、宋本では、小暑は大暑となっている。夏の項目として「暑」という点には問題はないが、通例の小暑、大暑の順でなく、大—中—小となっている点がまず問題である。また夏に対応する冬の場合に

ついてみると、右に対応する三項目とも大寒となっている。(21)

管子纂詁には、「朱長春云、夏至生陰、陰爲小。冬至生陽、陽爲大。言暑終小、言寒終大、陰陽之分也。故與暦異。」（漢文大系管子、巻三、五頁）とあって、前に挙げた問題点に一応の説明をしている。これに対し、集校（上、一一七頁）には、「呉志忠伝、大暑、小暑、以下文十二大寒終例之、則大小二字當互易。」とあって、夏の三項は、もと小—中—大であったと見る意見が述べられている。朱氏の場合は、現行本の実状を肯定した上で、その特異性の説明をみたものであり、呉氏の場合は、実状の特異な点に疑問をもち、根拠を求めて、通例的であったものと解するのである。

朱氏の説明にいう夏至、冬至は本文を解する根拠として納得のゆくものでなく、その説に従うことはできないが、これら三項目の特異性は認めるべきであって、呉氏のように、もと通例的であったと見るべきではないであろう。一見して明瞭なように、春・夏・秋・冬の時令記事はすべて「三某同事」という同型の語によって終わっている。そして、それぞれに先行する三項目は、春・秋が卯、(22)夏が暑、冬が寒という単一の時候表示であり、時令は同一（三某同事）という、この篇に独特の様相を呈しているのである。時令の篇章に見られる時候表示として、例えば二十四気が挙げられるが、その全般的な構成の中での小暑、大暑、あるいは小寒、大寒の配置、意義と、ここの大暑、中暑、小暑、また、冬の大寒、大寒、大寒とは、基本的に相違した点があるのである。

現行本の時令記事を通覧して確かなことは、四時において一様に「三某同事」とあること、そしてそれぞれに連なる三項目が、ほぼ整合的に挙げられていることである。すなわち前掲表一のように、春・秋は三卯同事という同一の字句であり、それぞれに連なる三項目も、始卯、合男女、以下同文となっている。（春・秋においては、右の関係事項すべてが同一ということ。）そして冬は、三寒同事とあり、三項目はすべて大寒となっている。したがって、夏の場合、三暑同事とあって、それに連なる三項目は、現行本のままで、大暑—中暑—小暑ということがありうるであろうし、あるいは宋本のような、大暑―中暑―大暑も、可能性としては認められるであろう。さらに版本としては見られないが、冬が大寒―大寒―大寒なのと合わせて、夏も大暑―大暑―大暑となっていたかもしれないのである。

以上のように検討した結果、この箇所は、三暑同事という明確な記事に連なる三項目であるという点には疑問の余地はないが、大―中―小の当否については、現状では定められないので、しばらく現行本のままにしておくことにする。

(9)　十二、始卯、合男女、十二、中卯、十二、下卯、三卯同事（西方方外）

集校（上、一一四・一一五・一一九頁）によれば、始卯を始毋とした宋本があるが、現行本など、一様に卯字となっている版本が多い。すべて卯字と見た場合、右に掲げた本文は、春・東と秋・西とで同文となる。またこれらの他に、十二、小卯、の一項目が春・秋ともに見えるので、春・秋にわたる全くの同文の中に卯字が五つずつ、合計十見することになる。

右の卯字について、先学の間にさまざまの見解がある。今、この篇の本文校定という立場から、それらを整理してみると、

イ、春と秋とでは同文でないとする。

春の場合は、五つの卯字をそのままとし、秋は五つとも酉字であったとする。恵棟氏など、説文に、古文の酉、卯に従う、とあるのに依り、秋の場合は、もと酉であったのが、卯に誤まったと解するのである。

ロ、春・秋とも同文とする。

春・秋とも、現行本などに見える卯字とする説であり、また陳奐氏などは、宋本の始毋（前述）を手がかりに、卯字を、もと卯字であったのが誤まったものとした上で、春・秋とも同文とする。

というように大別せられるが、ここでは春・秋にわたって異文か同文かという点を究明することを中心に進めてゆ

きたいと思う。

右の点の究明には、先学の諸見解と共に、春・夏・秋・冬の四系列にわたって列挙せられた時令の諸項目全体の特色なり性格を考慮することが必要である。そこで時令の諸項目を四系列全体（前掲表一）として見てゆくと、

| | A | B |
|---|---|---|
| 春 | 「十二……」↓五項目 | 「十二……」↓三項目 |
| 夏 | 「十二……」↓四項目 | 「十二……」↓三項目 |
| 秋 | 「十二……」↓五項目 | 「十二……」↓三項目 |
| 冬 | 「十二……」↓四項目 | 「十二……」↓三項目 |

のように、四系列ともA、Bに類別、区分せられることに気づかれる。

Aの部分は、系列ごとの項目数が不揃いであるが、それはそれとして、四系列全体として、時令の篇章における通例の類と考えてよい。すなわち、陰陽五行を根本とし、四時の変遷に対応する生・長・殺・死、あるいは生・長・収・藏、さらに徳・刑というあり方によって、必要な時候・時令の項目を四系列に配置したものである。この篇に独特の用語が散見して、個々の項目の理解には困難な箇所もあるが、Aの部分全体が右のような性格のものであることは確かである。

Bの部分は、Aとの共通性をいくらか有するものの、Aとは対照的な、したがって時令の篇章における通例の類でない点が顕著である。すなわちこの篇に独特のもので、(1)四系列のどの系列も、三項目すべてが単一の時候表示を連ね、同一の時令である、(2)同一の時令という点、四系列一様に「三某同事」と表示せられている、(3)春・秋の二系列は、現行本が正しいとすれば、全く同一の字句である、といったようである。四系列のいずれも末尾の三つの期間（十二×三＝三十六日）において右のようであるので、多くの時令の篇章において、四時の変遷に伴って順次に

変化、表示せられる時候、時令とは異質の型のものである。

右に見たように、この篇の時令記事は、春・夏・秋・冬の四系列に、(A)通例に従って挙げられている反面、(B)それぞれの末尾において、通例と異なる独特の型のものとなっているのである。特に四系列とも「三某同事」の語で終わっている点に注目すべきである。さきに(5)藏・行の条において詳述したが、この篇に見える五系列の諸事項は、I、II、IIIと展開してゆく中で、通例的な挙げられ方の後に、通例とは異質の項目に変わり、末尾は、五系列とも全く同一の項目となっているのである。また、この篇全体の構成、さらに内容において、右の五系列、四系列の諸事項は、密着、融合の関係にあることから[23]、右に述べたそれぞれの末尾の様相は、この篇に独特のものとしてかかわり合っていると考えられるのである。四系列の場合は、五系列の場合ほど形式、表記の点で鮮明ではないが、すべて「三某同事」の語でしめくくられ、時候、時令ともに、変化よりも一様性、四系列全体としての同一化という帰結を志向しているものと見るべきであろう。

以上のように四系列の時令記事全体の構成上の特色、性格を見た上で、卯字に関することに焦点を合わせると、一様性、同一化という全体的な帰結の方向からして、春・秋の場合が同一の卯字であっても、不自然なことと見るべきではない。春・秋の場合は、「三某同事」の同事は、ともに合男女という同一の項目である。それに合わせて三某の方も、同一の項目であって不当な点はないと言えるのである。

ところで恵氏などが、春は卯、秋は酉と見る説には、まず郭氏が、

説者強以卯酉分之、不知許書所謂古文酉从卯者、今考殷代卜辭及殷周金文均無如是作者。と異論を唱えているが、陳奐氏も、此篇名義、若夏之小郢中郢、冬之小楡中楡、皆不用干支。則春與秋、不當獨取干支可知。と述べて反論している(いずれも集校上、一一五頁)。両氏の指摘には参考とすべき点があるが、筆者は別に、右の問題について考えてみたいと思う。

時令の篇章に干支が習見するという事実は、時令の性格からして当然のことであるが、この篇において十二と組み合わせて挙げられた卯字を、干支のそれと見るべきではないであろう。前にもふれたが、この卯字は、春・秋とも十二、小卯、十二、始卯、十二、中卯、十二、下卯、というように、全く同一の挙げられ方となっている。十二（十二日、また十二日間）と組み合わさって時候を表示する各項目である。しかも春・秋とも全部で八項目ある中の四項目を占めている。さらに始卯、中卯、下卯については、前述のように、春・秋とも三卯同事とある。右のような性格をもつ時候の項目に、干支のひとつ「卯」が適合するであろうか。またこの三卯に対応する夏・冬の項目は、三暑・三寒である。三卯の卯字は、時令の篇章における時候表示の最も通例的な暑・寒と顕著に対立する性格のものではありえないであろう。以上のように考えてくると、干支のひとつ「卯」という特定の日の意味で、この篇の時候表示の卯字が用いられることはほとんどありえないであろう。

この篇の本文校定という立場でまとめると、この条の最初に掲げた十二、始卯以下の本文は現行本のものであり、そのままとするのが、現状では最も妥当であろう。同時に、少し前の十二、小卯についても同様である。さらにこれらの卯字は、春・秋とも同一という現行本の通りということになり、これらの卯字は、干支の「卯」でない別の意味に用いられているとすべきである。したがって、別の意味とは何かが今後に残されることになる。今ひとつ、前引の陳氏（及び陳氏を支持する郭氏）が、これらの卯字すべてを、もと卵字であったのが誤まったものとする説も、本文校定の段階では措いて、今後に残しておきたいと思う。前引のように、宋本にだけ一箇所、毋字となっているという事実は、他の九文字が宋本でも卯字となっているということであり、孤証の観があるからである。

⑽　十二、（）寒至静、十二、大寒之陰、十二、大寒終。

（）の箇所は、集校（一二二頁）の指摘によって、大の字が脱落したものと考える。単なる寒では穏当ではない。前掲のものより他に冬の時候として始寒、中寒の項目も見られ、この箇所は大寒とするのが妥当であろう。なお、三項目とも大寒という時候表示となって、時令の篇章における通例から離反するかのように見える点については、(8)、(9)の各条で述べてきたように、この篇に独特の時候・時令の挙げ方がなされた結果、そうした様相となっているということなのである。

⑾　此居圖方中、　　　　此居於圖東方方外、
　此居於圖南方方外、　　此居於圖西方方外、
　此居於圖北方方外、

集校（一〇七頁）に、郭沫若氏の意見として、右の五句は、幼官篇のもとの圖、経文にはなかったが、後に説明のために加えられたものだとしている。現行本の幼官圖というのは、幼官篇と重複する文章だけから成っているのであるが、郭氏の意見では、幼官篇というのは、もと方形の圖があって（方形の中が方中、方形の外が四方の方外）、本文は、それぞれ該当する五つの場所に分けて記入せられるという構成のものであった。そこで本文の五つの部分を圖の該当箇所に正確に移せば、それでよいのであるが、正確を期したためか、「これだけが圖のどの場所に位置する。」との説明を、後に加えたというのである。

郭氏の言うような圖が当初からあって、幼官篇の本文のすべてが、右のように圖に分けて記入すべく構想せられてあったかどうか、確かめる手段はない。しかし、前掲の五句が、郭氏の言うような圖を前提として、本文のすべてをその圖に分けて記入するために述べられている点は明らかである。そして、これら五句はすべて同型表記のもので、一様に「圖のどの場所に位置する」と指示する内容となっており、表記の型から見ても、指示、説明的な内容からしても、本文のどこにも類例を見出せない特質をもつものである。

以上のように見てくると、不審な点は依然として残るものの、ほぼ郭氏の意見に従って、これらの五句は、もと幼官篇の本文にはなかったとすべきであろう。したがって、五句のすべてを現行本から除いておくことにしたいと

思う。

⑿　この節の最初に述べた、現行本における問題箇所の検討を、以上で終えて、次に集校などの検討を経て、大方の異論のないと思われる箇所を、順に結果だけ挙げることにしたい。

イ、坦氣修通、修を循の誤りとする。（集校上、一〇六頁）
ロ、（　）堂至命、……則帝。（　）は一字脱落とする。（集校上、一〇八頁）
ハ、（　）（　）（　）、同異分官、則安、（　）は各一字脱落とする。（集校上、一〇九頁）
ニ、九本搏大、搏を博の誤りとする。（集校上、一一一頁）
ホ、七官飾勝備威、官飾の二字は誤入として除く。（集校上、一一一頁）
ヘ、動而無不從、静而無不同。すべて誤記として除く。（集校上、一一二頁）
ト、合内空周外、空は誤入として除く。（集校上、一一五頁）
チ、十二、絶氣下下爵賞、ふたつの下字、ひとつは誤入として除く。（集校上、一一七頁）
リ、以介蟲之火爨、蟲を獸の誤りとする。（集校上、一一九頁）
ヌ、養老弱而勿通、信利周而無私。通を遺の誤り、周を害の誤りとする。（集校上、一二〇頁）
ル、戒審四時、以別息、審は誤入として除く。（集校上、一二二頁）
ヲ、収矜寡、矜を孤の誤りとする。（集校上、一二三頁）
ワ、（　）（　）藪澤、（　）（　）は毋征の脱落とする。（集校上、一二三頁）
カ、共玄官、……尚之於玄官、ふたつの官を宮の誤りとする。（集校上、一二三・一二四頁）
ヨ、官處四體、官は誤入として除く。（集校上、一二四頁）
タ、二年三卿使（　）（　）四輔、（　）（　）は受命の脱落とする。（集校上、一二五頁）

右の他にも、例えば、幼官という篇名など、先学の間に議論の存するものがある。この節では、ひとまず右の程度で終えて、時令の篇章としての本文ということにしたいと思う。

## (二) 時令記事の性格をめぐって

管子幼官篇の本文確定という、この節の主要目標について、未詳、保留の箇所を残しながらも、ともかく終結ということにした。検討結果としての本文全体は、一括して最初に掲げておいたが、その本文の中から、核心部分である時令記事をとり上げ、その性格をめぐって若干の考察を試みることにしたい。

この篇の時令記事は、四系列のものとして、よく整った形式のものとして述べられている。表一としてまとめ、最初に掲げておいたものが、その主要部分である。さらに表一の各系列を本文に戻してみれば明瞭なように、違令と災害と呼ばれる、時令の篇章に習見する記事が、各系列の冒頭に挙げられる形で述べてある。ここで時令記事というのは、右の二種類の記事であるが、表二として掲げておいた五系列の記事も、時令の篇章において時令記事に織り込まれる場合があり、幼官篇でも、時令記事と密着、融合して述べられているので[24]、以下の考察において、必要に応じてとり上げることにする。

右のような時令記事の中、違令と災害の事項は措いて、表一について見てゆくと、年間を四時に区分し、すべての項目が一様に、「十二、……」という句法によって、順次挙げられている。時令の篇章の通例としては、礼記月令篇のような、四時と十二の月とによる年間区分があるが、この篇の「十二」(十二日、また十二日間)は、他に類例を見ない独特のものである。これら「十二」に関することは後にふれるが、ここで「十二」に続く時候・時令の項目を通覧しておくと、例えば、春の地氣發、戒春事、また小卯、出耕、のように、項目ごとの表示の型が、一様に簡易、明快なものであることが知られる。すべての項目が二字または三字と限られたものであり、形式面を主として見ると、全体としてよく整った、明快な趣きのものである。右の程度に通覧しておいて、時令の項日に視点をしぼって考察を進めることにしたい。

時令の項目の全般にわたって、項目ごとに個別に見た限りでは、時令の篇章における通例的なものと言うことができる。すなわち天地、自然の運行に即応して出される政令であり、人君を中心とした宮廷・百官の儀式、行事、そして主要産業である農業に関することを中心とした、社会・国家の運営に必要な事項が挙げられているのである。ただ秋の薄百爵については、先学の見解が大きく別れており、ここで若干の吟味が必要であろう。

詳細は省略するが、集校（上、一一八・一一九頁）には、百爵を百官と見るのと、百雀と見るのと、対立する見解が収められている。字解として、また時令の項目として、いずれも成り立ちうるものではあるが、筆者は、百官の方を妥当と考える。この篇の時令の項目には、草木鳥獣蟲魚にかかわるものが見当らない。これらにかかわる事項は、礼記月令篇などには習見のもので、四時の変遷に密着した、重要な項目群をなしているのである。そこでもし、この百爵を百雀とした場合、全部で三十項目ある中で、この一項目だけが鳥獣にかかわる孤立的な項目となる。春・夏・秋・冬にわたって、各項目が関連し合って挙げられていることは明瞭であって、この一項日だけが孤立的であることはできないであろう。この百爵を百官とした場合は、他の項目との関連も自然であり、秋に「百官を勉励する」[(25)]ほどのものとして当然の項目だと言えるのである。

時令の項目を全体的に見て、若干の問題点の解明を試みたが、右の考察が正しければ、この篇の時令には、草木鳥獣蟲魚にかかわる項目が全く見られないので、四系列全体としては、通例的な項目群のひとつが欠けた、それだけ偏りのあるものとなっている。どの時令の項目もそうであるように、自然の運行に即応すべく定められた政令という大前提があって、その上で、生・長・収・藏、また徳（賞）・刑（罰）などの理論によって、個々の項目が挙げられている。時令の項目を全体的に見て、次に気づかれるのは、賜與・収聚の項目が多く見られる一方、祭祀に直接かかわる項目が全く見られないという点である。

賜與と収聚とは、時令の中の重要項目であり、対応関係にあるもの(26)なので、それぞれの関連項目をまとめて挙げると、

賜與　春、賜與、夏、至徳、爵賞、賜與、秋、賜與、冬、賜予、

収聚　夏、収聚、秋、収聚、冬、収聚、大収、

のようになり(27)、賜與が六、収聚が四、合計十項目となる。時令の項目全体で三十の中で、目立つ項目数である。さらに、前掲（一四一頁）のA・Bの類別を考慮すると、過剰と言うべき事態である。すなわち前述のように、四系列の中のBの部分は、特異な時候・時令であって、どの系列も、三項目とも同一の時令と明言せられている。Aの部分は通例的な挙げ方と見られるので、ここでは、特異なものを除いた通例の範囲で、時令の項目のあり方を検討すべきである。したがって、Bの十二項目を除いた十八項目の中で、右の賜與、収聚の項目の様相を見ることとなり、これらの十項目は過剰と言うべき数である。

年間の四時、十二の月などを通して、必要な諸事項を適切に配置するのが、時令の篇章における通例である。右に見た賜與、収聚に関する項目は、時令の重要事項ではあるが、通例のあり方からすれば、過剰というべき挙げ方になっていることは確かである。その一方で、祭祀にかかわる項目が皆無という事態のあることは、どのように考えるべきであろうか。

時令の篇章の基本に、祭、政の密接な関連のあることは、言を俟たない。そういうことからすれば、四系列の時令の項目すべてが、呪術・宗教（祭祀）的な性格を帯びたものと見るべきである。しかし、礼記月令篇など、祭祀に直接かかわる項目が習見することからすれば、この篇に、それが全く見られないことは、異常な事態である。前に

もふれたように、全体で三十を数える時令の項目であるが、A・Bと類別して見るべきで、通例の範囲の項目は、Aの十八項目なのである。年間の四時に、わずか十八項目を配置するのであるから、時令の通例のあり方とはいえ、ごく限られた項目しか挙げられない。しかしこうした実状を考えに入れても、祭祀という最も基本的な重要な項目が皆無ということは、有りうべからざることである。

前に見た賜與、収聚の項目の過剰という事態が、この篇の時令の挙げ方における顕著な問題点であるのに対して、祭祀の項目の皆無ということは、さらに重大な事態と見るべきである。したがってこのような状況から、現行本の本文自体に、誤入、脱落などのことがあったと考えざるをえないのである。そこで、これらの問題をめぐって、検討を進めてゆきたい。

前節二項の**2**ですでに一部ふれたのであるが、「十二、……」という句法で、現行本には春、八、夏、七、秋、八、冬、七と合計三十項目挙げられているが(表一)、この中の秋、八、冬、七とある項目数には、重大な疑問が存するのである。これらの「十二」という年間区分が、五系列の冒頭に挙げられた八・七・九・六という五行の数(表二)にもとづいて定められたものであることは確かである。[28]そこで疑問となるのが、これら五行の数と四時に挙げられている現行本の項目数との関係である。前に示したように、春・夏はともに八・七で一致しており、秋・冬は、九・六と八・七と一項目ずつ異なる(合計数では同じ)という奇妙な関係となっているのである。

右のことについて前節では、冬の七項目の中、時候においては五までが「寒」を伴った項目であるという異常事態になっている点に注目しておいた。その点をめぐってさらに考えてみると、前に見た賜與、収聚の項目の過剰という事態が、重要なかかわりをもっているように思われる。賜與・収聚ともに、どの時令の篇章にも習見する重要な項目である。しかし幼官篇においては、前に見たように、時令の項目全体の中で、明らかに過剰と言える事態となっているのである。[29]

前述のように、四系列の諸事項（表二）は、A（時令の通例の範囲のもの）、B（この篇に独特のもの）に類別せられるのであるが、今ここで冬の時令の項目について検討する際にも、右のことを考慮に入れて、七項目の中から、三寒同事と明言せられた末尾の三項目は除くべきである。そこで通例の範囲のものと見るべき四項目について吟味すると、盡刑と賜予に対して、収聚、大収とある点に強い疑問がもたれるのである。生・長・収・蔵の通例をもって、冬＝蔵の重要性を考えに入れても、四項目の中の二項目を占める収聚、大収は、異常と言わなければならない。ことに収聚の場合は、中寒、収聚となっていて、前述の「寒」を伴った項目の異常事態と重なった状態になっているのである。

すべて「十二、……」の句法の下に挙げられた冬の項目が、五行の数である六にもとづいていることは確かである。しかし現行本における冬の項目数は七となっているのである。この六と七との相違は、右に吟味してきたことを考慮に入れると、一項目の誤入の結果そうなったとすべきであって、前述の春・夏の項目数八・七と、五行の数八・七とが一致しているのと同じく、冬の場合も、原本においては、項目数は、五行の数の六と一致していたとすべきである。そして誤入せられた一項目は、吟味してきたことからして、異常さの著しい中寒、収聚、とすべきであろう。

次に秋の項目数の問題に移ることにしたい。これまで検討してきたことからすれば、現行本における秋の項目数八と五行の数九との間の相違は、一項目の脱落によるものとせられなければならない。すなわち春・夏における項目数と五行の数との一致という実状があって、さらに冬の場合も、誤入の一項目を除いて、両者の一致すべきことが確かめられた。全体の項目数が三十である点は確実であるから、右の経過から見て、秋の項目数は九でなければならず、同時にそれは、秋の五行の数九と一致するということなのである。したがって、現行本の八という項目数は、一項目の脱落があって、そうなったと見なければならないのである。

脱落した一項目は何であったか。その点は未詳とするほかはない。ただ可能性としては、この篇の時令の項目に、祭祀に関するものが皆無であるという事態が、深くかかわることとして挙げることができよう。前述のように、祭祀の項目は、最も基本的な重要なものとして、時令の篇章に習見するものであり、右の事態は、有りうべからざることである。この篇の中にも、例えば、「修春秋冬夏之常祭、食天壤山川之故祀、必以時。」といった四時の祭祀などに関する明言が、時令記事以外の箇所には見られる。こうした点から見ても、この篇の時令の項目には、祭祀に関するものが脱落していると考えるべきである。したがって、秋の一項目の脱落についても、それが祭祀の項目である可能性は十分にあると言うことができよう。ただ、それはそれとして、現行本の秋における脱落については、脱落のあったことを確認した所で措いて、具体的な点は未詳としておかなければならない。

この節の主要な目標は、現行本における問題点を検討して、可能な限り本文を確定することにあった。その経過は述べてきた通りであるが、そうした本文の中心をなす時令記事を改めて検討した結果、以上のような結論が得られたのである。そこで最初に掲げた本文の時令記事について、秋に一項目の脱落があったとして、十二、□□（時候）、□□（時令）、を加えることとし、冬の中から、十二、中寒、収聚、の一項目を除くことにする。（表一についても同様である。）

## 結　語

管子の書の雑駁な性格については、古くから指摘せられている。幼官篇においても、そうした点が見られ、先学の間に論考がなされた、ひとつの要点となっている。この節は、そういう点も含めて、この篇の本文を見直してみたものである。そうすることによって、雑駁、混乱と見られるものが、その通りに把握すべきものと、そうではない、例えばこの篇に独特の様相を示したものと、ある程度の判別がつけられたと思う。

幼官篇を時令の篇章として捉えた場合、表一、表二としてまとめて掲げたものは、最も重要な記述と見られるものである。これら四系列の時令記事(表一)と五系列の五行配列記事(表二)とは、密接なかかわりをもって述べられているのであるが、それぞれにおいて、他の時令の篇章と共通する通例的な項目群が見られる一方で、この篇だけの様相を示す項目群が見られるのである。しかも後者の項目群の独特の様相は、どちらの系列においても末尾の箇所におけるものであり、近似的な関係にあると見られるのである。(前述、四系列のB、五系列のIII。)

両系列の末尾における近似的な関係というのは、通例的な項目群が順に挙げられた後に、通例的でない、一様性、同一化という独特の様相を呈しながら、両系列とも似通った挙げられ方がせられていることである。こうした近似的な関係を保ちながら、両系列ともに一様性、同一化の帰結に至る過程において、雑駁、混乱とも見られる項目群について検討したところ、四系列の場合は、秋に脱落、冬に誤入(それぞれ一句)のあることが判明し、五系列の場合は、全く同一の帰結に接続する項目群(藏・行)における独特の様相と見るべきこととなった。

右に述べた検討結果から、この篇に見える「十二、……」という独特の句法によって挙げられた時令記事(表一)は、春＝八、夏＝七、秋＝九、冬＝六の項目数であったこととなり、このことは同時に、四時の時令が五行の数(八・七・九・六)を根拠として挙げられていることと一致するということである。

**注**

(1) 郭沫若氏等撰、一九五四年、上、一〇六・一〇七頁。
(2) 現行本は一部に相違箇所があるが、管子集校の意見にしたがった。(前出、上、一〇八・一〇九頁)
(3) 漢文大系管子、巻三、五頁所引。
(4) 例えば礼記月令篇孟春の食麦与羊の鄭注。

（5）この五には、十（五・五）の代りに用いられているという性格がある。このことは、B群で六・徴の右に五・宮を置けば、順に、四・商、三・角、二・羽、一・徴となることからわかる。
（6）参照、金谷治氏、「管子」中の時令思想、集刊東洋学第五〇号、一九八三年、八頁。
（7）五行説成立の一考察、支那学研究（広島支那学会刊）の第一二号所収、一九五五年、三八頁以下。
（8）中国上代陰陽五行思想の研究、一九五一年、一二五頁。
（9）これらの数が呂氏春秋十二紀、礼記月令篇に見える所から、高注、鄭注など、五行の数と解してきた。また洪範篇との関連については、狩野直喜氏（五行の排列と五帝徳に就いて、一九三一年、読書籑余所収、八一頁以下）などの見解がある。
（10）町田三郎氏、管子幼官考（集刊東洋学第一号、一九五九）には、筆者の見た「寒」の多さも含めて、項目数に全般的に問題点を見出してある。（一九・二〇頁）
（11）呂氏春秋十二紀の高注には、洪範篇の数と五行とを用いて、八（孟春紀）、七（孟夏紀）、五（季夏紀）、九（孟秋紀）、六（孟冬紀）の順に成り立ちを解説している。幼官篇の場合、表面上は高注と同じ数の成り立ちと見られるが、十二紀にはない独特の考案による特色が見出されるのである。
（12）狩野氏前出書、八〇頁、小林氏前出書、一二一頁。東・春・木、南・夏・火、西・秋・金、北・冬・水では幼官、月令とも同じで、中央・土だけが順序において異なる。そして、挙げられた順序についての言説はないので、中央・土の位置の相違は、五行に関しては表面上のことに過ぎないものと考えられる。
（13）先学の間に、従来こうした扱い方がなされている。例えば、金谷治氏、「管子」中の時令思想、集刊東洋学第五〇号、一九八三、八頁。
（14）前節の（一）で、これらが五行にかかわる記事であることを詳述している。
（15）（14）参照。
（16）ただ郭氏が一様性を慈恵でもって主張した点には、疑問の余地がある。郭氏自身が秋の恭敬について、「以愼之可矣」（集校上一二〇頁）としているように、個々の項目において性格の相違があり、一様性にはある幅があるであろう。
（17）（14）参照。

(18)　五聲の配置については、前節（はじめに３）参照。また、和氣以下の五氣だけは、この篇に独特のものであるが、通例に合った配置となっている点は、他の項目と同じである。
(19)　現行本では坦氣修通となっているが、⑿のイ（一四五頁）で述べているように、この修は循の誤りとし、循通を巡り通ずると解する。
(20)　前節（一一八頁）参照。
(21)　⑽の条（一四三頁）参照。
(22)　⑼の条（一四〇頁）参照。
(23)　前節（一一八頁）参照。
(24)　前節（一二〇・一二一頁）参照。
(25)　纂詁（漢文大系、管子、巻三、六頁）の見解による。
(26)　これまで幾度かふれているように、時令の篇章に習見する理論の中に、生・長・収・藏、あるいは生・長・殺・死、また徳・刑といった考え方がある。幼官篇において、それが端的に見られるのは、夏の至徳と冬の盡刑とである。自然の様相、変遷に順応することを基本として、帝王が、臣下に、また民衆にも恩恵を与え、他方、農業の収穫物を始め、多くの物を上納させることは、為政上の重要な事柄であり、時令の項目として挙げる際に、密接な関連をもたせているものである。
(27)　これらの中の至徳は、前注でも述べたように、盡刑と明瞭に対応したものであり、纂詁（漢文大系、管子巻三、五頁）に行恩恵とあるように、賜與と同様に解してよい。
(28)　前節（一二六頁）参照。
(29)　過剰と見られる点では、春・秋の合男女という項目もある。それぞれ三卯同事と明言せられているので、春に三、秋に三、合計六項目の全く同一の時令となり、時令の項目全体の中で過剰と見るべきである。しかし合男女の場合は、本文自体に三卯同事と述べて、挙げた意図が明瞭であるので、そういう表現を伴わない賜與・収聚の場合とは、別個に扱わなければならない。

# 第五章　管子四時篇について

## 一、五行的構成とその特色

現存する管子には、幼管、四時、五行、軽重己という、時令についてのまとまった文章を載せている篇がある。この中の四時篇について、この章では、主として、時令を述べる箇所の構成上の特色について考えてみたいと思う。管子という書物は、雑駁なことで知られている。先学の多くの考究があるにもかかわらず、残されている問題も多い。筆者は、こうした事情を念頭において、まず、四時篇の全文を筆者なりに定め、その上で、当面の課題についての考察を進めることにしたい。

### (一)　四時篇の全文と若干の問題点

管子集校（郭沫若氏等撰、一九五四）などの見解を参考にして、筆者なりに定めた本文は、次の通りである。[1]

A　管子曰、令有時。無時、則必視順天之所以来。五漫漫、六惛惛、孰知之哉。唯聖人知四時。不知四時、乃失國之基。不知五穀之故、國家乃路。

B　故天信曰明、地信曰聖、四時信曰正。其主信明聖、其臣乃正。何以知其主之信明聖也。曰、愼使能而善聽信之。使能之謂明、聽信之謂聖。信明聖者、皆受天賞。使不能爲惛、聽不信爲忘。惛而忘也者、皆受天殃。

C 是故上見成事、而貴功、則民事接、勞而不謀。上見功而賤、則爲人下者德、爲人上者驕。

D 是故陰陽者天地之大理也。四時者陰陽之大經也。刑德者四時之合也。刑德合於時、則生福、詭則生禍。然則春夏秋冬將何行。

$E_1$ 東方曰星、其時曰春、其氣曰風。風生木與骨。其德喜嬴、而發出節時。

$F_1$ 其事號令、修除神位、謹禱弊梗、宗正陽、治隄防、耕芸樹藝、正津梁、修溝瀆、甃屋行水、解怨赦罪、通四方。

$G_1$ 然則柔風甘雨乃至、百姓乃壽、百蟲乃蕃。此謂星德。

$H_1$ 星掌發。發爲風。

$I_1$ 是故春行冬政則雕。行秋政則霜。行夏政則欲。

$J_1$ 是故春三月、以甲乙之日發五政。一政曰、論幼孤、舍有罪。二政曰、賦爵列、授祿位。三政曰、凍解、修溝瀆、復亡人。四政曰、端險阻、修封疆、正千伯。五政曰、無殺麑麇、毋蹇華絕蕚。五政徇時、春雨乃來。

$E_2$ 南方曰日、其時曰夏、其氣曰陽。陽生火與氣。其德施舍、修樂。

$F_2$ 其事號令、賞賜、賦爵、授祿、順鄉、謹修神祀、量功賞賢、以助陽氣。

$G_2$ 大暑乃至、時雨乃降、五穀百果之登。此謂日德。

$E_3$ 中央曰土。土德實輔四時入出。風雨節土益力。土生皮肌膚。其德和平用均、中正無私、實輔四時。

$G_3$ 春嬴育、夏養長、秋聚收、冬閉藏。大寒乃極、國家乃昌、四方乃朝。此謂歲德。

$H_2$ 日掌賞。賞爲暑。

$H_3$ 歲掌和。和爲雨。

$I_2$　夏行春政則風。行秋政則水。行冬政則落。

$J_2$　是故夏三月、以丙丁之日、發五政。一政曰、求有功發勞力者而擧之。二政曰、開久墳、發故屋、辟故窌、以假貸。三政曰、令禁扇去笠、毋扱免、除隱漏田廬。四政曰、求有德賜布施於民者而賞之。五政曰、令禁罝設禽獸。毋殺飛鳥。五政徇時、夏雨乃至也。

$E_4$　西方曰辰、其時曰秋、其氣曰陰。陰生金與甲。其德憂哀、靜正嚴順、居不敢淫佚。(F3に移す)

$F_3$　其事號令、毋令民淫暴。順旅聚收。量民資以畜聚。畜彼群幹、聚彼群材。

$G_4$　百物乃收。(以下四句は誤入)使民毋怠。所惡必察、所欲必得。義信則克。此謂辰德。

$H_4$　辰掌收。收爲陰。

$I_3$　秋行春政則榮。行夏政則水。行冬政則耗。

$J_3$　是故秋三月、以庚辛之日發五政。一政曰、禁博塞、圉小辯、譯忌讕。二政曰、毋見五兵之刃。三政曰、愼旅農、趣聚收。四政曰、補缺塞坼。五政曰、修牆垣、謹門閭。五政徇時、五穀皆入。

$E_5$　北方曰月、其時曰冬、其氣曰寒。寒生水與血。其德淳越、溫怒周密。

$F_4$　其事號令、修禁徙民、令靜止。地乃不泄。斷刑致罰、無赦有罪、以符陰氣。

$G_5$　大寒乃至、甲兵乃強、(G4に移す)五穀乃熟、(同上)國家乃昌、四方乃備。此謂月德。

$H_5$　月掌罰。罰爲寒。

$I_4$　冬行春政則泄。行夏政則靁。行秋政則旱。

$J_4$　是故冬三月、以壬癸之日發五政。一政曰、論孤獨、恤長老、。二政曰、善順陰、修神祀、賦爵祿、授備位。三政曰、效會計、毋發山川之藏。四政曰、捕姦遁、得盜賊者有賞。五政曰、禁遷徙、止流民、圉分異。五政徇時、冬事不過。所求必得、所惡必伏。

K　是故春凋秋榮冬雷夏有霜雪、此皆氣之賊也。刑德易節失次、則賊氣遫至。賊氣遫至、則國多菑殃。

L　是故聖王務時而寄政焉、作教而寄武焉、作祀而寄德焉。此三者、聖王所以合於天地之行也。

M　日掌陽、月掌陰、星掌和。陽爲德、陰爲刑、和爲事。是故日食、則失德之國惡之。月食、則失刑之國惡之。彗星見、則失和之國惡之。風與日争明、則失生之國惡之。是故聖王、日食則修德、月食則修刑、彗星見則修和、風與日争明、則修生。此四者、聖王所以免於天地之誅也。

N　信能行之、五穀蕃息、六畜殖、而甲兵強。

O　治積則昌、暴虐積則亡。

P　道生天地、德出賢人。道生德、德生正、正生事。

Q　是以聖王治天下、窮則反、終則始。德始於春。長於夏。刑始於秋、流於冬。刑德不失、四時如一、刑德離鄉、時乃逆行。作事不成、必有大殃。

R　月有三政。王軍必理、以爲久長。不中者死、失理者亡。國有四時。固執王事、四守有所、三政執輔。

右の本文は、問題のある箇所については、ほとんど皆、先学の見解を参照して定めたもので、参照の経過については、省略することにしたい。ただ、若干の箇所については私見によって定めたので、そのことについてだけ、以下に述べることにする。

(1)　居不敢淫佚。$E_4$

(2)　使民毋怠。所惡必察、所欲必得。義信則克。$G_4$

(3)　甲兵乃強、五穀乃熟。$G_5$

まず、(1)居不敢淫佚についてであるが、この一句について、集校には、「張佩綸云、居不敢淫佚五字、乃毋使民淫暴之注、誤入正文。」と述べている。張氏の見解には、根拠が示してなく、安易に同調することはできないが、この句がここに位置していることについては、大いに疑問を感じなければならないと思う。

四時篇の時令を述べる段落[2]（$E_1$～$J_4$）を見てゆくと、四または五の系列のものとして、一連の対応関係を保っている記述の多いことに気づく。それは、時令の篇章に習見することのひとつであり、その特色については、後に考察するが、この居不敢淫佚の一句は、$E_1$其徳（星徳）―$E_2$、其徳（日徳）―$E_3$、其徳（土徳）―$E_4$、其徳（辰徳）―$E_5$、其徳（月徳）という対応関係にある、一連の記述の中に位置しているものである。

　これら一連の記述を見ると、喜嬴、施舎とか、和平用均、静正嚴順とかのような、徳目を表わす定型的な用語が並んでいる中で、この居不敢淫佚だけが、異例の存在であることがわかる。この句は、二句後にある毋令民淫暴と類似の表現形式のものであり、張氏（前引）が、前者を後者の注解と見る点はともかく、内容的にも、両者は共通するものを持っているのである。また、もう少し後に見える使民毋怠（$G_4$）も、両者に通じる所を持っている。これらの三句は禁止の令と呼ばれ、時令の篇章に習見するもので、「自分の身をおくのに、怠けて楽しみにふけることを、けっしてしないように。」（居不敢淫佚）というように、よからぬことを禁止することによって、自然の恩恵を将来し、災害を未然に防ごうとしたものである。

　このように見てくると、この居不敢淫佚は、もともと$F_3$＝其事號令の群の中の一項であったと考えるべきである。前に挙げた三句のほかにも、禁止の令に属するものが散見するけれども、それらはすべて其事號令（$F_1$～$F_4$）または五政（$J_1$～$J_4$）の中に記されている。四時篇の時令を述べる段落（$E_1$～$J_4$）の中で、時令そのものを述べているのは、右の其事號令と五政との各群であるから、禁止の令の場合も、そこに記されるのが当然のことである。

　現存の四時篇において、禁止の令の中の居不敢淫佚と使民毋怠の二句だけが、右のように、其事號令と五政の群中に記されていないことは、奇異なことだとしなければならない。使民毋怠については後で考察するとして、居不敢淫佚の句は、現在の位置では、表現形式、内容ともに、$E_1$～$E_5$の各項と相容れないものであり、一方、すぐ後の

$F_3$＝其事號令の群の中にあったものと仮定すれば、現に毋令民淫暴という類似の句が存することでもあるし、禁止の令として適当な位置を得たことになるのである。したがって筆者は、現本における居不敢淫佚の一句は、なんらかの事情による誤入と見て、次の$F_3$＝其事號令の群に移すべきだと考えるのである。

次に前掲(2)、(3)について、合わせて考察することにしたい。(2)、(3)の記述はすべて、$G_1$〜$G_5$という、一連の対応関係にある群の中に見られるものである。すなわち、$G_1$の末尾から順に、星徳、日徳、土徳、辰徳・月徳とあるが、五つの群はすべて、それぞれを掌る者の恩徳を、項目的に列挙するという形態のものであり、そうした中に、(2)、(3)の記述が見られるのである。

前にも少しふれたが、こうした一連の対応関係を保つ記述は、多くの場合、特有の表現形式を伴って、構成的な整合性を有しているのである。$G_1$〜$G_5$について見ても、$G_3$の中の春嬴育以下の四句を別格として除くと、全部で十九項目を数える中の十五までが、「乃」字を挾んだ、ほとんど同型のものであって（$G_3$の之登も、実質的には乃登と見てよい）、$G_1$〜$G_5$と連なる構成的な整合性を保っていることがわかるのである。$G_3$の中の四句を別格としたのは、これらが四時の時令に対して超越的に機能するという、土徳＝歳徳の独自性を表明したものだからである[3]。

右のように、$G_1$〜$G_5$と連なった構成的な整合性が見出される中に$G_4$だけに集中して全く異なる型の四句（＝前掲(2)が挙げられていて、奇異な感じがするのであるが、さらに、これら四句の意味内容を吟味してみると、$G_4$をしめくくる「此謂辰徳」の語に対して、いずれも疑問を抱かせるものなのである。

まず使民毋怠であるが、安井氏の纂詁は「乃収穫百物、使民毋怠其事、」と述べて、前の句の百物乃収にかけて、「民衆を、収穫のことに怠ることのないようにさせる。」という内容だとする。それも一解だとは思うが、「怠ることのないようにさせる。」という点、この使民毋怠の句を含む$G_4$全体をしめくくる此謂辰徳に適合しにくいのである。前にもふれたが、$G_1$〜$G_5$という一連の記述は、時令が遵守せられた場合、それぞれを掌る星・日・歳・辰・月の恩徳がもたらされるという主旨のものなのである。

$G_4$において、最初の百物乃収の句は、正に恩徳として挙げられているが、それに続く使民毋怠の句は、恩徳以前のこと、「民衆を怠ることのないようにさせる。」という時令なのであって、その時令が遵守せられた場合に、百物乃収というような恩徳がもたらされるという関係にあるのではないだろうか。禁止の令のことは、前にも述べたが、「怠ることのないように」という類の戒慎の令は、時令の篇章に習見するもので、その令を遵守した結果、自然の恩徳（恩恵）が保証せられる（あるいは、自然の災害を免れる保障が得られる）というものである。このように考えた結果、使民毋怠の一句は、辰徳（または他の徳）を得ることを切望して遵守せられる時令のひとつとして解するべきである。

次に、所悪必察、所欲必得、義信則克。の三句についてである。纂詁には、「所悪其能昭著、所欲必得之。我誠信則能之。此謂振収萬物之徳。」と述べて、$G_4$の最初からの、百物乃収に連なった記述、すなわち辰徳の表われと見てある。

ところで、かなり離れた箇所になるが、$J_4$の末尾に、「所求必得、所悪必伏。」という二句が見えており、この二句の用いられ方が、ここで考えている所悪必伏、所欲必得の二句と共通したものを持っているのである。そこで、この$J_4$の二句を並行させながら、当面の問題を考察することにしたい。

$J_4$の二句は、「五政徇時、冬事不過。」という記述に接続しているのであるが、この五政云云の記述は、$J_1$、$J_2$、$J_3$と一連の対応関係にあり、ほとんど同じ表現形式のものである。しかも、それぞれの内容は、五政なる時令が、時季に従って遵守されれば、自然の恩恵が保証せられるという、前に$G_1$〜$G_5$について見た、星徳以下の恩徳の記述内容と照応関係にあるものである。そして$J_4$を除いた三者は、この恩恵の記述が末尾にあって、そこで終わっているのである。

このように見てくると、$J_4$の末尾の所求必得、所悪必伏の二句は時令（五政）を遵守した場合にもたらされる恩恵

＝冬事不過の句につけ加えられたものだとわかる。「冬季の事すべてが、過つことなく、満足に推移する。」という主文（＝恩恵）が述べられ、それに「為政者が求めるままに物事が得られ、悪む物事はすべて克服せられる。」という、ふたつの事項が、附加せられている（$J_1$、$J_2$、$J_4$では、すべて省略せられている）ものと考えられるのである。

$J_4$の所求必得、所悪必伏について、右のように考えておいて、$G_4$の所悪必察、所欲必得にもどって、考察を進めたいと思う。前引の纂詁のように、$G_4$の記述をひとまとめにして、辰徳の表われだとすべきであろうか。筆者は、$G_4$の場合も、$J_4$の五政徇時以下の記述と共通したものを持っていると考える。すなわち、現行本のままで見る限り、$G_4$では、百物乃収が主文（＝辰徳そのもの）であって、以下はそれにつけ加えられたものだと解するのである。

百物乃收を主文だとして、それに続く使民毋怠については、前に考察した。この句は禁止の令（時令）であって、本来なら時令の群に挙げられるべきものが、ここに誤入しているものと考えられる。かりに、このままで解すれば、百物乃收という辰徳を得るために、怠ることのないようにとの戒慎のことが、つけ加えられたものと見るほかはないのであろう。

使民毋怠に続く所悪必察、所欲必得の二句は、それ自体としては辰徳として解しうる点を有している。「為政者が悪む物事は、すべて明らかにされ、克服せられ、欲求する物事は必ず得られる。」というほどの内容であるから、そのような事態が、辰の恩徳としてもたらされると解することもできるからである。しかし、この所悪必察、所欲必得を辰徳（秋の時令を遵守した結果）とした場合、$J_4$の所求必得、所悪必伏という、ほとんど同じ内容の二句が、冬の時令を遵守した結果として明記せられている（当然、月の恩徳の範囲に入る）ことと、両立しえないという問題が生じるのである。時令の篇章に習見する、生（春）・長（夏）・収（秋）・蔵（冬）の語によっても、秋～冬のつながりは、常に考えられているので、秋～冬に重複的に記載せられる事柄もあるけれども、ここの場合は、秋と冬とを明確に区分して述べてあるので（秋＝辰徳、冬＝月徳）、それぞれを掌る者の恩徳を重複させて挙げることは、まずありえないことなのである。

以上のように見てくると、$G_4$の所悪必察、所欲必得、$J_4$の所求必得、所悪必伏の記述は、時令を遵守した結果としてもたらされる恩徳（恩恵）と解しようとすれば、少なくともいずれか一方は、誤まって記載せられたものと考えざるを得ないことになるのである。したがって、当面の$G_4$の二句は、誤入の疑いのあるものであるが、それを現状のままで理解しようとすれば、前に$J_4$の二句を、主文に附加せられたものとしたのに倣って、これらの二句も、百物乃収（辰徳）という主文に、何らかの事情があって附加せられたものだとすべきであろう。

もう一句、義信則克と続いており、これについて考えたい。この句の内容は、「為政者が、正義、誠信であるならば、上記のことが成就できる。」というほどであろうが、もちろんこれは、辰徳として挙げられたものではなく、直接には、すぐ前の所悪必察、所欲必得に補足的に加えられたものと見るべきであり、さらに、百物乃収（辰徳）の主文にもつながっていて、右のような意味で附加せられたものと解するべきである。

以上、(2)として掲げた、$G_4$の使民毋怠以下の四句について考察してきたのであるが、ここで要約してみると、まず表現形式においてこれらの四句は、$G_1$〜$G_5$という一連の対応関係を保った記述の中で奇異に感じられる存在であり、内容面においても、$G_1$、$G_2$、$G_3$、$G_5$の各項目が、別格とするものを除いて、すべて恩徳そのものを列挙しているのに対し、$G_4$だけは百物乃収（辰徳）を挙げた後は、種々の疑問を孕む四句を続けており、現状のままで理解しようとすれば、百物乃収の主文に、補足的に附加したものと解するほかはなく、特異な様相を呈しているのである。結局、$G_4$の使民毋怠以下の四句は、形式、内容の両面から見て、本来そこにあるべきでない、誤入の可能性の強いものだとされるのである。

ではなぜこの$G_4$だけに、このような不審な事態が生じたのであろうか。それは不明としか言えないが、筆者は、$G_5$の甲兵乃強、五穀乃熟の二句と、この使民毋怠以下の四句とが、錯綜した状況の中でそれぞれ誤入せられたのではないかと想像するのである。それはともかく、$G_5$に見える甲兵乃強、五穀乃熟の二句（前に(3)として掲げたもの）は、そこに位置するには問題があり、むしろ$G_4$の中に移入すべきものと考えられるのである。

まず、五穀乃熟の句であるが、時令が遵守せられた結果、もたらされる恩徳として挙げられているのであるが、ここは冬季であるので、適当でないのである。もちろん、五穀が熟することが、冬季とかかわって述べられることは、支障のない場合もある。しかしここでは、春＝星徳、夏＝日徳、中央＝歳徳（土徳）、秋＝辰徳、冬＝月徳と、それぞれの区分の明確な恩徳を列挙しているのである。四時それぞれの時令を遵守することは忠実になされなければならず、それに感応してもたらされる恩徳も、四時それぞれに適合したものとなるはずである。

したがって、この五穀乃熟の句は、$G_5$（冬）でなくて、$G_4$（秋）の中に、もたらされる恩徳として挙げられるのが正しいのであって、現行本において$G_5$にあるのは、誤入によるものとしなければならないのである。$J_3$（秋）の末尾に「五政徇時、五穀皆入。」と見えており、この五穀皆入も、やはり時令の遵守に対してもたらされる恩徳なのであるが、この記載のあることは、五穀乃熟について、右のように考えることを強く支持するものである。

次に甲兵乃強の句についてであるが、この句が、四時篇の時令の基調にある刑徳思想によるものであることは明白で、この点からすれば、Qに「刑始於秋、流於冬。」と述べられてもいるし、$G_5$（冬）に挙げられていることは、支障のないことのように思われる。しかし一方では、甲兵（兵戎）の事は、時令の篇章において、しばしば五行説とも関連して述べられており、その際には、金（秋）とのつながりが顕著に見られるのである。四時篇においては、$E_4$（秋）に陰生金與甲と見えているが、五行説によって挙げられた、この金・甲が、当面の甲兵乃強の句と、直接的なつながりを持っていると解せられることは、ごく自然のことである。$G_1$〜$G_5$という一連の記述が、五行説にもとづいて連なっていることは明らかであり（この点は、後に改めてふれる）、甲兵乃強の句は、そうした中に（$G_5$）挙げられているのであるから、右のように解せられるのである。

したがって、この甲兵乃強は、五行の金・甲とのつながりから、$G_5$（冬）にあるよりも、$G_4$（秋）に挙げられるのがふさわしいということになる。$G_1$＝星徳（春）、$G_2$＝日徳（夏）、$G_3$＝歳徳（中央）、$G_4$＝辰徳（秋）、$G_5$＝月徳（冬）と、五行説にもとづいて列挙せられる恩徳の中のひとつとして、辰（五行では金・甲）の恩徳に当るものと考えるべきである。

この章の冒頭に、(2)、(3)として掲げた、問題のある箇所について考察してきたのであるが、ここでまとめておくと、(2)、(3)の記述は、それらが現行本の位置に記載せられているのは、何らかの事情による誤入の結果と見るべきである。そして、(2)の記述、すなわち$G_4$の使民毋怠以下の四句を現在の位置から取り除いて、そこに、(3)の記述、すなわち$G_5$の甲兵乃強、五穀乃熟の二句を、移入すべきである。$G_4$の四句を取り除いて、どこに移入すべきかはにわかに決められないが、これまで考察した結果、$G_5$の甲兵乃強、五穀乃熟の二句は、本来は$G_4$に記載せられていたものと考えられるのである。そこで、$G_1$～$G_5$の元の姿とせられるものを挙げておくと、次のようになる。

$G_1$　然則柔風甘雨乃至、百姓乃壽、百蟲乃蕃。此謂星徳。
$G_2$　大暑乃至、時雨乃降、百穀百果乃登。此謂日徳。
$G_3$　春嬴育、夏養長、秋聚收、冬閉蔵。大寒乃極、國家乃昌、四方乃朝。此謂歳徳。
$G_4$　百物乃收、甲兵乃強、五穀乃熟、此謂辰徳。
$G_5$　大寒乃至、國家乃昌、四方乃備。此謂月徳。

前述のように、$G_3$の前半の四句は、別格と見るべきであるから、それらを除いて見ると、$G_1$～$G_5$に挙げられた恩徳の項目は、一様に三句ずつになっている。そして、すべての句が「乃」字を挾んだ同型のものである。一連の対応関係にある記述であっても、変型、変化を織り込んだ場合も、もちろんある。しかし、この$G_1$～$G_5$の場合は、形式、内容ともに、右のような整合性に徹した構成のものであったと考えられるのである。

終りに、$G_3$の大寒乃極以下の三句のことにふれておきたい。これらの三句は、$G_5$の三句と重複と言ってもいいもので、冬の恩徳なのであるが、なぜ$G_3$＝中央に挙げられているのかという点についてである。この点については、纂詁に、「土能輔四時、大寒乃至其極。獨言冬者、擧終以見其餘耳。」と述べてあるが、四時に対して超越的に機能する土の恩徳（歳徳）を、まず、春贏育……冬閉藏と挙げて、それに続けて、大寒乃極以下としているのであるから、纂詁の見解は、妥当なものと考えられる。したがって、$G_3$の大寒乃極以下の三句は、四時に超越的にかかわる土の恩徳の一端として、いわば代表的に挙げられたものと見られるのである。なお、$G_3$における、右のような三句だけの挙げ方のあることは、さきに$G_1$〜$G_5$の構成について、「整合性に徹したもの」と理解したことを支持する、有力な一証となるものである。

## （二）　五行的構成とその特色

四時篇の時令を述べる段落（$E_1$〜$J_4$）を眺めると、全体が二、四、五の下に系列化せられながら述べられていることがわかる。今、考察の便のために、それらの箇所の相互関係を、わかりやすいように並べかえて表示すると、別表のようになる。

〔別表〕

| (1) | (2) | (3) | (4) | (5) | (6) | (7) | (8) |
|---|---|---|---|---|---|---|---|
| 東方曰星、 | 其時曰春、 | 其氣曰風、 | 風生木與骨、 | 其徳喜嬴而發出節時、 | ……此謂星徳、 | 星掌發、 | 發爲風、 |
| 南方曰日、 | 其時曰夏、 | 其氣曰陽、 | 陽生火與氣、 | 其徳施舍修樂、 | ……此謂日徳、 | 日掌賞、 | 賞爲暑、 |
| 中央曰土、 | 土徳、實輔四時入出、風雨節土益力、 | | 土生皮肌膚、 | 其徳和平用均、中正無私、實輔四時、 | ……此謂歳徳、 | 歳掌和、 | 和爲雨、 |
| 西方曰辰、 | 其時曰秋、 | 其氣曰陰、 | 陰生金與甲、 | 其徳憂哀、静正嚴順、 | ……此謂辰徳、 | 辰掌收、 | 收爲陰 |
| 北方曰月、 | 其時曰冬、 | 其氣曰寒、 | 寒生水與血、 | 其徳淳越　温怒周密、 | ……此謂月徳、 | 月掌罰、 | 罰爲寒 |

この別表によって見ると、五の下の系列化、枠組み、すなわち五行的構成と言えるものが、時令の段落の全体を覆っていることがわかる。そこでまず、別表を主として用いながら、この五行的構成について、具体的に見てゆくことにする。

最初の(1)段には、五位と日月星辰・土とが挙げられている。ここには五行の中の土だけしか見られないが、(2)段以下を見てゆけば、ここの星・日・土・辰・月が、所謂五行相生の順（木・火・土・金・水）によって排列せられていることがわかる。

そしてこの(1)段の各項目は、別表全体の、つまり四時篇における時令の、根源者として挙げられているのである。この篇の序文の末尾（D）には、「是故陰陽者天地之大理也。……然則春夏秋冬將何行。」とあって、時令についての基本的な考え方を示しているが、そこに言う根源者としての天地を、この(1)段では具象化して挙げたと考えられる。すなわち、存在する限りの空間を四方と中央との五位と定め、それぞれの主宰者を、日月星辰（＝天）と土（＝地）としたのである。この背景には、歴象日月星辰、敬授人時。（書経、堯典）とか天有三辰、地有五行。（左伝、昭三十二）といった思想の流れがあったのであろう。

次の(2)段では、あらゆる空間を五位に定めた（(1)段）のに対応させて、あらゆる時間を四時として、それぞれ配当し、(3)段では、風・陽・陰・寒の四気をそれぞれ配当し、その上、四時、四気に対して超越的な機能を有する土（中央）の徳を介在させて、あらゆる空間、時間における、根源者の地位と機能とを示しているのである。前に引用した、序文の末尾（D）に言う、陰陽、四時をふまえた、(2)、(3)段の各項目なのである。

以上、(1)、(2)、(3)の各段に挙げられた五行的項目は、別表の、すなわち四時篇の時令の、根源となるものである。今、これらの項目を一括して、A群と呼ぶことにする。これに対して、(4)段において、風・陽・土・陰・寒から「生じる」とせられている、木・火・金・水などの項目は、B群として一括せられることになる。根源者から生み出される四行と人体の五部位とが、密接な関係をもつものとして挙げられ、時令が、何よりも人間自身に対して重みを有していることを、端的に示そうとしているようである。

なお、土生皮肌膚の箇所だけが、他の四者と比べて変則的になっているが、これは、土の特異性によって、そのようになっているのである。前述のように、五行の中の土だけは、時令の根源者として(1)段の最初から見えている。そして、この(4)段に及んで、五行の中の四行（木・火・金・水）が根源者から生み出されるのであるが、土の場合は、もはや生み出される必要はないので、「生み出される」という意味では、挙げられなかったのである。したがってそこには木・火・金・水と連なって、五行を構成する土が、皮肌膚とともに在るものとしなければならない。このことについては、後にもう一度検討したいと思う。

次に、(5)、(7)、(8)の各段の内容は、A群の星・日・土・辰・月に最も重きを置き、これら根源者の活力、活気としての風・陽・土・陰・寒と密接につながり、結局は、A群、B群の全体をふまえたものとして、挙げられているものである。今、(5)の各項目をC群、(7)、(8)のをD群と呼ぶことにする。

D群の中に、星・日・歳・辰、月、また、風・暑・雨・陰・寒とあるのは、A群の星・日・土・辰・月、ならびに風・陽・土・陰・寒を直接的に受けていることは明白である。これらの中に土↓歳、陽↓暑という変化が見られるが、これは、実質的には異なるものではない。土↓歳の場合は、別表を見ると、土徳・歳徳ともあるが、主として、四時に超越的に機能する(實輔四時とある)土の特質を表明したものなのであって、いずれにせよ、実体が土である点は変わらないのである。また、陽↓暑の場合も、ある意味で、これと似通った事情が見られる。それは、別表において、陽が夏に当てられており、暑気と同一視してよい特質を有している(3)段では冬の寒気と対応している)ところから、(8)段では、その特質を表明して、「暑」と記したものと解せられるのである。

もうひとつ、土↓雨の変化が見られるが、これは、歳―和―雨と連なって、土の機能が挙げられている中のもので、前述の、土と歳とがほとんど同一視せられるのとは異なるけれども、土の重要な機能としての「雨」をこの位置に、土に代えて挙げたものである。

またD群には、發・賞・和・収・罰とあるが、これらの項目は、第一に、序文の末尾（D）に見える刑徳を受けて挙げられたものであり、第二に、時令の篇章に習見する、生長収蔵の理論($G_3$にも見えている)をふまえながら、五行的構成の下に挙げられたのである。

C群についてであるが、この中に見える「其徳」は、A群の「其時」、「其氣」と対応するもので、用語としては、根源者の星・日・土・辰・月それぞれの徳なのであるが、内容を見ると、A群、B群を全般的に受けたものとなっている。この点が最も鮮明なのは、土～土徳の場合であって、別表に明かなように、土は、その特有の地位、機能から、A、B、C各群に一貫した起述のせられかたになっている。したがって、例えば實輔四時の語が二見するように、C群における土徳の内容は、A群、B群を全般的に受けているのである。

また、C群の内容が、D群の發・賞・和・収・罰と深くかかわっていることも、容易に見ることができる。そしてこの五者は、D群において、星・日・歳・辰・月ならびに風・暑・雨・陰・寒と密接な関係にあり、同時に、A群の根源者と密接につながっているのである（D群の検討の際に述べた）。したがって、この点からも、C群の内容が、A群、B群を受けたものであることが言えるのである。

終わりに(6)段についてであるが、別表の点線部分は、問題の箇所があって、前に考察し、その結果を挙げておいたので（一六五頁）、その全文を、(6)段の内容として述べることにする。

この(6)段の内容は、(5)段と同様に、四時篇の時令の根源者、星・日・歳（＝土）・辰・月の徳を列挙したものである。しかし、同じく「徳」と明言しながら、両者の間には、ニュアンスの相違が見られる。別表では接続して見える(5)、(6)段であるが、原文（前掲）においては、中央土の場合を除いて、「其事號令、……」（$F_1$〜$F_4$）の群が挾まっているのである。これら其事號令（$F_1$〜$F_4$）の各群は、四時篇において、時令そのものが列挙せられた箇所であり、中央土を除いた春・夏・秋・冬の区分の下に述べられたものであるが、これら其事號令の群を挾んでいることによって、(5)、(6)両段の「徳」は、ニュアンスを異にしているのである。

すなわち、(5)段の「徳」（土徳を除く）は、それぞれ「其事號令……」に上接して、これらの時令の発布せられる根拠となっており、(6)段の「徳」（歳徳＝土徳を除く）は、それぞれ「其事號令……」に下接して、これらの時令が遵守せられるならば、それにふさわしい恩徳がもたらされるという、時令執行の結果となっているのである。（除かれた土徳、歳徳の場合は、實輔四時ともあるように、超越的な機能を果しているのである。）(5)段においては、時令発布の根拠としての「徳」が挙げられ、(6)段においては、時令執行（遵守）の結果としての「徳」が挙げられているのである。

このように、(6)段には、時令の遵守に感応する、根源者の恩徳が挙げられているのであるが、その構成の面について見ると、第一に生・長・収・蔵という、時令の篇章に習見する理論をふまえた配列のしかたが見られるのであり、（前掲の$G_3$、春嬴育以下に端的に見られる）、第二に、五行のニュアンスが直接的に認められるのは、甲兵乃強（一六五頁のG₄）だけであるが、⑹段の内容が、五行的性格を有する根源者、星・日・土・辰・月の徳として列挙せられているのであるから、すべての項目が、そういう意味での五行的性格を帯びていることが見出されるのである。

以上、四時篇の時令を述べる段落について、別表を援用しながら五行的構成の特色と見られるものを、やや詳細に、分析的に考察してきた。そこで、以上のことをふまえながら、この篇における五行的構成について、その特色を要約してみたいと思う。

⑴　この篇の時令の段落（E₁～J₄）に見られる五行ならびに五行的構成の型は、五行相生に属するものである。東―春―木、南―夏―火、西―秋―金、北―冬―水の順に挙げられ、それらの中央に土が位置しているのであるから、木・火・土・金・水（相生）の次序の五行であり、それを基本とする五行的構成となっているのである。ただ、今も別々に挙げられている木・火・金・水と土とを組み合わせて考えたように、この篇における五行は、土と四行とに分別して述べられている、その点に独特のものが見られるのである。

その一は、土の特異性である。この篇の土は、他の四行とともに五行相生の中の一者としての性格を有している一方で、四行とは際立って異なる、独特の性格をもっているのである。前述のように、この篇の時令における根源者は天地であり、その天・地が、日月星辰・土とせられ、これらの五者にもとづいて、時令に関するあらゆる事象、事物が存立し、機能せしめられているのであるが、そうした根源者の中の一者として、土が存しているのである。しかも、この土は、単なる一者でなくて、土徳（歳徳）として、時令に関するあらゆる事象、事物に対して、超越的に、「實輔」とか「和平用均」とかの、中枢的な機能を果す、独特の性格のものである。

その二は、右のような土に対する、他の四行の特異性である。根源者である土は、別表に見たように、一貫して土であり続けるのであるが、他の四行は、別表⑷段に見えるように、風・陽・陰・寒の四気（根源者である星・日・辰・月の気）から生み出されるという性格のものである。四行がこうした特異性をもつものであることは確かであるが、ではこの点に限って見ると、土と四行とは、いわば異なった次元に在るものと考えるべきであろうか。

別表(4)段には、四行と組み合わせられて、骨・氣・甲・血が挙げてあり、土の項には、皮肌膚が挙げてある。これら人体の五部位は全く同一次元に属するものであるが、この中の四者は、四行とともに四気から生み出されるものであるから、両者は、いわば双生児的な関係にあるのである。そこで残った皮肌膚の場合はどうかというと、土から生み出されるとせられており、また土は、すでに根源者として、(1)段からずっと存続しており、超越的な機能をもつものである。このような土は、もはや「生み出される」必要はないので、皮肌膚と組み合わせて挙げることはなされていないが、当然、他の四行と同じ性格をも有しているとせられなければならない。一方において、人体の五部位が、同一次元のものとして挙げられているのであるから、それらと双生児的な関係を保って挙げられた四行のほかに、土のことも想定せられているものと思われるのである。したがって、土を除いた四行の特異性に関連して、表面的には、土と四行とが異なった次元に在るように見えるが、右のように考えた結果、超越的な機能をもつ土は、四行と同じ次元にも機能が及んでいる(存在している)と解するべきである。

それにしても、この篇における木・火・土・金・水・又は、土と木・火・金・水というあり方の五行は、奇異な感じの免れえないものである。五行相生の型である点は明白であるが、その一方で、土と四行との間には、十分に把握しきれない点が残るのである。このような状況は、おそらく四時篇の撰者の、ある種の安易さ、不用意さによって生じたものと想像せられるが、既成の五行相生の型を無雑作に持ち込み、やや不用意に、何か新奇な工夫を加えようとした結果であろうと思われる。戦国時代の末期から、時令の篇章に対して陰陽五行思想が影響を及ぼし、さまざまな形態を見せながら進展しているけれども、右の四時篇の状況は、時令と五行相生との関連が自明のことのようになるほどに、時代を経過した頃の、派生的な一形態であろうと思われる。

(2) 四時篇における時令の段落が、五行的構成という全体的な枠組みを有していること、その原点としての五行そのものに関すること、これらについて考えてきたのであるが、次に、時令の段落の中の個々の記述において、五行が、実際に、具体的に、どのように関与しているかという点について考えてみたいと思う。

まず時令そのものを述べる箇所（$F_1$〜$F_4$、$J_1$〜$J_4$）を見ると、五行的性格が具体的に看取できるのは、毋見五兵之刃（$J_3$、金・甲と関連）だけである。このほかに以甲乙之日發五政（$J_1$、甲乙―木、五政―五行と関連）とあり、これと全く同型、同種のものが、$J_2$、$J_3$、$J_4$にあるけれども、これらはいずれも、個々の時令において、五行が具体的に、どう関与するかを言うものではなく、五行的構成の枠組みに従って列挙せられたものであって、全般的な、また形式的な点で、五行との関連を示しているものである。

さらに時令以外の箇所（$E_1$〜$J_4$から、$F_1$〜$F_4$、$J_1$〜$J_4$を除いたもの。ただし$G_1$〜$G_5$は一六五頁に改定。）を見てゆくと、この範囲では、甲兵乃強（一六五頁$G_4$、金・甲と関連）だけが、具体的なものとして見出される。他に、土徳實輔四時（$E_3$）、其徳（＝土徳）和平用均（$E_3$）、歳（＝土）掌和（$H_3$）というのが目につくけれども、いずれも、個々の事項への具体的な関与を見出すことは困難であって、全般的な、超越的な局面での、五行の関与を示すものである。

以上のように、この篇の時令の段落においては、五行のそれぞれが、個々の時令または事項に対して、実際的に、具体的に、どのように関与しているかという点では、きわめて乏しい状況にあることがわかる。そして一方では、個々の時令または事項の次元でなくて、五行的構成という全体的な枠組みにおいて、包括的にあるいは超越的に関与している点が、顕著に認められるのである。右のうち、個々の時令または事項に対する、五行の、実際的な、具体的な関与が、ほとんど見られないという点は、他の時令の篇章においても見られるもので[4]、陰陽五行思想が、時令の篇章にかかわりをもつ場合の、特色のひとつと考えられるものである。

では、右のような五行に対して、実際的、具体的な局面において主として関与しているものは何かというと、それは、序文Dに言う陰陽、四時、刑徳であり、時令の段落には、贏育、養長、聚収、閉蔵（＝牛・長・收・蔵、$G_3$）、發・

賞・収・罰（別表(7)、(8)）とあるものである。これらの各項は時令の篇章に習見するもので、実際的、具体的な局面において、常に主導的に関与しているのであるが、四時篇の場合も、その点では同様の事情にあるのである。そして、この局面における五行は、右の各項の顕著な表われ方に対して、ほとんどそれと認められない程度に、影をひそめた状況になっているのである。

(3)　四時篇の時令の段落における、五行的構成という全般的な枠組みについて、また、その中における五行の特色について考えてきたのであるが、この項では、それらの事柄が、この篇全体とのかかわりにおいて、どのように位置づけられるのかという点について、考えてみたいと思う。というのも、この篇には、時令の段落以外には、五行に関する直接の記述が全く見られないという事実があるので、そのことを中心として、この篇全体と五行、五行的構成とが、どのような関係にあるのかを、考えてみる必要があるのである。

この篇において、時令の段落と篇全体とが、五行の記述の有無にかかわらず、密接な関係を保っていることは言うまでもない。序文のDは、その関係を端的に表明しているものである。Dに見える天地、陰陽、四時、刑徳が、時令の段落における根幹となっていることは、前述の通りである。しかし一方で、このDにも、五行が見えないことは、まぎれもない事実なのである。

ところで、陰陽五行思想が、時令の篇章に関与している場合に、五行そのものは、記述の表面に見えていないことが、時に生じている。管子の幼官篇は、その顕著な例[5]であるが、四時篇においても、それに類する状況になっているように思われる。また前項(2)では、時令の段落における五行が、構成的な枠組みについては、主導的な地位に在る一方で、枠組みの中の個々の時令や事項には、具体的には、ほとんど関与していない状況にあることを見たが、そのことも、今ここで考察していることと、ある意味で関連が深いように思われるのである。

さて、序文Dの天地、陰陽、四時、刑徳が、時令の段落においてそれぞれ根幹としての機能を果している点は前に見たのであるが、序文Dにはない五行が、何の前触もなく、自明のことのように、右の根幹の中に加えられ、しかも構成的な枠組みを主導する、重要な地位を占めている点は、どのように解するべきであろうか。それは序文Dに、天地、陰陽、四時と述べられている中に、暗黙的に、五行も含まれていると見るべきである。このことは、Dの天地が、時令の段落では、日月星辰・土と表わされている（別表の(1)、その解説、前述）点に象徴的に表明せられている。根源者として、最初から土が存在し、五行相生の型が存立しているのである。さらに、風・陽・土・陰・寒（別表(4)）の関連も、陰陽と土との共在、並立を明示するもので、Dの陰陽についても、土の共在を見出すべきであろう。

ただ、木・火・金・水の場合は、風・陽・陰・寒から「生み出される」（別表(4)）とせられているので、序文Dにはないものが、時令の段落で出現したとも見られるが、風・陽・陰・寒自体が、根源者である星・日・辰・月の気なのであって（別表(3)）、すでに五行的性格を帯びたものである。「生み出される」次元での木・火・金・水の特異性、そして問題性については、前に考察しているが、それはそれとして、序文Dには、五行は見えていないけれども、暗黙的に含まれているものと考えられるのである。

以上のように考えてくると、四時篇においては、時令の段落以外には、五行そのものは全く見えないのであるが、それは表面上、見かけのことに過ぎないのであって、実質的には、天地、陰陽、四時と言われる中に、必ず含まれたものとして在るのである。したがって、この篇における五行は、直接に記載せられている時令の段落に限って関与しているものと見るべきではなくて、この篇に対して全般的に関与しているものと見るべきである。換言すれば、この篇に対する陰陽五行思想のかかわり方は、時令の段落を中心として、全般にわたるものであって、五行だけが切り離されて、ある部分（時令の段落）だけにかかわっているのではないのである。

四時篇の時令の段落には、五行ならびに五行的構成の枠組みが、全体を覆う形で見られるのであるが、このことは、時令に関する記述を中心に据えて考える場合には、この篇全体の特色ということになるのである。

## 二、五行的構成と陰陽

この節では、前節での検討を引き継ぎながら、主として陰陽にかかわる記述内容をとりあげて、若干の考察を試みたいと思う。そして、前節で吟味を試みた、時令の段落に見られる問題性に関連して、別の局面からの吟味を加えてみたいと思うのである。

### （一）「標準的な」陰陽について

陰陽の用語の意味は複雑であるが、ここでは、陰陽五行思想の関与の下にある、時令の篇章（戦国時代後半〜漢代）という範囲に限って考えることにしたい。

しかし右の範囲においても、些細に見るならば、同じ陰陽（あるいは陰、陽）の用語であっても、多用せられることもあって、意味を画一的にとらえることはできない。ただ、複雑に、多用せられる陰陽（あるいは陰、陽）ではあるが、それらについて共通的な、「標準的な」陰陽といったものを見出すことはできる。

例えば四時篇には、

陰陽者天地之大理也。四時者陰陽之大經也。刑徳者四時之合也。（前掲、序文D）

とある。前節で触れたが、このDの文章は、この篇の中心テーマである時令のあり方について、根幹をなすものを示しているのである。ここに見える天地、陰陽、四時、刑徳の四者[6]は、それぞれ固有の機能を有しながら、一連の、密着した関係を保っている。そうした関係は、しばしば、二〜四の偶数（五行の五＝奇数に対応）の系列の下に体系化して考えられているが、それに拠れば、右の四者は、

天—陽—春・夏—徳

地—陰—秋・冬—刑

というように挙げられる。なお刑徳と四時とは、「徳始於春、長於夏、刑始於秋、流於冬（前掲、Q）」とも述べられている。

四時篇に見える、右のような一連の記述は、多くの時令の篇章に習見する類のもので、各篇章における事項の多寡、変異はあっても基本的な点で共通性を有するものである。因みに、時令の代表的文献と目される礼記月令篇について見ると、

天—陽—春・夏—煖—開—發—生—徳—賞

地—陰—秋・冬—寒—閉—収—殺—刑—罰

というように挙げられるが、四時篇の場合も、これと基本的な共通性を有しているのである[7]。

陰陽五行思想が、時令の篇章に関与、影響している場合に、右のように系列化せられる記述を、陰陽的配列事項（五行のそれに対応）と呼ぶことにすれば、その中において、各篇章に共通する性格をもつ陰陽を、「標準的な」陰陽と称することができるであろう。そこで、以上のような事柄をふまえて、四時篇においては、Dに見られる、天地、陰陽、四時、刑徳と連なった中の陰陽を、「標準的な」陰陽と見て、以下の考察における、ひとつの手がかりにしたいと思う。

## （二）　時令の段落における陰陽

四時篇の時令の段落（$E_1$〜$J_4$、前掲）には、「標準的な」陰陽、及び陰陽的配列事項とまとめられるものが、数多く見られる。直接的に陰、陽と表記したものだけを挙げてみると、宗正陽（$F_1$）量功賞賢、以助陽氣（$F_2$）、斷刑致罰、無赦有罪、以符陰氣（$F_4$）善順陰（$J_4$）とあるが、刑徳、賞罰、發収などにかかわる事項は、至る所に見られる。

ところが、右のような状況の中で、$E_2$、$E_4$（一六七頁の別表では(3)、(4)）及び$H_2$、$H_4$（同(8)）に見える陽、陰、及び暑[8]、陰は、右の「標準的な」のと異なる特質を有しているのである。そこでこれらの事項について、別表を援用しながら、吟味したいと思う。

### 1　タテの関連について

これらの事項のうち、例えば陽の場合、

南方—日—其時—其氣……其徳（$E_2$）のように、密接に連なった箇所にあるので、まず関係事項をタテに見てゆくと、

A　南—日—夏—陽—火・氣　　A’　日—賞—暑

B　西—辰—秋—陰—金・甲　　B’　辰—収—陰

となる[9]（別表(1)〜(4)、(7)・(8)）。

これらの関連の中の陽、陰、暑、陰について、A—A’、B—B’の列ごとに見た場合には、「標準的な」と見て支障ないようにも思える。まず陽（暑）は、方位＝東・南、四時＝春・夏、五行＝木・火そして日、賞と相当するのが通

例であるから、A―A'の列において陽（暑）に連なる各項は、いずれも通例の範囲のものであることとなり、ここの陽（暑）を、「標準的な」と見ることができるのである。

次に陰は、方位＝西・北、四時＝秋・冬、五行＝金・水、そして収と相当するのが通例で、B―B'の列を見ると、辰を除いた各項は通例の範囲のものであることとなる。辰の場合は、A―A'の列で陽（暑）―日とあることから、B―B'の列では、陰―月となるのが通例であるので、ここに辰が挙げられているのは、異例のこととなる。したがって、B―B'の列の陰は、「標準的な」と見るには難点があることとなるのである。

前節以来、見ているように、この篇の時令の段落は、序文Dに示された根幹を、全面的に承けた形で展開せられている。陰陽に関することも、大筋においては、その通りに展開せられている。したがって別表(3)・(4)・(7)・(8)において端的に示されている、これら陽（暑）、陰の重要さから考えて、これらが「標準的な」陰陽の類のものであろうと了解するのが自然なことである。しかし、右に見た範囲においても、それには難点があるのである。

## 2　ヨコの関連について

A―A'、B―B'の二列について、これまでタテに見てきたのであるが、そのままで、今度はヨコに見てゆきたい。
二列の各項をヨコにつないでみると、

南―西
日―辰
夏―秋
陽―陰
火―金
氣―甲

日―辰
賞―収
暑―陰

となる。すると、これらヨコの関連のものは、陽―陰（暑―陰）を除いて、すべて通例の関連とは言えない、異例のものになっていることがわかる。陽―陰（暑―陰）だけが、通例の、すなわち「標準的な」陰陽なのであろうか。

右のヨコの関連のものを、別表に組み入れて見ると、実情は明白になる。別表全体が、五行を基本として成り立っていること（五行的構成）は明白であるが、その別表から、中央の一列を仮に除いて見ると、残った四列の全体が、陰陽を基本として成り立っていること[10]（陰陽的構成）も明白である。そしてこの陰陽的構成の中においては、第一列―第四列、第二列―第五列というヨコの関連が通例のものであることは確かであるから、A―A’（＝第二列）は第五列に、B―B’（＝第四列）は第一列に対応するのが、最も普通の姿、すなわち通例のものなのである。念のため挙げておくと、

| | |
|---|---|
| A | A’ |
| 南―日―夏―陽―火―氣 | 日―賞―暑 |
| 北―月―冬―寒―水―血 | 月―罰―寒 |
| B | B’ |
| 東―星―春―風―木―骨 | 星―發―風 |
| 西―辰―秋―陰―金―甲 | 辰―収―陰 |

となる。

このように、A―A’、B―B’の二列を、別表の中に組み入れた上で、ヨコの関連という点で通例のものを挙げてみると、今度は、陽―陰（暑―陰）だけが、この関連を失って、通常とは言えない異例のものになっていることがわかるのである。

以上のように考えてくると、A―A’、B―B’の各項は、通例のという意味では、ヨコの関連をもつものでなく、通例のヨコの関連は別表の中の第二列（A―A’）―第五列、第一列―第四列（B―B’）の間にもたれていることがわかる。したがって、A―A’、B―B’の間に陽―陰（暑―陰）のつながりが見える（前頁、ヨコの関連）のは、通例の陰陽というのでない、すなわち「標準的な」陰陽のそれではないということになるのである。

それでは、右のような異例の陽（暑）、陰が、A—A'、B—B'の二列に（すなわち、別表の第二列、第四列に、さらに本文のE$_2$—E$_4$、H$_2$—H$_4$に）記載せられているのは、何にもとづいているのであろうか。別表の(1)~(3)を見ると、陽、陰のそれぞれが、時令の根源者である日または辰の気とせられてあり、さらに(4)には、陽—火・氣、陰—金・甲と結合せられてあって、ここの陽、陰はともに、別表全体の基本に存する五行の原則に従って、そのように位置づけられていることがわかるのである。なお(4)には、陽が火を、陰が金を「生じる」とあるけれども、広く別表全体を見れば、(3)、(4)の陽、陰は、五行とのかかわりのおいては、すでに陽—火、陰—金と配置せられているのである。(11) このように、(3)・(4)の陽、陰が五行によって位置づけられているのであるから、(7)・(8)の暑、陰も当然、それに倣って記載せられているのである。

## （三）　五行的構成と陰陽

時令の篇章としての四時篇、特にその中心部分である時令の段落において、陰陽五行思想が関与、影響している状況を、主として構成面について考察している。時令の段落を全体的に見た場合、五行的構成によって覆われているのであるが、他方、そうした全体的な構成の下における記述内容は、陰陽的特色（陰陽、刑徳などによって二~四に系列化せられている）を有するものが圧倒的なのである。このような状況の中に、吟味して来たE$_2$、E$_4$（別表では(3)、(4)及びH$_2$、H$_4$（同(8)）の陽、陰及び暑、陰の、異例な、特異なあり方が見られるのである。時令の段落において、陰陽的事項が多数を占め、重要視せられていることからすれば、これらの陽、陰（暑、陰）も、「標準的な」陰陽の類のものであって然るべきであるのに、実際には、そうなっていないのである。そこで、その間の事情について追究してみたいと思うのである。

## 1 陰陽的構成とその展開

時令の段落全体は、五行的構成によって覆われた状況になっているのであるが、陰陽的構成と見られるものは、五行の支配の下にありながら、実質的には、時令の段落における最大の構成要素となっているのである。それは、別表の中から中央―土の一列を除いた、残り四列のものとして概観することができるが、ここでは、そうした陰陽的構成の展開せられる姿を、本文に戻して具体的に見ておきたいと思う。

別表を見ると、第一、二、四、五の各列は、全く同じ形式を保って述べられているのがわかる。[12] そこで、ここでは第一列を例として本文自体を辿ってゆき、その上で別表を援用しながら、時令の段落における陰陽的構成、並びにその展開について見てゆきたいと思う。

別表の第一列は、本文では$E_1$〜$J_1$の部分なのであるが、この中には、$F_1$、$J_1$という時令そのものを述べた箇所があるので、それぞれを含みながら、$E_1$、$F_1$、$G_1$を前半、$H_1$、$I_1$、$J_1$、を後半として取り扱うのが適当である。

これら前半、後半ともに、時令そのものを述べた箇所（$F_1$及び$J_1$）を中心に据えていることはもちろんであるが、まず前半は、$E_1$において、最初に時令の根源者（＝星）が示され、次いでその原理的機能が、空間（＝東）、時間（＝春）、五行（＝木）などと述べられている。そして次の$F_1$には、中心事項としての時令の項目が挙げられてあって、$G_1$には、それらの時令が順調に行われたならば、これこれの恩徳（＝星徳）がもたらされると、しめくくってあるのである。

次に後半部分は、まず$H_1$に、前半と同様に根源者（＝星）が挙げられている。次いでその実際的な職掌（または機能）が挙げられ、前半のと同じ原理的な機能の一項（風）だけが再挙せられている。[13] 続く$I_1$には、時令の篇章に習見する、違令と災害の記事が述べられている。時令のあり方に違反すれば災害が必ずもたらされるという、これらの記事は、結局、違令があってはならない（違令の禁止）との主張によって、いわば裏側から時令の遵守を説いているものであって、前半の$G_1$に、時令を遵守すれば恩徳（＝星徳）がもたらされると述べてあるのと、表裏の関係にあるものである。次に、中心部分に当る$J_1$には、時令の多くが、五政という形式で述べられてあり、その末尾に、以上の時令が遵守せられれば、恩徳がもたらされるとあって、前半に似たしめくくりがしてある。

以上、$E_1$～$J_1$（別表では第一列目）を例として、時令の段落における文章の展開について見てきた。そして右に見た展開の状況は、別表から第三列のものを除いた形で見られるように、時令の段落における陰陽的構成とその展開を示すものなのである。そこでまた、別表を援用しながら、右のような展開の中における、陽、陰（暑、陰）の問題を追究してみたいと思う。

## 2　別表(3)、(4)の陽、陰をめぐって

$E_1$～$J_1$（別表では第一列目）を例として、時令の段落における陰陽的構成とその展開について見たが、その際の前半、後半という区切りは、別表では、(1)～(6)が前半、(7)、(8)（それ以下は、別表では省略）が後半に当る。今、この区切りに留意しながら、別表全体の構成について見ると、後半に当る部分(7)、(8)が五行的構成の五の下に、すべて明快な形になっているのに対して、前半に当る部分（(1)～(6)）は、(2)、(3)及び(4)の一部（中央の皮肌膚の箇所[14]）において、形式上は、五行的構成が変則的になっていて、むしろ陰陽的構成の色彩の方がよく表れているという、微妙な相違が認められるのである。

例えば(2)において、「其時」の語は第三列（中央）だけに見えず、(3)において、「其氣」の語が、やはり第三列だけに見えない。その一方で、(5)になると、「其徳」の語が、五系列のすべてに見えている。もっとも右のような変則的な状況は、単なる形式上のことであるだけで、第三列には、「土徳」、「四時」の語があって、実質的には五行的構成を成り立たせているのである。ただ、形式上（あるいは用語上）のことではあっても、これらの箇所において、陰陽的

構成の方が顕著に姿を現わしているのである。

換言すれば、右の状況は、別表（すなわち時令の段落）における、陰陽五行思想の様相の一端ということなのであるが、筆者としては、当面している(3)、(4)の陽、陰が、そういう状況の中に在るという点で、関心を強くしているのである。別表全体が五行的構成に覆われていることから見れば、(2)、(3)及び(4)の一部における右の状況は変則的だということになり、さらにその状況の中に、前述の「標準的」でない陽、陰が見られるのであるが、こうした状況は、なぜ起こったのであろうか。

これまで触れてきたように、時令の段落は、序文Dの内容を直接的に承けて展開せられている。したがって、時令の段落の構成（別表）においても、このDの天地、陰陽、四時、刑徳[15]などが、直接的に関与しているのである。

時令の段落全体は、最初から五行的構成の意図の下に述べられているのであるが、右の(2)、(3)に見た変則的な状況は、四時篇の撰者が、序文Dによって、これらの箇所に陰陽、四時を組み入れたことによるのである。その際、五行的構成のことはそれとして、陰陽、四時（＝春夏秋冬）を、そのまま顕示するやり方で挙げたのである。全体的に見れば、五行的構成の中に織り込まれた陰陽的構成なのであるが、「其時」（春、夏、秋、冬）、「其氣」（風、陽、陰、寒）という四者（四系列のもの）として挙げ、形式上は、陰陽的構成の方を顕示しているのである。

このように、序文Dに見える陰陽（「標準的な」陰陽）は、時令の段落に受け入れられ、部分的には五行的構成を変則的にするほどに重視せられながら、陰陽的構成を成り立たせているのである。にもかかわらず、(3)、(4)の陽、陰は、前に検討したように、「標準的な」陰陽の類のものではないのである。（(8)の暑、陰については後述。）

このように明瞭な、基本的な矛盾点について、十分な説明を加えることは困難である。時令の篇章において、周知の、自明な陰陽の語が、撰者によって、かえって安易に、不用意に扱われて、このように記載せられたものと解するほかはないのである。筆者は、前節において、五行に関して理解の困難な点のあることに触れた。別表の(4)には、木火金水の四行だけで、土は見えないけれども、四行と同一の次元に土も想定せられていること（すなわち五行が揃って述べられているとすべきこと）という点についてであるが、このように理解はできても、やはり撰者の安易な、不用意な述べ方を痛感したのである。

もっとも撰者自身にあっては、筆者が問題にしていることは意識の埒外に在って、陰陽なり五行なりを用いて述べる際に、不自然に感じられることではなかったのであろう。序文Dを掲げ、その大筋の下に、時令の段落の内容を展開してゆく中で、陰陽、五行とも、然るべく織り込んだということであろうか。

しかし幾多の時令の篇章の中に、この四時篇を置いて見た場合には、撰者の意識がどのようであれ、時令の篇章としての、正当な筆法、用語の選択などが問われることになるのである。当面している陰陽について言えば、複雑に、多用せられる一方で、「標準的な」陰陽としての共通性が見られるのである。四時篇の場合、前述のように、序文Dに「標準的な」陰陽が述べられ、それを直接的に承けた形で、時令の段落において、陰陽的構成が展開せられており、その中枢的な箇所（別表(3)、(4)）に陽、陰が挙げられているのであるから、これらが「標準的な」ものであるべきことは、全く自明のことなのである。したがって、そのような陽、陰として挙げられていないことは、時令の篇章における筆法、用語という点から見れば、撰者による、安易な不用意な取り扱いの結果と言われることとなるのである。

### 3　別表(3)、(4)の陽、陰から(8)の暑、陰へ

時令の段落における陰陽的構成とその展開の中で、(3)、(4)の陽、陰が、中枢的な地位を占めるものとして挙げられながら、重大な問題性を孕んでいることを吟味してきた。(8)の暑、陰は、前にA―A'、B―B'と連ねて見たように、記載のされ方からすれば(3)、(4)の陽、陰と密接な対応関係にあるものである。したがって、(8)の暑、陰につい

ても、その地位、問題性という点は、(3)、(4)の陽、陰とほとんど同じことが言えるのである。

さて、四時篇の時令の段落は、全体にわたって五行的構成を基本として展開する中に、陰陽的構成が織り込まれ、その展開も見せているのであるが、その間に、これまでに吟味した問題性を孕んでいるのである。その問題性という点では、(3)、(4)の陽、陰と(8)の暑、陰とはほとんど重複に過ぎないとも見られるのであるが、なおよく見ると、両者の間には問題性とからまった微妙な推移が見られるのである。

右の推移を見るために、別表から、関係事項だけをとり出すと、

| (1') | (2') | (3') | | (4') | | (7') | | (8') |
|---|---|---|---|---|---|---|---|---|
| 星 | 春 | 風 | 風 | 木 | 星 | | 發 | 風 |
| 日 | 夏 | 陽 | 陽 | 火 | 日 | | 賞 | 暑 |
| 土 | (土) | (土) | 土 | (土) | 歳 | | 和 | 雨 |
| 辰 | 秋 | 陰 | 陰 | 金 | 辰 | | 収 | 陰 |
| 月 | 冬 | 寒 | 寒 | 水 | 月 | | 罰 | 寒 |

のようになる。前に陰陽的構成を見た際に、前半、後半の区分をしたが、ここでもそれを用いて、(1')〜(4')を前群、(7')、(8')を後群として考えてゆきたい。また(2')、(3')、(4')に(土)としているのは、別表(2)以下に明らかなように、実質においては土が在るのであるが、形式的には欠けているので、( )を附したのである。

右の中、後群は明快な五行的構成となっているが、前群は、形式的には、五行、陰陽のいずれの構成も顕現せられた、複雑な状況になっている。前群のこうした状況を、(2')、(3')の(土)が端的に表わしている。形式上のことに限ら

れるにせよ、(2')、(3')の両段には、陰陽的構成が顕示せられているのであり、それらを包含しながら、前群の全体は、五行的構成のものとなっているのである。そして、前群におけるこうした状況が、後群に推移すると、明快な五行的構成のものとなるのである。

(3')の風、陽、陰、寒が(1')の星、日、辰、月（日月星辰）に直結していること、さらに基本的には、木、火、金、水によって配列せられていることは、前に触れてある。したがって、(4')の風、陽、陰、寒はもちろん(8')の風、暑、陰、寒の場合も、右の点においては、全く同様である。しかしその一方で、(3')→(4')→(8')と推移する中に、微妙な変異が見られることも事実である。(a)、(土)→土→雨、(b)、陽→暑という点であり、さらにこれらに密接にかかわる、(c)、土→歳 (1')→(7')という点である。

これらの変異は、時令の根源者（1'、7'）の機能について、前群では原理的なものを、後群では実際的なものを挙げたことによるものである[16]。まず(c)の土→歳であるが、これは根源者自体の変異である。前節で述べたように、この変異は用語上のことだけで、実質は土に変わりないのであるが、それにしても、土→歳と言い換えた所には、根源者自体を、五行の土の原理的ニュアンスから、実際的なニュアンス（歳＝四時にわたって超越的に機能する）へと置きかえた点が見られるのである。そして、このような歳の下に、和（7'）、雨（8'）が挙げられている。和は歳の職掌と明記せられ（別表(7)）、その和が雨と一体的に挙げられてある（同(8)）ところから、これらが、歳（根源者）の実際的な機能としてのものであることは明らかである。したがって、前掲(a)の(土)→土→雨の変異は、右の土→歳の変異を介して、根源者の原理的機能が、(8')に至って、実際的機能のひとつに変化しているということになるのである。

(b)の陽→暑についても、同様に見ることができる。この陽→暑が用語上の変異に過ぎないことも、前節で触れてある。確かに実質は陽に変わりないのであるが、陽→暑という用語の変異は、原理的なニュアンスのものが、実際的なものに置きかえられているのである。そして置きかえられた暑が、(8')の中で、暑—寒として、対応のより明快なものとせられているという点も見られるのである。

以上のように見てくると、前掲の前群においては、五行、陰陽のいずれの構成も顕現しながら展開する中に、まず時令の根源者が挙げられ、その原理的な機能が述べられている。そして、そういう構成、展開の中で、陰陽的構成の中枢であるはずの陽、陰だけは、本来の地位を失った（「標準的な」陰陽ではなくなっていて）、単なる五行による配置のものとなっているのである。

それが後群に推移してゆくと、もはや陰陽的構成の顕現は見られなくなって、明快な五行的構成とその展開という状況となるのである。そしてまず、時令の根源者が再挙せられ、その機能として実際的なニュアンスのものが挙げられている。陽、陰の場合は、実質は変わらないものの、暑、陰の用語とせられていて、原理的から実際的へという推移のひとつとなっており、用語の上だけにしろ、もはや「陽、陰」でもなくなっている。さらにこの暑、陰を含む(8')には、(3')、(4')での(土)、土が雨とせられていて、いっそう明白に、原理的な土から、その実際的な機能のひとつ（雨）へと変化しているのが見られる。そしてこのような推移の状況によって、(3')、(4')から(8')へと、形式的には再挙せられた（すなわち原理的機能のものが繰り返し挙げられた）各項のように見えながら、一部は、実際的な機能のものに変異し、置きかえられるということが起こっているのである。

## 結　語

管子の四時篇について、特に時令の段落について、構成とその展開に関する事を考察し、その間における問題性について見てきた。第一節では五行的構成について、第二節では、五行的構成と陰陽について、すなわち、前者では五行、後者では陰陽に焦点を当てながら、時令の段落の構成上の特色を見る一方、その核心に在る、五行、陰陽それぞれをめぐる問題点を見出し、追究を試みたのである。

その結果、用語上（あるいは形式上）の問題ということに限定せられながらも、五行、陰陽それぞれに、理解のしがたい問題性が見られたのである。それは、五行、陰陽という、あまりにも自明な事項に対して、この篇の撰者が、安易な、不用意な取り扱いをしたことによるものと考えられる。

五行についての問題点の中心は、別表(4)に見られるように、土と木、火、金、水とが、別次元のもののように記載せられていることである。第一節で検討したように、右の記述は、中央土の特異性、重要性を示すものであるとともに、木、火、金、水と共存する土をも暗示するものと理解すべきであるが、なお、十分には理解しがたいものが残る。そしてさらに、用語上（あるいは形式上）について、(4)の中央の皮肌膚（三文字）は、他の四系列の、木、火、金、水（各一文字）、ならびに骨、氣、甲、血、（各一文字）に対置せされ、さらにそれぞれの間にはさまれた與の字を合わせた三文字に、一様に対置せられたかのような観もあるのである。

陰陽についての問題点の中心は、序文Dに「標準的な」陰陽を用いながら、時令の段落の枢要な箇所（別表(3)、(4)）において、通常のでない（「標準的」でない）陽、陰としてあることである。別表(2)、(3)（また前掲の前群）に見られるように、時令の段落に支配的な五行的構成の下で、陰陽的構成を顕示する記述のしかたがなされ、そうした中で、「標準的」でない陽、陰を挙げるということは、理解しがたいものである。また(8)に至って、陽、陰が暑、陰として挙げられた点は、根源者の機能を、原理的なものから実際的なものへと変えていったことは了解できても、「標準的」でない陽、陰の挙げ方を踏襲したものであり、また、用語上のこととはいえ、「陽、陰」でなく、「暑、陰」とせられていることは、別の意味（陽は変え、陰はそのままということ）で理解しがたい点が生じている。

数多くの時令の篇章に対して、陰陽五行思想が関与、影響して、構成、内容を特色づけているのが見られる。管子四時篇の場合も、大局的には、そのひとつの場合なのであるが、時令の篇章としての意義、特に理論とその展開の整合性に関して、重大な欠陥を孕んだものだということになるのである。撰者の意識、意図がどうあれ、基本的な点において、四時篇の構成（そして内容も）には雑駁なものが混在しているのである。

**注**

(1) 島邦男氏は、四時篇を祖本と子本の合本に成るという見解の下に、この篇についての論述をせられている。（「五行思想と礼記月令の研究」一九七一、三七頁以下。）筆者は、この篇を全体としてひとつのテキストと解するので、この章では、同氏の論述とは別個に考察を進めることにしたい。

(2) この篇は、本論＝時令を述べる段落（$E_1$〜$J_4$）を挟んで、前の段落を序文、後の段落を余論というように、明確に区分して把握することができる。

(3) なお、この四句に後続する記述についても吟味すべき点があるが、それは後にとり扱っている。

(4) 拙稿「時令説における五行思想の役割」、広島哲学会刊「哲学」第十三輯、一九六一、参照。時令の代表的文献である礼記月令、淮南子時則訓などについて見てある。

(5) 幼官篇には、五行そのものは全く見られない。この点については、本書の前篇第四章において詳述している。

(6) このDには記載せられていないが、五行も、実質的には含まれていると考えられる。前節参照。

(7) 拙稿、秦漢期における時令説の動向（一九六三）哲学一五輯（広島哲学会刊）、五五・五六頁参照。

(8) この場合の暑は、実質においては、陽と異なるものではない。以下、暑、陰の暑は、すべて同じ。前節参照。

(9) 一連の記述を中途で区分して、A—A'のようにしたのは、これらの記述が、前半、後半と区別して述べられているからである。

(10) この事項については、後の(三)の**1**、陰陽的構成とその展開で述べる。

(11) 前節参照。時令の段落は、その最初から、五行的構成、すなわち木、火、土、金、水（相生）の下に展開せられている。

(12) ただし第二列は、本文の実情は少し複雑で、中途に第三列を組み入れた点（$E_3$、$G_3$、$H_3$）があり、表面上は異なる形式のように見える。しかし、それらは別表のように整理して、同一形式のものと見るべきである。

(13) $H_1$では、前半のと同じ「風」が再挙せられているが、$H_2$～$H_5$では、必ずしも同一項の再挙となっていない。これらの点は、後に考察する。
(14) この箇所の変則的な点については、前節で見てある。
(15) このDの記述に五行も含まれると解するので「など」とした。注(6)参照。
(16) これらの点については、前述(三)の**1**に、具体的に見てある。

# 第六章　管子五行篇について

## 一、序論について

### はじめに

最初に、筆者なりに校定した、五行篇の本文を掲げておくことにする。管子集校（郭沫若氏等撰、一九五四）などを参考として定めたものであるが、校定の一々については述べることをしないで、この篇の構成上の特色をさぐるという、当面の目標に関係の深い箇所にしぼって、重点的に、校定、読解の要点を述べることにしたい。

A　一者本也。二者器也、三者充也。治者四也。教者五也。守者六也。立者七也。前者八也。終者九也。十者然後具。

B　五官於六府也、五聲於六律也、六月日至。是故人有六多。六多所以街天地也。

C　天道以九制、地理以八制、人道以六制。以天爲父、以地爲母、以開萬物、以總一統、通乎九制六府三充、而爲明天子。(1)

D　修槩水土、以待乎天。堇反五藏、以視不親。祠祀之下、以觀地利。貨曋神廬、合於精氣。已合而有常。有常而有經。審合其聲、修十二鍾、以律人情。人情既得、萬物有極。然後有德。

E　故通乎陽氣、所以事天也。經緯日月、用之於民。通乎陰氣、所以事地也。經緯星曆、以視其離。通若道、然後有行。然則神筴不筮、神龜不卜、治之至也。

F　昔者黄帝、得蚩尤、而明於天道、得大常、而察於地利、得蒼龍而辯於東方、得祝融、而辯於南方、得大封、而辯於西方、得后土而辯於北方。黄帝得六相、而天下治、神明至。

G　蚩尤明乎天道、故使爲當時。大常察乎地利、故使爲廩者。蒼龍辯乎東方、故使爲工師。祝融辯乎南方、故使爲司徒。大封辯於西方、故使爲司馬。后土辯乎北方、故使爲李。

H　是故春者工師也。夏者司徒也。秋者司馬也。冬者李也。

I　昔者黄帝、以其緩急、作立五聲、以正五鍾、令其五鍾。一曰、青鍾大音。二曰、赤鍾重心。三曰、黄鍾灑光。四曰、景鍾昧其明。五曰、黑鍾隱其常。五聲既調、然後作立五行、以正天時、五官以正人位。人與天調、然後天地之美生。

$J_1$　日至、睹甲子、木行御。天子出令、命左右工師内御、總別列爵、論賢不肖士吏、賦秘、賜賞於四境之内。發故粟、以田數。出國衡、愼山林、禁民斬木、所以愛艸木也。

$K_1$　然則氷解而凍釋、艸木區萌、贖蟄蟲卯菱、春辟勿時、苗足本。不癘雛鷇、不夭麑麇、毋傅速、亡傷繈緥。時則不凋。七十二日而畢。

$J_2$　睹丙子、火行御。天子出令、命行人内御、令掘溝澮、津舊塗。發藏、任君賜賞。君子修游馳、以發地氣。出皮幣。命行人、修春秋之禮於天下諸侯、通天下遇者、兼和。

$K_2$　然則天無疾風、艸木發奮、鬱氣息、民不疾、而榮華蕃。七十二日而畢。

$J_3$　睹戊子、土行御。天子出令、命左右司徒内御、不誅不貞。農事爲亟。大揚惠言、寬刑死、緩罪人。出國司徒令、命順民之功力、以養五穀。君子靜居、而農夫修其功力極。

$K_3$ 然則天爲奥宛、艸木養長、五穀蕃實秀大、六畜犧牲具、民足財、國富、上下親、諸侯和。七十二日而畢。

$J_4$ 睹庚子、金行御。天子出令、命祝宗、選禽獸之禁、五穀之先熟者、而薦之祖廟與五祀。鬼神饗其氣焉、君子食其味焉。

$K_4$ 然則涼風至、白露下。

$J_4$ 天子出令、命左右司馬内御、合組甲、厲士衆、合什爲伍、以修於四境之内、諛然告民有事、所以待天地之殺斂也。

$K_4$ 然則晝炙陽、夕下露、地競環、五穀鄰熟、艸木茂實、歲農豐年大茂。七十二日而畢。

$J_5$ 睹壬子、水行御。天子出令、命左右使人内御、其氣足、則發而止、其氣不足、則發撊瀆盗賊、數剶竹箭、伐檀柘、令民出獵禽獸、不釋巨少而殺之、所以貴天地之閉藏也。

$K_5$ 然則羽卵者不段、毛胎者不牘、𦞠婦不鎖棄、草木根本美。七十二日而畢。

$L_1$ 睹甲子、木行御。天子不賦、不賜賞、而大斬伐傷、君危。不然太子危。家人夫人死。不然、則長子死。七十二日而畢。

$L_2$ 睹丙子、火行御。天子亟行急政、旱札、苗死、民厲。七十二日而畢。

$L_3$ 睹戊子、土行御。天子修宮室、築臺榭、君危。外築城郭、臣死。七十二日而畢。

$L_4$ 睹庚子、金行御。天子攻山擊石、有兵作戰而敗、士死、喪執政。七十二日畢。

$L_5$ 睹壬子、水行御。天子決塞、動大水、王后夫人薨。不然、則羽卵者段、毛胎者牘、𦞠婦鎖棄、草木本根不美。七十二日而畢也。

## （一）　五行篇の概観

全体が一一五〇文字ほどの短い篇であるが、その構成について見た場合には、序論（A〜I）と本論（$J_1$以下）に大分せられ、さらに本論が、$J_1$〜$K_5$と$L_1$〜$L_5$に区分せられる。睹甲子（$J_1$）……睹壬子（$J_5$）、睹甲子（$L_1$）……睹壬子（$L_5$）の各語の配置によって、右の区分は、明確に表示せられている。

右の区分について、若干の説明を加えておきたい。五行篇全体が時令を述べる篇章であることは、よく知られているが、A〜Iの部分は、本論（＝時令、時令説）を導くための序論となっているのである。陰陽五行思想、とりわけ五行の影響が著しい本論（この点は後述）に対置せられて、その前提あるいは根本となる事柄が述べられているのである。

右の序論を承けて$J_1$以下の本論が展開せられているのであるが、両者の関連を、最も顕著に示しているものを見ておくと、

(1)　五聲既調、然後作立五行、……（I）。

(2)　右に呼応して、睹甲子…、木行御（$J_1$）、以下$J_2$、$J_3$、$J_4$、$J_5$と、全く同型の表記のしかたで、五行の記事が見られる。

(3)　天子出令、命左右工師内御、……（$J_1$）。以下$J_2$、$J_3$、$J_4$、$J_5$と、ほとんど同型の表記のしかたで、天子〜五官による時令の記事が見えるが、これらは、Iの五官以正人位を承けたものである。

というように挙げることができる。

時令、時令説を述べる本論は、$J_1$〜$K_5$と$L_1$〜$L_5$とに区分せられる。前者は、天子〜五官を中心とする時令（この篇

の最も中心的な記述）であり、後者は、時令の誤った執行、その結果としての災害である。これらの二者は、時令の篇章に習見するものであって、記述のしかたは多様であるが、両者の関係は、いわば表裏一体のものとして述べられるのである。すなわち、前者が、時令を遵守する（定められた通りに順調に行う）ことによって、天地、自然の恩恵がもたらされ、社会、国家が平安となることを述べるのに対して、後者は、違令（時令の誤った執行）と災害を述べることによって、いわば裏面から、時令の遵守を強調しているものである。かくかくの違令が、かくかくの災害をひき起こすが故に、天子は、時令の遵守に全力をつくさねばならないというものである。

右に見たように、五行篇は、序論（A～I）と本論（$J_1$以下）とに明確に区分せられている。そしてまた、本論は、右に見た$J_1$～$K_5$と$L_1$～$L_5$とに明確に区分せられている。そして、このような明確な区分の下にある本論を、さらに構成面について見てゆくと、

睹甲子、……七十二日而畢。（$J_1$、$K_1$）

睹丙子、……七十二日而畢。（$J_2$、$K_2$）

という全く同型の記述（$J_3$、$K_3$以下も同様）が繰り返され、これらの記述による明確な区分が見られるのである。すなわち、これらの区分は、時令の執行せられる基本単位としての一年を三六〇日と設定し、それを五等分した七十二日ずつの区分であり、五行（木・火・土・金・水）によって根拠づけられていることも明瞭である。

一年を七十二日ずつに五等分するという異色の形式は、多くの時令の篇章の通例（一年＝四時、十二か月）を無視してしまったものではないが、陰陽五行思想による潤色、とりわけ五行のそれを顕著にしたものであって、異色のものと言わなければならない。このように、五行篇の構成上の特色を見ようとする場合、中心部分である本論において、右のような五行的構成（一年を七十二日ずつに五等分する形式）の存することを、第一に考えるべきである。そこでまず、そのような五行的構成に対して、深いかかわりをもつ序論について、考察を試みたいと思う。

## （二）　序論の概要

管子集校（前引）などの労作をもってしても、管子の文章には、問題が多く残されている。当面の五行篇の場合も同様であるので、問題のある箇所については、筆者なりに吟味を加えながら、課題にとりくむ必要がある。そこで、そういう問題状況をも考慮に入れて、序論の大筋、概要について、あらかじめ考えておきたいと思う。

この序論（A〜I）を大づかみにすれば、Eまでを前半、F以下を後半と見ることができる。そして前半が明天子（C）、後半が、前半を承けた黄帝（F、I）と、両者による治世の実現という大筋となっている。以下、順を追って、大筋の展開を見てゆきたい。

**A**　書き出し的な、九つの項目の羅列。この中には、三者充也のように、Cに見える三充の語に直結したものもあるが、後続の文との関連はむしろ緩かに、重要だとせられる項目が、暗示的な意味を持たせながら、挙げられている。

**B**　「五」（五行系）と「六」[2]（陰陽系）とを対比させながら、人事の根本としての六多（天地、陰陽に通ずるもの）を強調し、C以下の記述の前提としている。

**C・D・E**　Bをふまえながら、人間界に君臨する明天子が、天地、陰陽に順い事え、人々を統治するにふさわしい徳・行を具えることを得て、治世（治之至、E）を実現することが述べられている。

まずCでは、天地を父母として、人間も万物も生み出され、成り立っている中で、明天子は、B以来の六多〜六府を拠り所として、天道、地理を始め、すべてに通じるあり方をすると言われる。

次にDでは、右のあり方に関連した、明天子の窮極的な根源的な境地が示される。Dの前半部分がそれで、四字ずつの八句で、二句ずつの組み合わせ（したがって四組）となっている。この部分は難解であって、先学に諸説の存する所であり、筆者なりの見解も、後に述べるのであるが、ここでは、これまで見てきた、序論の大筋とその展開という観点から、大づかみに把握してみたいと思う。

これらの八句には、押韻が見られ、共通項的な表記（以待、以視、以觀）もあり、簡潔に事象を凝集させた点が感じられるが、Cの天・地・人を承けて、一方では包括的に、他方では凝固的に、明天子のあり方を表明したものと思われる。（具体的には、二〇四頁以下に考察している。）そして、この八句を直接的に承けた言い方で、「有常」、「有經」という、明天子の統治の大綱が確立せられたことを意味する用語のあることから、この八句の全体が示しているものは、明天子における窮極的な、根源的な境地であろうと思われる。

このように、Dの前半の八句を、明天子における、窮極的な、根源的な境地を示したものと見れば、Dの後半は、その境地を基盤として確立せられた、恒常不変の、統治の大綱のことが挙げられ、その上で、統治の実状・成果として、声音（十二律にもとづく楽制）の修整と人情の調和、万物の中和のことが述べられていくことになる。そして、これら統治の成果こそ、明天子にふさわしい徳のあらわれだと言われているのである。

そしてEでは、基本的には、C→Dと同じ筋道の上にありながら、これまで直接には触れられなかった、陰陽の気とのかかわりを中心に述べている。明天子が、陰陽の気の有様に通じ順うことは、天地に事える手段としてであって、それは具体的には、日月星辰の運行、相関などをよく見て、人民たちに、その時々になすべきことを教える、いわゆる観象授時のことである。このことが順調であってこそ、明天子にふさわしい施行（為政）が存すると言えるのだと述べられる。ここの然後有行の句は、Dの然後有徳と照応させて述べてあり、Dにおける「徳」とEの「行」とが相俟って、明天子の治世が実現せられる（治之至也）と結論づけられているのである。

なおこのEに至って、観象授時、すなわち時令のことが述べられているということは、時令の篇章としての五行篇の性格が、ここで明確にせられているということである。

**F・G・H・I**　序論の後半部分であって、これまでに見た、前半における明天子のあり方を承けながら、明天子の一人とも言うべき黄帝を登場させて、具体的、実際的に治世(治之至、E)に関することを述べ、治世を望む主君に対する模範を示そうとしているようである。

F、Gでは、太古に黄帝が、治世を実現するのに必要な六相(Bの六多以来の、「六」重視のひとつ)を得て、天道、地利を明察した上で、あらゆる空間(東西南北＝天下)を掌握、統治する様子が述べられている。

次にHでは、F、Gにおいて、黄帝～六相のあるゆる空間へのかかわりを述べたのに対応させて、あらゆる時間(年ごとの四時の循環)へのかかわりを述べている。なおここには、蚩尤＝當時、大常＝廩者が挙げられていないが、F、Gの四方に直接に対置せられたのが、Hの四時であって、F、Gにおいて、天・地、四方とあるのに対して、Hにおいても、天・地、四時と考えられていることは確かである。[3] 蚩尤、大常のことが見えないのは、消略と理解すべきであって、F、Gと同様に、Hにおいても、黄帝と六相のことが述べられているものと理解すべきである。

F、Gにおいて空間について述べられ、Hにおいて時間について述べられてあるのは、黄帝～六相の掌握、統治が十全なものであることを示すとともに、五行篇の中心テーマが、時令に関することに在ることを示すという意図を持つものである。

黄帝～六相によって、掌握、統治せられる物事は、多様、多数であるが、それらは結局、空間と時間とに、要約、抽象化せられる。右に見た、F、G及びHの記述がそれである。空間と時間とは、もちろん切り離されるものではないが、この篇の中心テーマである時令の観点からすれば、観象授時とよく言われるように、何よりも、時間に重点を置いて述べられなければならない。より具体的には、一年、四時、十二か月を規定する暦にもとづいて、すべてが設定・運用せられるのであるが、このHには、その大本を掌握しているものを述べているのである。

最後のIには、序論における、これまでの大筋をふまえながら、黄帝の統治の基本として、五声、五鍾などの楽制の確立があったこと、その上に、五行、五官の諸制度が確立せられて、天地・人に通じた調和がもたらされ、治世（天地之美生）が実現せられることが述べてある。

五行篇という名の篇において、五行の語が、このIに至って初めて用いられ、右に見たように、五声、五官などとともに、主体性をもった「五行」として述べられている。また、この「五行」を中心として序論がしめくくられ、以下の本論における時令に関する諸事項に対して、直接的につながる関係にあり、時令の根源、あるいは根拠を示したものとなっているのである。

以上のように、五行篇の序論はその大筋について見た場合には、前半（Eまで）と後半（F以下）とに分けられて、明天子そして黄帝による治世の実現のことが述べられているものであり、その治世実現の根幹に、天地、陰陽、五行にもとづく時令のことが存するというものである。

ところで、右の大筋に関しては、個々の字句の次元においては、ほとんど吟味を加えないままに辿ってきた。そこで、視点をそちらに移して、解釈上の問題点を中心としながら、筆者なりの吟味を加え、これまで見てきた、序論の大筋とその展開について、検証をしておきたいと思う。

## （三）　序論における問題箇所について

五行篇の序論には、先学の考究に依って見ても、なおいくつかの問題箇所が残されている。そこで以下、それらについて、前述の概要を考慮に入れながら吟味してゆきたいと思う。

### 1　Bの六府

五官、六府と対置せられてあり、五官を五行の官とすることに異論は見られないが、六府については、水、火、金、木、土、穀とする纂詁（漢文大系、管子、巻一四、一六頁）子午、丑未、寅申、卯酉、辰戌、己亥とする集校（前引、七一九頁）とがある。Bには、全く同型の述べ方で、五官―六府、五聲―六律と挙げてあり、五聲、六律の方は、ともに音階であることは明白である。表記の形式が同一で、その一方が聲、律（同種のもの）であるから、他方の官、府も、同種のものを連ねてあると見るのが自然ではなかろうか。

A、B、Cと通覧すれば、記述の形式が平易な点に気づかれる。用語においては、平易とばかりは言えない点も見られるが、記述の運び方から見て、Bのこの箇所は、官府（百官の居る所）と聲律という通例の用語を念頭におきながら、五―六に分別、対置させたものと解すべきであろう。礼記曲礼下に、天子の官制を列挙する中で五官、六府が述べられている。そこで言われている具体的な官名はともかく、一方に官府の語があり、他方に、それと同種の五官、六府の並列せられた例もあるので、五行篇のこの箇所にも、そうした類のものとして述べられたと見るべきであろう。

五官の語は、後のIにも見えるが、六府の方は（右のように理解した場合）、六相の語の下にF、Gにも述べられているものと見られる。なおCに見える六府については、後に吟味することとする。

### 2　Bの六多（付、Cの六府）

先学の見解はさまざまであるが、他書に用例を見ないこともあって、俞氏樾（集校引七一九頁）も未詳と言うように、不明な点は拭いきれないものがある。六府、六律、六月と列挙した上で、それら「六」を総括、代表する意味あいを含む、この六多であるので、この二文字のままで解するならば、纂詁（前引、一六頁）の見解に近くならざるをえないであろう。

人之制世、多用六數。故曰六多。云云

と言うものであり、安易な解釈と見られるかもしれないが、その程度の用語と考えるのが適当だと思われる。「六」については、ここでは問題はない。「多」について、「多い、多く」と解すべきかどうか、色々と考えられるが、要するに、社会、国家を治めるのに、六の系列のものが、様々に設定せられなければならないことが言われているのは確かである。人事の根本としての六の数、ならびに六の系列下の重要事項が、六多の語に集約せられているのであって、この「多」が、「多数」をふまえて言われていることは確かである。

右のような六多に関連して、同じBに見える、街の字について触れておきたい。この街についても諸説があるが、俞氏樾など（集校引七一九頁）に依って、通の意味（六多が天地・陰陽に通ずること）に解しておきたい。人事の根本に在るものとして強調せられる六多は、このBから、C、D、Eと文章が展開してゆく中で、明天子が、天地、陰陽に順い事え、それらに通ずると述べられているのに、直接につながっているのである。

Bの六多については、以上のように考えるとして、さらにCの六府について触れておきたい。すぐ前のBに六府があるので、それがここにも挙げられたと見られそうであるが、そこに疑問が感じられるのである。

Bにおいて、人事の根本としての六〜六多が強調せられ、それを受けたCで、天道—九、地理—八、人道—六と、天・地・人の原理的な次元での人—六が強調せられ、その上で、九制、六府、三充と挙げられているのである。

この中の九制が、Cの冒頭の天道以九制から来ていることは明らかで、また、この九制は、地理以八制をも兼ねていると見られる（漢文大系管子、巻一四、一七頁の頭注に、この指摘がある）。次に三充は、Aに「三者充也。」とあるのと関連させて述べられているであろうが、「天地人ノ三者ノ理ヲ、充足スルコト。」（前引の漢文大系、一七頁の頭注）に近い意味あいのものかと思われる。

以上のような関係用語、脈絡の中に六府が見られるのであるが、Bの六府は、単に五官と対置させてあるもので、前述のような、六の系列のものとを集約、代表するような六多とは、重みが異なっており、Bの六府がそのまま、Cにおいて、九制、三充と並列せられることは、困難だと思われるのである。Cにおいて、天・地・人の原理的な次元での人―六が強調せられるには、Bの六多を挙げるのが自然であり、最も適当である。人―六を強調する用語として、六府も全く考えられないことはないが、六多がある以上、それを措いてとりあげられる理由がない。以上のように考えた結果、Cの六府は、もと六多であったのが、何らかの事情で誤ったものと考えられるのである。

なおここで、六府を六多と改め、九制、六多、三充であったとして、人事における「六」の強調について、少し考えておきたい[4]。前述のように、この「九」は、地の「八」をも兼ねた、天・地の数なのであり、「六」はもちろん、人の数である。三充の「三」は、「天地人ノ三者」（前引）と関連して言われたものではあろうが、「九」（八を兼ねる）―「六」―「三」と挙げたのには、別の意図もあったように思われるのである。

天・地との密接なかかわりを述べながら、BからCへと、数に関しては、人事における「六」が強調せられている。人事における「六」にかかわるものは、Bの六府、六律、六月、六多、Cの六多（六府を改めた、前述）、Dの十二鍾、Eの天地、陰陽、F、Gの天地、四方、六相、Hの（天地）四時などとあり、陰陽、五行と分別、対置させてみるならば、二、四、六といった陰陽系のものとして挙げられている。

以上のように見た上で、B、Cにおける人事の「六」に力点を置きながら「九」―「六」―「三」について、数理論的な関係を考えてみると、人事の「六」は、陰陽（＝二、偶数）を主軸としながら、天・地・人（＝三、奇数）を兼ね具えるものとしてあるように解せられる。九（奇）―六（偶）―三（奇）の対置は、「九」の窮極数（この九は、天の九、地の八を兼ねたもの、前述）の下に、人事の「六」（三と二の公倍数）を設け、基数の「三」（天・地・人）から出発して、二倍、三倍と窮極に向かうステップと、基数（奇）と陰陽（偶）とを兼ねたあり方（六＝偶）を重視し、そういうやり方で、人道が全うされるとしているものと考えられる。

## 3　Dの前半部分（合於精氣まで）

さきに、筆者なりに校定した本文を掲げたのであるが、この箇所は、問題点が多いので、まず本文の異同について触れておきたい。

水土の土は、上にも作られているが、土の方を採る。祠祀の祠はもと治に作られているが、この治を祠と解する説を採り、祠に改めた。地利の利は、位に作られているが、利の誤りとする説に従った。地利の語は、後のＦ、Ｇにも見られる。本文の直接的な異同は右の程度にしたが、郭沫若氏（集校、七二一頁）には、もっと思い切った変改、校定の見解が見られる。筆者は、本文の現状を、なるべくそのままで見て行きたいので、変改は最小限に止める立場をとっている。

右のような事情で、Ｄの本文は前掲のように定めることとして、その前半部分は、前に概要として触れたように、四字ずつの八句、二句ずつの四組から成り、押韻があり、共通項的な反覆もあり、表現のしかた、あるいは表記、形式の面では、比較的に把握しやすく、内容についても、部分的には難解な点があるけれども、その大要が、明天子における、窮極的な、根源的な境地を示したものであることは、むしろ把握しやすい状況になっているのである。

五行篇の序論全体を通覧すると、複雑な構文は見られなくて、一句の字数も、四、五、六の短いものがほとんどであり、大筋の展開も、平明、なだらかと言ってよいのである。Ｄの前半部分も、そうした序論全体の中にあって、形式的には、いっそうの把握のしやすさをもっているのである。したがって、部分的な、難解な箇所の吟味に当っては、右に述べた、文章全体の様相や、構文、形式のことを、常に心に留めておく必要があると思う。構文や表記、形式などが平明、なだらかであれば、内容も必ず、平易で、把握しやすいものだというわけではない。しかし、内容面において、部分的にだけ、難解な状況になっているのであるから、全体との調和を十分に考慮した吟味が必要であろう。

二句ずつの四組の中、始めから順に、

①天への対応（天命に依る明天子の統治）

②心身の誠敬（明天子自身の誠敬の保持）

③地上の祭祀（明天子による報恩の祭）

という並列的な三組（六句）が述べられていることから見てゆきたい。

Cの天道、地理、人道を受けて、右の①天、②人、③地が述べられたとする点には、異論はないであろう。問題は、これら天・人・地を中心とする、個々の意味内容である。そこで、先学の見解を参考にしながら、吟味を試みたいと思う。

五藏について。人体の五臟とする（纂詁など）のと、五穀の倉廩とする（集校中の郭沫若氏説）のと見解が分れている。両説とも必然的に、この五藏の前後の字句に及んで、意見を異にしているのであるが、郭氏の場合は、前にも触れたように、ここの前後の字句にかなり思い切った変改を加えながら、自説を展開している。郭氏に従って、五穀の倉廩とした場合、この前後の二句を、平發五藏、以視不賑。（必要に応じて、五穀の倉庫を公平に開放し、農業が不作の地方を視て、援助をする。）と解することになる（集校、七二一頁）。この場合、一番の問題は、平發、不賑と、現行本を大きく変改することにあり、郭氏は、それなりの根拠を示しているのであるが、筆者としては、ここを含めた序論の文章を、前述のように把握する立場（変改を最小限にするもの）にあるので、右のような変改に従うことはできないのである。また文意についても、後述のように、郭氏のように解するべきではないように思われる。

五藏の前後の二句を現行本のままで理解するとすれば、五藏は、纂詁（前引、一七頁）などのように、人体の五臟とすべきであろう。人の心身全体の象徴として、より具体的には明天子のそれとして、五藏すなわち五臓が挙げられ、ここの二句は、明天子が、謹んでわが身の五臓（＝心身）を省察し、天地と和親しない、不善な点はないかと確かめる、というように解するべきであろう。すぐ前のCに、天地を父母とするとあり、後のEには、天・地に事えるとあるように、Dの前半部分の明天子も、天地より授かった自分の心身を、誠敬、和親なものにするように努める、と述べられたと思われるのである。

祠祀について。右に述べたように、②の人を中心とする二句の意味が確定できたならば、③の地にかかる二句は、祠祀すなわち地上における祭祀のことであって、誠敬、和親なる心身を保った明天子が、とり行うものとなる。したがってこの二句の意味は、誠敬、和親なる明天子は、地上において祭祀（地神を祭る社祭が中心）を行い、（天）[5]地の恩恵、功利を知って感謝（報恩）をする、ということになる。

順序が前後したが、②、③が以上のように確定できれば、①についてはほとんど問題はない。この①の二句について、漢文大系管子の頭注には、「水土ヲ修メ平カニシテ、天命ヲ待ツ。」（巻一四、一七頁）という、読書雑志をふまえたと見られる解説があるが、それに従うべきであろう。天地を父母とし（C）、天地に事える（E）明天子は、何よりもまず、天下を平安に保つこと（それを「水土を修め平かにする」と述べた）に務めるべきで、そして人事のすべてにおいて、天命を待つというあり方を表明したものと考えられるのである。

以上、Dの前半部分（八句）について、まず並列的な三組（六句）を①、②、③として吟味してきたのであるが、次に、末尾の一組（二句）について、考えてみることにする。

この二句のうち、貨曋神廬の句をめぐって、様々な解釈が見られる。今、これらの中の代表的なものを挙げてみると、次のようである。

纂詁、（曋を瞫と改め、視の意味だとした上で）、百貨皆五行所生成也。假令水行所成之貨、置之水行之廟而視焉、以

察其合乎水行之精氣也。（漢文大系管子、巻一四、一七頁）
集校、（郭沫若氏の見解として、貨曋を化潭と改め、神盧を心《こころ》と解した上で）、貨曋神盧者、謂心受教養而深厚。卽所謂定心、故能「合於精氣」也。（七二一・七二二頁）

他書に用例がないとせられる曋（纂詁、前引、一七頁）については、どのように解するとしても不安が残ることになるが、神盧について、纂詁のように廟と見るか、集校（郭氏）のように心と見るかが、ひとつの要点である。両説とも、その前の二句（前述の③）に見える祭祀と関連させて言われている点では共通しており、一方は、祭祀の場所、他方は、そこでの人の心となるので、結局は、両説を合わせたところに、明天子の状況、心境が認められることになるだろうが、神盧の語義を中心とした、直接的な解読の点に、大きな開きが見られるのである。

前述のように、この二句をも含むDの前半部分について、集校（郭氏の見解として）は、本文にかなりの変改を加えた上で、自説を述べており、筆者としては、同調しえないのであるが、この二句についても、直接的な解読においては、肯定しがたいのである。

ここの神盧は、纂詁のように廟堂と見るべきである。この二句は、直接的には、すぐ前の二句（前に③として吟味したもの）を受けて述べられている。したがってここには、明天子が行う祠祀（③で吟味）の場所としての神廟のことが言われているのである。そしてこの神盧（神廟）は、後続の句の精氣と照応させて言われている。両者を合わせて、明天子が行う祠祀は、神盧（神廟）においてであって、そこには、神霊、精妙なる天地～陰陽の気が充ちているという状況が見られる。

貨は、纂詁の言う百貨(6)（前引）を採り、残された曋は、纂詁の曋→瞫＝視（前引）、あるいは李哲明氏の曋→瞫＝甘（貨を玉幣、曋を粢盛とする、集校引、七二二頁）に近く解すべきかと思われるが（したがって不安な点が残るが）、要するに、祠祀の行われる神盧（神廟）には、百貨（天地の恵）が陳列、奉供せられている様子（儀式の盛大なこと）を述べたものであろう。

以上のように考えてきて、この二句を要約すると、明天子が行う祠祀の場、神廬（神廟）には、百貨（天地の恵）が陳列、奉供せられてあり、その盛大なる儀式の中で、明天子は、神霊、精妙なる天地、陰陽の気と冥合、合致することとなる、ということであろう。

Dの前半部分については、先学の間にさまざまな見解があって、それらを参看しながら、一応の解読を得たと思うのであるが、今しばらく、先に序論の概要を見ておいたこととも関連させて、吟味を続けてみたいと思う。

先に序論の概要について見た際に、Dの前半部分（八句）の示しているものは、明天子における、窮極的な、根源的な境地であると解したのであるが、この部分を、二句ずつの四組（八句）として、右のように吟味してみると、その境地は、末尾の二句に、端的に表明せられているのである。祠祀を通して、明天子が天地〜陰陽の気と冥合、合致するという境地である。

先に吟味したのは、この末尾の二句とその前の二句との関連であったが、ここで、Dの前半部分（八句）全体を改めて取りあげ、末尾の二句をもその中で考察してみたいと思う。八句の中の六句を、先に①、②、③として扱ったので、ここでもそれを用い、さらに末尾の二句を④として、考察してゆくことにする。

Cに天道、地理、人道とあるが、この天―地―人を受けながら、Dに①天―②人―③地（前述）と順序を変えて述べてあることは、これらの八句全体を通して言われていることに、深くかかわっているように思われる。Cの場合と同様に、Dにおいて天―地―人の順に述べても、天、地と明天子との関係は不変のはずである。それを天―人―地の順に変えて、①―②―③―④と述べているのは、一種の互文的な表記を用いることによって、八句全体の意味内容を効果的に表明しようという意図によるものと思われる。

これを具体的に見ると（前述の吟味を参照）、①では政治（水土を修める）、③では祭祀（祠祀）と、①天、③地に分別して述べ、中間の②では、明天子が、自らの心身を誠敬、和親にする、と述べている。そして④では、神廟における儀式で、明天子が、天地、陰陽の気と冥合するという、八句全体の核心的なことを述べている。①政治―天、③祭祀―地と分別して述べてあるが、表記上のことに過ぎないのは言うまでもない。したがってこれら八句全体として述べているのは、心身を誠敬、和親に保った明天子が、祭・政に全力を尽くして天・地に事え、その結果、天地～陰陽の気と冥合するという、窮極的な、根源的な境地に到達するというものである。

## 結　語

管子五行篇について、その構成上の特色を見ようとしているのであるが、この篇の序論には、校定、読解など、基本的な面での問題点があるので、本節においては、主として、それら問題点の解明につとめた。そして、その結果が承認せられるならば、別に見ておいた序論の大筋、概要も、その通りに認められてよいであろう。

前述のように、五行篇は、序論と本論とに明確に区分せられており、また、時令、時令説を主要内容とする本論が、序論を直接的に承けて展開せられている点も明確である。

## 二、本論の構成上の特色

前節において、筆者なりに校定した五行篇の本文を掲げ、この篇全体（序論・本論）の性格と構成について概観し、更に序論について、順を追って概要を見ておいた。序論の概要を見るに当って、先学の間に見解が分れ、問題の存する箇所については、テーマに即した、必要な限りにおいて、筆者なりの吟味を試みた。その結果、筆者の立場からの序論の把握は、ほぼ為しえたと思う。そこで次に、五行篇の本論ならびにこの篇全体について構成上の特色を見てゆくこととしたい。

### （一）　本論の構成と五行

前節でも触れたが、五行篇の本論は、概観的には、きわめて明快な構成のものとなっている。五行篇が、時令、時令説をテーマとするものであることは、周知のことであるが、この本論には、そのことが集約的に見られる。構成上から見れば、一年を大数三百六十日として、五行（木・火・土・金・水、相生の順）の下に、七十二日ずつに五等分するという点が、最大の特色である。そして、それぞれの区分ごとに、固有の時令、時令説が列挙せられ、あるいは展開せられているのである。

前節に掲げた本文によって、右のことを示しておくと、

睹甲子、……七十二日而畢。（$J_1$、$K_1$）

睹丙子、……七十二日而畢。（$J_2$、$K_2$）

という全く同型の述べ方で$J_5$、$K_5$まで展開せられ、さらにもう一度、睹甲子、……七十二而畢。（$L_1$）に始まる$L_5$までが述べられているのである。

五行篇の本論を概観した場合、その構成上の特色において、五行の影響が支配的であることは、あまりにも明瞭である。そこで、これを少し立ち入って、この構成上の特色（五行的構成と呼ぶ）が、本論の内容また性格に対して、どのようにかかわり合っているかという点について見てゆくことにしたい。

五行的構成の下に、五行とのかかわりが直接的に見出される箇所は、次の通りである。

イ　愼山林、禁民斬木。所以愛艸木也。（$J_1$）

イ′　艸木區萌、（$K_1$）

ロ　天子修宮室、築臺榭、君危。外築城郭、臣死。（$L_3$）

ハ　合組甲、厲士衆、（$J_4$）

ハ′　天子攻山擊石、有兵作戰而敗、士死。（$L_4$）

ニ　天子決塞、動大水、王后夫人薨。（$L_5$）

本論全体に支配的な五行的構成の下にしては、数的にいかにも乏しいという印象を否めない。しかも、これらの中で通常の時令として挙げられているのは、イとハだけである。イ′は、時令の遵守に対する恩恵ということで述べられたものである。$K_1$の始めの然則の語が端的に示すように、$J_1$に挙げられた時令が、その通りに行われたならば、その結果として、$K_1$に挙げられた諸事項が、天地、自然の恩恵として授けられるというのである。また、ハ、ハ′、ニは、いずれも違令と災害の事項として挙げられたものである。時令の遵守の重要性を裏面から強調しているもので、誤った時令を行えば、これこれの災害をひき起こすことになるというものである。

五行的構成の下に挙げられた時令という意味では、イとハだけということになるのであるが、ここでは、五行とのかかわりを有する記述について見ようとしているので、右に述べたことを考慮に入れながら、前掲の諸事項のすべてについて若干の吟味を加えてみたいと思う。

まずイであるが、$J_1$は木行の中の事項であり、山林、木、艸木とあり、この期間（七十二日）の時令として、「草木を愛せよ、山林の樹木を斬らぬこと。」とあるのは、五行的構成の下の木行の事項として、いかにも似つかわしいように感じられる。そして、イ′の艸木區萌も、全く同様に感じられる。

イ、イ′に見える木、草木と五行の木とのかかわりを認めることは、自明のことのようであるが、それだけでは皮相的な見方のように思われる。

イ′の艸木區萌（$K_1$）と明らかに関連性を有する、艸木發奮（$K_2$）、艸木養長（$K_3$）、艸木茂實（$K_4$）という事項が、それぞれ$K_2$＝火行、$K_3$＝土行、$K_4$＝金行の中に挙げられている。イ、イ′の草木と五行の木行との関係はそれとしても、$K_2$、$K_3$、$K_4$の草木を、火行、土行、金行と関係づけることはできない。それではこれらの事項についてどのように理解すべきであろうか。

イに「所以愛艸木也。」（$J_1$）とあるのは、$J_4$の「所以待天地之殺斂也。」$J_5$の「所以貴天地之所閉蔵也。」と一連のものであることは、表現形式から見ても、意味内容からしても、明らかなことである。時令の篇章に習見するものの中に、春、夏、秋、冬の順に、生、長、収、蔵、あるいは、生、長、殺、死という、用語ならびに理論があるが(7)、右の記述も、それに忠実にしたがって配置せられたものである。ただここには、夏＝長に相当するものが、右に挙げた「所以……。」（$J_1$、$J_4$、$J_5$）の形では見ることはできない。これはおそらく、もとは記載せられていたのが、脱落したのであろう。前述のような用語ならびに理論に類するものが、同一の表現形式で三箇所も見られることから、そのように考えるべきであって、なんらかの事情があって、夏＝長のものだけが、最初から記載せられなかったとすることはできないのである。したがって筆者は、$J_2$もしくは$J_3$の末尾に、「所以……養長……。」の一条が、もとは存していたのが、脱落したままで伝承せられたと考えるのである。

しかし現行本のままであっても、イの「所以愛艸木也。」($J_1$)が、前述のような、生・長・収・蔵、あるいは、生・長・殺・死と連なった記述であることには変わりはない。そして、これら生・長・収・蔵などは、多くの時令の篇章において、陰陽～四時の下に配置または系列化せられているものである。もちろん、陰陽、五行が、しばしば連関あるいは融合した状況にあるので（当面の五行篇の場合もそうである）、これら生・長・収・蔵などと五行とのかかわりも認められなければならないが、文章展開における形式、あるいは構成の面で、特に陰陽、四時とのかかわりが強く見られるのである。

このように見てくると、イの「所以愛艸木」($J_1$)及びイの「艸木區萌」($K_1$)は、五行の木行とのかかわりを否定すべきではないが、木行とのかかわりよりも、「艸木發奮」($K_2$)、「艸木養長」($K_3$)、「艸木茂實」($K_4$)などと関連をもたせて述べられた、陰陽系の生・長・収・蔵、あるいは生・長・殺・死とのかかわりを強くもったものだと考えるべきなのである。時令の篇章に習見する、右の一連の用語、理論とのかかわりにおいて、（草木などの）「生」を重視、尊重しようとの記述である。

したがって、イに挙げた「愼山林、禁民斬木。」の事項も、右と同様の性格のものと考えられる。すなわち、五行の木行とのかかわりを否定すべきではないが、陰陽系の生・長・収・蔵の中の「生」と強いかかわりをもったものだと考えるべきなのである。

次にロの「修宮室、築臺榭、外築城郭」($L_3$)である。これら三つの事項は、前述のように、違令と災害と呼ばれるもので、仮定のこととして挙げられているのであるが、これら三項とも、土木事業であるので、$L_3$が、五行の土行の下に述べられてあることから、土行にかかわるものとして挙げられたものと見るべきである。ただし、これら三項について、右の土行とのかかわりを見れば十分だとするのは、的確でない。

時令の篇章として最も代表的なものとせられる礼記月令篇には「毋起土功、毋發大衆。」(孟夏)、「不可以興土功」(季夏)とあり、主として農業の多忙の時期に、土木事業を避けるべきだという、より実際的な立場からの時令が、特に夏期に、全般的に挙げられているが、これらロの三項も、そうしたことを背景としていることは確実である。土功を直接に禁じた令は見えないが、$J_3$に、「農業爲亟。……命順民之功力、以養五穀。君子静居、而農夫修其功力極。」と、この時期の時令の大半を農事に務めることに費やしてあり、$L_3$の各項は、$J_3$に対する違令と災害として挙げられたものであるから、$J_3$における農事の強調は、土功の禁止を裏に必ず含んでいるものであり、それ故に、$L_3$においては、それの違反としての修宮室、などの三項が挙げられ、その結果としての災害が挙げられているのである。

このように考えてくると、ロの三項は、五行の土行とのかかわりの上に、農事の多忙な夏期における土功の禁止の令とかかわるものであって、結局は、春・夏・秋・冬――生・長・収・蔵という、時令の理論にもとづく陰陽系の事項としても見ておく必要があるのである。

次にハの合組甲、厲士衆、($J_4$)であるが、$J_4$は、構成上は金行の中に挙げてあるところから、金〜兵革の関連から、五行的構成の中において、金行の期間(七十二日)の時令としてふさわしいものと見ることができる。またハ′の「攻山擊石、有兵作戰而敗、士死。」($L_4$)も、前述のように違令と災害の事項であり、仮設のものとして挙げられたものであるが、やはり金行の期間のものとして、ふさわしいということができる。

しかしハ、ハ′の場合も、前述のイ、イ′と同様のことが考えられなければならないのである。$J_4$の末尾の「所以待天地之殺斂也。」と、$J_5$の末尾の「所以貴天地之所閉蔵也。」とが、$J_1$の「所以愛艸木也。」とともに一連の記述であることは前に述べたが、今の場合、金行の期間(七十二日)の時令の中に挙げられたハの事項が、末尾のしめくくりの「殺斂」と、密接な関連をもたせて言われていることは明らかであり、また、水行の期間(七十二日)に、$J_5$の「發行の冬に関連する事項を集めたものであり、罰の事項である「殺」「収」との「罰而罪有罪…罰有罪、刑有罪、誅不服、捕民出獵捕、不釋巨少而殺之。」の記述が、末尾の「閉蔵」と密接な関連をもたせて言われていることも明らかであり、いずれも、兵革、軍事、田猟という同類の事項が、一連のものとして分述せられていることがわかるのである。したがってハの事項の場合、五行の金行とのかかわりを保ちながら、陰陽系の生・長・殺・死、あるいは生・長・収・蔵の「殺」、「収」とのかかわりを、より強く持って述べられてあると考えられ、ハの事項も、同様に考えられるのである。(8)

次にニの「決塞、動大水、」(L5)であるが、L5は、構成上は明らかに水行に属するところから、水行にふさわしいものと見ることができる。これらの事項は、前述のように、違令と災害という仮設の事柄としてのものであるが、それはそれとして、五行の水行と、明らかにかかわり合ったものである。

ところで、これらの事項について、管子纂詁には、

塞、隔也。謂隄防。水、陰也。故陰類感之。(漢文大系、管子巻一四、一二三頁)

と述べてある。これによると、この時期に、天子が誤まって隄防をきり開くことを命じると、陰気である水がそれに感応して、大水害が起るというもので、塞＝隄防とは、前述の生・長・収・蔵の「蔵」をふまえた見解であり、収、蔵が、秋、冬の陰気支配にもとづくことから、蔵〜陰〜水の同類感応の因果関係による災害を説いているのである。

纂詁の見解は、ここの水を、五行の水とすることを否定したものではなく、五行の水だと見た上で、同時に陰気に属する水の性格を重視して述べられたものである。筆者もこれまで述べてきたように陰陽、五行の両思想が、関連、融合した状況の下では、陰陽系、五行系と分別せられる諸事項であっても、相互に、微妙にかかわり合った特色を有するようになることは当然である。ここにニとして吟味している動大水の水も、第一に五行の水行との関係が考えられなければならないが、時令、時令説における事項としての特色を見ようとすると、陰陽の陰(特に冬＝蔵)

に強くかかわり合っている点を見出しておく必要があるのである。

以上、五行篇の本論に関して、その構成上の最大の特色である五行的構成の下に、五行とのかかわりが直接的に認められるものを列挙した上で、それぞれの性格、特色について若干の吟味をしてきた。

その結果を、簡単にまとめておきたい。

第一に、いずれの事項も、五行的構成にふさわしいように、木行（イ、イ′）、土行（ロ）、金行（ハ、ハ′）、水行（ニ）に分別して挙げられているようでありながら、同時に、陰陽（四時）にもとづく生・長・殺・死・あるいは、生・長・収・蔵というあり方に深く関連して挙げられているのである。個々の事項において、五行的性格または陰陽的性格と言えるものが、濃淡、強弱、色々と見られるけれども、イ′、艸木區萌（$K_1$＝木行）の場合に顕著なように、艸木發奮（$K_2$＝火行）、艸木養長（$K_3$＝土行）、艸木茂實（$K_4$＝金行）と、五行的構成という全体の大枠を無視したかのような、陰陽（生・長・収・蔵など）の側面の強調が見られることから、これらの事項は時令、時令説におけるものとして、相対的には、五行よりも陰陽の方に重点が置かれていると見るべきである。

第二に、これらの事項が数的に乏しいという点についてである。$J^1$、$K_1$以下に多数の事項が見られる中で、前述したように、本来の時令を述べたものは、イ、ハの二条のみであり、その余は、時令が遵守せられた結果とか、もし誤った時令が行われたならばという仮定の事項が若干あるといった程度であるが、これらを一括して考えておきたいと思う。

多数の中のわずか六条であるが、これら六条も、右にまとめたように、相対的な関係においては、五行よりも陰陽の方に重点がおかれて述べられているのである。つまり、これら六条も含めて、$J^1$、$K_1$以下に挙げられた事項の全体が、形式的には、顕著な五行的構成に支配せられていながら、個々の事項においては、五行よりも陰陽（四時、生長殺死、生長収蔵）に重点がおかれて述べられているということなのである。

時令の篇章においては、色々な考え方によって時令が挙げられているのであるが、それらの基本に、陰陽、四時、生長殺死、生長収蔵などの用語、理論（陰陽感応思想の核心にあるもの）が介在しているのが通例である。五行篇の場合、五行的構成という顕著な形式上の特色は見られるものの、その下に挙げられた個々の時令の段階では、多くの時令の篇章とほとんど変わらない、陰陽、生長収蔵などを中心としたものとなっているのである。

そこで、五行とのかかわりが直接的に認められる事項が乏しいという状況についてであるが、右に述べてきたことからすれば、そのこと自体は、あまり意味のないこととなる。$J_1$、$K_1$以下に挙げられた事項の全体が、五行よりも陰陽に重点がおかれて述べられている中で、五行にかかわる事項を挙げることも、当然ありうるであろうが、どれだけ挙げるかということは、重要なことでなくなっているのである。陰陽、生・長・収・蔵などを中心に、陰陽系の事項が主体となって挙げられてゆく中に、前掲の六条が、結果的に見て、数の少ない挙げられ方になっているということである。

以上、五行篇の本論において、その構成上の特色＝五行的構成の顕著なさまを見て、さらに、五行的構成と内容とのかかわりについて見たのであるが、ここで視点を移して、五行篇全体における五行的構成の性格について、若干の考察を試みたいと思う。

## （二）　五行的構成の性格

前述のように、この篇の本論に見られる五行的構成は鮮明である。他に淮南子天文訓などの例もあるけれども、五行によって、年間を七十二日ずつに五等分し、それぞれの期間に時令、時令説を分述するという、顕著な特色を持っているのである。そして、このような特色ある五行的構成は、この篇の序論のIを中心として性格づけられ、展開せられているのである。そこでこのIについて吟味し、この篇全体から見た五行的構成の性格と、その背景的なことを追究してみたいと思う。

前節において、この篇の序論の概要について述べた際に、Iにおける五行についても触れてある。それを援用しながら、吟味を進めてゆきたい。この篇において五行の語が見えるのは、このIにおいてだけであるが、前後の文章展開からして、Iの五行が、$J_1$＝木行、$J_2$＝火行と順に述べられている、五行相生のそれであることは明白である。ただこの五行は、時令の篇章に習見する、五行相生のそれということの外に、独特の意味合いを帯びているように思われるのである。

まずIに述べてあることを要約的に辿ってみると、「作立」の語を要所に配しながら、為政の根幹となる五行の諸事項、諸制度の確立過程を述べ、それにもとづく治世の実現が説かれている。五行に関するものを具体的に見てゆくと、㈠五聲の創始、確立と、それにもとづく五鍾の制定、㈡(五聲、五鍾の制定を承けた)五行・五官の創始、確立と、それにもとづく天時・人位の制定というように述べてあり、この中、五行～天時とは、$J_1$、日至、睹甲子、木行御、$K_1$、……七十二日而畢。とあり、そして$J_2$、$K_2$以下に、全く同じ形式、内容で示されたものであり、また五官～人位とは、やはり$J_1$、命左右工師内御……(時令の諸項)。$K_1$、……(時令遵守の結果)……。とありそして$J_2$、$K_2$以下に、ほとんど同じ形式、内容で述べられたものである。

右に見たようにIにおいては、黄帝が実現させる治世について、その前提的な、基本的な要件として、五聲、五鍾を中心とする音楽制度の確立が述べられる。この音楽制度を強調する点は、Dの場合も同様であって、為政の大綱を得た明天子が、十二鐘(十二律)を中心とする音楽制度を整えることが、特に重視せられているのが見える。為政の前提的な、基本的な要件として挙げられる音楽制度とは、もちろん礼楽制度と別物ではありえないが、右のI、そしてDにおいては、特に音楽の側面が重視せられ、強調せられてあり、注目すべきことと思われるのである。

ところで、このIには五聲既調、然後……とあるように、右に見た音楽制度の確立を承けて、五行さらに五官の確立となる。文章展開の上からは、明白に、五聲、五鍾を中心とする音楽制度に次いで五行が作立せられるとある。五行篇全体が陰陽五行思想にもとづき、とりわけ五行相生による構成上の特色をもつものであることは、述べてきた通りである。したがって、そういう点からすれば、Iの五行が五聲、五鍾などにもとづいて作立せられるというのは、一見奇異に感じられることである。理論的に見れば、むしろ逆に、五行が五聲、五鍾などを存立せしめるという関係にあるものだからである。Iの文章展開に即して見ると、右のような、不審に感じられることが生じるが、それはどのように理解すべきなのであろうか。

前にも触れたが、この篇において五行の語が見えるのはIにおいてだけであり、また、五行そのものに直接かかわる用語は、$J_1$、$J_2$以下に、木行、火行、……と見えているのである。その一方、Bには五官、五聲、Dには五蔵、Iには五聲、五鍾、五色（五鍾の名称として）と、Iに見える五行の語に先行して、五行系の語がいくつも用いられている。これらの用語の関連のしかた、特に原点ともいうべき五行をめぐって、前後、矛盾するかに見える五行系の用語の配置も、この篇全体が、陰陽五行、特に五行相生を前提としていることからすれば、不審に感じるほどのことではないのである。ただIにおいて、五聲、五鍾などにもとづいて五行が作立せられるという点については、少し立ち入った吟味が必要であろうと思われる。

Iに挙げられた五行が、この篇全体から見て、五行相生のそれであることは自明なのであるが、この場合の五行には、特有の意味がこめられているように思われる。すなわち前に、(二)（五聲、五鍾の制定を承けた）五行・五官の創始、確立と、それにもとづく天時・人位の制定とまとめておいたように、ここの文章展開上は、五官と並列せられた五行なのであって、天時を正し、制定するという機能を強調して述べられたものである。時令、時令説をテーマとした五行篇にあって、Iに一度だけ用いられたこの五行の語は、時令の根幹となる天時の制定という、非常に重要な機能をもつものとして用いられているのである。

このように、Ⅰにおける五行は、五行相生のそれであり、それに天時を正すという特有の機能を強調せられて用いられているのであるが、次に、そういう五行を成り立たせるのに五聲を中心とした音楽制度が挙げられている点について考えてみたい。前述のように、Ⅰにおいては、為政の前提的な、基本的な要件として、五聲を中心とした音楽制度が挙げられ、そういう音楽制度が、右の五行を成り立たせているのである。

古来、儒家の教説を中軸として、為政の基底に礼楽が置かれていることは、周知のことである。Ⅰにおける音楽制度も当然その範囲のことなのであるが、礼楽の中、特に音楽制度が強調せられている点に注目したいのである。Ⅰにおける音楽制度は、五聲を中心としている。その五聲は、それぞれに適正に制定せられた五鍾によって奏でられる。そして、これらの五鍾は五色(五行相生の順)によって名づけられ、また音、心、光、明、常という特質を持つものとして挙げられている。五色によって明示せられてあり、また五行篇全体から見ても、Ⅰにおける音楽制度の基本に、五行相生のあり方が存することは明らかである。そして、このような五聲を中心とした音楽制度によって五行が成り立たされ、天時が正されると述べてあるのであるが、この場合の音楽制度は、どのようなかかわり方をしているのであろうか。

Ⅰの文章自体からは、そうしたことについて直接的に窺い知ることは困難であるが、前に触れたように、ここの「天時を正す」の内容が、$J_1$、$K_1$以下に示されているという事情があるので、それらを合わせて推測することができるであろう。$J_1$に日至、睹甲子、木行御。……。$K_1$、……七十二日而畢。とあり、$J_2$、$K_2$以下に、全く同一の形式で、年間を七十二日ずつに五等分してあるが、これらのことがⅠの「天時を正す」の内容を端的に示したものである。五行相生によって天時を正すということは、具体的には、年間を、木・火・土・金・水の七十二日ずつに区分することが基本であるとしたものである。そして、この五行による年間五等分ということに関して、五聲を中心とした音楽制度が、決定的な役割を果たしているというのである。換言すれば、五行篇は時令をテーマとする篇章であり、時令という為政の枢要に位置する事柄において、その根幹をなす年間区分の決定に際して、右の音楽制度が非常に重要なかかわりを持つということなのである。

ここで、Dに見える十二鍾について考えておきたい。前にも触れたが、為政における音楽制度の強調という点で、DとIとは共通するものを持っており、この際、重要な手がかりになると思われるのである。この十二鍾が十二律と相即的であることは言うまでもないが、修十二鍾、以律人情、という簡潔な言い方の中には、十二律を中心とする音楽制度を為政の基底として民心を把握し、治世に導びくということが、主として述べられてある。そしてその為政の枢要には、後続するEに、経緯日月、用之於民とあるような、観象授時即ち時令のことが主として考えられてあるものと思われる。

時令の篇章において、十二律が重要な地位を占めていることは、よく見られることであるが、呂氏春秋季夏紀音律には、

黄鐘之月(仲冬)、土事無作、……。
大呂之月(季冬)、數將幾終、……。
大簇之月(孟春)、陽氣始生、……。

というように、十二律を年間十二の月に冠して、それぞれの月に時令を列挙しているのが見られる。

そして、これらの文章のすぐ前に、

大聖至理之世、天地之氣、合而生風。日至則月鐘其風、以生十二律。仲冬日短至、則生黄鐘。季冬生大呂。孟春生大蔟。……天地之風氣正、則十二律定矣。

とあって、仲冬の冬至を起点として、まず基音の黄鐘が生まれ、以下十二の月の適正な時期に十二律が順次生まれ

ると述べ、天地の風氣（自然の運行と秩序）の正整なことと、十二律の生まれ定まることとが、相即的な関係にあると言っているのである。これによれば前掲のような、年間十二の月に十二律を冠することは、天地（自然）の運行、秩序そのものから生まれたもの（十二律）を用いて、運行、秩序を最も適正に表現するということなのである。

また、礼記楽記篇(9)には、

地氣上齊、天氣下降、陰陽相摩、天地相蕩。鼓之以雷霆、奮之以風雨、動之以四時、煖之以日月、而百化興焉。如之則樂者天地之和也。

ともある。

天地（自然）の運行、秩序、あるいは四時の循環、また万物の生成、転化など、あらゆる現象（運動）を、調和を保った音楽と一体的に把握し、人間界においては、為政の基底とすることを表明したものである。

五行篇のD、そしてIに、十二鐘（＝十二律）、五聲・五鍾が挙げられている背景には、右の音律篇、楽記篇に見えるようなことがあるものと考えられる。Dの場合は、ごく簡単な述べ方になっているので、具体的な検証は困難であるが、Iの場合は、見てきたように、「天時を正す」と明言し、それが、七十二日ずつの年間五等分を基本とすることを意味しており、そして、これらのことを決定するものとして、五聲を中心とした音楽制度があると強調してあり、以上のことが、「人與天調、然後天地之美生。」としめくくられていて時令の篇章としての五行篇において、その根幹に当たるものとなっているのである。音律篇、楽記篇に見えるような天地（自然）の運行（秩序ある現象）と、調和（秩序）を保った音楽（あるいは音律）との相即的な関係（両者の本質的な共通性）を確信することが、Iにおける「天時を正す」にかかわる音楽制度の場合にも必須のことであったと思われるのである。

# 結　語

五行篇の本論に見られる構成上の特色は、鮮明な五行的構成（五行相生による）であって、その根幹をなすものは、年間を大数三百六十日とし、七十二日ずつに五等分した期間であり、それぞれの期間を掌る五官の配置である。そしてこの五行的構成の下に、主要な内容である時令、時令説が列挙せられ、展開せられているのである。

ところで、右のような五行的構成を有すること自体、その下にある時令、時令説が、なにほどかは五行の影響を受け、潤色せられていることを示しているのであるが、個々の事項について具体的に見てゆくと、その影響や潤色と言えるものは、非常に稀薄な状態になっているのである。こうした事態は、五行篇の全般にわたって、五行は陰陽五行思想に包括せられ、その上で、構成面においてその特質を発揮しているのであり、個々の時令、時令説においては、もう一方の陰陽（四時）系の特色が顕著に表われ、五行は影をひそめたような状態になっているということなのである。そしてこのような五行的構成とその下に展開せられる個々の事項との状況は、多くの時令の篇章に見られるものであり、五行篇に隣接する四時篇においても、五行篇のとよく似た状況が見られるのである。(10)

五行篇の場合、見てきたように、序論のＩを中心として、五聲、五行によって天時を正す、すなわち時令の根幹をなす五つの期間を定めることがなされ、五つの期間のそれぞれに、五行相生の順に、五行、五官が配置せられている。これらの記述は正に、以下の五行的構成の下に列挙せられる時令、時令説が、包括的に、全面的に五行の影響を受けていることを示している。したがって、列挙せられた個々の事項に対して、五行が、直接的な影響をほとんど見せないという状況は単に表面上、表記上のことであり、陰陽五行の中の陰陽（四時）の方が、主導的に、顕著に表わされているにすぎないということである。

この篇の五行的構成を性格づけるのに、五聲、そして五行が最も重要なかかわりを持っている。序論のⅠに見える五行の語は、五行相生のそれという習見の意味を持つとともに、特に、以下の時令の根幹をなす「天時を正す」という機能を持つものとして用いられている。そして、そういう五行に対して、五聲を中心とした音楽制度が、「五行を作立する」という重要な役割を果たしているのである。

結局、緊密にかかわり合った五聲、五行が天時を正し、年間五等分の期間を定めて時令の根幹を確立するのであるが、これら七十二日ずつの五期間は、天地(自然)の運行の正整なさま(秩序)と、五聲を中心とする音楽の調和(秩序)を保ったさまを一体的に把握する考え方にもとづくものである。天地(自然)の正整なる運行に即応して、五聲が生まれ、定まり、五行相生の順に、年間七十二日ずつの五期間が定められるというのである。

右の場合における五行は、基本的には五行相生のそれなのであるが、同じ五行相生の下の五聲、五色などと、相互にかかわり合っているのが見られる。五行理論の原点、中枢の位置にある五行が、五行系のすべての要素に、五行相生の影響を及ぼしながら、その一方で序論のⅠにおいては、五聲が「五行を作立する」といったことも見られるのである。原点、中枢であるはずの五行が、ここでは、同じ五行系列下の一要素によって、根本的な、重大な関与を受けることがあるとせられているのである。

この篇の五行的構成の根本また背景には、五行相生の体系のもとに、主たる存在である五行と、従たる存在である五聲、五色、五官などが、固定的な、定型的な関係でなくて、可変的な、流動的な相互関係を及ぼし合うものとして、機能、役割りを果たしていることがいくらか判明したと思うのである。

**注**

(1) 考察の結果、六多と改めるべきである。後述(三)の**2**項参照。

(2) 後述、(三) の**1・2**参照。
(3) 纂詁 (漢文大系管子、巻一四、一六頁) に、「六府、六律、六月日至、及下文天地四時六官之屬、皆是也。」との指摘がある。なおこの「下文」以下は、正確には天地、四方、四時であるが、それはともかく、纂詁は、天地、四時として、六の属と見ているのである。
(4) この六多を、もとの六府のままで見た場合には、語義の相違やその波及することが起こるが、以下に述べる九―六―三の数の間の関係については、ほぼ同様に考えてよいであろう。
(5) 後に述べるように、結局は、天・地について言われているのである。
(6) ただし、筆者としては、「百貨」の用語に限って採り、そこに言われている五行と密着した見解には従わない。五行に関することは、次節で述べることにしているが、ここの貨を百貨と解するのは、例えば礼記礼運篇に、「禮行於社、而百貨可極焉。」とあるものの類で、天地の恩恵とせられる貨財の意味である。
(7) 例えば、隣接する四時篇にも、「春嬴育、夏養長、秋聚収、冬閉蔵。」とある。前章冒頭の本文、$G_3$。
(8) なおこれらの事項は、徳・刑または賞・罰の考え方と深くかかわっている。そしてこれらの考え方も、生長収蔵(生長殺死) の理論と密着したものである。第五章第一節の(二)参照。
(9) ほとんど同じ文が、史記楽書にも見える。
(10) 第五章第一節の(二)参照。

# 後篇

後篇では、時令説の根本にある、あるいは時令説の根幹をなす理論、思想について検討する。年ごとの年間を四時、十二の月というように区分し、その区分ごとに、また区分の推移と連関に従って、時令説が展開せられる。上代からの観象授時の伝統、あるいは簡素な農事暦に由来すると見られる時令説であるが、戦国時代の中期以降に成立した時令説は、天人相関思想を根本とし、陰陽五行思想に依拠して根幹を形成したものとなっている。

儒家においては、孔子の時代まで遡って、三代(夏・殷・周)の文化尊重の伝統が見られる。そうした中に、三正(夏・殷・周の暦法)、三色(黒、白、赤)の重視、強調が見られるが、このような三正、三色が、時令説における陰陽五行、とりわけ五行的特色に対して、著しい影響を及ぼしている。このことは、時令説の由来に関する一側面として、注目に価することである。

前述した観象授時、農事暦の重要性から見ても、天文学・暦法は、時令説の前提また根本となるものである。時令説における年間区分は、第一に暦法に依拠するものであるが、天人相関思想、陰陽五行思想との深いかかわりによって、特色ある年間区分となっている。時令説における年間区分は、科学的な天文観測にもとづく暦法に依拠している面と、呪術性の濃い天人相関思想などと深くかかわっている面が混在、融合したものとなっている。年間区分は第一に時間の区切りであるが、同時に四方と中央という方位と一体のものとせられている。即ち、時令説における年間区分は、時間と空間との融合、一体化したものとして在り、陰陽と五行との融合、一体化した場となっている。時令説の根幹をなす年間区分について、右のような特色を中心として、十分な吟味が必要である。

上代の諸文献には、さまざまな形で気が見られるが、戦国期からは、気に関する諸家の思想が形成され、展開せられている。多くの研究成果によって明らかにせられているように、万物は、天地・陰陽の気を始めとする、さまざまな気によって成り立ち、生成消滅などの諸現象が、気の様相、活動によるものと考えられている。

時令説の篇章の中にも、右のような気に関する思想が顕著に見られる。筆者は、先学の数多くの論考に学びながら、時令説の篇章の範囲において、気そのものについて、気に関する思想について、吟味を深めてみたいと思う。吟味に当たっては、資料の具体的な、基礎的な分析を中心として、先学による研究成果に何らかの付加ができればと思う。

礼記月令篇は、時令説の代表的存在として知られている。そのことを重く見て、ここでもまず月令篇をとり上げることとする。この篇をとり上げることで、今ひとつの要点は、気に関する資料が、この篇には乏しいということへの対応である。そこで、この篇と呂氏春秋十二紀の各首篇（十二月令紀と略称）との関連が注目せられる。十二月令紀と月令篇との内容がほとんど同一と見られることは、よく知られている。この関連を手がかりとして、月令篇には乏しい資料に、呂氏春秋に見える資料を援用して、吟味に広がりを持たせることができる。

礼記月令篇を中心として、所見の気、並びにその思想を吟味するのに、資料の確定に慎重を期する必要がある。例えば、「気」と表記せられてあれば、すべて一様に扱ってよいのかということ、「気」以外の表記であっても、気と扱うべきものもあること、というような点に留意する必要がある。

気に関する思想の吟味において、重要であり、問題を孕んでもいるのは、例えば天地の気と陰陽の気との関連のような、諸気の間の相互関係の究明である。それぞれ、固有の、独立した気である一方で、融合、一体化している場合もあり、そのような性格、特色の究明は、かなり困難なことではあるが、非常に重要なことと思われる。

# 第一章　時令の篇章における五行の色彩

## はじめに

　時令の篇章の多くは、陰陽五行思想と密接に関連している。その顕著な様相として、五行配列記事と称せられるものが習見する。この章は、そのような記事の中に見える色彩にかかわる項目群の性格なり特色について、若干の考察を試みるものである。周知のように、礼記月令篇は、時令の篇章の代表と目されるが、この章でも、そういう事情を考慮に入れて、まず月令篇の関係記事をとり上げて、これを基準とし、検討を進めてゆきたい。そして、これに淮南子時則訓、管子幼官篇の関係記事を加えて、中心資料とする。

　陰陽五行説の成立については、先学に多くの論考が存する。この章では、戦国中期以降の成立と見て、中心資料の検討にかかりたい。(1)また礼記、管子の成立についても異説が多く、確定的なことは言えない。ここでは、陰陽五行説の成立を右のように見て、それと深く関連する時令の篇章として、前述の三篇を、戦国中期から秦・漢にかけてのものとする。

　検討の便宜のために、三篇からとり出した記事を、最初に掲げておくことにする。その順序は、三篇の成立年代順でなく、基準とする月令篇のを始めに、それと近似性の高い時則訓のを次に、そして幼官篇のを次に、検討の便宜を主として配置している。なお紙幅の制約のために、順序を入れ替えた箇所がある。

**表一、A**（礼記月令篇より）

（東、木、春）其日甲乙、其帝大皡、其神句芒、其虫鱗、其音角、律中大簇（孟春）、夾鐘（仲春）姑洗（季春）其数八、其味酸、其臭羶、其祀戸、祭先脾。

（南、火、夏）其日丙丁、其帝炎帝、其神祝融、其虫羽、其音徴、律中中呂（孟夏）、蕤賓（仲夏）林鐘（季夏）其数七[2]、其味苦、其臭焦、其祀竈、祭先肺。

（中央、土）其日戊己、其帝黄帝、其神后土、其虫倮、其音宮、律中黄鐘之宮、其数五、其味甘、其臭香、其祀中霤、祭先心。

（西、金、秋）其日庚甲、其帝少皡、其神蓐収、其虫毛、其音商、律中夷則（孟秋）、南呂（仲秋）無射（季秋）其数九、其味辛、其臭腥、其祀門、祭先肝。

（北、水、冬）其日壬癸、其帝顓頊、其神玄冥、其虫介、其音羽、律中応鐘（孟冬）、黄鐘（仲冬）大呂（季冬）其数六、其味鹹、其臭朽、其祀行、祭先腎。

**表一、B**（礼記月令篇より）

（東、木、春）天子居青陽左个（孟春）、大廟（仲春）右个（季春）乗鸞路、駕倉竜、載青旂、衣青衣、服蒼玉、食麦与羊、其器疏以遠。

（南、火、夏）天子居明堂左个（孟夏）、大廟（仲夏）右个（季夏）乗朱路、駕赤駵、載赤旂、衣朱衣、服赤玉、食菽与雞、其器高以粗。

（中央、土）天子居大廟大室、乗大路、駕黄駵、載黄旂、衣黄衣、服黄玉、食稷与牛、其器圜以閎。

（西、金、秋）天子居総章左个（孟秋）、大廟（仲秋）右个（季秋）乗戎路、駕白駱、載白旂、衣白衣、服白玉、食麻与犬、其器廉以深。

（北、水、冬）天子居玄堂左个（孟冬）、大廟（仲冬）右个（季冬）乗玄路、駕鉄驪、載玄旂、衣黒衣、服玄玉、食黍与彘、其器閎以奄。

**表二、B**（淮南子時則訓より）

| | |
|---|---|
| （東方、木、春、） | 天子衣青衣、乗蒼竜、服蒼玉、建青旗、食麦与羊、服八風水、爨萁燧火、東宮御女、青色衣、青采、<br>鼓琴瑟、其兵矛、其畜羊、朝于青陽左个（孟春）、太廟（仲春）右个（季春）　以出春令（孟春のみ）。 |
| （南方、火、孟夏、仲夏、） | 天子衣赤衣、乗赤騮、服赤玉、建赤旗、食菽与雞、服八風水、爨柘燧火、南宮御女、赤色衣、赤采、<br>吹竽笙、其兵戟、其畜雞、朝于明堂左个（孟夏）、太廟（仲夏）　以出夏令（孟夏のみ）。 |
| （中央、土、季夏、） | 天子衣苑黄、乗黄騮、服黄玉、建黄旗、食稷与牛、服八風水、爨柘燧火、中宮御女、黄色衣、黄采、<br>其兵剣、其畜牛、朝于中宮。 |
| （西方、金、秋、） | 天子衣白衣、乗白騮、服白玉、建白旗、食麻与犬、服八風水、爨柘燧火、西宮御女、白色衣、白采、<br>撞白鐘、其兵戈、其畜狗、朝于総章左个（孟秋）、太廟（仲秋）右个（季秋）　以出秋令（孟秋のみ）。 |
| （北方、水、冬、） | 天子衣黒衣、乗玄驪、服玄玉、建玄旗、食黍与彘、服八風水、爨松燧火、北宮御女、黒色衣、黒采、<br>撃磬石、其兵鍛、其畜彘、朝于玄堂左个（孟冬）、太廟（仲冬）右个（季冬）　以出冬令（孟冬のみ）。 |

**表二、A**（淮南子時則訓より）

（木、春）　其位東方、其日甲乙、盛徳在木（孟春のみ）、其虫鱗、其音角、律中太簇（孟春）夾鐘（仲春）姑洗（季春）、其数八、其味酸、其臭羶、其祀戸、祭先脾。

（火、孟夏、仲夏）其位南方、其日丙丁、盛徳在火（孟夏のみ）、其虫羽、其音徴、律中仲呂（孟夏）蕤賓（仲夏）、其数七、其味苦、其臭焦、其祀竈、祭先肺。

（土、季夏）　其位中央、其日戊己、盛徳在土、其虫蠃、其音宮、律中百鐘、其数五、其味甘、其臭香、其祀中霤、祭先心。

（金、秋）　其位西方、其日庚辛、盛徳在金（孟秋のみ）、其虫毛、其音商、律中夷則（孟秋）南呂（仲秋）無射（季秋）、其数九、其味辛、其臭腥、其祀門、祭先肝。

（水、冬）　其位北方、其日壬癸、盛徳在水（孟冬のみ）、其虫介、其音羽、律中応鐘（孟冬）黄鐘（仲冬）大呂（季冬）、其数六、其味鹹、其臭腐、其祀井、祭先腎。

**表三**（管子幼官篇より）

（中央、土）　五和時節、君服黄色、味甘味、聴宮声、治和気、用五数、飲於黄后之井、以倮獣之火爨、蔵温儒、行敺養、坦気循通、凡物開静形生理。

（東、木、春）　八挙時節、君服青色、味酸味、聴角声、治燥気、用八数、飲於青后之井、以羽獣之火爨、蔵不忍、行敺養、坦気循通、凡物開静形生理。

（南、火、夏）　七挙時節、君服赤色、味苦味、聴徴声(3)、治陽気、用七数、飲於白后之井、以毛獣之火爨、蔵薄純、行篤厚、坦気循通、凡物開静形生理。

（西、金、秋）　九行時節(3)、君服白色、味辛味、聴商声、治湿気、用九数、飲於白后之井、以介獣(3)之火爨、蔵恭敬、行搏鋭、坦気循通、凡物開静形生理。

（北、水、冬）　六行時節、君服黒色、味鹹味、聴羽声(3)、治陰気、用六数、飲於黒后之井、以鱗獣之火爨、蔵慈厚、行薄純、坦気循通、凡物開静形生理。

**表四、(イ)**（表一より）

| | |
|---|---|
| （東、木、春） | 青陽[4]、鸞路[5]、蒼竜、青旂、青衣、蒼玉、 |
| （南、火、夏） | 明堂、朱路、赤駵、赤旂、朱衣、赤玉、 |
| （中央、土） | 大廟、大路、黄駵、黄旂、黄衣、黄玉、 |
| （西、金、秋） | 総章、戎路、白駱、白旂、白衣、白玉、 |
| （北、水、冬） | 玄堂、玄路、鉄驪、玄旂、黒衣、玄玉、 |

**表四、(ロ)**（表二より）

| | |
|---|---|
| （東方、木、春） | 青衣、蒼竜、蒼玉、青旗、東宮、青色衣、青采、琴瑟、青陽、 |
| （南方、火、孟夏 仲夏） | 赤衣、赤騮、赤玉、赤旗、南宮、赤色衣、赤采、竽笙、明堂、 |
| （中央、土、季夏） | 苑黄、黄騮、黄玉、黄旗、中宮、黄色衣、黄采、中宮、 |
| （西方、金、秋） | 白衣、白駱、白玉、白旗、西宮、白色衣、白采、白鐘、総章、 |
| （北方、冬、秋） | 黒衣、玄驪、玄玉、玄旗、北宮、黒色衣、黒采、磬石、玄堂、 |

**表四、(ハ)**（表三より）

| | |
|---|---|
| （中央、土） | 五和時節、服黄色、黄后之井、 |
| （東、木、春） | 八挙時節、服青色、青后之井、 |
| （南、火、夏） | 七挙時節、服赤色、赤后之井、 |
| （西、金、秋） | 九行時節、服白色、白后之井、 |
| （北、水、冬） | 六行時節、服黒色、黒后之井、 |

右の資料の検討に先立って、若干の前提的な事柄にふれたい。表一の出典、礼記月令篇が、呂氏春秋十二紀の各首篇とほとんど同一のものであることは、よく知られている。そして鄭氏以来の通説では、十二紀から月令への伝承とせられているが、筆者は近年、通説の成り立つ余地も留保しながら、両篇が、直接的な授受の関係はない、異本的な関係のものであることを見出している。(6) そこで表一は、この章における検討の基準となる月令篇の諸事項を挙げ、異本的な関係にある十二紀だけの事項は、別に注記しておいた。

## 一、五行の色彩（表一・二・三を通して）

### （一）表一・二・三について

まず全般にわたって概観しておくと、表一・二・三における諸事項は、相互に密接に関連し合っている。もちろん、三者の間には顕著な相違点も見られるが、ここでは、三者の諸事項が全体として、共通性、近似性を有する点に注目したい。三者とも、時令の篇章に習見する五行配列記事であるが、共通して、天子もしくは人君の、衣服・佩玉など身辺に関する重要事項を列挙するという特色が認められる。

この点が最も明瞭なのは表三である。表三の二番目の五項目すべてに君（＝人君）とあり、人君（時令を制定、施行する帝王）の身辺(7)に関する事項が列挙せられている。次に表一Bと表二Bとを見比べると、天子（時令を制定、施行する帝王）(8)が最初に全項目に見え、列挙の順に異同があり、全く異なる項目群もあるが、天子（帝王）の身辺に関する項目群があって、ほとんど同一のもの（衣・玉など）を含めて、近似性を保っていることは明瞭である。このように見てくると、表一B・表二Bそして表三の相互の間に、「帝王の身辺」に関する重要事項を列挙するという点で、共通の特色が存することは確かである。

残った表一A・表二Aの場合は、前述のものほどには、特色が明確に表明せられていない。しかしそれは単なる表面上のことであって、これらの諸事項が、何よりも天子に、同時に社会、国家に、深くかかわるものとして列挙せられてあるのは確かである。月令篇（そして時則訓）全体の内容を通して明らかなように、時令の制定、施行などはすべて、天子（及び朝廷）が中心となってなされている。そのような篇内で、これらの諸事項は、重要な項目として列挙せられているのであるから、何よりも天子に深くかかわるものである。

そこで次に、前に見た「帝王の身辺」に関する項目群と、表一A・表二Aとの関連であるが、右に述べたように、表一A・表二Aともに天子に深くかかわるものとして挙げられていることから、虫・音・律・数・味・臭など、両者とも一致して「帝王の身辺」に関する項目群を含んでいることは確かである。また表三を見ると、表一・二ではA・Bと分別して挙げられている項目が、ひとまとめにせられた趣きがある。表三の服（衣服）は表一B・表二Bに、味・声（音）・数は表一A・表二Aにある。このように見てくると、表一A・表二Aにおいても、表一B・表二Bそして表三に見られた「帝王の身辺」に関する事項を列挙するという特色と同じものが具わっていると言えるのである。したがって、右に述べた特色は、表一・二・三の全般にわたって、共通する特色と見るべきものである。

## （二）　五行の色彩による文飾

前項で見たように、表一・二・三、すなわち礼記月令篇など時令の篇章に見える五行配列記事には、「帝王の身辺」

に関する重要事項が列挙せられるという、共通の特色が見られる。そこで次に、これらの諸事項の中の色彩に関するものについて、検討を試みることにしたい。冒頭に表四として、表一・二・三の中から、該当の項目を取り出しておいた。

表四の(イ)(月令篇)を基準として、(ロ)(時則訓)と見比べてゆくと、項目の列挙の順に異同はあるものの、鸞路などの五項目の外は、すべて共通のものである。ただし(ロ)には、右の共通の項目群のほかに、東宮などの五項目以下に、(イ)にはない項目群がある。しかしこれらは、(ロ)だけの独特のものなので、ここでの視点からは別格とすべきであるから、そうだとすれば、表四の(イ)・(ロ)の間には、形式、内容ともほとんど一致する特色が見出せるのである。それは、陰陽、五行、とりわけ五行の色彩を夥しく伴った「帝王の身辺」に関する事柄を述べたものである。(イ)を基準として具体的に見ると、五位(四方と中央)、四時(また十二の月)に対応した、天子(帝王)の居所、車馬、衣服等に関する諸事項であり、旂(旗)・玉に象徴せられる、五行の色彩を基調とした身辺の文飾という趣きである。(9)

次に表四(ハ)(幼官篇)である。(イ)・(ロ)全体の主格は天子(前述)であり、(ハ)は君(人君)であるから、「帝王の身辺」にかかる点は明確である。服黄色などの五項目が、(イ)・(ロ)の青衣、青色衣などの項目群とほとんど一致するものである点は明確である。(イ)・(ロ)と(ハ)とは共通、一致するものである。ける衣服、そして五行の色彩による文飾という点で、(イ)・(ロ)と(ハ)とは共通、一致するものである。

ただここで吟味しておきたいのは、(イ)・(ロ)に比べて、(ハ)の場合、色彩の項目が二種類と非常に少なく、しかもその中の一種類は、(イ)・(ロ)には類似のものがないという点である。

表一・二・三と全体的に見た場合、基準とした表一と比べると・表三には、衣(服)・味・声(音)・数とほとんど一致する項目群が含まれ、当面の色彩も、一種類はその中に入っている。また表一・二と比べて表三は、構成面において、著しく整合的なものとなっている。全体の主格、君(人君)が明示せられ、それに対応する動詞が、味、聴というように順を追って配置せられてあり、当面の「帝王の身辺」に関する項目群の範囲では、表一・二のものよ

り格段に整然としている。このように、表三には、表一・二とほとんど一致する項目群がある一方で、項目の整然とした挙げられ方において、表一B・二Bにおけるような、色彩の夥しい挙げられ方はなされていないのである。

ところで、表三の五系列の項目をタテに見てゆくと、整然とした挙げられ方の中に、数と色だけが重複している点に気づかれる。この中、五行の数については別稿[10]で検討したが、要するにそれは、幼官篇における時令の根源、また根拠として、特有の性格のものであり、表三のように重複して挙げられたのは、特有の性格を顕示する意図があったのである。

今ひとつ、五行の色が重複しているが、多数の項目が整然と挙げられる中で、右のような数のほかは色だけが重複していること自体、色彩の重視と見ることができる。しかもこれら五行の色は、黄后（＝黄帝）以下すべて天帝または天神という重要な名称に用いられている。[11]前述のように、色彩の項目の一種類（表四の(ハ)、服黄色など五項目）は、「帝王の身辺」における衣服、そして五行の色彩による文飾という点で、表四の(イ)・(ロ)と共通、一致するものである。また(イ)・(ロ)にはない、もう一種類の項目（表四の(ハ)、飲於黄后之井など五項目）も、飲・爨という身辺に関する項目であって、五行の色彩による文飾という点で、前述の衣服などと異なるものではない。

以上のように見てくると、表四の(ハ)の場合、(イ)・(ロ)とは違った手法ではあるが、やはり五行の色が重視、強調せられていると見るべきであり、五行の色彩による「帝王の身辺」の文飾という特色において、(イ)・(ロ)と共通しているということができる。そして表四として限定的に見てきた五行の色彩の特色は、もとの表一・二・三において認められるべきものであることは当然である。

## 二、五行の色彩・文飾の由来

前節において、時令の篇章に習見する五行配列記事の中の、色彩による文飾という特色について検討した。そこで次に、そのような特色の由来、また形成について考えてみたい。

論語には、夏・殷・周の三代について、

子張問、十世可知也。子曰、殷因於夏礼。所損益可知也。周因於殷礼。所損益可知也。其或継周者、雖百世可知也。（為政）

子曰、周監於二代、郁郁乎文哉。吾従周。（八佾）

哀公問社宰我。宰我対曰、夏后氏以松、殷人以柏、周人以栗。……（八佾）

というように見える。孔子が、為政の核心として徳治主義を説いたのは周知のことであり、また徳治は、実践的に、具体的には、礼治であった。右の各文も、そういうことと関連の深いものであるが、ここでは、孔子の時代に、三代の礼もしくは文化の伝統といった概念が確立していたことに注目したい。すなわち、各王朝の為政の基本となる礼制が存在し、また三代の変遷にしたがって、継承、発展の努力がなされ、孔子の称賛する周代の治世、礼文化が実現したとの歴史観、礼の伝統思想である。

次に、右の伝統思想の流れの中に、

夏后氏尚黒、大事斂用昏、戎事乗驪、牲用玄。殷人尚白、大事斂用日中、戎事乗翰、牲用白。周人尚赤、大事斂用日出、戎事乗驪、牲用騂。（礼記檀弓上）

という、三代それぞれに黒・白・赤の色を尊重したとの記述のあることを取り上げたい。(12)

この文の鄭注には、

以建寅之月為正、物生色黒。……以建丑之月為正、物牙色白。……以建子之月為正、物萌色赤。

とある。鄭氏の意の中心は、本文の尚色とは、単に尊重せられる色というだけでなく、三代それぞれに用いられた暦法の象徴として述べたものという点にある。三正（また三正論）とよく言われ、夏正（建寅）・殷正（建丑）・周正（建子）と、三代の王朝に用いられた暦法があったとせられるが、(13)鄭氏によれば、冬至から立春までの三つの暦始（年の始）に当たる季節における物（植物）の様相を、萌＝赤、牙＝白、生＝黒と色で表示し、建寅〜黒、建丑〜白、建子〜赤と対応させ、天〜地の双方に暦法の根拠を求めて述べたものとなるのである。

以上のように見てきた、三代の礼文化とその伝統とに関する思想、特に尚色に関することは、後述するように、時令の篇章、特に五行配列記事に重要なかかわりをもっている。そして右の事柄に関連して、狩野直喜氏に詳細な論考があるので、ここに要約したものを掲げておきたい。(14)

㈠　夏・殷・周の三代、特に建寅・建丑・建子の三正に関することは、周に関することを重視、起点として時代を遡ったものを、歴史上の古い順に挙げるという形式にしたものである。それを明示するのが、子→丑→寅でなく寅→丑→子と逆になっている三正である。

㈡　礼記檀弓篇の三色を三代に配当した記事を、鄭注が、三色は三代の暦始（三正）に対応させて述べたものと解した（前引）のは妥当であり、檀弓の本文は、周＝赤＝建子を起点とし、三代におけることとして、黒→白→赤、寅→丑→子の順に挙げたのである。

㈢　礼記月令篇などに、五行にもとづく五帝と五色の配当ということが見えるが、三正〜三色の考えは、それに先立ってあったもので、五行〜五帝〜五色の配当とは全く別に、三代〜三正〜三色の配当はなされていた。

(四) 鄒衍の五徳終始説において五行に五色が配当せられる場合に、三正～三色の配当が混入、混同せられたと考えられるが、周＝建子＝赤＝火が（三正～三色から）まず考えられ、それにもとづき、相勝の理論によって殷＝金＝白、夏＝木＝青と配当せられた。（後に、秦＝水＝黒とせられた。）

狩野氏の所説に学びながら、考察を進めるが、その前に、右の(一)、(二)に関連して、若干の考えを述べておきたい。天文学、暦法の専門的研究によれば、三正論の出現は、戦国時代中頃と考えられる。[15] 夏・殷・周三代に関する論語所見の事柄（前述）は、三正論の出現に先立つものであるが、そこでの三代の礼制、伝統に関する事柄の中に、暦法、暦始も必ず存したに違いない。[16] 古来の観象授時の伝統があり、暦法は、歴代王朝での重要な、基本的な事象であるから、孔子の頃にも、三代の暦法、暦始という考え方が、後世の三正論とは別に、すでに定着していたに違いない。

前引の檀弓篇所見の三代～三色（尚色）のことは、右に述べた論語の三代に関する記述と密着したものと見るべきである。三正論盛行の後を承けた鄭氏には、当然のこととして、檀弓の三代～三色と三正論との関係が見られたであろう。しかしここには、鄭氏の言う寅・丑・子など全く見えておらず、三色と暦法との関連を示しているのは、同じ本文中の昏・日中・日出の三語であろう。前掲の文に明瞭なように、昏＝黒、日中＝白、日出＝赤として述べられ、これらの三語は、三色の言い換えでもある。したがって、三通りの色を表わすとともに、三通りの時（時間帯）の表示が主意の三語である。そして、これらの時が、その頃、暦の時でもあることは言うまでもない。もちろんこれだけで、三色と暦法とが明示せられているとは言いえない。しかし右のように、色と時とが不可分に述べてあることは、ここの三色が、三代の暦法と密着して挙げられていることを暗示するものと見ることができる。

ところで現代の色彩学によると、人間の色彩感覚、その表出を起原的に見ると、黒と白とが原初として普遍的であり、次いで赤とせられる。[17] 中国の古代を溯って、そうしたことを確かめることはできない。しかし右に注目した、黒＝昏、白＝日中、赤＝日出、特に黒・白を昏（暗）・日中（明）と対置させている点は、歴史の始原を指向する側面をもつ三代思想において、色に関して黒（暗）・白（明）を始原とし、順序立てていることを示していると見られる。

赤については、右の黒・白ほどには、始原の順位に関して見解を持ちえない。現状では、狩野氏の指摘（前掲㈡、㈣）のように、周王朝との特別な関連が考えられたものとすべきである。このように見てくると、十分には確かめられないが、檀弓篇の三色は、周王朝と密着して考えられた赤を起点として、色の始原の順を考慮に入れ、黒・白・赤とせられたもので、同時にまた、三代の暦法と密着して挙げてあると考えられるのである。

狩野氏が、鄭氏の解釈に注目して、三代思想が周を起点とする溯上的な性格のものとした点は、その通りであろうが、三正論による解釈を容認すべきではなく、三正～三色の組み合わせから、三色の順序を、逆に位置づけてあるとすべきではないであろう。

狩野氏の所説のうち㈠、㈡について、以上のように吟味したが、さて、前掲㈢のように、礼記月令篇など時令の篇章に、五行にもとづく五色の配当があり、三代～三色は[18]、明らかにそれに先行するもので、五行とは全く別の配当によるものである。そこで、そういう両者の関連について、若干の検討を加えてみたい。

時令の篇章の中枢に暦法が存することは周知のことである。主要内容たる時令は、暦法にもとづく四時、十二の月などの区分の上に、政令、行事、儀式などとして述べられる。すべての時令の篇章において、暦法が中枢的存在であることが、三代～三色[19]という伝統思想によって強い影響を受けるに至った直接の原因である。そして、礼文化の伝統において色彩（三色）が特に強調せられたことが、時令の篇章にも受容せられ、独特の発展を見せたのである。

前述のように、時令の篇章には五行配列記事が習見し、その項目群の特色のひとつに、「帝王の身辺」に関する重要事項を列挙するということが見られた。そしてそれらの中に「帝王の身辺」に関して、五行の色彩による文飾という顕著な特色が見られる点を述べた。これらの特色は、三代～三色による影響、触発の結果と考えられる。三代～三色、すなわち三代の王朝それぞれに配当せられた黒・白・赤の色彩は、見てきた暦法との関連も含めて、それぞれの王朝を象徴するものであり、当然、君臨する帝王の徳を象徴するものでもある。三代～三色において、いわば帝徳を象徴する色彩の考え方があったのが、時令の篇章において受容、発展させられ、五行配列記事における「帝王の身辺」の色彩による文飾という顕著な事象となったと考えられる。このことは当然、時令の篇章において、主要内容たる時令を制定、施行する帝王の徳を表明、象徴したものとなっているのである。

**注**

(1) 参照、池田末利氏、五行説序説、八三頁、広島大学文学部紀要第二六巻一号所収、一九六六年。金谷治氏、陰陽五行説の成立について、一二頁、東方学会創立四十周年記念東方学論集所収、一九八七年。
(2) 呂氏春秋十二紀孟夏には、この項の後に、「其性礼、其事視」とある。
(3) それぞれ現行本を修正したものとなっている。参照、拙稿、管子幼官篇再考、兵庫教育大学研究紀要第八巻、一九八八年。本書前篇第四章、所収。
(4)・(5) 礼記月令篇孟春、鸞路の鄭注に、「春秋言鸞、冬夏言色、互文。」とあるように、これら五項目は五行の色彩を伴って挙げられているのであり、また青陽などの五項目も同様に考えてよい。
(6) 呂氏春秋十二紀と礼記月令篇―若干の相違点について―（その一）一〇七頁、哲学（広島哲学会）第三三集、一九八一年。本書前篇第三章、所収。
(7)・(8) 時令の篇章には、時令を制定、施行する天子、王、君などの語がある。この章では、それらを「帝王」で統一的に表記してゆく。また、五行配列記事には「帝王」の身につける衣服、佩玉や、身のまわりの車馬、旌旗などが列挙せられる。それらを「帝王の身辺」とまとめて表記する。
（9）(ロ)には車の項目はないが、(イ)との近似性から、車馬の項目群と見てよい。
（10）管子幼官篇と陰陽五行説、一六九頁以下、哲学（広島哲学会）第三九集所収、一九八七年。本書前篇第四章、所収。
（11）参照、郭沫若氏等撰、管子集校、一九五四年、上、一〇五頁。
（12）小林信明氏に、「論語においてすでに、檀弓篇の三代～三色と符合するものがある」との指摘がある。中国上代陰陽五行思想の研究（一九五一年）一六〇頁。
（13）三正論は暦法理論として説かれたもので、歴史上の事実ではない。参照、新城新蔵氏、東洋天文学史大綱、一九二六年。（東洋天文学史研究、一五頁、一九二八年）
（14）五行の排列と五帝徳に就いて、続篇（読書簒余、一九四七年）九二頁以下。（一九三三年、東方文化研究所臨時講演）
（15）参照、新城新蔵氏、戦国秦漢の暦法、一九二八年。（東洋天文学史研究六五四頁）
（16）衛霊公篇には、「顔淵問為邦。子曰、行夏之時、乗殷之輅、服周之冕、……。」との語があり、ここの夏暦は、三代それぞれの暦法をふまえて挙げられたものである。
（17）千々岩英彰氏、色を心で視る、一九八四年、一一二・一一三頁。
（18）・（19）ここに三代～三正～三色の中の三正を除いたのは、前述のように、三正論にいう三正との関係を認めるべきでないからである。三正とは別に、三代の暦法をここに考えるべきであるが（前述）、用語の混乱を避けて、表記しないでおいた。

# 第二章　時令の篇章における年間区分と五行

——礼記月令篇の場合——

## はじめに

古来の観象授時の伝統を承けた時令の篇章には、暦法を基本とする年間区分、すなわち四時、十二の月などが習見する。これら年間区分は、時令の各篇において様々に述べられてあり、中には、通例に比して変異の著しいものも見られる。しかし、そうした変異はあっても、時令の篇章であるからには、暦法を基本とする年間区分が必ず存しているのであって、記述のしかたがどのようであれ、このことは、時令の篇章における基本要件のひとつなのである。

五行説が時令の篇章にかかわるようになったのは、戦国時代中期以降と考えられるが、時令の篇章に見える五行関連の記事はすべて、陰陽説と融合、一体化した五行説、すなわち陰陽五行説としてまとまったものとの関連において述べられてある。旧来の陰陽説に対して、五行説がかかわるようになった経過などは、ここでは措いて、時令の篇章の範囲においてみれば、両者はすでに融合、一体化した陰陽五行説として、様々な記事にかかわりを持っているのである。（本書後篇第一章の冒頭参照）

時令の篇章の多くには、五行配列記事と称せられるものが見られる。もちろんこの場合の五行も、前述のような陰陽と融合、一体化した陰陽五行のそれであり、したがって正確には、これらの記事は、陰陽五行と深くかかわって配列せられたものとして見るべきである。ここでは、右のように確認した上で、これらを五行記事と略称し、検討してゆくことにする。

周知のように、礼記月令篇は、時令の諸篇の中で代表的存在と目されている。そうしたことを念頭において、この章では、礼記月令篇における年間区分と五行について検討することにしたい。そこで最初に、検討の中心資料となるものを、表一、A・Bとして、一括して掲げておきたい。月令篇には、年間の四時、十二の月[1]が、それぞれの内容を伴って、順次に述べられてあるが、そうした中に、五行記事と称せられるものが、一連のものとして配列せられている。それらを取り出して、資料的に見やすくしたのが表一（A・B）である。[2]（次頁）

表一A・Bを概観すると、当面の年間区分（四時、十二の月）と五行とのかかわりを検討する場合、基本的な点で、方位（四方と中央）が重要なかかわりをもっていることがわかる。そこで以下の検討においては、右のことに注目しながら進める必要がある。

まず、表一Aによって、月令篇の年間区分と五行についての概要を述べ、究明すべき要点を見ておきたい。検討を明確にするため、ここで必要なものだけを挙げておくと、

東、　木、　春、（孟春、仲春、季春）
南、　火、　夏、（孟夏、仲夏、季夏）
中央、土
西、　金、　秋、（孟秋、仲秋、季秋）
北、　水、　冬、（孟冬、仲冬、季冬）

というようになる。時令の諸篇において、年間区分と五行との関連を表明した、最も通例的なものと目されている。

**表一、A**（礼記月令篇より）

（東、木、春）　其日甲乙、其帝大皞、其神句芒、其虫鱗、其音角、律中大簇（孟春）夾鐘（仲春）姑洗（季春）、其数八、其味酸、其臭羶、其祀戸、祭先脾。

（南、火、夏）　其日丙丁、其帝炎帝、其神祝融、其虫羽、其音徴、律中中呂（孟夏）蕤賓（仲夏）林鐘（季夏）、其数七、其味苦、其臭焦、其祀竃、祭先肺。

（中央、土）　其日戊己、其帝黄帝、其神后土、其虫倮、其音宮、律中黄鐘之宮、其数五、其味甘、其臭香、其祀中霤、祭先心。

（西、金、秋）　其日庚甲、其帝少皞、其神蓐収、其虫毛、其音商、律中夷則（孟秋）南呂（仲秋）無射（季秋）、其数九、其味辛、其臭腥、其祀門、祭先肝。

（北、水、冬）　其日壬癸、其帝顓頊、其神玄冥、其虫介、其音羽、律中応鐘（孟冬）黄鐘（仲冬）大呂（季冬）、其数六、其味鹹、其臭朽、其祀行、祭先腎。

**表一、B**（礼記月令篇より）

（東、木、春）　天子居青陽左个（孟春）、大廟（仲春）右个（季春）　乗鸞路、駕倉竜、載青旂、衣青衣、服蒼玉、食麦与羊、其器疏以達。

（南、火、夏）　天子居明堂左个（孟夏）、大廟（仲夏）右个（季夏）　乗朱路、駕赤駵、載赤旂、衣朱衣、服赤玉、食菽与雞、其器高以粗。

（中央、土）　天子居大廟大室、　乗大路、駕黄駵、載黄旂、衣黄衣、服黄玉、食稷与牛、其器圜以閎。

（西、金、秋）　天子居総章左个（孟秋）、大廟（仲秋）右个（季秋）　乗戎路、駕白駱、載白旂、衣白衣、服白玉、食麻与犬、其器廉以深。

（北、水、冬）　天子居玄堂左个（孟冬）、大廟（仲冬）右个（季冬）　乗玄路、駕鉄驪、載玄旂、衣黒衣、服玄玉、食黍与彘、其器閎以奄。

ここには年間の四時、十二の月が、暦法上の通例によって編成してある。二至、二分が、仲冬・仲夏・仲春・仲秋、四立が孟春・孟夏・孟秋・孟冬に配置せられてあり、三正論などにおける、夏正（立春正月型の暦）に依拠した年間区分となっている。そしてこのような年間区分（四時、十二の月）に対して、五行の木・火・金・水が右のように配当せられてあり、同時に、中央・土という特別のものが挙げられている。

この中央・土については、蔡邕氏の月令注に始まる土用説が、通説とせられてきた。年間の大数三百六十日を五（五行）で割れば、均等に七十二日ずつとなるが、その中、土の七十二日を十八日ずつに四等分し、それぞれ春（木）・夏（火）・秋（金）・冬（水）の末尾の十八日に寄旺させて、土用という特別の作用をもたらすとするものである。

この章では、右の土用説はそれとして、月令篇における年間区分と五行との関連について、特に中央・土の役割の究明に重点を置きながら、検討してゆきたい。そこで表一Aとして挙げた諸項目の中から、注目すべきものを選んで吟味することにしたい。

四時、十二の月といった年間区分は通常的には、その本質は、時間的な順序、秩序であり、数量（期間）である。そこで、右の事柄に重点を置き、表一Aの中から、（一）五行の数、（二）五音、（三）十二律を選び出して、吟味を試みることにしたい。

## 一、五行の数をめぐって

表一Aに八・七・五・九・六と見える五行の数については、先学に多くの考究があり、筆者も検討を試みたことがある。(3) 客観的な数字であると同時に、五行の数としての独特の性格を具えており、そういう存在として、年間区

分に関しても深いかかわりをもっているのである。表一Aから、ここで必要なものだけを挙げておこう。

**表二**

東、木、春（三か月）八、｝⑮④
南、火、夏（三か月）七、
中央、土
西、金、秋（三か月）九、｝⑮④
北、水、冬（三か月）六、

右の中、八・七・九・六の各数は、五行の木・火・金・水の特質を帯び、東〜春、南〜夏、西〜秋、北〜冬に対して、それぞれ個別的に、支配的な作用を及ぼし、尊重せられるものである。

ここで想起しておきたいのは、時令の篇章の中に、表二に見えるような五行の数が、年間区分そのものを直接的に決定し、編成している場合のあることである。その一は、管子五行篇、淮南子天文訓などに見られるものである。年間の大数三百六十日を、五行の木・火・土・金・水の順に五等分し、七十二日ずつの五期に区分するものである。時令の篇章における通例的な年間区分（四時、十二の月）との相違など、問題性があるが、それはここでは措いて、これらの篇では、五行の五によって、年間が七十二日ずつに五等分せられ、順に木・火・土・金・水に依拠する期間とせられている点に注目したい。通例的な年間区分（四時、十二の月）を充分に承知の上で、五行に直接的に依拠する年間区分を編成し、時令の篇章における正当なものと主張するのである。

その二は、管子幼官篇に見られるものである。ここでは、年間の大数三百六十日を十二日ずつに三十等分してある。この三十は、八～木（東・春）、七～火（南・夏）、九～金（西・秋）、六～水（北・冬）という五行の数の和である。したがってこの篇の年間区分は、春は十二日が八で九十六日、夏は十二日が七で八十四日、秋は十二日が九で百八日、冬は十二日が六で七十二日、合計三百六十日となっているのである。(5) この篇以外には見られない、特異な年間区分であるが、右のように明確に五行及びその数に依拠したものである。

月令篇における年間区分と五行（五行の数）とのかかわりは、右のその一・その二と共通性を有する一方で、顕著な相違点をもっている。どのような年間区分であれ、それに対して五行（五行の数）が深くかかわっている点では、月令篇の場合も、その一・その二と共通している。しかしその一・その二では、五行（五行の数）が直接的にかかわって年間を区分しているのに、月令篇では、そうしたかかわり方は全く見られないのである。

前にもふれたが、時令の篇章における年間区分は、どのようなものであっても、暦法を根拠としないものはない。月令篇の場合は、前述のように、いわゆる夏暦（立春正月の型）による年間区分（四時、十二の月）となっていて、最も通例的なものと目されている。古来、中国において用いられた陰陽暦の中で、夏暦の型のものは、実用的に最も重視せられており、時令の諸篇においても、そうした実情をふまえて、夏暦を基本とした年間区分が通例とせられているのである。

さて、表二における八・七・九・六の各数は、年間（四時・十二の月）を直接的に区分するものではない。しかしこれらの各数は、順に木・火・金・水の特質を帯び、東～春、南～夏、西～秋、北～冬に対して、それぞれ個別的に、支配的な作用を及ぼし、尊重せられるものである。また中央・土に配当せられている五は、五行説において、八・七・九・六の各数を成り立たせる基本の数であり、(6) 月令篇においても、当然そういう関係をふまえて挙げられてあり、東・南・西・北に対する中央、そこに位置する五は、八・七・九・六のそれぞれに中枢的にかかわるものとせられているのである。右に述べたことを、より正確に把握するために相互の関連を表三として示し、検討を進めて

ゆきたい。（次頁に掲載）

まず表三の(ロ)であるが、四時（三か月ずつ十二の月、略）の推移、循環の表示であって、月令篇の本文に述べられた順序と合っており、この意味では、問題となることはない。次に(イ)であるが、一般的には、この表示に問題はない。四方があり、それらに対する中央があることは、あらゆる方位と、それらに対する中央との関係をいったものである。ただ月令篇においては、表一A（また表二）のように、実際には東・南・中央・西・北の順に述べられている。しかもこれらは、表一Aのように、春・夏・中央・秋・冬として述べられた四時（十二の月）と融合、一体化したものとなっているのである。

時令の篇章としての月令篇では、当然、四時、十二の月といった年間区分が、構成上の主体となって陳述、展開せられてゆく。そして、そういう陳述、展開の大筋の中に、いわば便宜的に、方位を東・南・中央・西・北の順に織り込んだもので、方位について的確に把握、検討するには、右の順より以上に、表三の(イ)に示した四方と中央の位置、関係の方が重要である。

右のように、月令篇においては、本来は別個の事象であり、個別の特質を有する方位（空間）と四時（時間）とが、融合、一体化したものとして述べられている。したがって表三によってこれを見れば、(イ)〜(ロ)が融合、一体化しており、それに(ハ)の五行・数も、融合、一体化したものとして関連し合っているのである。それ故、月令篇における陳述、展開の順は、五行は木・火・土・金・水であり、数は八・七・五・九・六であるが、当面の検討においては、その順序より以上に、右に述べた、方位・四時と密着した五行・数としてのあり方が重要になってくるのである。

表三においてより明確なように、月令篇における五行の数は、四方〜四時に八・七・九・六と配当せられ、中央に在る五（本文に中央土の明言がある）が、四方〜四時に在る八・七・九・六に対して、まず個別的に、中枢的にかかわっている。（この意味では、本文において八・七・五・九・六の順に述べられていることは、単なる順序であることに止まり、それ以

**表三**

(イ)方位

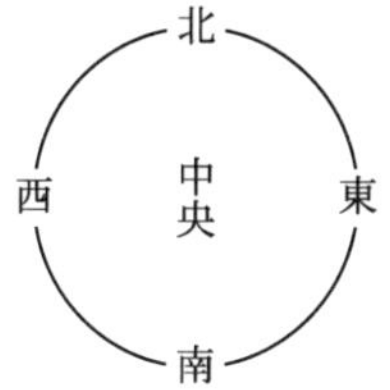


(ロ)四時

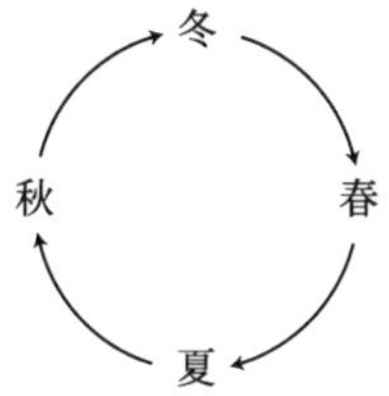


(ハ)五行数

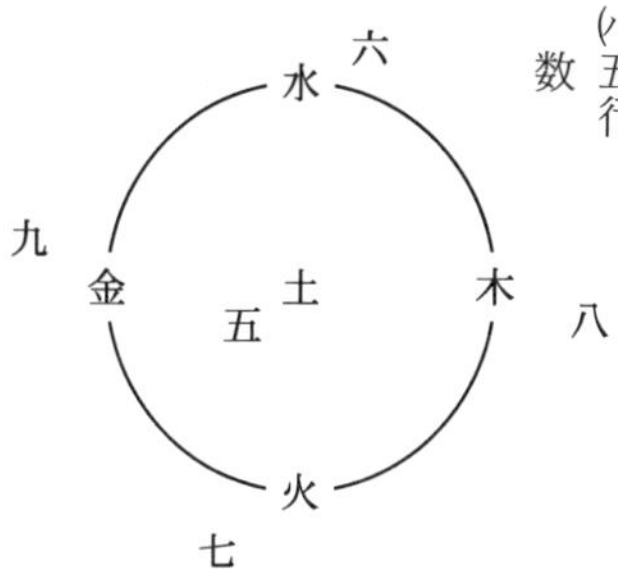


(ハ)′

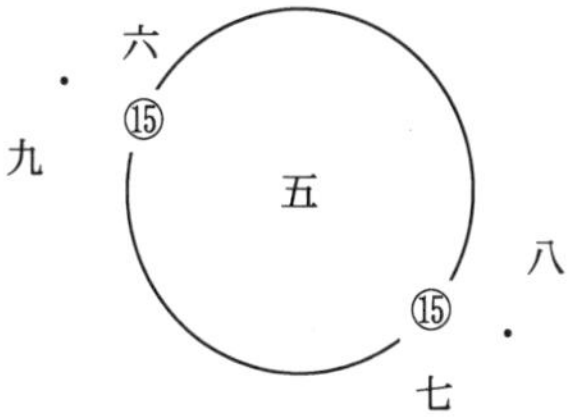


**表四　A**

(イ)月令篇より

| | | | | | | |
|---|---|---|---|---|---|---|
| 東 | 春 | 木 | 角 | 64 | 八 | (三) |
| 南 | 夏 | 火 | 徴 | 54 | 七 | (二) |
| 中央 | | 土 | 宮 | 91 | 五 | (五) |
| 西 | 秋 | 金 | 商 | 72 | 九 | (四) |
| 北 | 冬 | 水 | 羽 | 48 | 六 | (一) |

(ロ)洪範篇より

| | | | | |
|---|---|---|---|---|
| 一 | 水 | 六 | 羽 | 48 |
| 二 | 火 | 七 | 徴 | 54 |
| 三 | 木 | 八 | 角 | 64 |
| 四 | 金 | 九 | 商 | 72 |
| 五 | 土 | 五 | 宮 | 81 |

**表四　B**

(イ)方位
四時
五行

(ロ)五音
律数

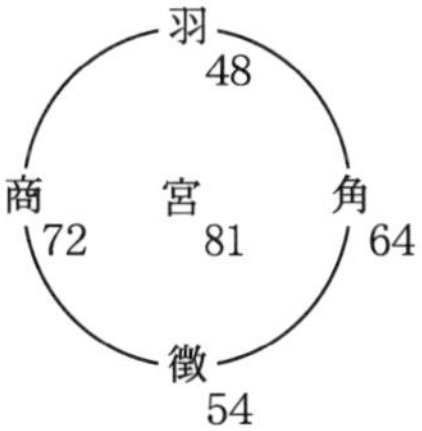


(ハ)五音
五行の数
序数

上のものを表明しにくいものとなっている。）そして右のかかわりにおいて重要なことは、（一）八・七・九・六のすべてが、五行の数という点で、中央にある五を基本として成り立っているという、八・七・九・六と五との間に本来的な関係が保たれていること、（二）このような関係にある五行の数が、前に表三について見た、年間区分（四時、十二の月）と方位（四方と中央）との融合、一体化した場において、それぞれに、また全体として、五行的特質を発揮することである。

右の（一）・（二）を念頭におきながら、表一・表二における順序より以上に、表三における関連の方を重視して、月令篇における年間区分（四時、十二の月）と五行の数とのかかわりについて、さらに検討を進めてゆきたい。五行の数のうち八・七・九・六は、前述のように、四方～四時（十二の月）に対して、八は東～春（三か月）、七は南～夏（三か月）、九は西～秋（三か月）、六は北～冬（三か月）と個別に配当せられ、それぞれ支配的な作用を及ぼし、尊重せられるのである。

ところで四方～四時は、一般的には東・西のような、また春・秋のような、個別、独立的な方位、期間でありうるが、当面の検討においては、年間区分は一連のものとして常に存することから、四方～四時は常に個別、独立的であると同時に、不可分離な、一連の全体なのである。したがって五行の数の八・七・九・六も、右のような四方～四時にかかわっているのであるから、前述した個別のものでありながら、同時に、不可分離の、一連の八・七・九・六としてのものである。月令篇における年間区分（四時、十二の月）に対して、八・七・九・六が、それぞれ個別にかかわっていることは、あくまでも別々にではなく、必ず一連のものとしてということである。

五行の数のうち八・七・九・六は、年間区分（四時、十二の月）に対して、右に見たように、それぞれ個別に支配的な作用を及ぼし、同時に、一連のものとして作用を及ぼしている。したがって、このような八・七・九・六に対して、中央に在る五は、まず個別的に、中枢的にかかわるとともに、これらの数の一連の全体としても、普遍的に、中枢的にかかわっているのである。

年間を大数三百六十日とし、四時を均等な九十日ずつとする通例は、月令篇においても当然のこととして存するが、そうした均等な四時に対して、個別に深くかかわる五行の数が八・七・九・六と不均等になっていることは、意に介されなかったのであろうか。月令篇には直接には見られないが、均等な四時に対する五行の数のあり方として、表三の(ハ)′に示したような、⑮～⑮という均等な数量が考えられていると見るべきである。

冒頭にもふれたように、月令篇における五行は、陰陽と融合、一体化した陰陽五行説としてのものである。こうした関係にある両者であるが、四時について陰陽の消長、盛衰の見方からすれば、春・夏に対する秋・冬という組み合わせ、年間区分が存するのである。夏暦(立春正月の型)に依拠する月令篇の場合、二至、二分、四立など年間区分の要点は、陰陽の消長、盛衰と密着して考えられてあり、春・夏に対する秋・冬という組み合わせ、年間区分のあり方が見られるのである。

また時令の篇章には、主として陰陽の消長、盛衰にもとづく生(春)・長(夏)・収(秋)・蔵(冬)のあり方が習見するが、月令篇においても、重要なあり方として明瞭に表明せられている。[7] そしてこれら四者は、年間を通しての時令のあり方として、生・長・収・蔵としては勿論であるが、しばしば生・長に対する収・蔵としても強調せられるのである。すなわち、当面の年間区分として見れば、春・夏(生・長)に対する秋・冬(収・蔵)というあり方が、しばしば強調せられているのである。

右に見てきたように、月令篇における四時は、均等な九十日ずつの春・夏・秋・冬とする通例はもちろんであるが、春・夏(百八十日)と秋・冬(百八十日)という均等な期間としても、しばしば考えられている。したがって、そのような四時にかかわる五行の数は、前者すなわち春・夏・秋・冬には八・七・九・六と配当せられ、不均等になっているが、後者すなわち春・夏と秋・冬には、表三の(ハ)′に示したように、⑮と⑮という均等な数量として対応している。春・夏そして秋・冬とも、均等な⑮となるのは、五行の数の八と七（春・夏）、九と六（秋・冬）を合わせたもので、前に見たことからすれば、四時にかかわる五行の数が、いわば陰陽的な性格を合わせて帯びた、均等な⑮・⑮としても、年間区分にかかわり合っていると解するべきであろう。そして当然、中央に在る五は、右の⑮（八・七）〜⑮（九・六）に対しても、普遍的に、中枢的にかかわっているのである。

月令篇における年間区分と五行の数とのかかわりについて、以上のように検討してきた。その要点を、ここでまとめておきたい。

年間区分は暦法（月令篇の場合は夏暦）に依拠した時間の区分、秩序である。そして年間区分は、月令篇全体を通しての構成上の主体であって、四時、十二の月（四時に各三か月）の形をとりながら、篇全体の内容が陳述、展開せられている。

右の年間区分に対して、五行の数は、表二、表三を用いて検討したように、四方・四時そして中央に配当せられ、いわば空間〜時間の融合、一体化した場におけるものとして、それぞれが、また一連のものとして、深くかかわっているのである。

五行の数は、八・七・九・六の四者と五の一者とに分かれて、年間区分にかかわっている。四者の方は、八（木）・七（火）・九（金）・六（水）が、順に東〜春、南〜夏、西〜秋、北〜冬に配当せられ、個別に、分担的に、支配的な作用を及ぼし、尊重せられるのである。これに対して一者の五（土）は、中央に在って、年間区分の推移、循環にしたがって、四者に個別に、中枢的な作用を及ぼすのである。四者に対する、こういう作用を通して、年間区分にかかわっているのである。

四者の方はまた、八・七の合わさった⑮、九・六の合わさった⑮という均等な数量として、春・夏（東・南）に対する⑮（八・七）、秋・冬（西・北）に対する⑮（九・六）というかかわり方をしている。春・夏・秋・冬が、各九十日の均等であるのに対して、八・七・九・六の四者が不均等になっているのを、陰陽的な性格を合わせて帯びた均等な⑮（八・七）、⑮（九・六）として、均等な春・夏そして秋・冬と調和を保ちつつ、かかわりをもっているのである。そして一者の五は、そういう⑮・⑮に対しても、普遍的に、中枢的な作用を及ぼし、年間区分にかかわっているのである。

月令篇における年間区分は、四時、十二の月といった、時間的な推移、循環であるとともに、四方と中央といった空間的なものと融合、一体化したものとなっている。前述のように、五行の数が、四者（八・七・九・六）と一者（五）とに分かれ、さらに二者（⑮・⑮）と一者（五）となって、年間区分（四時、十二の月）にかかわっている場合に、時間と空間との融合、一体化した様相が、端的に知られる。四者と二者は、四時～四方に個別に、分担的にかかわり、一者は、そうした四者と二者に対して、まず個別に、中枢的にかかわり、さらに一連の不可分離の全体として、普遍的に、中枢的にかかわり、同時に四時～四方にかかわっているのである。

## 二、五音をめぐって

表一Aに見えるように、古来の代表的な音律として知られる五音と十二律が、月令篇においては、五行記事の中の項目として挙げられている。この篇における年間区分と五行にかかわることとして、まず五音をめぐって検討を進めたい。

古来の音律としての五音が、陰陽五行説、とりわけ五行説とは別個に成立したものであることは明瞭である。五音が宮を基音とすること、宮の音を発する竹管の寸法により、いわゆる三分損益法を用いて、各音が得られることなど、固有の音律論と技法によって、五音は成立している。そういう五音なのであるが、月令篇においては、陰陽五行説、とりわけ五行と深い関連を持つものとして述べられている。この点は、表一Aとして掲げてあるので、容易に了解されるのであるが、ここでは、年間区分のあり方に深くかかわる五音として注目し、若干の検討を試みたいのである。まず検討のための資料を表四、A・Bとしてまとめて掲げておきたい。（二五三頁に掲載）

右の中、Bの(イ)は、前節において、表三として掲げて述べたものを、簡略に挙げたものである。月令篇の内容は、四時、十二の月を主体として陳述、展開せられているが、それら年間区分が、方位（四方と中央）さらに五行と融合、一体化したものとなっている。Bの(イ)は、その実情を表明したものである。

次にBの(ロ)であるが、これらの五音（81〜48を除く）は、月令篇では、実際には表四Aの(イ)のように挙げられている。（前掲表一Aより。ただし81〜48、(一)〜(五)を除く。）これまで触れてきたように、この篇の五行記事として多数の事項が挙げられている中に、五音も見られるのである。ただ前節でも注目したように、これら五行記事は、方位（四方と中央）〜四時（十二の月）〜五行が、融合、一体化した場におけるものとして述べられてあり、ここでの検討においては、Aの(イ)のような、挙げられている通りの順序よりも、Bの(ロ)のような対応関係のものとして見ることが重要なのである。角・徴・宮・商・羽の順（Aの(イ)）はそれとして、角・徴・商・羽の四音と、中央に在る宮（Bの(ロ)）というように把握し、検討することが重要である。

Bの(ロ)において、五音に付した81などの数は（月令篇には見えないが）、音律〜音階を表示する律数として通例的に用いられる数であり、[8] 月令篇でも当然、五音それぞれの固有のものとして考えられてあるものである。以下の検討においては、これらの数を、五音それぞれの固有の数として、同時に、五音の順序（清濁、高低の順序）を示す数として用いる。

次にAの(ロ)の上二列（ヨコ）に挙げてあるのは、尚書洪範篇に見えるもので、五行と序数（五行の順序を示す数であり、五行それぞれの固有の数）である。三列目の数は、洪範篇に見えるものではないが、五行説における五行の数として知られるもので、右に述べた洪範篇の五行と序数とにもとづいて成り立つ数である。[9] そしてこれら五行の数は、Aの(イ)に見えるように、時令の篇章においては、特有の配当のせられ方（また順序）によって、五行記事の中に習見するのである。（なおAの(イ)において、これら五行の数に(一)～(五)の数を付したのは、Aの(ロ)の上一列の各数のことであり、これらの各数と五行の数との関連は前述の通りである。）

またAの(ロ)の五音は、洪範篇に見えるものではないが、宮・商・角・徴・羽という通例の順序で、ここに挙げて見ると、五音が五行説と関連する際に、洪範篇に見えるような五行と序数とに密着していたことがわかる。すなわち音階としての定まった順序を保つ宮・商・角・徴・羽が、そのままで洪範型[10]の五行、土・金・木・火・水[11]と関連し、それぞれの性格を帯び、同時に、五・四・三・二・一[11]の序数とも結合したのである。Aの(ロ)に付したように、五音は本来、81：48の律数によって順序が定まっている。そういう五音が、右のように、洪範型の五行と関連し、序数と結合して、五行の性格を帯びると同時に、本来の律数と五行の序数との順序が一致した、数的な秩序を保つことになったのである。

右のような五音が、時令の篇章において、洪範型とは異なる五行のもとに述べられる際にも、右に見た特色は、変わることなく保たれている。表四Aの(イ)に見られるように、月令篇においては、木・火・土・金・水という、時令の篇章に習見の五行のもとに五音が挙げられている。Aの(ロ)と見比べれば明瞭なように、Aの(イ)における五音は、洪範型とは別の五行のもとに、本来の順序とは異なって挙げられてはいるが、五行との関連についても、律数、序数との結合関係についても、前に見たものと全く変化していないのである。

以上見てきたように、洪範型の五行と序数とに密着した五音（及びその律数）が（表四Aの(ロ)のように）当初に考えられ、その上で月令篇におけるような（Aの(イ)）、時令の篇章に特有の五音とその配当が成り立っているのである。表四

Aの(イ)・(ロ)によって、もともと五行とは別個に存立した五音が、五行及びその序数と関連、結合し、さらに時令の篇章において、特有の性格を帯びるに至ったことを見た。そこで、そうしたことをふまえて検討を進めてゆきたい。

ところで音律~音階としての五音や十二律は、本来、四時、十二の月と密着した本質をもっている。十二律については、次節で詳細に述べるが、ここで必要なだけ挙げておくと、

| (十二律) | | (五音) | |
|---|---|---|---|
| 黄鐘 | 仲冬 | 宮 | (中央　) |
| 大蔟 | 孟春 | 商 | (西　秋) |
| 姑洗 | 季春 | 角 | (東　春) |
| 林鐘 | 季夏 | 徴 | (南　夏) |
| 南呂 | 仲秋 | 羽 | (北　冬) |

となっている。そして五音の下に、月令篇における五音と四時・方位の記載の実情を付したが、月令篇においては、五音の本来の本質が顕著に変換したものとなっているのである。すなわち右に表示したように、五音はもともと、年間の四時、十二の月の、各ひとつの月に密着した本質を有するのに、月令篇では、宮以外の四音が、四時の各三か月に配当せられ、宮には直接に相当する季・月はないのである。

月令篇における五音をめぐって、年間区分（四時、十二の月）とのかかわりを中心に検討を進めているのであるが、右に見たように、月令篇における五音は、もともとの本質が顕著に変換したものとなっている。そしてもちろん、このような変換は、月令篇における五音が五行と関連をもった結果によるのである。

本来の五音は、五行説とは別に存立したものであり、前掲のような、年間区分と密着した本質を有するものである。それが五行説の成立以降に、まず洪範型の五行と序数と関連し、その上で、月令篇のような時令の篇章におい

て、別種の五行のもとに述べられたのである。(表四Aの(イ)・(ロ)、前述)。ただ五行のあり方は変化しても、五音が洪範型の五行と序数と関連、結合した特色には、全く変わりはないのである。

右のように見た上で、表四Bの(ハ)を中心に、年間区分と五音のかかわりを見ると、第一に、五行のもとに挙げられた五音は、本来の順序とは異なる角・徴・商・羽の順に、東・春、南・夏、西・秋、北・冬と四時(十二の月)に配当せられ、それぞれ支配的な作用を及ぼし、尊重せられるものとなっている。本来の五音が、前掲のように、年間の特定の五つの月と密着した性格であるのに対し、五行の性格を帯びた五音は、その中の四音が、右のように、個別に、分担的に、年間の四時、十二の月全般にかかわるものとなっている。そして残った一音の宮は、中央に在って土の性格を帯び、前述の四音に対して、個別に、中枢的にかかわっている。そうしたかかわりを通して、宮は、年間の四時、十二の月の全般にわたって中枢的なかかわりをするのである。

月令篇における五音は、年間区分とのかかわりという点で、本来の五音のあり方から変換して、五行との関連のもとに、右に見たようなあり方のものとなっている。ここで特に注目しておきたいのは、宮の場合である。前掲のように宮は、本来は十二律の黄鐘に当り、仲冬に密着する本質を有するが、月令篇においては、直接には年間区分のどこにも配当せられない。そして中央に位置し、土の性格を帯び、前述のように、四時に配当せられた角・徴・商・羽の四音に対して、個別に、中枢的な作用を及ぼす、特別な存在となっている。表四Bによって明瞭なように、方位と融合、一体化した年間区分に対して、中央に在る宮は、四音に中枢的に作用することを通して、四時(十二の月)にも中枢的にかかわるという、重要な存在となっているのである。

月令篇における五音は、右の第一のかかわりの上に、年間区分への第二のかかわり方をしている。前節で、月令篇における五行の数が、春・夏・秋・冬に個別にかかわる一方、春・夏そして秋・冬の組み合わせ、年間区分としてもかかわっているのを見た。本節で見てきた五音も、五行の数の場合と同じ事情によって、春・夏・秋・冬への個別のかかわりの上に、第二のあり方として、春・夏そして秋・冬という組み合わせ、年間区分としてもかかわっているのが見られる。

すなわち、五音の中の角・徴・商・羽は、春・夏・秋・冬に対して、それぞれ個別にかかわり、その上で、角・徴と合わさって春・夏に、商・羽と合わさって秋・冬にというかかわり方をするのである。このことは、表四Bの(ハ)に挙げた①〜④の序数によって、端的に表明せられている。これらの序数は、角・徴・商・羽としては③・②・④・①と不均等なあり方で春・夏・秋・冬にかかわっているが、角・徴〜③・②、商・羽〜④・①の組み合わせでは、どちらも合計五と均等になり、春・夏（百八十日）と秋・冬（百八十日）の均等な区分と調和のとれたかかわりのものとなる。(12)

前節でみた五行の数も、八・七・九・六としては不均等なあり方で、春・夏・秋・冬にかかわるが、八・七（計十五）、九・六（計十五）と均等に組み合わさって、春・夏そして秋・冬の均等な区間に、調和のとれたかかわり方をしている。このように、五音における角（③）・徴（②）・商（④）・羽（①）の序数は、前節で見た五行の数の中の八・七・九・六と、年間区分とのかかわりという点で呼応関係を保ちながら、重要な作用を及ぼしているのである。(13)このようにに見てくると、右のようなあり方の角・徴そして商・羽は、前節における五行の数の場合と同様に、陰陽的性格をも合せて帯びたものとして、年間区分にかかわっていると解するべきであろう。そしてまた、中央に在る宮は、右の角・徴（春・夏）そして商・羽（秋・冬）に対しても、普遍的に、中枢的にかかわっているのである。

右に見たように、月令篇における五音は、年間区分へのかかわりの第二として、角・徴と合わさって春・夏に、商・羽と合わさって秋・冬に、それぞれ均等な関係に在るものとして、調和のとれたかかわり方をしている。そしてこのようなかかわり方は、角・徴・商・羽が年間区分（四時、十二の月）にかかわる際に、個別に、分担的にではあっても、同時に必ず不可分離の、一連のものとしてかかわることを表明しているのである。そして中央に在る宮は、そのような不可分離の、一連の角・徴また商・羽（結局、つながった四音の全体）に対して、普遍的に、中枢的にかかわり、それを通して、年間区分の一連の全体に、普遍的に、中枢的にかかわるのである。

また、前節における五行の数の場合と同様に、以上のような五音と年間区分とのかかわりは、四時（十二の月）と方位（四方と中央）、さらに五行が融合、一体化した場におけるものとして述べられているのである。

## 三、十二律をめぐって

月令篇の五行記事（前掲表一A）の中に、前節で検討した五音とともに、十二律が挙げられている。この節では、一連の音律であると同時に、五行の性格を帯びた十二律が、年間区分に対して深いかかわりを持っている点について検討してゆきたい。

もともと十二律は、年間の四時、十二の月の推移、循環に順応・密着して存立するという本質を持つものとせられている。その理論的根拠は、陰陽の盛衰、消長と暦法であり、十二の竹管の長短（音階の高低）を規定する三分損益法である。呂氏春秋、巻六の音律篇に、

仲冬日短至、則生黄鐘。季冬生大呂。……

仲夏日長至、則生蕤賓。……孟冬生應鐘。

天地之風氣正、則十二律定矣。

とあって、黄鐘に始まり、應鐘に終わる十二律が、年間の四時、十二の月の推移、循環に順応・密着して生まれ、定まることが述べられている。さらに続いて、

黄鐘之月（仲冬）、……
大呂之月（季冬）、……
太簇之月（孟春）、……
…………………………
無射之月（季秋）、……
應鐘之月（孟冬）、……

というように、年間十二の月を、すべて十二律の名称を用いて挙げ、各月の内容、特色の要点を列挙しているのが見える。

右に見たように、十二律は、五行とのかかわりとは別に、天地、陰陽など自然の運行と密着した本質のものとせられ、年間の四時、十二の月と一体的に考えられてきたのである。月令篇においても、右のような十二律が意識せられていることは当然である。[14] しかし同時に、この篇における十二律は、五行の性格を帯びたものとして、顕著な特色をもって述べられている。そこでまず、この章の冒頭に表一A・Bとして挙げた中から、以下の検討に必要な資料として、表五$A_1$・$A_2$・Bを掲げておきたい。（次頁）

月令篇における十二律は、$A_1$の上段に見えるように四時、十二の月に挙げられ、別に中央・土に黄鐘之宮とある。なお本来の十二律の構成、順序は、$A_1$の下段に付した通りである。年間の四時、十二の月と十二律との対応関係という点では、$A_1$の上段、下段は同一である。しかし両者を全体として見れば、下段の十二律は、黄鐘に始まり應鐘に終わる本来のあり方と順序なので、年間区分は、仲冬〜孟冬となり、通例のものとずれた形になっている。上段の方は、夏暦による年間区分（四時、十二の月）を前提とするので、それにしたがって挙げてある十二律は、下段のものとずれた形になっているのである。

**表五A₁**、十二律（月令篇）

| | | | | | | | | | | | | |
|---|---|---|---|---|---|---|---|---|---|---|---|---|
| 東 | | | 南 | | | 中央 | 西 | | | 北 | | |
| 木 | | | 火 | | | 土 | 金 | | | 水 | | |
| 孟春 | 仲春 | 季春 | 孟夏 | 仲夏 | 季夏 | | 孟秋 | 仲秋 | 季秋 | 孟冬 | 仲冬 | 季冬 |
| 太簇 | 夾鐘 | 姑洗 | 仲呂 | 蕤賓 | 林鐘 | 黄鐘之宮 | 夷則 | 南呂 | 無射 | 応鐘 | 黄鐘 | 大呂 |

| | | | | | | | | | | | |
|---|---|---|---|---|---|---|---|---|---|---|---|
| 黄鐘 | 大呂 | 太簇 | 夾鐘 | 姑洗 | 仲呂 | 蕤賓 | 林鐘 | 夷則 | 南呂 | 無射 | 応鐘 |
| 仲冬 | 季冬 | 孟春 | 仲春 | 季春 | 孟夏 | 仲夏 | 季夏 | 孟秋 | 仲秋 | 季秋 | 孟冬 |

**表五A₂** 十二律（月令篇）

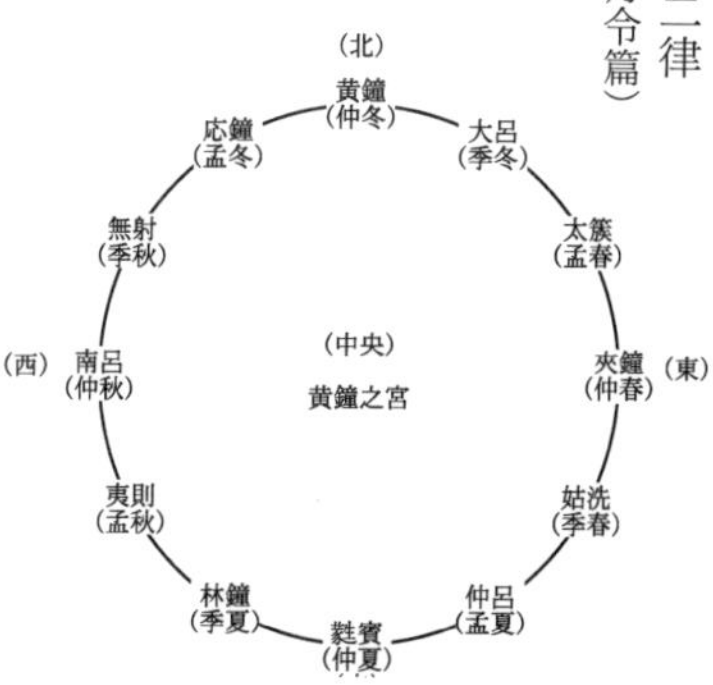


**表五B** 天子の居所（月令篇）

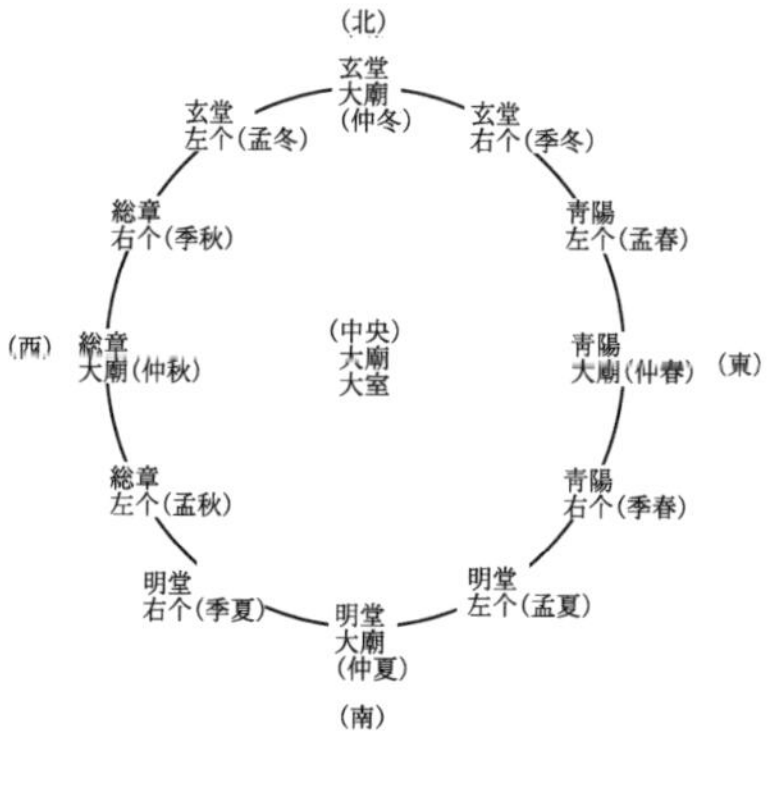

月令篇に述べられているとおりの年間区分（四時、十二の月）と十二律とは、右のような構成、順序となっている。しばしば述べてきたように、この篇の年間区分は、方位（四方と中央）と融合、一体化して述べられているので、ここでも$A_1$とともに、$A_2$の表示が重要であり、両者を合わせて検討を進める必要がある。

$A_1$、$A_2$を一覧して、まず気づかれることは、中央に在る黄鐘之宮の特異性である。月令篇の本文には、$A_1$に見える順序に挙げられているが、黄鐘之宮だけは別格であって、その実質的な位置は、$A_2$におけるような中央に定められているのである。$A_1$において林鐘と夷則の間に黄鐘之宮が挙げられているのは、便宜的にそうなっているに過ぎない。月令篇の本文は、夏暦による年間区分（四時、十二の月）を主体として、陳述、展開せられている。そうした中に、四時～四方・中央というように、方位が融合、一体的に織り込まれ、さらに五行が配当せられているのである。その点を如実に表明しているのが、$A_2$における四時（十二の月）～四方・中央であり、それに密接にかかわる十二律と黄鐘之宮である。

$A_2$における諸事項の右のような関連は、表五Bを見ることによって、いっそう明確にすることができる。この章の冒頭の表一Bを見ると、月令篇の本文に、年間十二の月ごとに、宮殿における天子の居所が示され、さらに中央・土として別格の居所が示されている。月令篇の本文では、表一Bに見える順序で天子の居所が挙げられているのであるが、それらの居所を、宮殿における平面図的な位置関係のものとして示すならば、表五Bのようになる。表五Bの中央に大廟大室とあるのが、表一Bでは、季夏の明堂右个と孟秋の總章左个との間に挙げられている。これは月令篇の本文では、年間の四時、十二の月の順序を主体として、篇全体の内容が陳述、展開せられているために、中央の大廟大室が、いわば便宜的に、右の位置に挙げられているのである。したがってこの篇における天子の居所を、宮殿におけるものとして如実に示そうとすれば、表五Bのようにしなければならないのである。ここに見えるように、天子は、年間の四時、十二の月と、東・南・西・北の四方とが融合、一体的となった順序に居所を定め、さらに全体の中央には、別格の大廟大室を四時、十二の月そして四方に対する中枢的な特別の居所として定めるのである。

これまでふれてきているように、月令篇では、時令の篇章であることから、陳述、展開の大筋は、年間区分(四時、十二の月)を主体としているが、陳述の表面上はともかく、時間の推移、秩序、循環である四時、十二の月でありながら、方位(四方・中央)と融合、一体化した場におけるものとして述べられている。天子の居所も当然、本文における順序(表二B)はそれとして、表五Bのように、四時、十二の月におけるものと、中央に在る特別のものとして挙げられているのである。天子の居所という、方位〜位置関係を直接的に示す事項の実情が右のようであることから、表五$A_2$として見た、十二律と中央に在る黄鐘之宮との相互の関連の実情も、年間区分と五行という点において同様であることが確かめられる。

ところで、本文の順序(表五$A_1$)の中の中央・黄鐘之宮は、陳述の便宜上(前述)そこに挙げられているだけのものであろうか。もちろんそうではなく、孟春に始まる年間十二の月を、季夏までの前半六か月と、孟秋から季冬までの後半六か月として、そういう均等な六か月ずつに区切った位置を中央としているのである。このことは同時に、春・夏と秋・冬とに均等に区切った位置でもある。(15)

年間の四時、十二の月という時間の推移を、均等な六か月ずつに区切った位置を中央としたことには、一定の意義がある。ただ中央に挙げられた黄鐘之宮の特質などを検討しようとすると、右のような中央ということだけでは、困難となるのである。前節で見た五音の場合は、基音の宮が中央に挙げられている。それに対して十二律の場合は、基音の黄鐘は、中央ではなく仲冬に挙げられている(表五$A_1$)。前節の五音の場合は、中央に在る宮は、本来の五音の中の一音であるが、十二律の場合は、中央に在る黄鐘之宮は、本来の十二律の中の一律ではなく、十二律のほかの別格のものである。右のように、音律という点では同類の五音と十二律とが、月令篇においては、顕著な相違点を含みながら挙げられている。特に中央をめぐって、五音の場合が本来の五音のままで年間区分（四時、十二の月）と中央とに配当せられているのに、十二律の場合、本来の十二律にはない別格のものを配当している点が見られ、当面の検討に際して重要な問題点となるのである。

十二律の場合、一連の十二であるから、年間の十二の月に、そのまま当てはまる。しかし同時に、もうひとつの中央があり、そのままでは「不足」である。この「不足」は、年間の十二の月が、単なる年間区分でなく、方位（四方と中央）と融合、一体化したものであることによる。したがって月令篇における十二律の場合、年間区分（四時、十二の月）にかかわりを持つ際に、右に述べた「不足」ではなくて、方位と融合、一体化した場における中央に在るものが「必要」であったのである。このようなことから、十二律をめぐって検討を進める際には、年間を均等な六か月ずつに区切った位置の中央（表五$A_1$）として見るだけでは不十分で、表五$A_2$のように表示して見ることが重要となるのである。

ここで、呂氏春秋仲夏紀の古楽篇に見える黄鐘之宮についてふれておきたい。

昔黄帝令伶倫作爲律。伶倫自大夏之西、乃之阮隃之陰。取竹於嶰谿之谷、以生空竅厚鈞者、斷兩節間。其長三寸九分而吹之、以爲黄鐘之宮。吹曰舍少、次制十二筒。以之阮隃之下、聽鳳皇之鳴、以別十二律。……黄鐘之宮、皆可以生之。故曰黄鐘之宮、律呂之本。[16] [17]

ここに見える黄鐘之宮は、月令篇における黄鐘之宮に重要な関連をもっていると考えられる。この文中の「次制十二筒。」また「黄鐘之宮、律呂之本。」という考え方は、月令篇に見える黄鐘之宮にも妥当するものである。ただ月令篇の黄鐘之宮は、中央・土に配当せられ（表一A）、五行との関連が顕著な特質であるのに対して、右の文中の黄鐘之宮は、五行との関連は述べられてなく、本来の音律～音階としての十二律に関するものとして言われているのである。したがって古楽篇に見える黄鐘之宮は、十二律の中に入っていない別格の律であり、しかも十二律すべてのにふれられていない点は、当面の検討における核心にかかわることなので、十分に留意しなければならない。

また、古楽篇に見える黄鐘之宮は其長三寸九分とあり、この点をめぐって、さらに十二律の基本であるという点をめぐって、先学の間に論議があり、なお不審な点が残されているように思われる。ただ右のことは、この章における検討に直接かかわることではないので、しばらく措いて、前述のような黄鐘之宮として、重要な参考としたい。

さて、表五$A_2$によって見ると、中央に在る黄鐘之宮は、年間区分（四時、十二の月）へのかかわりという点では、前節で見た表四Bにおける宮と同様である。すなわち表四Bにおける宮(土)は、四時〜四方に角(木)・徴(火)・商(金)・羽（水）と配当せられているすべてに対して、中央（土）に在って、中枢的な作用を及ぼすものであった。これに対して、表五$A_2$における黄鐘之宮は、四時〜四方に三律ずつ配当せられた十二律のすべてに対して、中央に在って、中枢的にかかわっている。表五$A_1$に明瞭なように、十二律は三律ずつ、木・火・金・水に配当せられ、四時〜四方に配当せられている。そして中央（土）に在る黄鐘之宮は、$A_2$と併せて見ると、右のような十二律のすべてに対して、中枢的な作用を及ぼすものである。

右に見たように、五音、十二律ともに、五行の性格を帯びたものとして年間区分（四時、十二の月）にかかわる際に、中央(土)に在る宮と黄鐘之宮との二者は、それぞれ中央に在って中枢的な作用を及ぼす点では同様であることが確かめられた。ただここで吟味すべきことは、前に注目しておいた、両者の間の相違点についてである。すなわち、宮は本来の五音の中の一であるのに、黄鐘之宮は、本来の十二律の中の一でなく、十二律のほかに別格のものとしてあるという点である。そこで、この点をめぐって若干の検討を試みたい。

五音の場合、五という数は、そのまま自然に、五行の五でありうる。そして年間区分に関しては、木〜角、火〜徴、金〜商、水〜羽の関連の上で、春・夏・秋・冬の各三か月にかかわり、中央・土に宮が在り、中枢的に年間全体に作用を及ぼす。これに対して十二律の十二は、そのまま自然には五行の五と整合しえない。しかし年間の四時、十二の月には、そのまま自然に適合する。（本来の十二律は、四時、十二の月と密着して存立したものである。前述）そこで十二律の場合、五行とのかかわりは、表五$A_2$（または$A_1$）のように春・夏・秋・冬の各三律として木・火・金・水の性格を帯び、中央・土に在るものは、本来の十二律のほかに、必要として、求められることとなったのである。

右のような事情の下に、月令篇においては、十二律が五行の性格を帯びて年間区分（四時、十二の月）にかかわる場合、中央・土に在るものは、本来の十二律のほかに、黄鐘之宮という別格のものが考案、配置せられることとなったのである。その際、前掲の古楽篇所見の黄鐘之宮のような記述は、前述のような意味で、重要な関連をもったと思われる。前節で検討した五音の場合は、基音の宮が、中央・土に配置せられ、他の四音に対して、同時に四時、十二の月に対して、中枢的なかかわりをもつ重要なものであった。当面の十二律の場合は、基音の黄鐘は、本来のあり方のままで、仲冬に配置せられ、中央・土には、右のような別格の黄鐘之宮が、考案、配置せられて、十二律のすべてに対して、同時に四時、十二の月に対して、中枢的にかかわっているのである。

以上のように、年間区分にかかわる十二律をめぐって検討してきた。ここで要約しておきたい。

五音も十二律も、本来のあり方、本質として、年間区分（四時、十二の月）に密着したものである。それが月令篇では五行との関連のもとに、年間区分への特色あるかかわり方をしているのが見られる。十二律は、本来のあり方、順序のままで、四時、十二の月に配当せられている。そして、五行の木・火・金・水の性格を帯びた三律ずつが、四時（三か月ずつ）に支配的にかかわり、尊重せられる。これに対して五音は、本来、宮・商・角・徴・羽の順序であり、それによって年間区分に密着していたものが、五行との関連によって、角（木）・徴（火）・商（金）・羽（水）の順に変換し、四時（三か月ずつ）に支配的にかかわり、尊重せられるものとなっている。そして残った宮（土）は、直接的には、四時のどこにも配当せられないで、中央（土）に在って、年間区分のどこにも、普遍的に、中枢的にかかわるものとなっている。

五音における基音の宮が右のようであるのに対し、十二律における基音の黄鐘は、本来の位置（仲冬）のままで、年間区分へのかかわりは、十二律の他のすべての律と同一のあり方をする。もともと五行とは別個に成立した、本来の音律のあり方から見れば、五音は、五行との関連のもとに顕著な変換をへて、年間区分とかかわりをもち、十二律は、本来の順序には全く変化のないままに、五行と関連し、年間区分にかかわっている。

ところが十二律の場合、中央（土）に配当する律の必要のために、本来の十二律のほかに、別格の黄鐘之宮が考案、配当されるという、特色ある事象が見られるのである。五音の場合、五音の中の宮が中央（土）に配当せられているのと顕著に相違している。結局、十二律の場合、五行との関連のもとに、年間区分（四時、十二の月）にかかわる際に、本来の十二律そのものとしては、全く変化のない代わりに、中央（土）という、中枢的な、重要な位置に、黄鐘之宮という別格のものが考案、配当せられ、合計十三の律でもって年間区分にかかわることとなり、五音の場合とは別の意味で、重大な変換をへたものとなっているのである。

## 結　語

月令篇に見える五行記事を表一として掲げ、多数の項目の中から、（一）五行の数、（二）五音、（三）十二律を選び出して、これらと年間区分とのかかわりについて検討した。

（一）の五行の数は、五行とのかかわりを本質とする数である。五行説の核心に在る五（土）に依拠して、八（木）・七（火）・九（金）・六（水）の各数は成り立っている。このような五行の数が、年間区分（四時、十二の月）に深くかかわっているのである。

（二）の五音、（三）の十二律は、五行とはかかわりなく成立したものである。そのような五音、十二律が、月令篇においては、五行の性格を帯びたものとして、年間区分（四時、十二の月）に深くかかわっている。右に述べたことから了解せられるのは、表一Aの諸項目は、それぞれの成立に五行の関与が有っても無くても、五行記事の中に組み入れられれば、五行の性格を帯びたものとして、年間区分（四時、十二の月）に深くかかわっているという共通性を有することである。こうした点からすれば、（一）・（二）・（三）と選び出した事項は、いわば表一Aの諸項目の代表として、年間区分と五行とのかかわりの検討に用いたことになる。

しばしば述べたように、月令篇における年間区分（四時、十二の月）は、方位（四方・中央）と融合、一体化したものとせられている。そういう場において、（一）・（二）・（三）ともに、まず個別に、分担的に四時（十二の月）～四方に対してかかわり、その上で中央（土）に在るもの（五行の数＝五、五音＝宮、十二律＝黄鐘之宮）が、四時～四方の全般にわたって、普遍的に、中枢的にかかわるのである。（一）・（二）・（三）をめぐって右のように検討した結果、月令篇における年間区分と五行とのかかわりの最大の特色は、四方・中央と融合、一体的となった四時・十二の月に対して、五行が、やはり融合、一体的にかかわっている点である。

**注**

（1）四時、十二の月のほかに、別格の記事がある。季夏と孟秋の間に「中央、土。……」とあるのがそれである。その内容は、十二の月すべてに同一の形式で述べられている五行記事に相当するものが全部である。

（2）周知のことであるが、これらの記事は、呂氏春秋十二紀の各首篇に所見のものと同一である。用字の異同が少数あるが、同一と見てよい。この章で、後に十二紀にもふれるので、ここで右のことを述べておく。

表一の中で（　）を付したものは、五行記事の項目として列挙せられたものではないが、月令篇に所見の用語であ

り、この表の該当箇所に在るべきものである。
(3) 管子幼官篇と陰陽五行説、哲学（広島哲学会刊）第三九集、一九八七、一七四頁以下。本書前篇第四章、所収。
(4) ⑮・⑮については後述。もちろん月令篇に所見のものではないが、後述する便宜のために、ここに付しておいた。
(5) 参照、管子幼官篇と陰陽五行説（前出）、一七四頁以下。
(6) 同右、一七四頁以下。
(7) 参照、拙稿　呂氏春秋十二紀と礼記月令篇―若干の相違点について―（その一）、哲学（前出）第三五集、一九八一、九八頁。本書前篇第三章、所収。
(8) 史記律書に、「律数、九九八十一、以為宮。五十四、以為徵。七十二、以為商。四十八、以為羽。六十四、以為角。」とある。
(9)（6）と同じ。（6）の本文参照。
(10) 前述のように、時令の篇章に見える五行の数は、洪範篇における五行と序数とにもとづいて成り立っている。ただ筆者は、右の時令の篇章と洪範篇とが直接にかかわり合ったとみるより、いわば洪範型の五行と序数とが説かれていて、それとかかわり合ったと見るべきだと考える。
(11) 洪範篇では、水・火・木・金・土、一・二・三・四・五の順に挙げてあり、ここではそれと逆になっているが、五音は順序の定まった音階であるから、関連、結合のしかたが同一であれば、順逆いずれであっても変わりはない。
(12) また、表四Bの(ロ)に挙げた律数も、角・徵（64・54、計118）、商・羽（72・48、計120）の組み合わせでは、ほぼ均等なものとなっている。
(13) 八・七・九・六および五（五行の数）と(三)・(二)・(四)・(一)および(五)（五行の序数　前掲表四、参照）とは、五行説において、本来的にかかわり合っている。
(14) 参照、拙稿　秦漢期における時令説の動向、哲学（広島哲学会刊）第一五輯、一九六三年、六〇頁以下。
(15) この章二六二頁でもふれている。
(16)・(17) これらの箇所については、例えば呂氏春秋集釈（許維遹氏撰）には、先学の様々な見解が存する。今は通行本の字句にしたがっておく。

# 第三章　礼記月令篇における四立の儀礼と五行

――色彩と鸞をめぐって――

前章では、礼記月令篇を通して、時令の篇章における年間区分と五行について考察した。この篇の年間区分（四時、十二の月など）が、天文・暦法にもとづくこと、具体的には、二至、二分、四立などに依っていることは明白である。四時の区分は四立によってなされ、その中の立春が歳首におかれ、したがって月令篇の年間区分全体が、立春正月の型の夏暦によっていることも明白である。この章では、右の年間区分に重要な地位を占める四立に注目し、四立と五行とのかかわりをめぐって、若干の考察を試みたいと思う。

## 一、四立の儀礼

この篇に見える四立の儀礼ならびに関連の記事を、まず一括して挙げておこう。

A　立春（孟春）

是月也、以立春、先立春三日、大史謁之天子曰、某日立春、盛徳在木。天子乃齊。立春之日、天子親帥三公九卿諸侯大夫、以迎春於東郊。還反賞公卿侯大夫於朝。命相布徳和令、行慶施惠、下及兆民。慶賜遂行、毋有不當。

B　立夏（孟夏）

是月也、以立夏、先立夏三日、大史謁之天子曰、某日立夏、盛徳在火。天子乃齊。立夏之日、天子親帥三公九卿大夫、以迎夏於南郊。還反行賞、封諸侯。慶賜遂行、無不欣説。

C　立秋（孟秋）

是月也、以立秋、先立秋三日、大史謁之天子曰、某日立秋、盛徳在金。天子乃齊。立秋之日、天子親帥三公九卿諸侯大夫、以迎秋於西郊。還反賞軍帥武人於朝。

D　立冬（孟冬）

是月也、以立冬、先立冬三日、大史謁之天子曰、某日立冬、盛徳在水。天子乃齊。立冬之日、天子親帥三公九卿大夫、以迎冬於北郊。還反賞死事、恤孤寡。

右のように挙げて見てゆくと、四立に関する記事は、四者はほとんど同型と見られるほど、共通のものとなっている。最初から天子乃齊までは、全く同型である。それ以下、以迎……某郊まで（四立の儀礼の中心部分）も、同型と見てよい。そして還反以下の箇所も、賞・慶賜の主旨では同一であり、藁簡の相違などが見られるだけである。

いまA、立春の場合を例として記事の内容を見ると、三つの部分から成っている。

その一、立春に先立つ三日前に、立春の日のことが天子に告げられ、天子は三日間の齊戒に入る。

その二、立春の当日の、迎春の儀礼。

その三、やはり立春の当日、立春にちなんで行われる賞・賜の儀礼・行事。

記事の内容を右のように概見しておいて、ここでは、右のその二を中心として、儀礼についての要点を吟味してみたい。

## （一）　四時～四郊～五行

右のその二は、立春に関する儀礼の中心部分であるが、その迎春の儀礼は、東郊（東方の郊外）に在る祭場で行われると明文がある。その際の祭神については、明文は見えないが、右のその一に、「某日立春、盛徳在木。」とあり、いわゆる五行神（春は大皡・句芒）を主として祭ったとすべきであり、先学の見解も、具体的には異説が存するものの、五行神とする点では一致している[1]。

前掲の資料によって、また右に述べた内容から、立春に始まる四立の儀礼は、それぞれ四方の郊外において行われ、祭神は、五行神の中の該当の神々であると確かめられる。四立の儀礼に見られる右の事象は、四時の推移、区切りという時間に関することが、四方という空間の転回、区分と密着して考えられていることを顕示し、そうした時間～空間に対して、五行の徳、また神々の恩徳が深くかかわっていることを表明している。

月令篇が、全般にわたって、陰陽五行思想と深くかかわっていることは、よく知られている。主としてこのことによって、この篇においては、年間区分（四時、十二の月など）が、方位（四方と中央）と融合、一体化したものとして考えられ、同時に五行も、右の年間区分と方位とに対して、融合、一体的にかかわるとせられている[2]。

## （二）　親帥、親迎

右のその二についてもう一点、立春の儀礼が、天子自身によって行われる点をめぐって考えてみたい。前掲のAには、立春の日に、天子は自身で、三公九卿以下を従えて、東郊の祭場において、自身で迎春の儀礼を行うとある。

また前掲の資料を順次見れば、四立における迎季の儀礼すべてが、右のように、天子自身によって行われることは明白である。

ところで月令篇には、様々な儀礼が数多く挙げられている。そしてそれらのすべてが、天子の定めた時令というあり方で、遵守、執行せられるのである。従って、そうした天子の令として行われるという点では、すべての儀礼が一様であり、大小、軽重などの差異はないと見るべきである。ただそうした中に、天子自身がかかわるとの明文を伴った儀礼が見られることは、留意すべきことである。すべての儀礼が天子の令には相違ないが、夥しい儀礼のすべてに、天子自身がかかわるのは不可能なことであり、例えば命民社（仲春）とあるように、天子の命令によって、各地の社祭が行われるといった状況が、一方に存するからである。

天子自身が直接にかかわる儀礼は、前掲の四立のほかに、月令篇には、かなり多数にのぼる。それらを例示すれば、

E　天子乃以元日、祈穀于上帝。乃擇元辰、天子親載耒耜、……躬耕帝籍。……（孟春）

F　天子乃鮮羔開氷、先薦寝廟。（仲春）

G　是月也、大饗帝。嘗。犠牲告備于天子。（季秋）

というようになる。Eの場合は、天子親、また躬と明文があり、疑問の余地はないが、この類は少なく、Fの類が多い。Fのように、天子親の明文はないが、天子自身がかかわることは明確である。またGのように、表記上は不明確であるが、Gは収穫祭の中心的儀礼であり、鄭注などの見解によっても、天子自身のかかわるものである。そしてGの類も若干見られる。

以上のように見てくると、単に天子親とあるだけで、それらの儀礼の重要さが、他の場合と比較して、強調せられているとは認められない。しかし四立の儀礼の場合、前述のように、月令篇の中で重要な地位を占めるものであ

り、天子親という言い方は、四立の儀礼の重要さを表明するものとなっているのである。前掲のように、この天子親の言い方は、四立の儀礼のすべてにおいて全く同型となっており、天子自身が、三公九卿以下の重臣多数を従えて儀礼を行うとあるのは、表記の面からも重要さを強調していると見るべきである。

## 二、四立の儀礼と五行記事

二四八頁に掲げた資料、表一、A・Bをここでも中心的な資料として用いたい。月令篇の十二の月、及び中央・土に、同型の一連の記事として挙げられているものを、見やすいようにまとめたものであるが、同類の記事が、他の時令の篇章にも散見する。陰陽、五行、特に五行の特色が顕著に見られることから、五行記事と呼ばれているのであるが、Bの方はまた、天子の日常のあり方と密着したものであることから、天子の身辺記事とも呼ぶことにする。[3]四立の儀礼の記述（前掲A〜D）と右の表一A・Bとを見較べると、陰陽五行、特に五行とのかかわりにおいて両者が密接な関連を有していることが認められる。

まず表記の面から見てゆきたい。四立の記述の方は明快である。例えば前掲のAに、立春〜盛徳在木とあり、B以下を順に見れば、春〜木、夏〜火、秋〜金、冬〜水という、四時と五行とが明確に存する。更にAに東郊とあり、B以下を見れば、四時と五行とに、四方の対応が明記せられていて、結局、四立の記述からは、四時〜四方〜五行の対応、かかわりが、明快に見られるのである。

五行記事の方は、表記の面で不明瞭である。表一に示したように、四方〜五行〜四時のすべてがカッコに入っている。すなわち、五行記事として挙げられている箇所には、四方、五行、四時は、直接には記載せられていないのである。直接に記載せられているのは、中央、土のみである。

右のように、中央、土を除いて、四時・四方や五行などの明記がないのであるが、しかし例えば、すぐ前に述べた四立の記述における四時～四方～五行と合せ考えれば、五行記事に見える中央、土は、四方に対する中央であり、木・火・金・水に対する土であることは明白である。そしてこの点は、先学の間にも異論はない。また、表一A・Bとして掲げた五行記事は、中央、土のタテ一列を除いて、すべてのタテ一列が、春（三か月）、夏（三か月）、秋（三か月）、冬（三か月）に正確に対応して挙げられているのである。したがって五行記事は、表記上では不明瞭となっているが、四方～五行～四時のかかわりに関しては、疑問の余地なく記されているのであって、表一A・Bのようにまとめることができ、前述の四立の記述における四時～四方～五行と一致しているのである。

表記の面については、右のように見て、次に内実の面について、四立の記述（A～D）と表一A・Bとを見比べてみたい。

前章において、表一Aに見える五行の数、五音、十二律を用いて、月令篇における四時（十二の月）と方位（四方・中央）、さらに五行が、融合、一体的にかかわり合っていることを述べた。また四立の記述において、四時と四方、さらに五行が、深くかかわり合っていることを、この章の始めにふれてきた。

右のように見てくると、月令篇の全般において、方位（四方・中央）～四時（十二の月）～五行の密接なかかわり合いがあり、その下に四立の記述においては、同一のかかわり合いが、四時～四郊～五行（木・火・金・水）という形で述べられているのである。しかも四立の記述においては、盛徳在某（木・火・金・水）の語が象徴するように、四時（四立）～四方（四郊）に対する五行（木・火・金・水）のかかわりが、明快に表明せられているのである。

以上のように、四立の儀礼の記述（前掲A～D）と五行記事（表一A・B）とは、年間区分（四時、十二の月）と五行とのかかわりを表明している点において、同一の特質を有しており、密接な関連を有することが見られた。このことをふまえて、表一Bすなわち天子の身辺記事と四立の儀礼との関連について考えてみたい。

四立の儀礼の記述(前掲A～D)は、前述のように、ほとんど同型のものとなっている。そこでAを例として見てゆくと、立春の日に、天子は、三公九卿以下を従えて、東郊の祭場に行き、そこで春を迎える儀礼を行う、とある。そして「還反賞公卿諸侯大夫於朝。」とある。右の内容から、そこでは全くふれられていないが、迎春の祭事に当って、朝廷から祭場への遠距離の往還には、天子を始め、三公九卿以下の多数が車馬を連ねることは、当然の、自明のことである。そして右のことは、A～Dに共通のことであるから、四立における迎季の祭事には、常に多数の車馬が用いられるのである。

ところで表一Bには、天子の車馬が挙げられているが、前に述べた、四立の記述（A～D）と五行記事（表一A・B）との密接な関連をふまえれば、四立における迎季の祭事に用いられる天子の車馬は、表一Bにおけるものと考えるべきである。[4] そこで節を改めて、表一Bにおける車馬を、四立の儀礼、特に迎季の祭事に、天子の用いるものとして、考察を進めてゆきたい。

## 三、四立における色彩・鸞

四立の儀礼の記述(前掲A～D)には、往還に用いる車馬などは全く見えないが、天子の場合は、表一Bに見える車馬などが、それに当ると考えるべきである。そこで表一Bの車馬を、四立の儀礼における車馬として、吟味を試みたいと思う。

表一Bから関係項目だけ挙げてみよう。

東　木　春　乗鸞路　駕倉龍
南　火　夏　乗朱路　駕赤駵
中央　土　　乗大路　駕黄駵
西　金　秋　乗戎路　駕白駱
北　水　冬　乗玄路　駕鐵驪

右に挙げた車馬の各項目が、五行の色彩によって特色づけられていることは明瞭である。このことは、表一Bすなわち月令篇における天子の身辺記事全般に見られる特色でもある。[5] 天子の常用する車馬は、四頭立ての馬車であるが、それらの車馬のあり方が、四時（と方位）の推移にしたがって、次々に五行の色彩によって文飾せられるのである。

天子の車馬において、五行の色彩による文飾が顕著に見られる中に、「鸞路、大路、戎路」とある点に、まず注目したい。鄭注は、

鸞路、有虞氏之車。有鸞和之節、而飾之以青、取其名耳。春言鸞、冬夏言色、互文。大路、殷路也。車如殷路之制、而飾之以黄。戎路、兵車也。制如周之革路、而飾之以白。

と述べている。

右の鸞、大、戎には、直接に色を表明する意味合いはないが、鄭注の言うとおり、鸞路は青、大路は黄、戎路は白、それぞれ五行の色彩によって文飾せられていることをも表明している。車馬において色彩による文飾が重視せられる中に、鸞、大、戎が用いられているのには、それぞれに理由が存するのである。

大、戎の場合から見てゆくと、まず大は、表一A・Bを通覧すれば、大路とせられた理由は明白になる。中央、土に配列せられた項目には、五行の中枢、中心に在る土にふさわしい、あるいは適切な名称のものが目につく。黄

帝、后土、宮、五、中霤、大廟大室とあり、大路と続き、黄駟……とある。これらの各項目を、表一においてヨコに見比べれば、いずれも中枢、中心にふさわしく配列せられていることがわかる。大路の大が用いられたのには、右のような理由が存するのである。

次に戎は、鄭注に兵車也とあり、兵戎の意味である。月令篇の全般にわたって、四時〜季節の推移、変化に適応する考え方に、春は生、夏は長、秋は殺（収）、冬は死（蔵）とするものがあり、この篇の内容における基本となっている。(6) そして秋〜殺に関連して、例えば季秋の月に、「天子乃教於田獵、以習五戎。」というようなのが見える。兵戎に関することは、この篇では、秋・冬を中心として述べられているが、当面の戎路は、右のような理由によって、秋におけるものとして、同時に五行の金・白色と一体的なものとして挙げられているのである。

さて、鸞路の鸞であるが、前引の鄭注には、鸞和之節とある。そして孔疏は、

云有鸞和之節、而飾之以青、取其名耳者、因其有鸞、故不言青、而云鸞也。云春言鸞、冬夏言色、互文者、春言鸞、則夏秋冬並鸞也。夏云朱、冬云玄、則春青、秋白、可知也。

と述べている。

月令篇本文の鸞を、鄭注は鸞和とし、孔疏は、その鸞和とする鄭注を引きながら、鸞とだけ言っている。本文、鄭注、孔疏ともに、鸞を鈴（すず）の類としている点では同じである。例えば小雅の蓼蕭に、和鸞雝雝とあって、和も鸞も、車馬にとり附けられる鈴の類であるが、鄭注の鸞和も、本文、孔疏の鸞も、古くから和・鸞と呼び習わした鈴（すず）の類として言ったものである。

ところで右の和・鸞のとり附けられる位置について、先学の間に論議があるが、和は軾に、鸞は軛にとり附けられると考えられる。(7) なお旂にも鈴（すず）の類がとり附けられるが、ここでは鸞（和と鸞）について考えているので、旂の鈴については、直接にはふれないことにする。

右のように考えてくると、鸞路とは、和・鸞を具有する車馬のことである。その鸞路について、鄭注は、前引のように、五行の木の青色で文飾せられている点にふれ、鸞路という名称は、鸞を具有していることから取られたものとする。そして、春の鸞路という表記と、夏・冬の朱路・玄路という表記（それぞれ五行の赤・黒の色彩による文飾から取ったもの）とが互文の関係にあり、したがって春・夏・冬のどの車も鸞を具有し、同時に五行の色彩による文飾がなされていると見るのである。（互文の指摘をそのまま適用すれば、右のようになるが、残った秋の車も、同様に鸞を具有し、五行の白色による文飾がなされていることになる。）孔疏は前引のように、鄭注の互文の指摘を承けて、これらの車は、春・夏・秋・冬とも鸞を具有し、順に青・赤・白・黒の五行の色彩によって文飾せられると述べているが、当然のことである。

以上のように、鸞路をめぐって検討してくると、表一Bに挙げられた諸項目の中で、車馬において、とりわけ車において、顕著な特色が見られるのである。表一Bの諸項目を見わたすと、車馬特に車の表記だけが、特異なものになっていることに気づかれる。前にもふれたが、表一Bの諸項目は、全般的に陰陽五行、特に五行によって特色づけられ、とりわけ五行の色彩によって文飾せられていることが、顕著にみられる。そうした全般的な様相の中で、前掲のように、車の五項目の場合は、二項目だけが色彩によって表記せられ（夏―朱、冬―玄）、他の三項目は、前に注目した鸞・大・戎となっている。もちろん前述のように、これらの三項目も、五行の色彩によって文飾せられている点では、夏・冬の二項目と同一であり、表一Bの全般的な特色と一致している。ただ、用語、表記のしかたにおいて、これらの三項目は、右のように特異なものとなっているのである。

しかもこれらの三項目（鸞路、大路、戎路）についてよく見ると、大路が中央・土に、戎路が西・秋・金に、それぞれ配当せられているのに対して、鸞路だけは、東・春・木に配当せられた上に、方位（四方と中央）と四時とのすべてにわたっているのである。すなわち表一Bにおいて、五項目の車すべてに鸞は具有せられており、方位（四方と中央）

〜四時のすべてにわたって作用を及ぼすのである。そこで、右のような顕著な特色をもつ鸞路に留意しながら、四立の儀礼における天子の車馬をめぐって、若干の考察を試みたいと思う。

これまでの考察によって、表一Bにおける天子の車馬、すなわち四立の儀礼における天子の車馬は、四立それぞれに、五行の色彩（木＝青、火＝赤、金＝白、水＝黒）によって文飾せられ、同時に鸞（和・鸞）を具有しているという、特異な、顕著な特色をもつことが明確になった。以下、こうした特色を中心として、考察を進めてゆくことにする。

右のように、天子の車馬において、五行の色彩による文飾と、鸞（和・鸞）の具有とが、四立の儀礼のすべてにわたって見られることから、次のように考察を進めるべきである。

㈠　五行の色彩の年間区分（四時、十二の月など）へのかかわり
㈡　鸞（和・鸞）の年間区分へのかかわり
㈢　右の色彩と鸞とが相関的に年間区分にかかわること

ただし色彩、鸞のいずれも、同一の車馬におけるものであるから、別々に年間区分にかかわるのでないことは言を俟たない。両者が相関的に、さらに後述するように、車馬全体として年間区分にかかわるのである。したがって、右の㈠、㈡、㈢は、考察の便宜のために設けたものである。

**1　㈠について**

表一Bに明瞭なように、また前述のように、天子の身辺は、全般にわたって、五行の色彩によって文飾せられている。車馬に見られる五行の色彩の場合も、その中のひとつである。したがって、車馬における五行の色彩について見ることは、同時に天子の身辺の全般にわたることにもなるのである。

前掲のA〜Dに見えるように、四立における迎季の祭事に当って、天子は、四郊に設けられた祭場に赴くが、王

宮と祭場との往還には、表一Bに見えるような車馬を用い、三公九卿以下の多数の車馬がそれに従うのである。四立における迎季の儀礼の外観について、右のように、車馬の状況に注目してみると、儀礼は全般にわたって、五行の色彩によって顕著に文飾せられたものであることが判明する。

右のような外見上の特色は、迎季の儀礼の場合、その内実、本質と密接に関連して見出されるものである。立春の場合（前掲のA）を例として見ると、五行説では、春は東方・木に当ることから、盛徳在木とあり、祭場は東郊にあり、立春における中心の儀礼、迎春の祭事は、五行の木徳にもとづいて行われると述べてある。そして祭神は、五行神の中の太皞・句芒（木の帝・神、表一A）と解せられる（前述）。このように、立春の儀礼、とりわけ中心となる迎春の祭事は、五行の木に関するものを中枢、本質としており、当面の天子の車馬に見られる特色、すなわち五行の木の青色による文飾は、迎春の祭事の本質に密着したものであり、本質を象徴的に表明しているものである。そして、立春を例として右に見てきたことは、前掲の資料A～Dを通して明快なように、四立のすべてに共通する事柄である。すなわち、四立の儀礼における中心、迎季の祭事は、五行の各徳（木・火・金・水）にもとづいて行われるものであり、祭神も、五行神の中の各神々（表一A、春・夏・秋・冬の各帝・神）であり、祭事全般が五行に関するものを中枢、本質としている。右の儀礼に用いられる天子の車馬に見られる、五行の各色（木＝青、火＝赤、金＝白、水＝黒）による顕著な文飾は、四立の儀礼における迎季の祭事の本質に密着したものであり、本質を象徴的に表明しているものである。

迎季の儀礼における天子の車馬について、五行の色彩による文飾に関して吟味しているが、右に見た五行の色彩は、四立という年間区分における大きな節目に対して、重要なかかわりを有している。もちろん五行の色彩だけでなく、前章で述べたように、五行のまとまり全体として、月令篇における年間区分（四時、十二の月など）に重要なかかわりを有しているのである。そうしたかかわりに包括せられながら、天子の車馬における五行の色彩は、四立に対して独特のかかわり方をするのである。

ここでも立春の場合を例として見ると、天子が車馬を用いて、三公九卿以下の多数の車馬を従えて、王宮から東方に向かい、東郊の祭場において、迎春の祭事を行う。もちろん、この際の車馬は、天子が親ら行う迎春の祭事そのものには、直接かかわるものではない。しかし前述のように、この際の天子の車馬には、祭事の本質を象徴的に表明する点が見られる。五行の木徳にもとづく迎春の祭事において、天子の車馬（そして身辺全体）が、木の青色によって顕著に文飾せられている点である。迎春の祭事において、このような特色をもつ天子の車馬は、五行の木徳を体現している天子と一体となって、立春という年間区分の重要な節目に対して、顕著な作用を発揮するのである。

前述のように、迎春の祭事が行われる場は、立春（春）という年間区分の節目と、東郊（東方）という方位とが融合、一体的になっている場である。そうした場において、天子の車馬における色彩、五行の木の青色による文飾のさまは、天子との一体化のもとに、光り輝く作用を発揮させるのである。単なる年間区分としての立春だけでなく、東方（東郊）という空間と融合、一体化したひろがりに、木の青色〜文飾の作用が充満するのである。

立春の場合を例として、右に見てきたことは、四立のすべてに共通して見られることである。立春（春）〜東方（東郊）、立夏（夏）〜南方（南郊）、立秋（秋）〜西方（西郊）、立冬（冬）〜北方（北郊）と推移、変化し、それぞれの場に対して、順に青色（木）、赤色（火）、白色（金）、黒色（水）の作用が、発散、充満するのである。

## 2　㈡について

前述のように、天子の身辺に関する諸事象は、五行の色彩によって顕著に文飾せられており、そうした中で、車馬だけは、五行の色彩と鸞（和・鸞）との両存が表明せられている。前項で色彩を扱ったのに続いて、本項では、鸞をめぐって吟味を試みたい。四立における迎季の祭事において、天子の車馬には、常に鸞が具有せられている点をめぐってである。

見てきたように、天子の車馬における鸞は、五行の色彩と互文によって表記せられているが、このことは当然、五行の色彩と同様に、鸞も五行の性格を有することをも表明しているのである。迎季の儀礼においては、車馬に具わった鸞は、四立それぞれの五行（立春＝木、立夏＝火、立秋＝金、立冬＝水）の性格を有し、特色ある作用を発揮するのである。

ところで、迎季の祭事において、天子の車馬に具わる鸞の作用について見るには、なによりも鸞の発する音声が主となることは、当然である。儀礼の進行、車馬の動静につれて、鸞の発する音声があり、それらの音声を中心として、吟味を進めるべきである。

前項で扱った色彩は、天子の身辺全般を文飾するという特色を有しており、その中で車馬をも文飾するものであった。鸞には、そうした点は見られず、車馬のみに具有せられ、文飾するものとなっている。しかし鸞も、五行の性格を有する点では、色彩と全く同様であり、したがって鸞の場合も、前項での色彩と同様に、五行の徳を体現している天子と一体となって、顕著な作用を発揮するのである。

また鸞の場合は、古来、車馬についての記述において、例えば、「和鸞雝雝」（毛詩蓼蕭）、「八鸞將將」（毛詩烝民）、「和鸞之聲、歩中武象、趨中韶護。」（荀子正論、また礼論）というように、車馬のあり方を最もよく表明するものとして、また車馬の特色を具現するものとして挙げられている。そうした中で特に注目されるのは、車馬の動静につれて発せられる鸞の音声が、右のように武・象などの音曲（音律）に適合するとせられる点である。鸞、すなわち鈴（すず）の音色、リズムなどの様相を、往古の帝王たちにちなんだ音曲（8）（音律）に適合するもの、そうした本質を有することで、音律の類としている点である。

前掲の毛詩をはじめ、古来の文献に見える車馬には、鸞に関する描写を伴ったものが多い。車馬において、鸞が重視せられていたことの表われとも言えるが、車馬における鑾は、古来、その発する音声が、車馬の特色を表すものとして、音律の類として、重視せられていたのである。月令篇において、天子の車馬に具有せられる鑾について検討する際にも、右に見てきたことは、当然、重要なこととして扱われなければならない。すなわち、天子の車馬における鑾は、月令篇においても、右に述べた、古来の車馬における鑾と共通の性格、特色を有するものであり、同時に、この篇における特有の性格、五行の性格（前述）を有しており、前項で見た色彩の場合に劣らぬ、重要な作用を発揮するのである。

ここでも立春を例として見てゆくと、迎春の祭事に当って、天子の乗った車馬は、王宮を出て、多数の車馬を従えて東方に向かい、東郊にある祭場に赴くが、天子の車馬に具有せられる鑾は、車馬の動静につれて、五行の木の性格を帯びたものとして、「和鑾雝雝」(9)と形容せられる音色を発し、木徳を体現している天子と一体となり、立春（春）〜東方（東郊）の融合、一体化した場において、音響を波及させるのである。そして右に見てきたことは、四立のすべてにおける迎季の祭事に共通するのであり、立春（春）〜東方（東郊）、立夏（夏）〜南方（南郊）、立秋（秋）〜西方（西郊）、立冬（冬）〜北方（北郊）というように、四立（四時）と四方の融合、一体化した場において、天子の車馬における鑾は、それぞれの五行の性格（立春＝木、立夏＝火、立秋＝金、立冬＝水）を帯び、同じく五行の各徳（木・火・金・水）を体現している天子と一体となって、雝雝たる音色を発することにより、音響を波及させるのである。

そして右のような音色、音響の波及は、前述のように、往古の帝王たちにちなんだ音曲（音律）に適合する、音律の類としてであり、単なる鈴（すず）の音色ではなく、車馬における鑾の音色なるが故の特色として、古くから考えられて来ているものである。なお前章において、五音・十二律をめぐって、月令篇における年間区分と五行とのかかわりを考察したが、音律の基本である五音・十二律が、また五行の性格をも有するものとして、音律の類としての鑾の音色と密接にかかわり合っているものと見るべきである。また前節でも述べたことがあるが、月令篇においては、五行の諸事象（表一A）が、全体としてまとまって、年間区分にかかわっているのであるから、本節で見た天子の車馬における鸞も、そうしたかかわりに包括せられながら、前述のような、個別的な、独特のかかわり方をするのである。

### 3　㈢について

四立の儀礼の中心をなす迎季の祭事における天子の車馬をめぐって、これまで項を分けて、色彩と鸞（鈴の類）とについて考察してきた。前述のように、同一の車馬における両者であるから、それらの作用は、別々にではなく、関連し合って発揮せられるのである。ただ両者は、それぞれに特有の性格なり作用を具えているので、考察を進めるに当たって、別々に見ておくことも必要である。したがって本項では、これまで項を分けて見てきたことをふまえながら、両者の関連し合った作用について考察してゆくことにする。

なるべく具体的に見てゆくために、ここでも前掲のA、立春の場合を例として、色彩と鸞とが関連し合って、作用を発揮し、年間区分にかかわっている点を見てゆきたい。立春の日、迎春の祭事に当って、天子の乗った車馬は、王宮を出て、三公九卿以下の多数の車馬を従え、東方に向かい、東郊にある祭場に赴く。そして祭事が行われる。その間における天子の身辺は、全般にわたって五行の性格を有し、特に車馬をはじめ、木の青色によって顕著に文飾せられている。そして、五行の木徳を体現している天子が車馬に乗り、車馬と一体になって、顕著な作用を発揮するのである。右のように、また㈠の項で述べたように、天子の車馬に見られる木の青色による文飾は、天子の身辺全般の五行的様相と一致するもので、五行と天子との一体化を、最も顕著に表明しているのである。一方の鸞は、右の青色のようには、天子の身辺全般に対して、直接的な、密接な関連は見られない。しかし鸞の場合も、㈡の項で述べたように、その音声は、五行の木の性格を有する点で、右の青色と同様であり、車馬において、天子と一体となって、顕著な作用を発揮するのである。また鸞は天子の乗った車馬に在って、その動静につれて、往古の帝王たちにちなんだ音曲（音律）に適合する音色（音律の類）を発するのであり、青色に劣らぬ重要な作用を発揮するのである。

立春の日、迎春の祭事に当って、祭場をはじめ、あたり全体は、前述のように、立春（春）〜東方（東郊）の融合、一体的な場となっている。そういう場において、天子の車馬における青色と鸞とは、五行の木の性格を有し、木徳を体現している天子と一体になって、顕著な作用を発揮するのである。これも前述のように、五行においては、春（立春）、東方（東郊）は木に配当せられ、木の性格を有するのであるが、このように、車馬における青色と鸞とは、迎春の祭事における場と、五行の木の性格を共通に有しており、このことを核心として、祭事の場に対してかかわり合っているのである。

天子の車馬における青色と鸞とは、ともに五行の木の性格を有しており、右のような祭場をはじめとする全体の場に対して、前者は、青色による文飾の光り輝くような発散の作用、後者は、車馬の動静につれて、鸞の発する雝雝たる音色（音律の類）の波及の作用をもたらすのである。立春（春）と東方（東郊）、すなわち時間と空間とが、融合、一体化した場において、前者は、光り輝く視覚的作用を発揮し、後者は、雝雝たる聴覚的作用を発揮し、迎春の祭事を執行する天子と一体となって、作用するのである。

青色と鸞との、右のような性格と作用とが、天子の乗った車馬におけるものであり、とりわけ天子と一体となって発揮せられるものであることは、結局、迎春の祭事において、天子が、五行の木徳を体現していることが、車馬における青色と鸞とによって、端的に、最も顕著に表明せられていることとなるのである。光り輝く青色の発散、雝雝たる鸞の音色（音律の類）の波及は、天子における木徳の顕現としてのものである。

以上のように、立春を例として見てきたことは、当然、四立のすべてに共通するものである。四立における迎季の祭事において、立春（春）～東方（東郊）、立夏（夏）～南方（南郊）、立秋（秋）～西方（西郊）、立冬（冬）～北方（北郊）という、年間区分の重要な節目であり、同時に、四方と融合、一体化した場において、天子の車馬における五行の色彩と鸞とは、五行の徳を体現している天子と一体になって、顕著な作用を発揮するのである。それは結局、車馬における五行の色彩と鸞とによって天子における五行の各徳が顕現せられていることである。

**注**

（1）参照、孫希旦氏　礼記集解　四立の条。
（2）前章に詳述。
（3）時令の篇章における五行の色彩。
　哲学（広島哲学会刊）第四〇集　一九八八年　五〇頁以下　本書後篇第一章、所収。
（4）表一Bにおける車馬が、四立の儀礼だけに用いられると見るのでは、もちろんない。また表一Bには、旌旗、衣服など、車馬と関連して考慮すべき事象が見える。しかしここでは、直接には車馬だけをとりあげる。四立の記述（前掲A～D）には、車馬など全く述べてないが、車馬を用いたことは確かだからである。
（5）参照、前出　注（3）　五一頁以下。
（6）参照、呂氏春秋十二紀と礼記月令篇（その一）　哲学第三五集　一九八一年　九八頁。本書前篇第三章、所収。
（7）参照、林巳奈夫氏　中国古代の生活史　一九九二年　九七頁。
（8）前引の荀子正論の楊注に、武象韶護、皆樂名。とある。武、韶は論語八佾に見え、武は周武王、韶は帝舜、それぞれにちなんだ楽曲とされる。
（9）前引の毛詩に見えるもので、鈴の音色の代表と見られる。雝和（やわらぐ・たのしむ）、敬雝（つつしむ）の意を主とする。参照、白川静氏　字統　八五一・八五四頁。

# 第四章　礼記月令篇における気について（1）
## ――陰陽（陰気・陽気）をめぐって――

### はじめに

周知のように、礼記月令篇は、時令に関する諸篇の中で、代表的な存在と目されている。この章では、そうしたことも考慮しながら、この篇における気について検討を試みることにしたい。最初に、月令篇の中から、気に関する直接的な記述をとりあげて、資料として一括して掲げておこう。

$A_1$　東風解凍、（孟春）

$A_2$　是月也、天氣下降、地氣上騰、天地和同、草木萌動。（孟春）

$A_3$　毋變天之道、毋絶地之理、毋亂人之紀。（孟春）

B　是月也、日夜分。雷乃發聲、始電。蟄蟲咸動、啓戸始出。先雷三日、奮木鐸、以令兆民曰、雷將發聲。有不戒其容止者、生子不備、必有凶災。（仲春）

$C_1$　是月也、生氣方盛、陽氣發泄、句者畢出、萌者盡達、不可以内。（季春）

$C_2$　命國難九門、磔攘以畢春氣。（季春）

$D_1$　小暑至、（仲夏）

$D_2$　是月也、日長至、陰陽爭、死生分。君子齊戒、處必掩身毋躁、止聲色、毋或進、薄滋味、毋致和、節嗜欲、定心氣。百官靜事、毋刑。以定晏陰之所成。（仲夏）

$E_1$　溫風始至、（季夏）

$E_2$　毋擧大事、以搖養氣。毋發令而待、以妨神農之事也。水潦盛昌、神農將持功。擧大事、則有天殃。（季夏）

$E_3$　是月也、土潤溽暑、（季夏）

$F_1$　涼風至、（孟秋）

$F_2$　天地始肅、不可以贏。（孟秋）

$G_1$　盲風至、（仲秋）

$G_2$　天子乃難、以達秋氣。（仲秋）

$G_3$　是月也、日夜分。雷乃收聲。蟄蟲坏戶。殺氣浸盛、陽氣日衰、水始涸。（仲秋）

$G_4$　凡擧大事、毋逆大數。必順其時、愼因其類。（仲秋）

$H_1$　是月也、申嚴號令。命百官貴賤、無不務內、以會天地之藏、無有宣出。（季秋）

$H_2$　乃命冢宰、農事備收、擧五穀之要、藏帝藉之收於神倉、祇敬必飭。（季秋）

$H_3$　是月也、霜始降。則百工休。乃命有司曰、寒氣總至、民力不堪、其皆入室。（季秋）

$I_1$　命有司曰、天氣上騰、地氣下降、天地不通、閉塞而成冬。（孟冬）

$I_2$　命百官、謹蓋藏。命司徒、循行積聚、無有不斂。坏城郭、戒門閭、脩鍵閉、愼管籥、固封疆、備邊竟、完要塞、謹關梁、塞徯徑。（孟冬）

$J_1$　命有司曰、土事毋作、愼毋發蓋、毋發室屋、及起大衆、以固而閉。地氣沮泄、是謂發天地之房。諸蟄則死、民必疾疫、又隨以喪。命之曰暢月。（仲冬）

$J_2$ 是月也、命奄尹、申宮令。審門閭、謹房室、必重閉、省婦事、毋得淫、雖有貴戚近習、毋有不禁。(仲冬)

$J_3$ 是月也、日短至、陰陽爭、諸生蕩。君子齊戒、處必掩身。身欲寧。去聲色、禁嗜欲、安形性、事欲靜、以待陰陽之所定。(仲冬)

$J_4$ 塗闔廷門閭、築囹圄。此所以助天地之閉藏也。(仲冬)

K 命有司、大難。旁磔、出土牛、以送寒氣。(季冬)

$M_1$ 寒氣總至、陽氣不勝、煖氣早來、(仲春)

$M_2$ 寒氣時發、天多沈陰、(季春)

$M_3$ 陰氣大勝、陽氣復還、(孟秋)

$M_4$ 煖風來至、民氣解惰、(季秋)

$M_5$ 地氣上泄、(孟秋)

$M_6$ 天時雨汁、(仲冬)

右の資料を通覧すると、天地、天気・地気(${A}_2$、${H}_1$など)、次いで陰陽に関するもの(${D}_2$、${J}_3$など)が、根本的、基本的なものとして挙げられてあり、また、春気(${C}_2$)、秋気(${G}_2$)、さらに、生気(${C}_1$)、養気(${E}_2$)、殺気(${G}_3$)と、重要なものが挙げられてあると見てとれる。そしてこれらの諸気は、気そのもの、すなわち、気とは何であるか、というようには述べられないで、諸気の発生、存在、そして作用、活動といった面が、主として述べられているのである。そこでここでは、気そのものについてはしばらく措いて、諸気の発生、存在、作用、活動の面を中心として、検討を進めてゆきたい。

なお、検討を始めるに当って、前掲の資料の扱い方について、若干ふれておきたいと思う。その一は、$M_1$〜$M_6$についてである。これらの項目はすべて、違令と災害(災異)と呼ばれているものである。$M_1$に見える寒気總至を例とすれば、この項目は、仲春において、もし誤って秋の時令(政令)を行ったならば、という仮設の下に挙げられているのである。そして、この仮設の下に寒気總至[1](寒気が俄かに襲ってくる)という、通常なら仲春に起こるはずのない現象が、災害として起こるとしているのである。$M_1$～$M_6$として挙げた項目のすべてが、右の例と同様に、もし誤って他の季節の時令(政令)を行ったならば、という仮設の下に、異常な現象が、災害として起こるというものである。

$M_1$～$M_6$として挙げた項目のすべては、右に述べたことを前提として、資料として扱うことになる。資料としての内容は、第一に、仮設のことであり、架空の現象である。しかし、右の前提に従って、これらの資料に見える気を見るならば、すべて通例的なものが挙げられていると考えてよいのである。$M_1$の寒気總至を例とすれば、仲春において、寒気が俄かに襲ってくる、というものであるが、このことは、前述のように、架空の現象として挙げられたものである。しかし、ここの寒気という用語自体について見れば、$H_3$(季秋)、K(季冬)に見える寒気と異なるものではなく、通例的なものと考えてよいのである。右のように見れば、$M_1$～$M_6$に挙げられている気は、すべて通例的なものと考えてよいのである。

その二は、a風に関するもの、b暑に関するもの、についてである。まずaは、$A_1$東風解凍、$E_1$溫風始至、$F_1$涼風至、$G_1$盲風至、$M_4$煖風來至、である。風と気との密接なかかわりは、殷代の卜辞に、すでに見られる。[2] 月令篇と関連の深い呂氏春秋においても、

大聖至理之世、天地之氣、合而生風。日至則月鐘其風、以生十二律。……天地之風氣正、則十二律定矣。(音律)

というように、風と気とを融合、一体的に考えているのが見られ、さらに、人間の呼吸の気によって生じる十二律(笛による十二音階)と、天地の風気とを一体的に考えているのが見られる。[3] 右のように、風と気とについて見てくると、$A_1$～$M_4$として挙げた各項における風は、風であり気であると見てよいであろう。また、$M_4$の煖風は、$M_1$の煖氣と同一視してよいであろう。したがってここでは、月令篇における右の諸風を、必要に応じて、気の資料として扱

うこととする。

次にbは、$D_1$小暑至、$E_3$是月也、土潤溽暑。である。月令篇には、二十四節気が考えられてあったとされるが、(4)季夏に、$D_1$の小暑は、その中に入っているものである。ただ通例としては、小暑は、暑気の最も盛んな時期に当たる季夏に、小暑・大暑と連なって設定せられてあり、月令篇の小暑は、仲夏に挙げられていて、通例との相違が見られ、また大暑の記載がないこともあって、問題が感じられる。$D_1$の小暑については、右のような問題点はあるものの、二十四節気のひとつとして、仲夏に挙げられていることは、やはり暑気に密着して考えられているのは確実であり、暑気にかかわる資料として扱うこととする。

$E_3$の土潤溽暑、については、鄭注に、「潤溽、謂塗溼也。」とあり、高注に、(5)「夏至後三十日、大暑節、火王也。潤溽而溧重。……」とある。そして孫希旦氏の礼記集解には、「按註疏皆不解暑字。疑本無此字。後人據呂氏春秋增之耳。」とした上で、「火陽根陰、是月暑熱極。故土蒸溼而溽潤、而大雨應時而行也。……」と述べている。

$E_3$に見える暑字については、呂氏春秋集釈にも兪樾氏の見解を引いているが、兪氏も、高注に暑字の解が見えない所から、この暑字を衍文としている。前引の孫氏が、注疏にこの暑字の解が見えないのを理由に、もとはなかったとするのと共通しているが、この暑字を誤入と見るには、根拠が薄弱と思われる。鄭注・高注には、この暑字の解がないけれども、ここの四字について、両注とも、潤溽の解をすれば、暑字は記載せられたままで、自明のことと考えたとも見ることができる。

右のように見た上で、$E_3$の暑字には、存否についての疑問の余地があるとしておきたい。けれども、前引のように、この暑字をもとはなかったとする孫氏が、「是月暑熱極。故土蒸溼而溽潤。」と述べるように、$E_3$の記述が、季夏における、暑気の隆盛と密着している点は確かである。したがって、ここでは、右のような疑問点はあるものの、暑気の存在と隆盛のさまを表明したものとして扱うことにする。

# 陰陽、陰気・陽気

月令篇には、直接的に挙げられたものとしては、陰陽（$D_2$、$J_3$）、陰気（$M_3$）、陽気（$C_1$、$G_3$、$M_1$、$M_3$）というように見える。この中、$M_1$、$M_3$に見えるものは、述べておいたように、架空の現象として挙げられたものであるが、陰気、陽気という用語自体としては通例的なものであり、以下の検討においても、他の資料と同様にとり扱ってよいのである。また陰陽の語は、$D_2$の鄭注に、「爭者、陽方盛、陰欲起也。」とあって、それぞれの気の様相と見ており、孫希旦氏の礼記集解には、「死生分者、天以陽氣生物、以陰氣殺物、陽謝陰興、自夏至始。……」とあり、陰陽と陰気・陽気とを、同一的なものとして述べている。ここでも、特に必要のないかぎり、陰陽と陰気・陽気とを同一的に扱ってゆくことにする。

## （一）　二至、二分をめぐって

太陽の照射とその時間という、客観的な事象を根拠として、月令篇における二至、二分に関することが述べられている点は明白である。前掲の中の$D_2$（夏至）の日長至、$J_3$（冬至）の日短至、$B$・$G_3$（春分・秋分）の日夜分、がそれである。すなわち、日長至とは、夏至において、昼間が最長であり（夜間が最短）、日短至とは、冬至において、昼間が最短である（夜間が最長）、日夜分とは、春分・秋分において、昼間・夜間が等分であることを、明快に表明している。

右のように、二至、二分は、日照とその時間にもとづいて述べられているが、このことは同時に、昼間～光～明～陽気、夜間～闇～暗～陰気という系列的な対応関係にあるものとして述べられてあり、特に、陰・陽、すなわち陰気・陽気の勢力関係、両気の盛衰、消長として述べられているのである。そして、日照とその時間とが、二至、二分を明白な経界として、年間にわたって変動するのと歩調を合わせて、陰気・陽気の盛衰、消長も、年間にわたって変動するとせられているのである。

二分の場合から検討を進めよう。B（春分）、$G_3$（秋分）を見ると、日夜分、の一句は同一であり、昼間～光～明～陽気と夜間～闇～暗～陰気とが等分であると表明している。ただBには、気については、直接の記述が見えないので、$G_3$を中心として、検討を進めてゆきたい。

$G_3$には、「殺氣浸盛、陽氣日衰」とある。前述のように、秋分の時点では、昼間と夜間とが等分であり、陰気と陽気との勢力関係が伯仲である。右に挙げた文は、秋分を過ぎると、殺気が徐々に盛んになり、陽気が日々に衰えてゆく、と述べている。陽気については、その通りであるが、殺気については、若干の吟味が必要である。

月令篇においては、全般にわたって、春＝生、夏＝長、秋＝殺、冬＝死というあり方が、根本的、基本的なものとして考えられている。[6] これに合わせて、気の場合は、$C_1$（季春）に生気、$E_2$（季夏）に養気、[7] $G_3$（仲秋）に殺気と見えているのである。[8]

前述のように、$G_3$の日夜分は、秋分において、昼間と夜間が等しく、陰気と陽気とが伯仲であることを表明したものである。したがって、右の点からすれば、$G_3$の殺気は、陰気と表記するのが正当であり、陰気浸盛、陽気日衰、と述べるのが通例的であろう。[9] 秋分を過ぎると、陰気が徐々に盛んになり、陽気が日々に衰えてゆく、となって、年間にわたって、陰気・陽気が盛衰、消長する、ひとつの重要な経界となるのである。

$G_3$において、正当には陰気とすべき所を、殺気と表明しているのは、この殺気は陰気でもあると考えられていることによるのである。この点をめぐって、少し述べておきたい。前述のように、月令篇においては、二至、二分などの主要な年間区分は、日照とその時間とを根拠としており、四時の区分、推移は、同時に、陰気・陽気の盛衰、消長とも考えられているのである。また、日照とその時間との推移は、当然、熱の強弱、盛衰でもあって、その様相を、春＝暖気、夏＝暑気、秋＝涼気、冬＝寒気というように挙げ、これらもまた、陰気・陽気の盛衰・消長と融合、一体的に考えられているのである。(10)春・夏の暖気・暑気は、時に陽気としても考えられ、秋・冬の涼気・寒気は、時に陰気としても考えられているのである。

前に、春＝生、夏＝長、秋＝殺、冬＝死のあり方、ならびに、生気、長気、殺気、死気についてふれたが、これらのあり方、気も、右に見てきたことと密接にかかわるものである。すなわち、春・夏の生気・長気は、時に陽気としても考えられ、秋・冬の殺気・死気は、時に陰気としても考えられているのである。

生気、長気、殺気、死気と陰気・陽気との、右のような関連が考えられてあって、$G_3$に見える殺気は、同時に陰気でもあるのである。すなわち、殺気浸盛、陽気日衰、とあるのは、秋分において、昼間と夜間とが等しく、陽気と陰気とが伯仲となり、それ以後は、陰気が徐々に隆盛に向かい、陽気は日々に衰退に向かうというものであり、同時に陰気は殺気として、徐々に隆盛に向かい、動植物を始め万物に対して、粛殺の作用を及ぼしてゆくというものである。(11)

$G_3$、すなわち秋分における陰気、陽気について、右のように検討した。ところが、一方の春分においては、上掲Bのように、気に関する直接の記述は見られない。しかし前述のように、Bの日夜分（$G_3$にも日夜分）とは、昼間～光～明～陽気と夜間～闇～暗～陰気とが等分であることを言ったものである。したがって、$G_3$についての検討を通して見れば、Bにおいて、春分が過ぎると、陽気浸盛・陰気日衰と考えられ、陽気が徐々に隆盛に向かい、陰気が日々に衰退に向かう、とせられていることは明白である。

次に、二至の場合について、検討を進めよう。$D_2$、$J_3$と見比べると、記述のしかた、内容ともに、両者が共通のものとして考えられてあることは明瞭である。陰陽争の一句は、同一である。また君子齊戒以下も、大同小異と見てよい。そこで、右の実情をふまえて、$D_2$を中心として、二至における気について見てゆきたい。

$D_2$の始めに日長至とあるのは、前述のように、夏至において、日照時間が最長になるのにもとづいて、昼間の最長(夜間の最短)を言ったものであり、昼間〜光〜明〜陽気と夜間〜闇〜暗〜陰気との、長短、盛衰の極まりを表明したものである。そして、日長至に続いて「陰陽争、死生分、」とあるが、この二句は互文の関係にあり、この点を重視しながら、検討を進める必要がある。なお$J_3$(冬至)の場合は、「日短至、陰陽争、諸生蕩、」とあって、陰陽争、諸生蕩の二句は、互文の関係にはなく、並列して挙げられたものである。

$D_2$の陰陽争、死生分、についての検討を進めるために、特に互文を用いた点で関連の深い$C_1$の場合を見ておきたい。$C_1$には、「生氣方盛、陽氣發泄、句者畢出、萌者盡達、」とあるが、この四句は、前の二句と後の二句とに分けて述べられている。後の二句から見てゆく。

ここの鄭注に、「句、屈生者、芒而直曰萌、」とある。これは、句者、萌者ともに萌芽の類であると解していて、その形が、句者は屈曲したもの、萌者は直立したものと見ている[12]。句者、萌者については、右の鄭注にしたがうべきだと思うが、ともに萌芽の類であるならば、畢出、尽達は、両者に共通の状況を述べたものとなる。すなわち、$C_1$の後の二句は互文によって表記せられているのであって、その内容は、句者、萌者ともに萌芽の類であり、屈曲したもの、直立したもの、あらゆる萌芽が、すべて出そろい、残らず発達する、と言っているのである。

前の二句の吟味に移ろう。「生氣方盛、陽氣發泄、」とあるが、前に二分について検討した際に、春分を過ぎると、陽気浸盛、陰気日衰、という状況になることを見出した。これによると、$C_1$は季春の記述であるから、前の二句に生気方盛とあるのは、正に陽気方盛でもあることとなる。また前に二分の検討において、$G_3$の殺気浸盛は、陰気浸成り立つことである。

いて、殺気は、同時に陰気でもあることから、$C_1$における生気が、同時に陽気でもあると見るべきことは、十分に盛でもあることを見出した。$C_1$の生気と$G_3$の殺気とは、対立的に、また対応させて挙げられたものである。$G_3$にお

右のように見てきたことは、$C_1$の前の二句、生気方盛、陽気発泄が、互文によって表記せられていることを意味する。すなわち、ここの生気は、同時に陽気でもあって、この時期に隆盛となり、発散する、というものである。したがって、$C_1$の四句について吟味してきた結果、前の二句、「生気方盛、陽気発泄」、後の二句、「句者畢出、萌者尽達」、それぞれが互文によって表記せられているものとなった。右のことをふまえて、$C_1$の四句の意味内容を考えると、季春には、陽気が、同時に生気ともなって、隆盛となり、発散し、すべての萌芽の類に作用を及ぼし、屈曲したもの、直立したもの、すべてが出そろい、残らず発達する、ということになる。

$C_1$における互文表記に注目し、吟味を試みたことをふまえて、$D_2$（夏至）の陰陽争、死生分、の二句を見ると、この二句も、互文によって述べられていることがわかる。$D_2$と$J_3$とが、記述のしかた、内容ともに、共通性をもっている点は、前に述べたが、$D_2$の陰陽争、死生分が互文と見られるのに対し、$J_3$の陰陽争、諸生蕩は、並列して挙げられてあり、両者は、明らかに異なる表現のしかたとなっている。

前に$G_3$の吟味の際にふれたが、月令篇には、春＝暖、夏＝暑、秋＝涼、冬＝寒といった寒暑等の気が挙げられ、これら寒暑等の気の様相が、陰気・陽気の盛衰、消長と融合、一体的に考えられ、春・夏の暖気・暑気が、時に陽気としても考えられ、秋・冬の涼気・寒気が、時に陰気としても考えられている。また、春＝生、夏＝長、秋＝殺、冬＝死という基本的なあり方、ならびに生気・長気・殺気・死気の作用が挙げられ、それらの作用も、陰気・陽気の盛衰、消長と密着して考えられていて、春・夏の生気・長気は時に陽気としても考えられ、秋・冬の殺気・死気は、時に陰気としても考えられているのである。そうした中で、$C_1$においては、生気であり、同時に陽気でもある

と述べられ、$G_3$においては、殺気と挙げながら、同時に陰気でもあると考えられているのを見出してきた。

右のように考えてくると、$D_2$（夏至）に陰陽争、死生分、とある中の陰・陽は陰気・陽気であり、死・生は、死気・生気であり、ここでの陰気は、同時に死気でもあり、陽気は、同時に生気でもあると見るべきである。すなわち、この$D_2$の二句は、互文として挙げられていて、陰陽争、死生分、というのは、陰気であり、同時に死気でもある側と、陽気であり、同時に生気でもある側とが、夏至においては、分立し、争闘すると言っているのである。

ここで、$J_3$（冬至）における気について見ておこう。$J_3$の始めに日短至とあるのは、前述のように、冬至において、日照時間が最短になるのにもとづいて、昼間の最短（夜間の最長）を言ったものである。その上で、昼間〜光〜明〜陽気と夜間〜闇〜暗〜陰気との長短、盛衰の極まりを表明したものであるが、この点は、極まりが逆転しているだけで、$D_2$（夏至）の場合と全く同様である。

$J_3$には、日短至に続いて、陰陽争、諸生蕩の二句が見える。この二句は、前にもふれたが、並列して挙げられていて、$D_2$の陰陽争、死生分の二句が、互文で挙げられているのと異なる。したがって当然、前に$D_2$における気について試みた吟味とは異なった見方で、$J_3$における気の吟味は、なされなければならない。

まず陰陽争の句は、$D_2$の場合と同一であって、陰気と陽気とが争闘するというものである。そして、ここの鄭注には、「争者、陰方盛、陽欲起也。蕩、謂物動將萌芽也。」とあり、孫氏の集解には、「蕩、動也。諸生蕩者、陽復於下、而諸物之生氣初動也。」とある。両氏の見解では、この二句、陰陽争と諸生蕩との関連が、十分には明らかにならないが、両氏によれば、陰陽を陰気・陽気と見て、冬至の時点において、陰気の隆盛が極まり、一方陽気は、衰退し、微細ではあるが、興起に向かおうとして、両気の争闘という状況になっている。そうした中で、諸物の生気が、陽気に刺戟されて動き始め、やがて春になると、萌芽となって出現するということになろうか。

$D_2$（夏至）においては、前述のように、陰気は死気でもあり、陽気な生気でもあり、このような両者が、分立し、争闘するというのである。$J_3$（冬至）の場合も、前述のように、陽気は生気でもあると見ることができる。ただ、$D_2$の場合と異なって、$J_3$の陰陽争、諸生蕩からは、ここの陰気を死気でもあると、安易に言うことはできない。したがって、$J_3$における気については、陰気と陽気とが争闘する状況にあり、そうした中で、陽気は同時に生気ともなって、極微な勢力ながら、冬至というこの時期に、活動を開始する、と見るべきであろう。

陰陽、陰気・陽気をめぐって、以上のように述べてきた。ここで、一応のまとめをしておきたい。第一は、陰気・陽気が、年間を通して、瞬時も止まることなく活動するという点である。二至において、日短至（冬至、$J_3$）、日長至（夏至、$D_2$）とあるのは、冬至に、陰気の隆盛が極まり（陽気は微細の極まり）、夏至に、陽気の隆盛が極まる（陰気は微細の極まり）というものであるが、そういう状況にあって、二至ともに陰陽争とあり、両気が争闘するという活動を見せるのである。このように、二至という、陰気・陽気の盛衰の極限的な状況においても、両気の活動、相互作用は、休止することなく続けられるのである。

両気の活動、相互作用が、瞬時も止まることなく続けられるという点は、二分においても鮮明に見られる。B（春分）、$G_3$（秋分）ともに日夜分とあり、陰気、陽気の勢力関係が、均等であると表明する一方、$G_3$には、殺気浸盛、陽気日衰とあり、秋分を過ぎると、両気の盛衰が進行し、さまざまな活動が見られることを述べている。(13) このように、二分という陰気・陽気の勢力が均等になる場合も、両気の活動、相互作用は、休止することなく、続けられるのである。二至、二分の場合は、陰気・陽気の盛衰関係の極まり（二至）という点において、両気の勢力関係の均等（二分）という点において、これらの点に止まるとすれば、両気の活動は、休止ともなりうる。しかし前述のように、二至、二分においても、両気の活動は、休止することなく続けられることは明らかである。このように、二至、二分を顕著な経界として、年間のすべての時点において、陰気・陽気は、隆盛と衰退の進行、極限、交代の様相とともに、さまざまな活動、相互作用を、休止することなく続けるのである。

第二は、陰気・陽気と、光・闇（明・暗）とのかかわりである。前述のように、二至、二分のすべてにおいて、太陽の照射とその時間とにもとづいて、陰気・陽気の様相が述べられている。陰陽説において、陽（ヒナタ）、陰（ヒカゲ）をふまえた明・暗が、根源的に考えられていることは、よく知られている。月令篇における二至、二分の場合は、陽（ヒナタ）のもとである日照を直接的に用い、日照とその時間とによって、昼間と夜間、すなわち明・暗を考え、それらに関して、陽気・陰気の勢力関係を直結させているのである。昼間・夜間（明・暗）と陰・陽（陰気・陽気）とを全く同一視しているのではないが、同類的に、融合、一体的なものとしているのである。

その故に、冬至においては、日短至（$J_3$）、すなわち昼間の最短（夜間の最長）であるのは、陽気の微細の極まり（陰気の隆盛の極まり）であり、夏至においては、日長至（$D_2$）、すなわち昼間の最長（夜間の最短）であるのは、陽気の隆盛の極まり（陰気の微細の極まり）なのである。また、春分（B）・秋分（$G_3$）においては、ともに日夜分、すなわち昼間と夜間とが均等であるのは、陽気と陰気との勢力が均等なのである。そして、二至、二分における右のような様相を顕著な実情として、年間のすべてにわたって、昼間・夜間（明・暗）と陰・陽（陰気・陽気）の様相とが、同類的な、融合、一体的なものとして、推移、変動するものとせられているのである。

陰気・陽気と光・闇（明・暗）との右のようなかかわりは、必然的に、熱（寒・暑等）とのかかわりとなる。光・闇（明・暗）、熱（寒・暑等）ともに、太陽の照射とその時間とに直結しているからである。月令篇においては、二至、二分を明確な根拠として、四立が確立せられ、春・夏・秋・冬、そして十二の月が区分せられる。それと正確に関連して、陰気・陽気の盛衰も、前述のように推移する。したがって当然、春・夏・秋・冬の推移とともに、日照〜熱による寒・暑等の変遷があり、陰気・陽気の盛衰も、大筋においては、寒・暑等の変遷と、同類的な、融合、一体的なものとして、推移するとせられているのである。

ただ、その際に注目すべきは、光、闇、すなわち明・暗に対する場合と、熱、すなわち寒・暑等に対する場合と、陰気・陽気のかかわりに、顕著な差異が見られる点である。前者、すなわち光・闇の場合は、前述の通り、二至、二分が、陰気・陽気のかかわりの重要な経界であり、盛衰、変動の明確な区分である。後者、すなわち寒・暑等の場合は、二至、二分とは異なる。冬至が仲冬であるのに対して、寒の最盛は季冬であり、夏至が仲夏であるのに対して、暑の最盛は季夏である。[14] このように、光・闇、寒・暑等ともに、日照とその時間にもとづくものでありながら、陰気・陽気は、光・闇に対しては、年間を通して、二至、二分に代表せられるように、恒常的な、明確なかかわり方をしており、熱（寒・暑等）に対しては、年間区分の大筋においては、同調的なかかわり方をしながら、部分的（夏至〜季夏、冬至〜季冬）には、一か月余もずれる、顕著な差異を孕んで、かかわっているのである。

陰気・陽気に見られる右の様相は、次のように把握すべきである。光・闇、すなわち明・暗と陰気・陽気とのかかわりは、二至、二分の記述に明らかなように、根本的であり、第一義的である。これに対して、熱、すなわち寒・暑等と陰気・陽気とのかかわりは、二至、二分の記述においては、直接にはふれられていない。けれども、前述のように、光・闇、熱（寒・暑等）ともに、日照に直結するものであるから、二至、二分においても当然、熱、すなわち寒・暑等と陰気・陽気とのかかわりは、根本的なものとして存在するのである。ただ、寒の最盛は季冬（陰気の最盛は冬至＝仲冬）においてであり、暑の最盛は季夏（陽気の最盛は夏至＝仲夏）においてであるという変異を孕んだ実情からすれば、熱、すなわち寒・暑等と陰気・陽気とのかかわりは、根本的ではあるが、光・闇、すなわち明・暗の場合を第一義的とすれば、第二義的と見るべきである。月令篇における陰気・陽気は、日照とのかかわりを根本とし、明・暗とのかかわりを第一義的に、寒・暑等とのかかわりを第二義的にしているのである。なおこれらの点については、次節において、さらに追究してゆきたいと思う。

## （二）　四時、暖・暑・涼・寒をめぐって

四時、暖・暑・涼・寒にかかわるものを、冒頭に掲げた資料からとり出して、挙げておこう。

東風解凍、（$A_1$、孟春）
命國難九門、磔攘以畢春氣。（$C_2$、季春）
小暑至、（$D_1$、仲夏）
溫風始至、（$E_1$、季夏）
是月也、土潤溽暑、（$E_3$、季夏）
涼風至、（$F_1$、孟秋）
天子乃難、以達秋氣。（$G_2$、仲秋）
是月也、霜始降。則百工休。乃命有司曰、寒氣總至、民力不堪。其皆入室。（$H_3$、季秋）
命有司、大難。旁磔、出土牛、以送寒氣。（K、季冬）
寒氣總至、煖氣早來、（$M_1$、仲春）
寒氣時發、（$M_2$、季春）
煖風來至、（$M_4$、季秋）

右のうち、$M_1$、$M_2$、$M_4$については、冒頭において述べたように、このままでは、資料として扱うことはできない。架空の現象として挙げられているからである。ただし、寒気、煖気などの気を表わす用語としては、通例的な意味のものとして挙げられているので、ここでも、そういう範囲において、これらの気を扱ってゆくこととなる。

また、東風（$A_1$）、温風（$E_1$）、涼風（$F_1$）、煖風（$M_4$）の風は、すべて気と同一に解し、小暑（$D_1$）、土潤溽暑（$E_3$）は、ともに暑気の様相と解することも、この章の冒頭（はじめに）において述べてある。

## 1　全体の概観

まず四時の気は、前掲のように、春気、秋気が挙げられ、夏気、冬気は、直接には見えないが、当然、考えられていたと見るべきである。

前項（一）において、月令篇では、陰気・陽気が、日照にもとづく光・闇（明・暗）と融合、一体的なものと考えられていること、すなわち、陰気・陽気の運行、盛衰、消長は、二至、二分を始めとする八節と、正確に関連していることを述べた。右のことと密着して、四時の推移、変遷が述べられているのであるが、そうした中での四立の儀礼に注目したい。

立春の場合を例としてみると、

　立春之日、天子親師三公九卿諸侯大夫、以迎春於東郊。……

とあるが、立夏、立秋、立冬の場合も、すべて、右と同じような述べられ方となっている。四立の儀礼は、迎春、迎夏、迎秋、迎冬の主旨を中心として、形式・内容ともに同様の述べられ方がしてある。そして立春の孔疏を見ると、「此一節、論立春天子迎春氣、及行賞之事。」と述べている。本文に迎春とあるのを、孔疏が迎春気と解したのは、立春が二十四節気のひとつであり、古来、ここから春が始まるとせられたことによるのであり、立夏、立秋、立冬には、孔疏は、何もふれていないが、迎夏気、迎秋気、迎冬気と解したことは明確である。

このように見てくると、四立の儀礼の記述には、それぞれ春気、夏気、秋気、冬気が考えられてあることは明らかである。陰気・陽気が、八節に正確に関連して、盛衰、消長すること（前述）と合わせ考えると、月令篇では、四立によって四時が明確に区分せられ、推移、変遷し、それに伴って、陽気は、時に春気、夏気ともなり、陰気は、時に秋気、冬気ともなって、活動、作用すると見られているのである。

次に暖・暑・涼・寒の四気は、煖気（$M_1$）、煖風（$M_4$）、小暑（$D_1$）、涼風（$F_1$）、寒気（$H_3$、K、$M_1$、$M_2$）とあって、四気を揃って見出すことができる。[15] さらに東風（$A_1$）は、解凍とあるように、孟春になって温暖な風（気）が訪れ、凍った地表や氷面をとかし始めるというもので、この東風は、春気であり、暖気である。

$E_1$の温風については、若干の吟味が必要である。用語の通例としては、温風は、温暖な、温和な風であり、気であるが、$E_1$の場合は季夏であり、年間で最も暑い時期に挙げられているので、問題が感じられる。先学の見解を見ると、鄭注は、この温風については、見解を示していない。孫希旦氏の集解は、「呂氏春秋、溫風作涼風。」とした上で、

愚謂、溫風、以五月至。乃於季夏言始至者、五月雖熱而未甚。而是月之朔氣爲小暑、故曰溫風始至。

と述べている。孫氏は、この温風を、通例的な温暖の風と見るのでなく、熱暑の風と見ており、季夏に「始至」と挙げてある点に注目して、この温風を、仲夏に吹くものの、それはまだ熱暑の盛んなものではなく、季夏になって、小暑の時期に吹き始める熱暑の風と解するのである。

孫氏（前引）もふれているように、月令篇では溫風（$E_1$、季夏）とあるのに、十二紀では、涼風（季夏紀）となっている。このことについて、孫氏は見解を述べていないが、呂氏春秋集釈には、まず高注、「夏至後四十六日、立秋節。故曰、涼風始至。」を引いた上で、「畢沅曰、月令、涼風作溫風。」と挙げ、

阮惟和曰、史記律書、涼風居西南維、主地。……六月也。淮南天文訓、景風至四十五日、涼風至。高注、坤卦之風也。然則、六月之有涼風、證以古書、鑿鑿有据。月令季夏之溫風、卽西南坤維之涼風也。別言之、則曰溫風、總言之、則涼風。月令之異於呂覽淮南以此。……

と述べている。

集釈の右の見解、その中心は、月令篇季夏（六月）に見える温風は、西南方（坤卦）の涼風である。というものであるが、それには不審の点があるので、若干の吟味を試みたい。

a・まず、右の見解の根拠のひとつである高注を、すべて列挙してみよう。

十二紀　季夏紀　涼風始至、高注、夏至之後四十六日、立秋節、故曰、涼風始至。

十二紀　孟秋紀　涼風至、高注、涼風、坤卦之風。

淮南子　天文訓　清明風至四十五日、景風至。高注、離卦之風。　景風至、則爵有徳、……。高注、夏至、陰気在下、陽盛於上、……。　涼風至、則報地徳、……。高注、立秋節、農乃登穀、嘗祭。……。

淮南子　時則訓　季夏　涼風始至、高注、なし。孟秋　涼風至、高注、なし。

右によれば、十二紀孟秋紀の涼風至、と天文訓の涼風至、とを、ともに立秋になって吹く風、坤卦（西南方）の風としている。すなわち六月にではなく、七月になって吹く風と見ている。また景風は、夏至に吹く風、離卦（南方）の風としている。すなわち五月（仲夏）に吹く風と見ている。そして季夏紀涼風始至、については、高注は、立秋に先立って、六月（季夏）に、涼風が吹き始める、と見ているのである。

b・ところで集釈（前引）は、史記律書に、西南方に当たる涼風を六月也と明言しているのを根拠として、天文訓の涼風（前引）と同一のものと解し、その高注も、そのように解していると見ている。しかし、aで確かめたように、右の天文訓の高注は、ここの涼風を、六月にではなく、七月（立秋）になって吹く風と見ているのである。そこで、律書に六月也と明言しているのと、右の高注が七月と見るのと、矛盾することになるのである。

右の矛盾点を究明するために、改めて律書の記述を検証してみたい。煩雑になるのを避けて、問題点だけにしぼって進めるが、律書の当該の箇所は、八節（二至、二分、四立）〜八方〜八風のかかわりを説くという、明快な主旨のもとに述べられている。そこで、その主旨に沿った具体的な記述を列挙すると、次のようになる。

不周風居西北。……十月也。律中應鐘。
立冬、西北、

廣莫風居北方。……十一月也。律中黄鐘。
冬至、北方、

條風居東北。……正月也。律中泰蔟。
立春、東北、

明庶風居東方。……二月也。律中夾鐘。
春分、東方、

清明風居東南維。……四月也。律中仲呂。
立夏、東南、

五月也。律中甤賓。……景風居南方。
夏至、南方、

涼風居西南維。……六月也。律中林鐘。

八月也。律中南呂。……閶闔風居西方。
秋分、西方、

右のように、八風の列挙は十月（立冬）から始められ、十二の月すべてに直結して挙げられ、また十二律が挙げられている。ここでの歴法は、十一月〜冬至〜黄鐘、正月〜立春〜泰蔟と辿ると、立春正月型の夏暦によっていることは明瞭であり、月令篇、十二紀、時則訓、天文訓における歴法と同じものである。

夏暦に従って、八風が、立冬（十月）に始まり、八節～八方に対応させて順に挙げられて行くが、その順に従って見てゆくと、

立冬（十月）→冬至（十一月）、西北→北方、
立春（一月）→春分（二月）、東北→東方、
立夏（四月）→夏至（五月）、東南→南方、

というように、ここまでは、十二律も含めて、秩序正しく挙げられている。そこで、この順でゆけば、

立秋（七月）→秋分（八月）、西南→西方、

となるのである。ところが、実際には前引のように、Aの箇所は六月とあり、ここだけが全体の秩序と異なっている。そして、その少し後に、「七月也。律中夷則。」とある。したがって、仮に、この「七月也。律中夷則。」が、Aの箇所にあったとすれば、右に述べた八風～八節～八方の秩序は、すべて完全なものとなるのである。[16]

しかし右の仮定は、現在の律書の記述において、十分に正当づけることは困難である。そこでここでは、これ以上立ち入ることは控えるが、史記律書に、西南方に当る涼風を六月也と明言している、その六月也には、右に見てきたように、重大な問題点があることは確かである。したがって、この六月也を根拠として、集釈（前引）が展開する見解には、同意できないのである。この六月也を根拠として、天文訓の涼風をも、六月におけるものとすることはできないのである。さらに、天文訓の涼風と月令篇季夏の温風とを、同じ六月（季夏）におけるものとすることはできないのである。

c．以上のように吟味してきたが、重大な問題点を含む史記律書の記述を除くと、当面の涼風始至は、aで述べたように見るべきである。すなわち、十二紀孟秋紀の涼風至と天文訓の涼風至とは、ともに立秋になって吹く風、坤卦（西南方）の風である。六月（季夏）にではなく、七月になって吹く風である。そして、十二紀季夏紀の涼風始至

は、立秋に先立って、六月（季夏）に涼風が吹き始める、というものである。

以上のように、先学の見解を見てくると、この温風を、通例的な温暖、温和の風というより、熱暑の風の吹き始め（孫氏）、涼冷の風のはしり（集釈）というような、対照的なものとなっている。右の状況をふまえて、若干の吟味を試みたい。

月令篇における時候記事は、直接にそれとして挙げられているものが六十項目余見られるが[17]、それらの大半はそれぞれの時期、季節における初見(始めて出現)のものである。時候、すなわちそれぞれの時期、季節の様相を、端的に、特徴的に表明するのが時候記事であるから、初見を挙げるのは、自然な、当然のことである。右のような初見を直接に表明するのに、「始」字が用いられるのであるが、その実状を、当面の温風を含め、いくつかの例で見てゆきたい。

温風始至、蟋蟀居壁、鷹乃學習、腐草爲蛍。（季夏）

螻蟈鳴、蚯蚓出、王瓜生、苦菜秀。（孟夏）

右の例にも鮮明なように、その時、その時の風気、草木、鳥獣、虫魚などを観察して、時候記事は、端的に、特徴的に表明せられている。時候を端的に、特徴的に表明するには、それぞれの時における、初見(始めて出現)が、とりわけ重要である。右の例で見れば、温風始至は、「始」字を用いて、このことを直接に示している。

右の例においては、「始」字を用いているのは、温風始至だけであるが、他の項目もすべて、同様のことを表明しているのである。蟋蟀居壁は、この時期に、蟋蟀が壁に止まるようになるのが、初見として挙げられてあり、鷹乃学習は、この時期の鷹が、猛禽の特質を鮮明にし、獲物を捕える行動を開始する、というものであり、腐草為蛍は、腐草のあたりに、蛍の飛ぶのを、初見として挙げているのである。孟夏においては、螻蟈が鳴くのは初鳴きとして、蚯蚓出も、蚯蚓が、地表に現われ始めるのであり、王瓜生は、王瓜が生じ始めるのであり、苦菜秀は、苦菜が咲き始めるのであり、いずれも「始」字は見えないが、初見（始めて出現）として挙げられているのである。

月令篇における時候記事について、以上のように見てくると、当面の温風始至（$E_1$、季夏）も、「始」字を用いた、正に初見（始めて出現）のひとつとして挙げられたものと見てよい。前にもふれたが、季夏であるから、二十四節気では小暑・大暑に当たる。暑気の最も盛んな時期である。その一方、大暑が過ぎれば、孟秋となり、立秋に移ってゆくのである。このような季夏において、温風が挙げられ、「温風が始めて訪れる」と言われているのである。

ところで孫氏は、前引のように、この温風を、まず仲夏に吹くと見るが、何も根拠を示してなく、この点は措くことにする。孫氏は、ここの温風を熱暑の風と見て、季夏の小暑の時期に吹き始めるとする。しかし、小暑の時期との関連について説明はなく、また、暑気の最も盛んな季夏に、熱暑の風が吹くことは了解できても、「温」を熱暑と見るには、説明が必要である。このように、孫氏の見解には、疑問がいくつかあって、従うわけにはいかない。

一方の呂氏春秋集釈であるが、十二紀季夏紀においては、当面の箇所は、温風ではなくて、涼風始至となっているので、高注（前引）のような解は成り立つであろう。しかし、詳細に吟味したように、月令篇季夏の温風を、十二紀季夏紀の涼風と同一視することはできない。したがって、十二紀季夏紀の涼風始至の高注[18]を、そのまま用いて、月令篇季夏の温風始至の解とすることはできないのである。

以上のように見てくると、月令篇季夏における温風は、暑気の最盛の時期に、孟秋の到来の予兆として、初見（始めて出現）の形で示されたものとすべきであろう。この時期には、熱暑の風が多く吹くのであるが、そうした中で、熱暑の少しやわらいだ、温和とも言える風が、吹き始める。それは、秋の到来を予告するものというのである。孟秋の時候記事には、涼風至とあり、これは明らかに、秋冷の到来を表明する初見（始めて出現）の記事である。孟秋に見える、このような涼風から遡って、季夏における温風を初見として考えてみると、熱暑の風の多い時期において、やがて涼風の吹き始める孟秋に先立って、季夏に、その予兆として、温風、すなわち熱暑の少しやわらいだ、温和の風が吹き始めるという、時候の表示を挙げたものと思われる。

$E_1$の温風をめぐって曲折したが、暖・暑・涼・寒の四気の概観にもどろう。見てきたように、暖気・暑気・涼気・寒気という通例的な四気が、揃って考えられていることは確かである。そしてこれらの四気は、前項（一）でふれたように、日照〜熱に直結して考えられているものである。日照〜熱の様相が、年間を通して推移、変遷するにつれて、これらの四気が発生し、活動、作用する、とせられているのである。そして同時に、日照〜光・闇（明・暗）と融合、一体化した、陰気・陽気の運行、盛衰、消長と密接に関連するのである。また、前にもふれたが、陰気・陽気の運行、盛衰、消長は、二至、二分、四立の八節と正確に関連しており、さらに、陽気は時に春気・夏気ともなり、陰気は時には秋気・冬気ともなることが、見出されている。暖・暑・涼・寒の四気は、このような四時の気とも密接にかかわり合うのである。

暖・暑・涼・寒の四気は、右のように、陰気・陽気、また春・夏・秋・冬の四気とも、密接にかかわり合うのである。その様相は、概観的には右の通りであるが、少し具体的に見ようとすると、四時の気の様相が見やすいのに対して、やや明瞭でない所が感じられる。暖・暑・涼・寒の四気は、日照〜熱に直結して発生し、活動、作用する。しかも月令篇においては、日照〜光の方は、二至、二分、四立によって、明快に年間区分（四時）がなされ、陰陽・四時の気が述べられているが、日照〜熱の方は、少し具体的に見ようとすると、年間区分とのかかわりにおいて、明確にしにくい点が感じられるのである。

比較的に明確なものを挙げてみると、まず孟春の東風（$A_1$）と孟秋の涼風（$F_1$）がある。前に時候記事についてふれ、その特色として初見（始めて出現）のことを述べた。当面の東風、涼風ともに時候記事として挙げられたものであって、初見の性格が明瞭に見られる。孟春の東風は、前述のように、孟春になって吹き始める温暖な風（＝気）であり、春気であり、暖気である。孟秋の涼風は、孟秋になって吹き始める涼風、涼気である。そして、前に四立の儀礼を通して、春・夏・秋・冬の四気を見出したが、孟春の東風（春気・暖気）は、立春における春気と同一視せられるものであり、孟秋の涼風（涼気）は、立秋における秋気と同一視せられるものである。東風、涼風ともに初見として挙げられていて、東風は立春に、涼風は立秋に、深くかかわると見るべきことは当然だからである。

ただ、本文の記述を正確に辿るならば、この東風は、立春に直結して挙げられているのではなく、涼風も、立秋と直結して挙げられているのではない。したがって、右のような、東風と立春、涼風と立秋、それぞれの深いかかわりを見出すことは正当ではあるが、本文の表記上の事情も考慮すべきであり、結局、東風については、立春とのかかわりを重視するとともに、立春を含む孟春全体のひろがりとのかかわりをも見る必要があり、涼風については、立秋とのかかわりを重視するとともに、孟秋全体のひろがりとのかかわりをも見る必要があることとなる。つまり、$A_1$に見える東風＝春気、すなわち暖気は、年間区分とのかかわりにおいて、立春とのかかわりを明確にしきれない性格をもち、$F_1$に見える涼気、すなわち涼風は、年間区分とのかかわりにおいて、立秋とのかかわりを明確にしきれない性格をもつのである。

次に、季秋の霜降における寒気（$H_3$）が挙げられる。二十四節気の霜降に直結して述べられた寒気であり、この時期に突然襲来して、初霜をもたらすものである。このように、年間区分とのかかわりは、季秋の霜降の時期と明確に表明せられた、寒気の活動である。ただ、この寒気と四時の気とのかかわりは微妙であって、季秋における記述であるから、当然、この寒気を秋気とも見られるが、一方、やがて立冬という時期でもあって、突然の寒気の襲来、初霜という現象であることから、この寒気を、秋気というより、冬気の前ぶれと見るべきであろう。したがってこの寒気には、年間区分とのかかわりにおいて、秋〜冬、秋気〜冬気という通常の区分、推移を超えた、微妙な性格が見出されるのである。通常、冬の期間に発生、活動する冬気、寒気とせられる中で、この寒気、そして冬気には、突然、季秋にまでのり出して襲来、活動する様相が見られるのである。日照〜熱にもとづく寒気の推移、変化の様相には、年間区分とのかかわりにおいて、時に、右に見たような変異を孕んでいることが見られるのである。

さらに、季夏において暑気が最盛となり、季冬において寒気が最盛となるという事象が挙げられる。前にもふれたように、月令篇には、二十四節気が考えられてあったとせられるが、通例的な、暑気の最盛である小暑・大暑（季夏）、寒気の最盛である、小寒、大寒（季冬）は、本文には直接には見えないが[19]、暑気の最盛が季夏、寒気の最盛が季冬であることは明確である[20]。ところが、前項（一）でもふれたが、暑気の最盛が季夏であるのに対して、陽気の最盛は夏至（仲夏）であり、寒気の最盛が季冬であるのに対して、陰気の最盛は冬至（仲冬）であるという顕著な差異が見られる。このことをめぐって、若干の吟味を試みたい。

まず、右のように、季夏において暑気が最盛となることから、この暑気は正に夏気でもあり、季冬において寒気が最盛となることから、この寒気は正に冬気でもあることは明らかである。そして、前に見た東風、涼風の場合と合せ考えると、涼風、すなわち孟秋になって吹き始める涼風は、秋気であり、涼気であるから、季夏において（特に後半の大暑の時期に）暑気が最盛となるのを受けて、孟秋になると、暑気から涼気へ（夏気から秋気へ）という、速やかな変化が表明せられてあり、東風、すなわち孟春になって吹き始める東風は、春気であり、暖気であるから、季冬において（特に後半の大寒の時期に）寒気が最盛となるのを受けて、孟春になると、寒気から暖気へ（冬気から春気へ）という、速やかな変化が表明せられてあることが明らかになる。

暑気の最盛（季夏）から涼気の初見（孟秋）へ、寒気の最盛（季冬）から暖気の初見（孟春）へと、速やかな変化が見られるのに対して、陰気・陽気の盛衰、消長は、緩やかなものに終始する。陰・陽の気の様相は、第一義的に日照～光にかかわるものであって、太陽の運行による日照時間の推移、変化という、恒常的な、緩やかなものに従っている。その具体的な実状について、ここで見ておきたい。

陽気の場合から見てゆくと、孟夏から仲夏へと、陽気は徐々に隆盛に向かい（陰気は徐々に衰退に向かい）、夏至（仲夏の半ば）の時点で最盛となり（陰気は極微）、夏至を過ぎると（仲夏の後半）、陽気の勢力は徐々に衰退に向かい、季夏に移っても、そのまま緩やかに衰退に向かうのである（代わって陰気は、極微から緩やかに隆盛に向かう）。このように、陽気は、夏至（仲夏の半ば）の時点に最盛となるが、その前の孟夏から緩やかに隆盛に向かって、夏至に最盛となり、それ以後は、緩やかに衰退に向かい、季夏に移っても、そのまま緩やかに衰退に向かうのである。

次に陰気の場合を見ると、孟冬から仲冬へと陰気は徐々に隆盛に向かい（陽気は徐々に衰退に向かい）、冬至（仲冬の半ば）の時点で最盛となり（陽気は極微）、冬至を過ぎると（仲冬の後半）、陰気の勢力は徐々に衰退に向かい、季冬に移っても、そのまま緩やかに衰退に向かうのである（代わって陽気は、極微から緩やかに隆盛に向かう）。このように、陰気は冬至（仲冬の半ば）の時点に最盛となるが、その前の孟冬から緩やかに隆盛に向かって、冬至に最盛となり、それ以後は、緩やかに衰退に向かい、季冬に移っても、そのまま緩やかに衰退に向かうのである。

夏の三か月における陽気の様相について、冬の三か月における陰気の様相について、太陽の運行と日照時間の推移、変化に従うことによって、いずれも恒常的に、緩やかに推移、変化することを見たが、このような様相が、年間全体を通して一様であることは言うまでもない。夏の三か月における陽気と、冬の三か月における陰気との、右に見てきた様相は、前に述べた、季夏における暑気と、季冬における寒気との様相と見比べると、それぞれ顕著に対照的なものとなっている。陽気と暑気から見ると、孟夏から仲夏へと隆盛に向かう暑気が、季夏に及んで、最盛となるのに対して、夏の三カ月における陽気は、仲夏の夏至に最盛となるのを頂点として、孟夏から仲夏へと緩やかに隆盛となり、夏至以降は、仲夏から季夏へと徐々に衰退に向かうのである。そして、季夏において暑気が最盛となるのが、孟秋に移ると、速やかに変化して、涼気の初見（始めて出現）となるのに対して、陽気の方は、仲夏の夏至以降、徐々に衰退に向かい、季夏から孟秋へと移っても、そのまま緩やかに衰退に向かうのである。

夏の三か月における陽気と暑気とについて見たが、続いて、冬の三か月における陰気と寒気とについて見よう。

孟冬から仲冬へと隆盛に向かう寒気が、季冬に及んで最盛となるのに対して、冬の三か月における陰気は、仲冬の冬至に最盛となるのを頂点として、孟冬から仲冬へと緩やかに隆盛となり、冬至以降は、仲冬から季冬へと徐々に衰退へ向かうのである。そして季冬において寒気が最盛となるのが、孟春に移ると、速やかに変化して、暖気の初見となるのに対して、陰気の方は、仲冬の冬至以降、徐々に衰退に向かい、季冬から孟春へと移っても、そのまま緩やかに衰退に向かうのである。

陽気と暑気、陰気と寒気とにおける、以上のような顕著に対照的な様相は、前項（一）からふれてきた、陰・陽の気と暖・暑・涼・寒の気との、本質的な共通性と相違点、特に相違点によって生じるのである。前項（一）で見たように、陰・陽の気の盛衰、消長は、第一義的に日照〜光とかかわっており、日照〜熱に対しては、第二義的にかかわっている。そうした中で、陰・陽の気の様相は、日照〜光とのかかわりによって、年間を通して、恒常的に、緩やかに推移、変化する。これに対して暖・暑・涼・寒の四気の様相は、陰・陽の気とのかかわりを持ちながら、日照〜熱に直結した性格を有することによって、年間を通しての推移、変化が、緩急、遅速といった変動を伴うものとなっているのである。

ただ、ここで特に後者をめぐって、考慮に入れておきたいことがある。前者、陰・陽の気の場合は、述べてきたように、年間を通して、二至、二分、四立の八節を始めとする、明確な年間区分によって、恒常性、安定性をもって推移、変化することが明らかである。これに対して、後者、暖・暑・涼・寒の四気の場合は、年間を通して見ると、前者のようには、明確に表明がなされていない。これまで「比較的に明確なもの」として挙げて吟味してきた、いくつかの事象が見られるのに過ぎないのである。

後者の場合、右のような資料的制約があるので、年間を通して明確に把握し、十分に究明することは困難である。したがって、これまで見たように、後者の場合、年間区分の大筋においては、日照〜光にもとづく八節等に同調して、その様相が推移、変遷することを確認しておきたい。その上で、吟味したように、年間区分とのかかわりにおいて、前者が、一貫して、恒常的な、緩やかな推移、変化をするのに対して、後者は、年間のある部分（季夏～孟秋、季冬～孟春）に関して、「速やかな」推移、変化をするという、顕著に対照的な状況のあることに注目したいのである。また後者は、年間のある部分（季秋の霜降）に関して、突然、季節を超えて活動するという、変異を孕んでいる点に注目したいのである。

月令篇の本文には、右に注目したことについて、説明に相当する記述は見られない。そこで、右に関連して、若干の想像を試みておきたい。それは、現今においても、月令篇の時代においても、共通して見られる、天候の変化、順、不順とのかかわりである。太陽の運行、それに伴う日照～光の様相は、ここで考えている、光・闇（明・暗）～昼・夜という範囲においては、天候の変化とかかわりなく、年ごとに、恒常、一定である。しかし、日照～熱の様相は、暖・暑・涼・寒の範囲において、天候の変化、特に順、不順によって、年ごとに変動する。このことは、現今の冷夏、暖冬などによって、容易に推定することができる。

月令篇においては、右のような年ごとの変動をふまえた上で、前述のような、春＝暖気、夏＝暑気、秋＝涼気、冬＝寒気という、通例的な四気を表明しているのである。それは、年ごとの変動が、永年にわたって捉えられ、平均化され、標準化されたものである。同時にそれは、日照～光にもとづく、二至、二分、四立の八節という、恒常、一定の年間区分に同調するものである。そして、このように表明せられている暖・暑・涼・寒の四気は、陰・陽の気と同類的な、融合、一体的なものとして考えられているのである。すなわち、前に、陽気は時に春気、夏気でもあり、また暖気、暑気でもあり、陰気は、時に秋気、冬気でもあり、また涼気、寒気でもあると述べたものである。

右のように、陰・陽の気と暖・暑・涼・寒の気とは、年間を通して、大筋においては、融合、一体的なあり方をする。その一方で、両者の間には、注目したような、顕著な相違点が見られる。それは、前者の様相が、第一義的に日照〜光にもとづくのに対して、後者の様相が、日照〜熱に直結していることによってもたらされるのである。両者は、日照とのかかわりにおいて、根本的に共通していながら、光と熱の二方面に別れた場合、見てきたような、陽気の最盛（夏至＝仲夏）と暑気の最盛（季夏）とのずれ、陰気の最盛（冬至＝仲冬）と寒気の最盛（季冬）とのずれ、季秋における寒気の突然の襲来といった、顕著に異なる様相を見せることがあるのである。

## 2　四　立

四立の記事は、形式、内容とともに、すべて一様な述べられ方になっている。そこで、立春の場合を例に挙げると、

是月也、以立春、先立春三日、大史謁之天子曰、某日立春、盛徳在木。天子乃齊。立春之日、天子親帥三公九卿諸侯大夫、以迎春於東郊。還反賞公卿諸侯大夫於朝。命相布徳和令、行慶施恵、下及兆民。慶賜遂行、毋有不當。

というように述べられている。この本文には春気は見えないが、ここの迎春が、迎春気であることは前述（三〇七頁）した。また、天子親帥とあり、迎春の儀礼を天子が親ら行うのは、この儀礼（祭祀）を重視していることの表われである。[21]立春の日に、天子が親ら行う迎春の儀礼において、重要な存在である春気は、どのように感覚せられているのであろうか。第一に、天子を始め、人々にとって、春気は、立春、すなわち春の始めに、重要なものとして、進んで迎え入れるべきものである。天子が、公卿諸侯などを親ら帥いて、東郊の祭場まで出向いて、春をもたらす重要な存在として、盛大な儀礼（祭祀）を行って迎え入れるのである。

第二に、盛徳在木とあり、春気は、五行の木と融合、一体的となって、人々に、春にふさわしい恩徳をもたらすものとせられている。「還反賞、…」また「布徳和令、行慶施恵、慶賜遂行、」といった、天子が恩徳を施す記事は、

右のことと密着して述べられたものである。春気と五行の木との関連であるが、月令篇に陰陽五行思想が顕著に見られることは、よく知られており、この篇においては、陰陽と五行とが、融合、一体化したものとして述べられているのである。[22] また、この篇において、春気・夏気が時に陽気とせられ、秋気・冬気が時に陰気とせられることは、前項において見てきた。当面の迎春の儀礼において、春気は陽気でもあり、五行の木と、融合、一体化したものとして見られているのである。そして、春にふさわしい恩徳は、直接には木徳によってもたらされるとせられているが、木と融合、一体化している春気も、恩徳をもたらす作用をすると見られているのである。天子は、右のような木徳、春気の作用にふれ、天人相関のあり方によって、朝廷の重臣から大衆に至るまで、賞慶や恩恵をゆきわたらせるのである。

第三に、「天子乃斉…迎春於東郊。」とあるように、天子は、斉戒によって親らの身心を戒慎し、神々に通ずる誠敬を体得し、そして東郊の祭場における迎春の儀礼（祭祀）を行うが、その際の春気は、神的な性格を有するものとせられているのである。迎春の祭祀の対象は、五行神の中の木に当る太皞、句芒であるが、[23] 当面の春気も、前述のように、五行の木と融合、一体的な関係にあることから、迎春の祭祀において、右の神々と密接にかかわり合って、神的な性格を有するものとせられるのである。

以上のように見てくると、立春の儀礼を通して見られる春気は、同時に陽気でもあり、春の始めに訪れる重要な存在として、天子以下すべての人々によって、進んで迎え入れられ、春をもたらし、春にふさわしい恩徳をもたらすものである。この場合の春気〜陽気は、五行の木、木徳と融合、一体的になって作用するのであるが、特に迎春の祭祀においては、祭られる太皞、句芒（五行の木の神々）と密接なかかわりをもつことから、春気も、神的な性格を有するものと見られているのである。

立春における春気の、右のような性格、作用は、立夏における夏気、立秋における秋気、立冬における冬気にも、全く同様に見出されるものである。本項の始めにふれたように、四立の記事は、形式、内容ともに、すべて一様な述べられ方になっているからであるが、春（木、木徳、神々）→夏（火、火徳、神々）→秋（金、金徳、神々）→冬（水、水徳、神々）と推移、変化のあることは、もちろんである。

### 3 二至

$D_2$（夏至）$J_3$（冬至）を見比べると、日照（昼、夜）の長短、陰陽の盛衰が両極的に挙げられ、対照的になっているほかは、両者の記述全体は、大筋において同様であることがわかる。「日長至、陰陽爭、死生分。」（$D_2$）と、「日短至、陰陽爭、諸生蕩。」（$J_3$）とが、陰気～陽気の危険な争闘する状況を表明している点は、同一である。それに続いて、君子斉戒（$D_2$・$J_3$とも同一）以下が述べられるが、これらの箇所についての王念孫氏の指摘は、非常に重要である。

王氏は、「自君子斉戒、至以定晏陰之所成、皆養身之事。」[24]と、自説の冒頭に述べるが、この見解は的確なものである。鄭注、高注などには明言はないが、孔疏に、「上從君子齊戒、以下至無刑、以上皆是清靜止息之事、以正定身中安陰之所成就。」とあるのは、大筋では、王氏の所説と一致しているように見える。ただ、これらの箇所について、鄭注、高注を始めとする諸家の見解を見てゆくと、王氏の所説との間に、大筋で一致しているかに見えながら、重要な相違点が存するのである。以下、それらの相違点を吟味してゆこう。

#### (A) 百官靜止毋刑と事欲靜について

右の両者は、$D_2$、$J_3$それぞれの文脈をふまえながら見比べると、表記、内容とも、共通のものである。ただ、先学の間に見解の大きな相違があるので、その点を見てゆきたい。鄭注は、「罪罰之事、不可以聞。今月令。刑爲徑。」（$D_2$）と述べ、高注は、「事毋刑、當精詳而行也。」（夏至の条）と述べる。$D_2$に見える毋刑について、鄭注が罪罰の事と見るのを受けて、先学の多くは、同様の見解をとるが、鄭注にも刑爲徑と挙げられているのに注目した、別の見解が存する。

王念孫氏は、前引の見解に続いて、

百官猶百體也。刑當從今月令、讀爲徑。徑疾也。速也。呂氏春秋仲夏篇、淮南子時則篇、竝作徑。高注曰、事無徑、當精詳而後行也。此承上節嗜欲定心氣爲義。言非特節其嗜欲、定其心氣也。推而至於百體、莫不安靜。又推而至於作事、審愼精詳、毋或徑疾。以陰陽方爭、不宜妄動也。

と述べる。

王氏の見解の中、鄭注もふれている刑〜徑から検討してゆこう。$D_2$に見える毋刑は、鄭注に引く今月令では毋徑となっており、王氏は、前引のように、今月令に従うべきだとし、呂氏春秋、淮南子でも、刑ではなく徑となっていると述べている。その上で王氏は、$D_2$に見える毋刑の刑を、鄭注が罪罰の事と見るのと違って、刑ではなく徑とした上で、$D_2$の事無徑を、なにかの事を始めるに当たっては、どこまでも慎重に、詳細に検討すべきで、拙速なことがあってはならない、と解するのである。

右に検討したことと関連して、次に、$D_2$に見える百官を、王氏が百體也と解している点について吟味したい。この百官について、鄭注、孔疏など、また高注にも、直接の見解は示していないが、鄭注は、ここの本文を「百官靜事毋刑」とした上で、毋刑に、「罪罰之事、不可以聞、」と述べており(前引)、ここの百官を、朝廷における官吏と見ていると考えられる。このような意味の百官は多用せられることから、鄭注は特にふれず、孔疏など諸家も、特にふれることなく、鄭注を踏襲したものと考えてよいであろう。

王氏は、前述のように、ここの本文を百官靜事毋徑と見る。そして、$D_2$の君子斉戒以下の全文を皆養身之事(前引)とした上で、ここの百官を百體と解し、この百體靜は、節嗜欲、安心氣(すぐ前の本文)に引き続いて、君子のすべての身体（精神）を、どこまでも安静に保つことに努める、と述べたものと見る。そして、この百官靜事毋刑の事毋刑を、前述したように、事毋徑として、君子は、なにかの事を始めるに当って、どこまでも慎重に、詳細に検討すべきで、拙速であってはならないと解する。

ところで$J_3$においては、「百官靜事毋刑」（$D_2$）に相当する箇所は、事欲靜となっている。そして、この事欲靜は、同じ$J_3$の中の身欲寧と呼応させて挙げられ、共通の内容のものである。また$J_3$には、当面の百官の語は見られない。百官の語が見えなくても、前述の鄭注などのように、この事欲靜を、朝廷の諸官吏が、この時期（冬至、陰陽の危機）には、諸事を平安、安静にするように努める。と解する事はできる。しかし、そう解するよりも、この事欲靜は、身欲寧との関連（前述）から、君子斉戒…の中の一事と見て、君子の身心のあり方を述べたものであり、君子は、なにかの事において、平安、安静であろうと努める。と解するのが正当である。

$D_2$、$J_3$を見比べながら、右のように検討してくると、両者に共通する君子斉戒以下は（$D_2$は毋徑、$J_3$は事欲靜まで）、王氏の言うように、すべて君子自身の身心に関することと見るべきである。$D_2$の百官を、朝廷における官吏（前述）と見るのは、この語の多用せられるものではあっても、ここでは適当でないであろう。王氏（前引）に従って、百体と解し、君子のすべての身体（精神）とすべきである。[25]

(B) 以定晏陰之所成（$D_2$）について

この句が、$J_3$の以待陰陽之所定と密接にかかわり合っていることは、明白である。以下、両句に注目しながら、検討を進めたい。両句のうち、$J_3$の方は平易であるが、$D_2$の方は、晏陰をめぐって、先学の見解に相違がある。

前述のように、$D_2$と$J_3$は、表記、内容とも大筋で共通のものである。そうした中で、まず$J_3$の以待陰陽之所定の方を見ておくと、冬至において、陰陽争、即ち陰気・陽気が、争闘する危機状況にあり、それに対して君子斉戒以下が述べられ、君子（天子）は、自らの身心を清める努力を尽くし、そのことを通して、以待陰陽之所定、すなわち、危機状況にある陰気・陽気の関係が、盛衰、消長する秩序の下に定まるのを期待する、と言っているのである。$J_3$の以待陰陽之所定について、先学の見解に沿いながら、右のように述べた。この句について、右のように確認した上で、$D_2$の以定晏陰之所成について検討したい。検討の中心は晏陰であり、所成には問題はない。先学の見解をふまえながら、この晏陰を吟味するに当って、便宜的に(a)鄭注の系統、(b)高注の系統と分けて見てゆき、その上で(c)王念孫氏説（前引）を見てゆきたい。

(a)　この晏陰について、鄭注は、「晏、安也。陰稱安。」と述べる。

そして孔疏は、「上從君子齊戒、以下至無刑、以上皆是清靜止息之事。以正定身中安陰之所成就。謂初感安陰、若不清靜、則微陰與人為病、故須定之。」と述べている。晏陰を安陰と見て、君子の身中（身心）における安陰（安穏な陰気）が成就するように正しく定める、と解するのである。

(b)　この晏陰について、高注は、「晏、安。陰、微陰。」と述べる。この場合、晏陰を(a)に述べたような安陰と見ているとは、考えにくい。陰を微陰、すなわち、夏至において、陽気が隆盛の極にあるのに対し、陰気は衰微（微細）の極にあるので、その微細な陰気と見ているのであるが、高注が、晏陰を安陰と見ているとすれば、(a)で述べたのと同様となり、ここの安陰は、安穏な微細な陰気となり、落ち着きが悪い。高注は、そのように解したのではなく、晏、安としたのは、上接する定と組み合わせて安としたと見るべきである。したがって、高注は、以定晏陰之所成の句を、君子の身心における微細な陰気が成就するように「定安（安定）」させる、と解したと見るべきである。(a)に引用した孔疏が、「王肅及蔡氏皆伝、晏為以安定陰陽之所成。非鄭旨也。」と述べ、王肅、蔡邕の両氏が、ここの晏を、鄭注と同じく安と解しながら、鄭注が安陰としたのと異なって、この晏を上接する定と組み合わせて、安定と解したと指摘しているが、高注の場合も、それと同様の解と見るべきである。

$D_2$の「以定晏陰之所成。」をめぐって、特に晏陰をめぐって、(a)、(b)と吟味してきた。少し整理して、次に進みたい。晏陰を安陰（安穏な陰気）と見るのが、鄭注以下の多数の見解である。それに対して、晏陰の晏を、鄭注と同じく安と見ながら、その安を、上接する定と組み合わせて「定安（安定）」とする、高注などの見解がある。さらに後者の方は、安定微陰とする高注と、安定陰陽とする王肅氏らとに分れている。

(c)　王念孫氏は、右の(a)、(b)に対して、

晏者、陽也。晏陰、猶陰陽也。小爾雅日、晏、陽也。呂氏春秋誣徒篇曰、心若晏陰、喜怒無處。韓子外儲説曰、雨霽日出、視之晏陰之間。大元踦贊曰、凍登赤天、晏入黄泉。范望注、凍、至寒也。晏、至熱也。是晏與陰相對為文。此承上陰陽爭為義、言陰陽方爭、未知所定。故君子安靜無為、以定陽與陰之所成也。

と述べている（前引の続き）。

王氏は、晏について、(a)、(b)とも安と解するのに対して、陽也とし、晏陰は陽陰と見るのである。前引のように、その根拠を示した上で、$D_2$の全体に目をやり、この晏陰すなわち陰陽は、夏至における陰陽争（陰気と陽気との争闘）を承けて、意義が成り立っているとする。その上で、夏至において、陰・陽が争闘して、どう定まるのか不明な状況にあるので、君子は、自らの身心を安静に保ち、諸事を為す[26]には、極めて慎重に過ごすことによって、争闘する陽・陰が、しかるべく成就するように定める、と解するのである。

さて、当面の晏について、鄭注など多くの先学が安也とするのは、多用せられる、通例的な意義である。これに対して、王氏が陽也とするのは、王氏は用例を示すけれども、安也に比べて用例が少ないのが実情である。もちろん、主として用例の多寡によって、この晏の場合が左右せられるのではないが、前述の定安（安定）の解を見ても、通例的に見るのが自然な感じもするのである。

その一方で、前に吟味したように、「以定晏陰之所成」（$D_2$）と「以待陰陽之所定」（$J_3$）とが、表記上も、意味内容

においても、密接にかかわり合っていることは明白であり、この点を重視して、王氏の主張するように、晏陰を陽陰（すなわちJ₃の陰陽と同一）とするのも、十分に成り立つことである。しかも、D₂、J₃の全体の要旨が、見てきたように、ともに陰陽争という危険な状況において、君子が斎戒し、自らの身心を安静に保つことに努力することにあり、その帰結として、それぞれ、「以定晏陰之所成」（D₂）、「以待陰陽之所定」（J₃）と述べられているのであって、この晏陰は、陽陰、すなわち陰陽と見るのが最も妥当である。

二至における記述について、先学の間に見解の相違が見られる点をめぐって吟味してきた。それをふまえて、論考の本筋、すなわち、二至における諸気についての検討に入るのであるが、いまひとつ、心気（D₂）、形性（J₃）について見ておきたい。

心気、形性についての先学の見解は、明瞭でないものが多い。孫希旦氏の集解が明確なので、まずそれを挙げると、

齊戒者、所以定其心、處必掩身無躁者、所以定其氣、止聲色薄滋味者、所以節其耆欲。（夏至、D₂　巻一七）

齊戒、以安其性、處必掩身、身欲寧、以安其形。（冬至、J₃　巻一七）

と述べている。右のように、孫氏は、心気と形性とを、ほとんど同義的に見ている。それぞれの見解の述べ方が同一である上に、心気については、定其心、定其気と分け、形性については、安其性、安其形と分け、特に形性は、形・性でなく性・形と逆にして述べている点に、右のことは、明瞭に見てとれる。

右のように、孫氏は、心気と形成とを同一的に見た上で、前引のように、君子は、斉戒によって、心・性（精神）を安定させ、處必掩身など（身体の置き所を屋内に、行動を慎重に、安穏なようにする）によって、気・形（身体）を安定させる、と解するのである。

鄭注、高注を始め、先学の見解の多くは、心気、形性については、明瞭でない。鄭注から見ると、節嗜欲、安心氣（D₂）の条に、「微陰扶精、不可散也。」とあり、孔疏は、それについて何も述べていない。鄭注の言う所は、夏至

においては、陽気が隆盛の極にあるのに対して、陰気は微細でしかない。そのような陰気、陽気が争闘する状況にある。そこで君子は、さまざまな嗜欲を節制し、それによって、微細な陰気が、君子の精神を扶け支えるように、散失しないようにし、君子の心気、すなわち身心（特に精神）を安定させるのである。（鄭注は、安形性については言及していない。）

次に高注を見ると、安心気には何もふれていなくて、禁嗜欲、安形性（$J_3$）の条に「陰陽方争、嗜慾咸禁絶之、所以安形性也。」と述べている。冬至において、陰気と陽気とが（陰気は隆盛の極、陽気は微細の極）争闘する危険な状況にある中で、君子は、斉戒に努め、種々の欲求をすべて断ち切り、それによって形性を安定させる、と言うのであるが、当面の形性には、直接何もふれていなくて、前述した孫氏の見解に近く、この形性を、君子の身心と見ていたものと考えられる。

次に、欽定礼記義疏に引かれた方愨氏の見解を見ると、節嗜欲、安心氣（$D_2$）の条に、「嗜發乎外、欲動乎内、皆主於心。故節嗜欲、乃以定心気也。」（巻二二）と述べ、安形性（$J_3$）について、「外則養其形而無愕、内則養其性而無悖。」（巻二五）と述べている。方氏の場合、嗜欲はすべて心（精神）を中心とするものと見て、ここの心気は、君子の心（精神）としているようであるが、「発乎外、動乎内」と述べているので、結局、方氏の説く心気は、君子の身心（精神を重視）とすべきであろう。また、形性についても、外～形、内～性としている所から、この形性も、君子の身心であり、心気と同様に見ていたと考えられる。

心気（$D_2$）、形性（$J_3$）について、先学の見解に沿って検討してきた。先学の見解の多くは、明瞭でないのであるが、心気と形成とは、同義的に見てよいであろう。孫氏の説くように、心～性、気～形、それぞれを同義のものと解し、君子の身心（身体と精神）について、心～性は精神を、気～形は身体を表明したもので、心気、形性ともに、君子の身心という意味に用いられていると考えられる。

さて、二至ともに陰陽争（$D_2$・$J_3$）とあって、年間区分における最も重要な経界（冬至、夏至）に当って、陰気、陽気が争闘するという危険な状況にあることが、明確に表明せられている。そういう危機に際して、二至ともにほとんど同一の記述のしかたで、君子（天子）がどのように対処し、平安を得るかが表明せられている。$D_2$・$J_3$ともに、君子斉戒以下によって述べられてあり、それらの内容をめぐって検討を進めたい。

君子斉戒以下の大要は、二至における陰気〜陽気の争闘という危機に際し、君子（天子）は斉戒し（身心を清め、誠敬を体得し）、禁欲の徹底を中心に戒慎に努め、その結果、身心（心気、形性）の安定を得て、争闘する陰陽（晏陰、陰陽）に作用を及ぼし、安定に向かうようにする、というものである。記述の大要をこのように見て、さらに、その内容について検討してみよう。

夏至（$D_2$）から見てゆくと、一連の記述は、

(1)　是月也、日長至、陰陽争、死生分。

(2)　君子斉戒、…百官靜事毋徑。(27)

(3)　以定晏陰之所成。

に区分して見るべきである。大要として前述したように、(1)は、陰気〜陽気の争闘という危険な状況を述べ、(2)は、危機に際して、君子（天子）が斉戒、戒慎に努めて、身心（心気）の安定を得ること、(3)は、君子の、右の営み、ありかたが、争闘する陰陽の様相を安定に向かうようにする、というものである。

右のように見てくると、注目すべきことは、一方に、陰気〜陽気の争闘という危険な状況があり、他方に、君子（天子）が斉戒、戒慎に努めることがあり、両者が密接にかかわり合って、危険な状況が推移する、とある点である。とりわけ重要な点は、右の危険な状況が、君子の身心（心気）が安定することによって、危機から安定へと向かう、と述べられていることである。

いわゆる天人相関の思想が、月令篇に習見することは、よく知られているが、右に注目した点も天人相関の考え方によって述べられたものである。すなわち、天と人（自然と人間）との、相互の密接なかかわり合いを、ここでは、一方に、陰気～陽気の様相として挙げ、他方に君子（天子）のあり方を挙げ、両者が相互に深くかかわり合って、融合、一体的な事象となる、というように述べているのである。そして、両者の深いかかわり合いについて、ここでは特に、君子のあり方（人）が、危険な状況にある陰気～陽気（天）に対してかかわってゆく点を強調しているのである。両者が相互にかかわり合うことを前提としながら、人間の方からの自然に対する積極的なかかわりを強調しているのである。

右の要点を、さらに具体的に見てゆくと、一方の陰気～陽気に対して、他方の君子に「心気」と述べられている点に、まず注目したい。この心気については、前に吟味しておいたのであるが、君子の身心（身体と精神）に関して挙げられたもので、夏至においては心気、冬至においては形性と挙げられ、両者は同義的であって、君子の身心という意味に用いられているのである。そして、この心気の場合、一方の陰気～陽気に対して、他方の君子においても、「気」を伴って述べられている点が重要である。天人相関、すなわち自然と人間との、相互の深いかかわり合いを述べるのに、ここでは、天と人との双方に気が用いられ、双方の本質的な共通性が、直接的に表明せられているのである。ここでは、天と人とが、共通の本質として、気を具有し、その本質によって、双方が、相互に深くかかわり合う、と表明せられているのである。

次に、天と人との右のような相関において、君子斉戒ということが、非常に重要なものとせられている点に注目したい。斉、または斉戒というのは、よく知られているように、祭祀に先立って身心を清めることであり、祭祀に必ず伴われるものであるが、月令篇においては、祭祀が数多く挙げられるのに対して、斉、斉戒の言及は少ないのである。そこで、この篇における斉、斉戒について、若干の吟味をしておきたい。

斉、斉戒は、月令篇には七見する。この中、四立の儀礼すべてに挙げられた天子乃斉から見ると、四立の儀礼[28]は、迎季の祭祀が中心であるから、そこに挙げられた斉戒は、本来の、通例的な斉戒である。すなわち、祭祀に先立って、天子が、その身心を清め、神々に通ずる誠敬を体得するものである。この篇には、数多くの祭祀が挙げられ、述べられているが、祭祀において斉、斉戒が見えるのは、右の四立だけである。しかし、右の四立に、祭祀に先立つ斉が明記せられているように、この篇における数多くの祭祀すべてに、通例に従った斉、斉戒が行われると見るべきであって、記載は省略せられていると解するべきである。

次に、季春に、養蚕の桑を採る行事に先立って、后妃斉戒と見えている。宮廷における養蚕の事業は、この篇では、天子親耕、后妃親桑と並挙せられるほど、非常に重要なものとして述べられてあるが、ここに述べられている行事は、祭祀として述べられているものではない。したがって、ここの行事に先立って行われる斉戒は、祭祀におけるものではない。孫希旦氏の集解には、

齊戒、重其事也。禁容観、省婦使、皆欲其専勉力於蠶事也。(巻一五)

と述べているが、他の先学も、直接には言及しないもの[29]の、暗黙の裡に孫氏のように解したものと考えられる。孫氏によれば、ここの行事は祭祀そのものではないが、祭祀と同様に重視して、祭祀の場合と同様に斉戒するのである。祭祀に先立って必ず行われる斉戒の通例は、月令篇にもあったと考えられるが、祭祀以外においても、斉戒の行われる通例があり、この篇では、右に見た后妃斉戒が、その明白な一例として見出すことができる。

次に、当面の二至における君子斉戒である。二至の記述のいずれにも、祭事は見られないが、斉戒の明記がある。したがって、二至に見える斉戒も、前述の后妃斉戒と同様、祭祀以外の行事における斉戒の例である。しかし、先学の注解を見てゆくと、二至に見える斉戒について言及したものは、見当らないのである。そうした中で、王夫之氏の礼記章句には、

齊戒者、即下止聲色澹滋味之事、若齊戒也。……（巻六　夏至の条）

との指摘がある。王氏は、夏至に見える斉戒は、祭祀における斉戒ではないが、具体的には、止声色、澹滋味などの事であって、祭祀における斉戒と同様に、敬慎を以て行われる、と述べているのである。（したがって王氏は当然、冬至における斉戒も、ここと同様に解している。）王氏の指摘するように、祭祀以外の行事であっても、重要なものについては、祭祀におけるのと同様の斉戒が行われるのである。

月令篇に見える斉、斉戒について、以上のように吟味してきた。この篇における斉、斉戒は、古来の通例に従った斉、斉戒である。第一に、祭祀に先立って、身心を清め、神々に通ずる誠敬を体得するという営みであり、祭祀には必ず伴われるものである。ただ、この篇の祭祀においては、数多く挙げられた祭祀の中で、四立の迎季の祭祀の場合だけ、斉と明記せられているに過ぎない。したがって、他の多くの祭祀については、斉、斉戒は、特にふれることなく、自明のこととして、省略せられたものと解するべきである。

第二に、古来の通例には、祭祀以外の行事においても、斉、斉戒が行われることがある。月令篇には、そうした斉戒が三見する。それぞれ見てきたように、祭祀以外であっても、重要な行事とせられる場合には、斉戒が行われるのである。

月令篇における斉、斉戒について、以上のように吟味した。そこでもとに戻って、検討を進めよう。夏至において、危険な状況にある陰気～陽気に対して、君子（天子）のあり方が深くかかわるのであるが、その際に、君子斉戒が、非常に重要な役割を果しているのである。吟味してきた斉、斉戒をふまえて、右の点の検討を進めてゆきたい。

前述のように、夏至（$D_2$）の記述は、(1)、(2)、(3)に区分すべきであり、(1)は、陰気～陽気の争闘という危険な状況を述べ、(2)は、危機に際して、君子が斉戒、戒慎に努めて、身心（心気）の安定を得ること、(3)は、君子の、右の営み、あり方が、争闘する陰陽（晏陰）の様相を安定に向かうようにする、というものである。

右のように、君子斉戒は、(2)に述べられているが、前引のように、王夫之氏が、

齊戒者、即下止聲色澹滋味之事、若齊戒也。と指摘しているのは的確である。王氏の指摘は、前述のように、夏至には祭祀の事は述べられていないが、ここの斉戒を、祭祀における斉戒と同様に見て、斉戒によって、君子が自らの身心を清らかにし、神々に通ずる誠敬を体得し、祭祀ではないが、祭祀におけるのと同様な身心のあり方になるというのである。そして、ここの斉戒は、具体的には、前掲の(2)において、君子斉戒に続く全文が、それに当ると見たようである。

この章の冒頭に掲げた資料の中、$D_2$には、

君子齊戒、處必掩身毋躁、止聲色、毋或進、薄滋味、毋致和、節嗜欲、定心氣。百官静事毋徑。

と見えている。

王夫之氏は、前引のように、ここの斉戒を、具体的には、止声色、薄滋味、と述べているが、右の本文を見てゆくと、王氏はおそらく、二項目を代表的に挙げたのであって、君子斉戒に続く右の全文を、斉戒の具体的内容を見たものと思われる。なお、右の百官静事毋徑については、王念孫氏の所説を中心に吟味してきたが、その結論は、君子斉戒以下はすべて、君子（天子）の身心について述べられたものである。したがって、斉戒をめぐって、ここで検討する場合も、斉戒に続く全文を、君子の身心に関すること、すなわち斉戒の具体的内容と見るべきである。

右に述べたように、ここの斉戒は、具体的には、それ以下の全文であって、それを通して、君子の身心は清らかになり、神々に通ずる誠敬を体得し、安定したものとなるのである。その大要を具体的に見ておくと、音楽や舞踏、女性との性交渉など、主要な欲望の禁制であり、身心を安静に、行動を慎重に、控え目に、拙速でないように心がけるというのである。

右のように、夏至における君子（天子）の身心は、斉戒によって、清らかで静かなものとなり、神々に通ずる誠敬

を体得し、安定したものとなるのである。そして、このような身心でもって、君子は、危険な状況にある陰気〜陽気に作用を及ぼし、危機から安定へと向かうようにするのである。その際、前述のように、君子の身心は「心気」と表明せられてあり、陰気〜陽気（天）に対する心気（人）と、天・人ともに気の本質を共有する点が明確に示され、それにもとづいて両者が相互にかかわり合うことが述べられているのである。

さらに、夏至における君子の心身は、斉戒によって、神々に通ずる誠敬を体得し、安定したものとなっている。夏至における行事は、祭祀としてのものではないが、君子は、祭祀の場合と同様に考え、斉戒をした上で行事をするのである。危険な状況にある陰気〜陽気に対して、君子の身心は、右のような神々に通ずる、いわば神的な性格をもって作用を及ぼすのである。

以上のように見てくると、夏至における陰気〜陽気（天）と君子の身心（人）とは、気の本質を共有し、相互にかかわり合うのであり、同時に、君子の身心は神的な性格を有するものであり、それに感応する陰気・陽気の方にも、神的な性格が考えられているものと見るべきである。このことは、四立の儀礼の場合と合せ考えると、いっそう明瞭になってくる。

四立の儀礼については、前にふれてきたが、迎季の祭祀が中心であり、右に見た夏至の行事が祭祀でないのと異なる。したがって、四立それぞれにおける斉戒は、祭祀に伴われるものであり、本来の通例的な斉戒である。また、迎春（立春）、迎夏（立夏）、迎秋（立秋）、迎冬（立冬）の祭祀において、それぞれ春気、夏気、秋気、冬気が考えられてあり、迎季の祭祀は、同時に、これらの四気を、それぞれ迎え入れることでもある。このように見てくると、四立の儀礼における斉戒によって、天子の身心は、直接には、それぞれの祭神に通ずる誠敬を体得するのであるが、同時に、それは四気それぞれに対する誠敬の体得でもある。すなわち、この場合の四気それぞれは、祭神と密接にかかわり合ったものであり、神的な性格をもつものである。斉戒によって、神々に通ずるものとなった天子の身心は、祭神に対して誠敬を尽くすと同時に、神的な性格をもつ四気それぞれとも、深いかかわり合いをもつのである。夏至の場合は、四立とは異なり祭祀は行われないが、やはり斉戒によって、君子の身心は、祭祀におけるのと同様な、神的な性格をもつものとなり、それに感応する陰気・陽気にも神的な性格が考えられ、そういう共通性をもって、両者が深くかかわり合うものとせられるのである。

二至における諸気をめぐって、その具体的な様相を、まず、夏至の場合を検討してきた。次に冬至についてであるが、夏至の場合と同様に、

(1)　是月也、日短至、陰陽争、諸生蕩。

(2)　君子齊戒、……安形性、事欲静。

(3)　以待陰陽之所定。

というように区分して見るべきである。夏至の場合に述べたように、(1)は、陰気～陽気の争闘という危険な状況を述べ、(2)は、危機に際して、君子（天子）が斉戒、戒慎に努めて、身心の安定を得ること、(3)は、君子の右の営み、あり方が、争闘する陰陽の様相を安定に向かわせる、というものである。

夏至と冬至とは、陰陽の盛衰、勢力の関係が、全く逆転しているのであるが、このことをふまえてみれば、夏至と冬至とにおける諸気の様相、君子斉戒以下は、ほとんど同一に考えられ、述べられていることがわかる。したがって、右の(1)～(2)～(3)によって検討すべきことは、夏至の場合と同一となるので、ここには再述しない。そこで、以上のような、夏至、冬至を通して見られる諸気の様相をめぐって、まとめをしておきたい。

月令篇の年間区分における最も重要な経界として、二至が設定せられているが、二至における陰気、陽気は、ともに極限的な存在である。すなわち、冬至においては、陰気は最盛、陽気は極微、夏至においては、それが逆転して、陰気は極微、陽気は最盛という、いずれも、勢力関係が極限的な状態で対立したものとなっている。こうした

関係にある両者について、二至ともに「陰陽争」と述べられているのである。勢力的な強弱、盛衰では、両極端に在る両者が、二至ともに、争闘するという危険な状況にあるというのである。

右のような天（自然）における陰気〜陽気の危機に対して、君子（天子）は、二至のいずれにおいても、まず斉戒、すなわち禁欲、節制に努め、諸事を慎重に行い、平静な状態にし、それらによって、自らの身心（身体と精神）を神々に通ずる誠敬なものとし、安定したものとし、そういう安定した身心の作用を、危険な状況にある陰気〜陽気に及ぼして、危機から安定へと向かうようにするのである。

前述のように、右のような君子の身心が、冬至では安形性、夏至では定心気と表記せられていて、ともに気の本質を具有するとせられていることに注目した。形性と心気とは、ここでは同義的に用いられていて、君子の身心（身体と精神）を意味するものであり、孫氏の分析によれば、形・気が身体、性・心が精神を意味するものであるが、ここで注目せられるのは、君子の身心を、形性、心気と表記している中に、ともに気の本質を具有することを、直接的に表明している点である。

右のような君子の身心が、危険な状況にある陰気〜陽気に作用を及ぼして、危機から安定へと向かうようにするのである。天人相関の思想においては、天（自然）と人（人間）とは、どのようであれ、相互に、密接にかかわり合う、とせられる。そういう中において、当面の二至の記述に、天・人いずれにおいても、直接的に「気」を用いて、相互のかかわり合いが述べられているのである。天における陰気〜陽気と、人における形性、心気とは、気を具有する点で、本質的に共通しているものであり、相互のかかわり合いが、正に気という同類のものによってなされる、と見られているのである。

しかも、右のような気を中心とする相関作用は、同時に神々に通ずる、神的な性格を伴って行われる、とせられているのである。即ち、君子の身心は、斉戒を通して、神々に通ずる神的な性格を具えたものとなり、これに感応体的な作用をする、とせられているのである。

する陰気〜陽気の方にも、神的な性格が備わっていて、そういう両者が気を中心とする相関作用の中で、融合、一体的な作用をする、とせられているのである。

### 4　霜　降

これまで検討してきた二至の場合に続いて、霜降の場合についても、年間区分における重要な経界に際して、諸気が危険な状況にあることをめぐって、検討を進めてゆきたい。

前述（三二五頁）のように、二十四節気の霜降が季秋に位置するので、ここに見える寒気（$H_3$）は、通例的には、秋気と見られそうであるが、そうではなく、この時期に、冬気が襲来し、初霜をもたらすものと見るべきである。季秋における事象ではあるが、ここの寒気は、秋気ではなく冬気であって、霜降の時期に、寒気すなわち冬気が、突然にのり出してきて、特異な作用をするというものである。霜降（$H_3$）の記述は簡略であり、$H_3$の内容に即して、諸気の様相を見てゆきたい。

(1)　是月也、霜始降。則百工休。

(2)　乃命有司曰、寒氣總至、民力不堪、其皆入室。

のように、二つに区切って見るべきである。このうち霜始降と寒氣總至の二句は、前述のように、二十四節気の霜降を表示するものであり、この霜降の時期に、寒気（冬気の前ぶれ）が突然に襲来して初霜をもたらす、というものである。

次に百工休についてであるが、鄭注は、「寒而膠漆之作、不堅好也。」と述べ、孫氏集解には鄭注を引用の上、「張氏慮曰、將休老勞農。凡終歳勤動者、無不休矣。百工之役、使之少息、亦順時之政也。」（巻一七）と述べている。寒気が突然に襲来することによって、膠・漆の作業に支障が起こる恐れがあるとせられ、朝廷においては、担当の工人たちを休養させる、というのである。このことは同時に、百工にとどまらない。広く大衆(農民が主体)に休養を呼びかけたものと見るべきである。[30] 突然の寒気襲来を、天(自然)の危機と見て、人々にふりかかるかもしれない災害、支障を未然に防ぐために、休養を呼びかけたもので、百工休は、代表的に挙げられたものと見るべきである。

(2)の内容を見ると、右の百工休と密接に関連したものであり、右に述べたことが、いっそう明瞭に見てとられる。鄭注には、「總、猶猥卒。」とあるだけで、高注は、「有司、於周禮為司徒。司徒主衆。故命之、使民入室也。」と述べる。王夫之氏の礼記章句には、「有司、都鄙長。民之吏入室。令得安居省役。」(巻六)と述べ、孫氏集解には、「入室、謂自廬舎而入居於都邑也。」(巻一七)と述べる。先学の主な見解を参照しながら、(2)の内容を見ると、朝廷(天子)の政令が、有司(担当の官吏)を通して大衆(農民が主体)に伝えられ、この時期(霜降)に寒気が突然襲来することによって、耐えがたい災厄が降りかかるおそれがあるので、それを避けるため、皆一様に、家屋の室内に入っているように、というのである。

前述した「百工休」は、直接には、朝廷における膠・漆の技工を指し、かれらを休養させるという意であるが、以上のように(2)の内容を見てくると、百工と民、休と入室は、それぞれ特に密接に関連して述べられてあり、百工休は、大衆すべての休養(入室)を代表した形で言われたものと見るべきである。

以上のように、霜降($H_3$)の記述を、(1)、(2)と分けて検討してきた。そこで霜降の時期における諸気の様相について見ると、寒気(冬気の前ぶれ)が突然に襲来するのを、人々に災厄をもたらす恐れのあるもの、すなわち天人相関の見方では、霜降の時期における寒気と人々とは、危険な状況にあると考えられているのである。そして、そのような危険な状況にある気に対して、人々は、家屋の内に入って、仕事など活動をしないでおり、休養することによって、災厄の降りかかるのを避け、危機が過ぎ去り、平穏になることを願うのである。そうした中で、鄭注などによれば、膠・漆の作業、細工の場合、急激な寒気によって支障が生じるので、そうならないように配慮して、百工休という挙げ方で、やや具体的に、人事と気とのかかわりが述べられているのである。

二至の場合は、見てきたように、諸気の危険な状況に対して、君子（天子）が自ら斉戒、戒慎するという、重大視したあり方をすることが述べられている。霜降の場合は、二至に比べれば、それほど深刻なものではない。しかし霜降においても、気とのかかわりは重大視せられているのであって、前掲の(2)に見える命令の語は、簡潔ながら、寒気の突然の襲来による危機の認識、すべての者が家室に入り、危険を回避せよ、との緊迫した調子のものとなっているのである。寒気の突然の襲来、気における、通常でない急変、災厄をもたらす恐れ（作用）に対して、重大事と受けとめ、災厄、支障を回避する努力を、慎重に、厳重に行うことが表明せられているのである。

## 5　難（災厄の祓除）

月令篇における難は、この章の冒頭に掲げた資料の中に、

命國難九門、磔攘以畢春氣。（季春$C_2$）

天子乃難、以達秋氣。（仲秋、$G_2$）

命有司、大難。旁磔、出土牛、以送寒氣。（季冬、K）

というように見える。これらについて、鄭注は、「此難、難陰氣也。」（$C_2$）、「此難、難陽氣也。」（$G_2$）、「此難、難陰氣也。」（K）と述べている。鄭注は、右のように、本文の春気（$C_2$）、秋気（$G_2$）、寒気（K）に対して、すべて一様に、陰気、または陽気との関わりにおいて解するのであるが、こうした見解は、いわば通例的なものであって、陰陽と四時、陰陽と寒暑等が、同類的な、融合、一体的なものであるとの考え方によるものである。[31] 陽気は、時に春気・夏気でもあり、陰気は、時に秋気・冬気でもあり、また、陰気は、時に涼気・寒気でもあり、陽気は、時に暖気・暑気でもあることとなるのである。こうした考え方によって、鄭注は、$C_2$では、「陰寒至此不止、害将及人。」と述

べ、$G_2$では、「陽暑至此不衰、害亦将及人。」と述べるのである。

年間を通して、様々な気による災厄が想定せられ、それらを祓除する儀礼、難が行われるのであるが、鄭注は、季春（$C_2$）には、陰気〜寒気を主とした災厄、仲秋（$G_2$）には、陽気〜暑気を主とした災厄とし、難の儀礼によって、それらの災厄を祓除すると見るのである。すなわち、季春（$C_2$）には、順調に推移すれば、陽気が盛んとなり、それにふさわしい作用をするのであるが、陰気〜寒気が異常に残留していれば（衰えないでいるならば）、災厄をひき起こすので、それを祓除する難の儀礼を行う、と解し、仲秋（$G_2$）には、順調に推移すれば、陰気の作用が盛んになるのであるが、陽気〜暑気が異常に残留していれば（衰えないでいるならば）、災厄をひき起こすので、それを祓除する難の儀礼を行う、とするのである。

そして、K（季冬）については、鄭注は、前引のように、陰気〜寒気の災厄を祓除すると述べ、ここまでは、$C_2$、$G_2$における見解と同一であるが、陽気とのかかわりについては何もふれていないので、この点は不明確である。しかし、以上のように見てくると、鄭注は、春気（$C_2$）、秋気（$G_2$）、寒気（K）にかかわる難を、第一に、陰気〜陽気の相互作用と関連させて解している、としてよいであろう。

ところで、難の儀礼には、周礼方相氏などに見られるような、厲鬼を駆逐するという、重要な側面がある。前掲の$C_2$、$G_2$、Kの鄭注にも、そうした趣きの見解が見られ、さらに鄭注には、後漢時代の関連思想の反映も顕著に見られる。(32)しかし、前掲のように、月令篇における難の記述は簡略であって、厲鬼とのかかわりでさえも、直接的には見出しにくいのである。この章においては、天地、陰陽などの気の究明を主要な目的としているので、難にかかわる検討においても、そうした立場をとり、厲鬼とのかかわり、それに関連する先学の所説については、割愛することにしたい。ただ、厲鬼とのかかわりとは別に、難の儀礼の具体的な記述（災厄）をめぐって、後に若干の検討を試みたいと思う。

以上のように、鄭注をめぐって述べてきたが、次に孫希旦氏の礼記集解に注目したい。孫氏の見解は、$C_2$、$G_2$、Kのいずれにも見られるが、$C_2$におけるものが詳細であり、まずそれを掲げておこう。

蓋陰陽之氣、流行於天地之間。其邪沴不正者、恆能中乎人而為疾病、而厲鬼乘之而為害。然陽氣發舒、而陰氣沈滞、故陰寒之氣、為害為甚。而鬼又陰類也。恆乘乎陰以出。故仲秋陰氣達於地上、則天子始難。季冬陰氣最盛。又歳之終、則命有司大難。季春陽氣盛而亦難者、蓋感冬寒之氣而不即病者、往往感春温之氣而發。故又難以驅之也。……畢、止也。畢春氣、謂畢止春時不正之氣也。（巻一五）

難をめぐっては、鄭注は、災厄にはすべて陰陽の気がかかわるとの見解をとっているが（前述）、孫氏の場合も、原則的には、鄭注と同様である。ただ、陰陽の気のかかわり方を、具体的に見てゆく点では、両者の間には、顕著な相違点が見られる。そうした点に注目しながら、難をめぐっての孫氏の見解を見てゆこう。

孫氏は、陰陽の気の性格の中に、邪沴・不正者を見出だし、それらが、人々に疾病（災厄）をもたらすと解している。その際、「陽氣發舒、陰氣沈滞。」と述べ（前引）、発散する陽気よりも、人々の周りに沈滞する陰気の方が、疾病などの災厄を著しくもたらすとしている。難の対象である疾病などの災厄は、陰気～寒気の中の邪沴・不正なるものが、主としてもたらすと解し、さらに、陰類である厲鬼が、右の陰気～寒気につけ入って、災厄をもたらすとしているのである。

もちろん孫氏も、鄭注と同様に、疾病、災厄には、陰気、陽気がともにかかわると見るのであるが、右のように、陰気～寒気のかかわりを特に重視する点で、鄭注とは異なっているのである。そこで孫氏は、陰気～寒気の活動～作用が顕著になる（災厄のきびしさが想定せられる）仲秋における難（前掲$G_2$）を、年間を通しての難の儀礼の開始とするのである。そして、陰気～寒気の最盛となる（歳の終わりでもある）季冬に、最も盛大な大難の儀礼を行う（災厄の最も顕著になるのを祓除する）と見るのである。さらに、陽気の盛んになる季春における難については、冬寒の気の影響の下では、疾病に至らなかった人々が、春温の気にふれることによって発病に至ることが多いために、この時期に行って、災厄を祓除すると見るのである。

以上、難の儀礼に見える春気、秋気、寒気について、鄭注、孫氏集解を手がかりとして見てきた。ここで、一応のまとめをしておきたい。

両氏ともに、難の対象となる疾病~災厄の原因を、陰気、陽気の相互作用の中に見るのであるが、孫氏が、主要な原因を、陰気~寒気の特質、作用に見出だしている点に注目すべきである。秋~冬の期間には、陽気が衰退して、陰気が隆盛となるのであるが、そうした相互の勢力関係の中で、孫氏の主張するのは、陰気~寒気のもたらす疾病~災厄の顕著な様相なのである。

前項(一)で述べたことであるが、月令篇には、全般にわたって、春=生、夏=長、秋=殺、冬=死という基本的なあり方が考えられてあり、生・長には陽気が、殺・死には陰気が、主としてかかわっているとせられているのである。[33]陽気と生・長、陰気と殺・死という、対照的なあり方と作用とが、万物、特に生命力あるものに関して広く考えられている中で、難の儀礼の対象としての疾病~災厄も、当然、陰気と殺・死の方に、深くかかわるとせられるのであり、孫氏が、疾病~災厄の原因を、主として陰気~寒気に見出しているのを、正当とすべきである。なお、月令篇における難は、季春、仲秋、季冬に行われ、陽気の隆盛となる(陰気は衰微)夏期には行われないことも、検討してきたことと符合したものとなっている。

以上のように、$C_2$、$G_2$、Kに見える諸気は、疾病~災厄をもたらすものであり、春気、秋気、寒気のすべてが、それぞれ陰気、陽気と同類的に融合、一体的になって作用し、疾病~災厄をもたらす、と考えられているのである。難の儀礼の対象としてのこれらの気は、陰気、陽気として相互に作用し合うものであり、同時に、寒気、暖気の入り混じった様相でもあり、とりわけ、陰気~寒気の作用の顕著なものである。

ここで、留保しておいた、難の儀礼の具体的な記述をめぐって、若干の吟味を試みることにする。記述全体が簡略なので、再掲しておくと、

命國難九門、磔攘以畢春氣。（季春、$C_2$）

天子乃難、以達秋氣。（仲秋、$G_2$）

命有司、大難。旁磔、出土牛、以送寒氣。（季冬、K）

とある。なお鄭注には、

王居明堂禮曰、季春、出疫于郊、以攘春氣。（$C_2$）

王居明堂禮曰、仲秋、九門磔攘、以發陳氣、禦止疾疫。（$G_2$）

とあり、これらも参考としたい。

右のような記述を見ると、月令篇における難の儀礼は、九門[34]において行われるとしてよい。$C_2$には、九門とある。また、鄭注に引く王居明堂礼には、$C_2$と同文の九門磔攘とあり（$G_2$）、出疫于郊（$C_2$）とあるのも、郊門は九門の一であり、九門の範囲の祭場と見てよいであろう。Kには祭場の表記はないが、大難とあることから、祭場は、九門を降ることはないのであろう。鄭注など先学の見解においても、祭場を九門とすることに特に異論は見当たらない。

次に、難の祭神であるが、$C_2$の鄭注には、四方の神と明記せられているが、$G_2$、Kには、直接の表記はない。先学の見解においても、難の祭神を直接に表記したものは見出しにくいが、孫希旦氏の集解には、「磔牲以祭國門之神」（$C_2$）との指摘がある。孫氏が国門といったのは、ここの本文が、「命國難九門」とあり、その国をふまえたものであり、九門の神々と解しているに相違なく、難の祭神として妥当なものである。これに対して、鄭注が、祭神を四方の神としている点については、吟味が必要である。九門における難の祭に、祭神を門の神と考えなかったのであろうか。

$C_2$の鄭注は、本文の磔攘について、「又磔牲、以攘於四方之神。所以畢春氣、而除止其災也。」と述べ、Kの鄭注は、本文の旁磔について、「旁磔、於四方之門、磔攘也。」と述べている。Kの鄭注の四方は、本文に旁とあるのを、東西南北のすべての意味として、四方の門と言ったのであるが、前に祭場は九門と見てきたことと矛盾するものではない。そして、この鄭注によれば、四方の門において、難の儀礼が行われ、牲が切り割かれて祭られるのであるが、その対象は、それぞれの門の神々と見るのが適当であろう。

これに対して、前引のように、鄭注は、$C_2$においては、九門において難の儀礼が行われ、牲を切り割いて四方の神々に祭り供え、神々の力によって、疾病などの災厄を打ち攘う、と述べているのである。鄭注について、このように見てくると、一方($C_2$)において四方の神々といい、他方(K)において四方の門(神)と言っているのは、同一の儀礼(難)において、牲を切り割いて祭り供える対象を、四方の門の神々であり、四方の神々でもある、と見たことを表明しているものとしてよいであろう。前述のように、難の時期には、陰気〜陽気の様相が、不順な、邪悪な、危険な状況にあり、人々に疾病をもたらすおそれがあるので、難の儀礼を行って、災厄を祓除するのである。九門において難の儀礼が行われ、牲が祭り供えられるのであるが、祭神は、第一に門神と考えるべきである。同時に諸気によって疾病がもたらされるのは、九門に向かってあらゆる方角からであり、四方の神々に、災厄の祓除を祈願することも、当然、考えられたと見るべきである(35)。

以上のように、難の儀礼は九門において行われるのであり、祭神は、門の神々であり、四方の神々である、と見るべきである。

そこで次に、難の時期における諸気について、神々とのかかわりについて考えてみたい。前述の範囲では、これらの諸気は、春気($C_2$)、秋気($G_2$)、寒気(K)とあって、四時の気であり、暖・暑・涼・寒の気であるが、同時に陰気〜陽気でもあり、特に陰気〜寒気が、疾病をもたらす主要なものとせられている。そして、このような諸気と神々とのかかわりを見ようとするのであるが、それには、前掲のように、難に関する記述は、簡略にすぎるきらいがある。そこで検討してきた四立の場合、四立の儀礼における、諸気と神々とのかかわりを参考として、ここでの検討を進めることにしたい。

四立の場合には、例として立春〜春気についてみたように、春気は、順調な、正常な、そして恩恵をもたらすものとして訪れるのであり、天子は親ら、東郊の祭場において、迎春（気）の儀礼を行い、喜び迎え入れるのである。これに対して、難の時期の諸気は、疾病などの災厄をもたらすものとして忌み嫌われ、難の儀礼によって祓除せられるという、四立における諸気とは、対照的なものである。立春における春気は、陽気でもあって、五行の木と融合、一体的な性格をもち、迎春（気）の祭祀においては、木の神々と密接なかかわりをもって、神的な性格を有するものとせられている。天子は、斉戒によって、神々に通ずる身心となり、右の祭祀において、木の神々を祭り、神的な性格の春気を迎えるのである。これに対して、難の時期の諸気は、立春の春気が、喜び迎えられるのとは逆に、疾病などをもたらすとして忌み嫌われ、難の儀礼によって、祓除せられるのであるが、このように対照的な双方の儀礼においても、そこでの諸気の本質は、神々との密接なかかわり合いをもつ点で、全く共通するものと見られているのである。すなわち立春における春気には、五行の木の神々とともに在り、神的な性格が見られるのであり、難における諸気には、九門の神々、四方の神々によって打ち攘われる、霊的な性格が見られるのである。前者は、神々とともに在る、正常な、神的なものであり、後者は、神々によって打ち攘われる、邪悪な霊的なものである。(36)しかし、正・邪、善・悪の相違、対立はあっても、神々と交感し、感応するという本質は、両者に共通のものとせられているのである。

## (三)　2、3、4、5のまとめ

四時、暖・暑・涼・寒の諸気について、**2**、**四立**、**3**、**二至**、**4**、**霜降**、**5**、**難**のそれぞれをめぐって検討してきた。若干の曲折を経たが、その主要な点は次の通りである。

a・四立における春気・夏気・秋気・冬気は、四立という四時の始めに訪れ、迎季(迎気)の儀礼によって、人々に進んで受け入れられ、それぞれの季節にふさわしい恩徳をもたらすのである。

b・二至における陰気・陽気は、争闘する関係にあり、人々にとって、危険な状況にあるものである。

c・霜降における寒気(冬気)の襲来は、時ならぬ事象であり、通例的でない変異であり、人々にとって、災厄、支障のおそれがあるものである。

d・難における諸気は、人々にとって、災厄特に疾病をもたらすものであり、難の儀礼を行って、祓除しなければならないものである。

右のような諸気について、その本質、性格、作用を中心にまとめをするに当たって、

順、正、安、吉

不順、邪、危、凶

といった、対照的な両面から見てゆくことが必要である。このような両面から見てゆくのに、考慮するべきことがあるので、このことに若干ふれておくことにする。周知のように、月令篇は、時令の篇章のひとつであり、年ごとに推移、循環する四時、十二の月などの年間区分に従って、天子(朝廷)を頂点、中心とする社会、国家、すべての人々の公的なあり方が、行事、儀式を主体として、述べられているものである。そして、そのようなあり方の原則

を端的に表明したものをひとつ挙げると、冒頭に掲げた資料の中に、

毋變天之道、毋絶地之理、毋亂人之紀、（孟春、$A_3$）

というのがある。

ただこの一文は、先学の多くの注解に問題があるので、それを整理した上で取り扱う必要がある。まず鄭注を見ると、「以陰政犯陽。易剛柔之宜。仁之時而擧義事。」とあり、先学の多くは、これに沿って所説を述べている。[37]

月令篇の本文は、右の$A_3$の前に、

是月也、不可以稱兵。稱兵、必有天殃。兵戎不起。不可從我始。

とあり、前引の$A_3$の鄭注は、この文章と直結して、述べられているのである。この文章は兵戎について述べたもので、この月（孟春）には、兵戎（戦争）を起こしてはならない。今は春で、生（生命、生育）を尊重すべき時なのに、誤って兵戎を起こすと、必ず天殃（災厄、災害）が起こる、というものである。前引の鄭注は、$A_3$において、右の兵戎から天殃と直結させて、見解を述べているのである。すなわち、変天之道、については、「以陰政犯陽。」と述べ、陰政に属する兵戎を起こすことによって、孟春に尊重されるべき陽を犯すことになる、と解し、絶地之理、については、「易剛柔之宜。」と述べ、剛に属する兵戎を起こすことによって、孟春に尊重されるべき柔のあり方を変更することになる、と解し、乱人之紀、については、「仁之時而挙義事。」と述べ、孟春には仁を尊重すべきなのに、義に属する兵戎の事を、誤って用いる、と解しているのである。

一方、高注[38]を見ると、$A_3$において、

變、猶戻也。絶、猶斷也。人反徳為亂。紀、道也。

と述べている。高注は、$A_3$の前に位置する文章（前掲、兵戎～天殃）と$A_3$とを、鄭注（前引）のように直結させて解するのでなく、広く一般的な事柄を述べたものとして、$A_3$の一文を捉えているようである。したがって、天子を始め、

すべての人々は、すべての物事において、天の道に戻ることなく、地の理を断つことなく、徳に反して、人の道を乱すことのないようにせよ、という程に解したのであろう。

高注をめぐって、右のように述べたが、高注自体は前引のように簡略であって、鄭注との相違(前述)は見られるものの、$A_3$をどのように捉えたのかという点に、若干の不安が残るのである。そこで、高注については右の程度にして、$A_3$についての王夫之氏の礼記章句の所説に注目したい。

此節、統論十二月之令皆當順時而行。以起下行令違時、則三才交咎之義。其繫之正月者、發例於始也。(巻六)

王氏の所説は明快である。まず、$A_3$の一文を、年間の十二の月における天子(朝廷)の令は、すべて、その時その時の適当なあり方に従って行われるべきことを、総論として述べたと見る。そして、以下に行われる令が、その時の適当なあり方に違反したならば、天・地・人それぞれによる災厄があるとの内容を提起していると見る。さらに、この一文を正月に配置したのは、十二の月に通ずる例として、年始めに挙げた、とする。右のように王氏は、$A_3$の一文を、月令篇における十二の月、すなわち月令篇全体における時令のあり方、原則、通例を年始めの孟春に挙げたものと見る。そして、その原則、通例をその時その時の適当なあり方に従うことだとする。それは当然、天の道、地の道、人の紀に従順であることに他ならない。

右のような王氏の見解は、卓説であると思うが、前述したように、多くの先学の見解は、鄭注に沿ったものである。そこで、その点をめぐって、若干の吟味をしておきたい。まず、直接の関係箇所を挙げると、

是月也、不可以稱兵。稱兵。必有天殃。
兵戎不起。不可從我始。
毋變天之道、毋絶地之理、毋亂人之紀。($A_3$)
孟春行夏令、則雨水不時、草木蚤落、國時有恐。行秋令、則其民大疫、猋風暴雨總至、藜莠蓬蒿並興、行冬令。

則水潦為敗、雪霜大摯、首種不入。

となっている。右の中、孟春行夏令、以下は、ここでの吟味には直接かかわらない。吟味の中心が、$A_3$が、先行する文章と、どうかかわっているのか、という点を究明することにあるからである。ただ、この箇所は、十二の月すべての末尾に、一連のものとして挙げられ、違令と災害の記事として知られているものである。後に検討する（三五一頁）ことにするが、当面の$A_3$と密接にかかわり合っているものである。したがって$A_3$以下のすべては、孟春の月において、時令を次々に述べた後に、この月の末尾の記事として挙げられていることになる。この点も、後の吟味の中で、注目したいと思う。

$A_3$の前の文章が、兵戎に関するものであることは明白である。そして、最初の一文、この月（孟春）には、兵戎（戦争）を起こすことがあってはならない、というのがここの文章の中心であることも、明白である。

最初の一文に続いて、ふたつの重要な事柄が、補充、補足として述べられている。ひとつは、もし誤って兵戎（戦争）をひき起こすならば、必ず天殃（災厄、災害）が起こる、というものである。前にもふれたが、今は春であり、生（生命、生育）を尊重すべき時なのに、もし誤って兵戎を起こし、生を殺傷するならば、それに対して、必ず天殃が起こる、というのである。これは、天殃が起こらないように望むならば、兵戎をひき起こすな、ということでもあり、いわばウラから、兵戎を起こさないようにという原則を述べたものである。もうひとつは、兵戎は起こさない。自分の方から兵戎を始めることがあってはならない。というものである。相手の方から兵戎を起こしてきた場合に限って、こちらも対応してよいとするが、兵戎を起こさないようにという原則を、やはり再述したものである。

$A_3$に先立つ文章についてみてきた。全体がごく短い中に、兵戎を行ってはならない、という核心がまず表明せられ、その核心をめぐって、ふたつの補充、補足の事柄が続いている。ごく短い文章であるが、兵戎に関するまとまった内容と言えるであろう。そして、このような兵戎の文章に接続して、$A_3$が挙げられているのである。前述のように、$A_3$については、先学の注解に大きな隔たりがあるので、その点を念頭において、吟味を進めてゆきたい。

$A_3$の内容は、天の道、地の理、人の紀に違反することのないように、というのであり、主語は人であるから、天子を始め、すべての人々は、天地の道理に違反することなく、従順であり、同時に、人の道にも違反することなく、従順であるように、といっているのである。したがって、このような意味内容の$A_3$が、前接する兵戎の文章を承けて述べられたと見る（鄭注など）ことは、当然、可能である。しかし一方、天地の道理、人の道に従順であるように、というあり方は、月令篇全体を通してみられる思想、原則であるから、この$A_3$を、単に前接の文章を承けたものと限らないで、この篇の時令のすべてについて述べられていると見る（王氏説）ことも、十分に可能である。むしろ、王氏の指摘にあるように、$A_3$を、この篇全体に通ずる原則、通例を表明するものとして、年初の孟春に挙げたもの、と見る方が穏当である。付言すれば、この$A_3$は、孟春の月において、時令の記事を順次に述べた上に、その末尾に挙げたものであって（前述）、しかも、$A_3$と後続の記述（違令と災害の記事、前掲）とは、密接に関連し合ったものであることから、結局、$A_3$以下は、孟春の月全体の末尾にあって、締めくくりとして挙げられ、$A_3$は、孟春における時令の原則、通例を示すものとして、同時に、以下の各月においても、同様であることを表明したものと見るべきである。

$A_3$をめぐって若干の曲折があったが、まとめの本筋に帰ってゆきたい。まとめは、

順、正、安、吉

不順、邪、危、凶

といった両面から見てゆこうとするのであるが、そのことに$A_3$が深くかかわっているのである。$A_3$は、月令篇全体における原則、通例を表明するものとして挙げられているのであるが、それは要するに、人々は、天地の道理、人の道に対して、どこまでも従順であれ、というのである。

ここでもう一度、$A_3$の述べられ方が、単に従順であれ、としないで、違反することのないように、と繰り返している点に注目したい。この違反することのないように（違反すれば必ず天殃あり）というのは、もちろん、従順であれ、ということをウラから強調していっているのであるが、さらに、月令篇の当時の現実において、時に天殃が起こり、違反があるということを重く見て、こういう述べ方をしたものと思われる。

月令篇には、年間の十二の月すべてに、違令と災害の記事と呼ばれるものが、末尾に列挙せられている。孟春を例にとれば、

孟春行夏令、則雨水不時、草木蚤落、國時有恐。行秋令。則其民大疫、猋風暴雨總至、藜莠蓬蒿並興、行冬令。則水潦為敗、雪霜大摯、首種不入。

というように挙げてある。これらの記事は、孟春において、もし誤って夏の時令を行ったならば、雨の降り方が異常となり、草木の落葉が早すぎて起こり、（以下略）というように、時令の正しいあり方に違反したならば、さまざまな災厄、災害が起こる、と具体例を挙げて述べたものである。そして、これらの記事は、前掲のように、$A_3$に接続して挙げられていて、その内容に忠実に沿ったものである。すなわち、時令の正しいあり方に違反しないように、というのは、時令の正しいあり方に従順であれ、天地の道理、人の道に従順であれ、と強調しているものである。

このように、もし誤って、時令の正しいあり方に違反したならば、と仮設の言い方で、次々に、さまざまな災厄、災害が起こる、と述べているのは、当時の現実において、さまざまな災厄、災害が起こり、時令の正しいあり方への違反がある、ということを反映したものと思われるのである。こうした現実を重視する態度があって、正面から時令の正しいあり方に従順であれ、と言うところ、ウラからの言い方で、もし誤って違反したならば、さまざまな災厄、災害が起こるぞ、（だから従順であれ）と述べ、全く同一の言い方で、十二の月すべてに、このような記事を挙げたものと思われるのである。

$A_3$について、よく吟味してみると、天地の道理、人の道に対して、どこまでも従順であれと述べ、天地の道理が恒常、正常であり、順調であることを確信したものとなっているが、その一方で、当時の現実において、時に天殃が起こり、天地の道理の異変もあった、ということを反映したものとなっているのである。つまり、天地の道理の恒常、正常は確信して疑わないが、現実に、天殃というような、不正常、異変のあることをも、注視しているのである。右のように、$A_3$を中心として吟味した結果、天地の道理は恒常、正常であり、それに従順であらねばならない、という表面と、現実には、不正常、不順な場合がある、ということを注視した裏面が見出された。ここでは、右の両面を、

(イ) 順、正、安、吉

(ロ) 不順、邪、危、凶

といった両面と見て、検討してきた四時、暖・暑・涼・寒の諸気についてのまとめをしたい。

**その一**、(イ) 四立、(ロ) 難

(イ) の四立は、年ごとに恒常であり、年ごとの四時は四立に始まり、四時の気が訪れるのである。このように、年ごとの四立、四時、そして四時の気の訪れは、$A_3$にいう天地の道理に、正に適合した、順調な現実である。したがって、人々は、このような現実に対して、$A_3$に言うように、どこまでも従順なあり方をするのである。これに対して、(ロ) の難においては、見てきたように、陰気〜陽気、特に陰気〜寒気が、不順、不正常となって、災厄特に疾病をもたらす恐れのある現実となっている。$A_3$に言う天地の道理に照らすならば、不正常な現実である。そこで人々は、このような現実に対しては、$A_3$に言うような従順なあり方に、そのまま従うのと異なって、難の儀礼を行って、災厄、疾病を祓除するのである。

右のように、(イ) の四立、(ロ) の難、それぞれにおける諸気の現実は、対照的なものとなっている。そこで、

それぞれにおける諸気について、これまでの検討をふまえながら、具体的にまとめてゆきたい。

（イ）の四立における諸気については、立春の春気を例として検討してきた。この場合の春気は、年ごとに恒常、正常な立春と同時に訪れるもの（正）で、順調な性格（順）のものであり、春にふさわしい恩徳をもたらす（吉）のである。このような春気に対して、天子は、従順なあり方をし、迎春（迎春気）の祭祀を行って喜び迎え入れ、天人相関のあり方によって、臣下から大衆まで、広く賞賜（恩徳）を施すのである。[39] 右のような春気は、陽気でもあって、五行の木と融合、一体的な関係にあり、木徳、木の神々と、密接にかかわり合って作用するのである。したがって春気（陽気）は、五行の木の性格を合わせ持ち、木の神々と密着した神的な性格を有しているのである。そして、右のような春気の性格、作用は、四立における四気のすべてに共通するのである。その間に、春（春気）～木、夏（夏気）～火、秋（秋気）～金、冬（冬気）～水という、推移、変化のあることは、もちろんである。

（ロ）の難における諸気の要点は、このまとめの項の冒頭に掲げている。それを再掲すると、難における諸気は、人々にとって、災厄特に疾病をもたらすものであり、難の儀礼を行って、祓除しなければならないものである。このまとめをするに当たっての視点からすれば、（ロ）不順、邪、危、凶という面に相当することとなる。

難の項での検討において述べたように、難の時期における諸気の様相は、基本的には、陰気～陽気の相互関係、作用の表れである。そして、春気（陽気）～陰気（$C_2$）、秋気（陰気）～陽気（$G_2$）、寒気（陰気）～陽気（K）という組み合わせの中で、特に陰気～寒気の作用（人々の身辺に滞留する性格）が、災厄、疾病の主要な原因と見られているのである。このような諸気の相互関係、作用の結果、災厄、疾病が生じることは、ここでの諸気には、順調でない（不順）、正常でない（邪）、安穏でない（危）性格、作用が見出されるのである。先に、（イ）、（ロ）という両面を掲げたが、右のように、難における諸気には、（ロ）の面の性格が明瞭に見られるのである。

そして、右のような諸気の様相は、天子を始め、すべての人々にとって、$A_3$にいう天地の道理に照らせば、不正常な、危険な現実であり、こうした現実に対しては、そのまま従順なあり方をするのではなく、難の儀礼という宗教的な行事によって、打ち攘うというやり方をするのである。難の儀礼は、九門において、九門の神々、四方の神々に対する祭祀を中心に行われ、神々の力によって、疾病、災厄が、打ち攘われるように祈願せられる。これによって、諸気における、疾病、災厄をもたらす作用は祓除せられるのであるが、この際の諸気には、疾病、災厄の原因となる邪悪な、霊的な性格が具わっていて、それが、神々の力に感応して、打ち攘われるとせられているのである。その結果、諸気の様相が、正常な安穏なものに回復することが祈求せられていることは、言うまでもない。

**その二、**（ロ′）二至

本項（まとめ）の冒頭に述べたように、二至における陰気、陽気は、争闘する関係にあり、人々にとって、危険な状況にあるものである。すなわち、二至ともに陰陽争とあるのが、右のことを端的に表明しており、陰気・陽気の盛衰、強弱の関係が両極的に相違して（夏至には、陽気の最盛、陰気の極微、冬至には、陰気の最盛、陽気の極微）、そういう不均衡、不安定な状態の両者が、争闘するというのである。

前に（イ）として、四立の場合を見たが、年ごとに四立は恒常であり、それとともに、四時、四時の気、陰気・陽気はすべて、正常、順調な様相、作用のものとせられている。このように、四立における諸気が、（イ）の面の様相を見せるのに対して、二至における陰気・陽気は、逆に（ロ）の面の様相、作用のもの、すなわち不正常な、危険なものとして述べられているのである。

四立と同様に、二至も年ごとに恒常であり、$A_3$に言う天地の道理に適合するものである。この点からすれば、二至における陰気・陽気も四立における諸気と同様に、正常、順調な様相のものとなりうるであろう。しかし、二至における陰気・陽気は、四立の場合とは逆に、危険な状況にあるもの、と見られているのである。年間を通して、陰気・陽気は、瞬時も止まることなく活動し、盛衰、消長の相互関係にあり、作用する。(40) そうした中で、両者の勢力は、二分（春分、秋分）の時だけ、均等であり、均衡を保つが、それ以外はすべて、不均衡な関係にある。二至においては、その不均衡な関係が、極限に至るのである。もちろん、こうした現象、現実は、年ごとに恒常的に繰り返されるものであり、$A_3$に言う天地の道理に従ったものである。ただ、人々は、こうした現象、現実を両者の盛衰、消長と見、勢力関係と見る所から、その極限である二至（冬至には、陰気が最盛、陽気が極微、夏至には、陽気が最盛、陰気が極微）については、両者の様相を、危険な状況にあるものと見たのであろうと思われる。(41)

二至における、陰気・陽気の右のような様相は、天地の道理に従って収束に向かい、正常を回復するのであるが、その間にあって、人々がどのように対処するかが、重要なこととして述べられている。前に詳述したように、人々の頂点にある君子（天子）は、斉戒して身心を誠敬にし、神々に通ずるものとなり、その結果、君子の身心は安定したものとなって、陰気～陽気に作用を及ぼし、危険な状況から変化し、安定に向かうようにすると述べられているのである。

その際に注目せられたのは、（一）君子の身心が、心気、形性と表現せられ、気の本質を具有するものとせられ、陰気・陽気と本質的な共通性をもってかかわり合っていること、（二）君子の身心は、斉戒によって、神々に通ずるものとなって作用を及ぼすのであり、それに感応する陰気・陽気も、祭祀における神々とは異なるが、神々と共通する神的な性格が見出されること、である。

**その三、（ロ）″霜降**

検討してきたように、また本項（まとめ）の冒頭にも要点を挙げておいたが、霜降における寒気（冬気の前ぶれ）の襲来は、時ならぬ事象であり、通例的でない変異であり、人々にとって、災厄、支障の恐れがあるものである。前に（イ）、（ロ）と挙げた両面の中、（ロ）の不順、危に相当するものである。もちろん二十四節気のひとつである霜降は、年ごとに恒常的に訪れる、年間区分の重要な経界であって、$A_3$に言う天地の道理に適合したものである。その一方で、霜降の時期における寒気（冬気）は、現実には、突然に襲来し、人々に、災厄、支障をもたらすおそれのあるものとせられているのである。そのままでは、天地の道理に合ったものとは、見ることができないものである。

右のような霜降の時期に当って、前述のように、天子は命令を発して、朝廷における百工を休ませ、広く人々すべてに、屋外で仕事などすることなく、室内に入っており、休養に努めよというのである。そうすることによって、すべての人々は、寒気（冬気）の突然の襲来による災厄、支障を回避し、平穏な状況が得られると信じ、それを願うのである。そして、人々のこのようなあり方は、もちろん、天人相関の思想に従ったものであるが、ここで注目せられるのは、要するに人々が、外見上は何もしないことが、寒気（冬気）に対して、良好な作用を及ぼす、と述べられている点である。

すべての人々が、災厄、支障の及ぶのを避けて、仕事を休み、家屋の外に出ないで、室内におり、休養に努めるということとは、外見上は、無為に過ごすことに他ならない。前述の二至においては、陰気～陽気の危険な状況に際して、君子（天子）は、斉戒に努め、神々に通ずる身心となり、誠敬をもって作用を及ぼし、陰気～陽気が、危機から平穏へと向かうように願うのである。これに対して、霜降における人々の行動には、二至ほどの積極性は見られず、外見上は無為に過ごすことに徹するのである。しかし、そうした無為の裡に、人々は、身心を誠敬にし、平静(42)であることにひたすら努めているのであり、そうした身心のあり方が、寒気（冬気）に対して、良好な作用を及ぼすと信じているものと見るべきである。

霜降の時期の寒気（冬気）は、右のように、（ロ）の不順な、危険な性格のものであり、人々は、それに接して、自らの危険な状況を痛感しているのである。そして人々は、右のような自らの身心のあり方が、寒気（冬気）に作用を及ぼす、すなわち、天（寒気～冬気）と人（身心のあり方）との間に、密接に作用し合う本質を見ているのである。それは、二至の項で吟味した、心気、形性といった、人々の身心に具わる気の本質と解してよいであろう。両者に共通する気の本質があって、人々における無為、誠敬、平静という外見上は積極性に乏しいあり方が、不順な、危険な寒気（冬気）に対して、良好な作用を及ぼし、順調な平穏さを回復すると考えられているのである。

**注**

（1）時ならぬ寒気が、すべて襲来する、とも考えられるが、$H_3$に「寒気總至、」の同文が見え、鄭注に、「總、猶猥卒。」とあり、寒気がにわかに襲来する。と解するのがよいであろう。
（2）参照『気の思想』小野沢精一ほか編　一九七八　二〇頁以下。
（3）参照『気の思想』前引　九一・九二頁。
（4）参照「礼記月令天文考」（『東洋天文学史論叢』所収　一九四三）能田忠亮　四四二頁以下。なお、この章において、二十四気の「通例」とするのは、後漢以降に広く通行した二十四気のことである。能田氏同右書　四四三頁による。
（5）$E_3$の土潤溽暑と同文が、呂氏春秋十二紀季夏紀に見える。その高誘注。
（6）参照　拙稿　呂氏春秋十二紀と礼記月令篇（その一）　哲学（広島哲学会刊）第三五集　一九八一　九八頁。本書前篇第三章、所収。
（7）鄭注はふれていないが、礼記集解（孫希旦氏）には、「長養之氣」とあり、この養気は長氣とも見ることができる。
（8）死気は、直接には挙げられていないが、後述のように、この篇において考えられてあることは確かである。三〇二頁。
（9）$G_3$の「殺氣浸盛、陽氣日衰、」と同文が、呂氏春秋十二紀仲秋紀にも見える。その高注に、「殺氣、陰氣。」とある。
（10）この点は、次項（二）において詳細に吟味している。三一四頁以下。
（11）$F_2$（孟秋）に天地始肅とあるのは、秋になって粛殺の気が活動、作用を始める、というものである。
（12）$C_1$の後の二句、句者畢出、萌者盡達、は、呂氏春秋十二紀季春紀では「生者畢出、萌者盡達、」となっている。そして集釈に、「畢沅曰、舊校云、生一作牙。案牙字是。」と引用しているが、畢氏によれば、この二句は、「牙者畢出、萌者盡達、」となり、互文によって萌芽の状況を表明したものとなる。

(13) $G_3$に見えるように、陰気・陽気の作用によって、雷が音声をひそめ、活動を停止するようになり、冬ごもりする動物や虫が、寒さに備えて、穴の入口の土盛りを始める、といった諸活動となって現れる。一方の春分の場合にも、Bに見えるように、雷、蟄虫の活動が挙げられている。ただしその内容は、秋分の場合と対照的になっている。

(14) 季夏に、是月也、土潤溽暑。大雨時行。燒薙行水、利以殺草。如以熱湯。」とあり、季冬に、「氷方盛、水澤腹堅。命取氷。」とあるのは、季夏に暑気が最盛であり、季冬に寒気が最盛であることをよく表明している。なお土潤溽暑については、本章はじめにの節で検討している。

(15) 風と気との関連について、また小暑と暑気について、ともにこの章の冒頭(はじめにの節)に述べている。

(16) 正確には、「六月也。律中林鐘。」。

(17) 時候記事は、各月の冒頭近くの定位置に、四項目ずつ(孟春のみ五項目)挙げてある。さらに鄭注が「又記時候」と指摘する項目群が、仲春、仲秋、仲冬にあり、他にも若干、時候記事と見るべきもの(例えば、季冬の征鳥厲疾)がある。

(18) 高氏は当然、この涼風に注したのであって、温風にではない。そして、この涼風と温風とは同一視できないのであるから、高注を用いて温風を解することはできない。

(19) 月令篇では、仲夏に小暑のみが挙げられている(参照二九六頁)。通例と異なっていて、疑問が感じられるが、それとは別に、ここでは通例的な二十四気による寒暑の感覚も考慮に入れておきたい。

(20) 前述三〇五頁。

(21) 拙稿、「時令の篇章における年間区分と五行(続)—四立の儀礼における色彩と鸞—」一五頁参照。兵庫教育大学研究紀要第一四巻　一九九四年。本書後篇第三章、所収。

(22) 参照拙稿「時令の篇章における年間区分と五行—礼記月令篇の場合—(上)」兵庫教育大学研究紀要第一一巻　一九九一年。
「時令の篇章における年間区分と五行—礼記月令篇の場合—(下)」武庫川国文(武庫川女子大学国文学会刊)第三八号　一九九一年。ともに本書後篇第二章、所収。

（23）前出注（21）一四頁参照。

（24）経義述聞巻一四、礼記（月令）百官静事毋刑以定晏陰之所成の項に、家大人曰として述べてあるもの。正確には鄭注を批判して、「不知經文自君子齊戒至以定晏陰之所成、皆養身之事、非指朝政。」とあるが、ここでは、問題点を示す意味で、このように挙げた。

（25）王夫之氏の礼記章句に、「百官、謂百骸之官竅。刑、呂氏春秋淮南子、倶作徑、於義為通。安定百骸、毋使過勞、凡所營為、皆審顧和緩、毋得率意徑行、則陽氣不暴越、而陰不能干之也。」（巻六、夏至の項）とあり、重要な参考とした。

（26）王氏は、前引のように安静無為と述べるが、この無為は、前述（Ⓐ項）のように、単に無為と言っているのではない。

（27）今の通行本では、刑となっているが、**3　二至**のⒶ項で吟味したので、徑とする。

（28）前項（**2　四立**）で取り扱っている。

（29）鄭注、高注を始め、この斉戒には、見解が見られない。

（30）前引の張氏は、農民たちすべてを休養させることだ、と述べている。

（31）前述（三一四頁）。

（32）「氣佚則厲鬼隨而出行。命方相氏、帥百隸、索室毆疫以逐之。」（季春鄭注）先学の多くは、右の鄭注のように、方相氏～厲鬼によって難を解している。参考、呂氏春秋十二紀高注、「大儺、逐盡陰氣、為陽導也。今人臘歳前一日、撃鼓驅疫、謂之逐除、是也。周禮方相氏、掌蒙熊皮、黄金四目、玄衣朱裳、執戈揚楯、率百隸而時儺、以索室驅疫鬼。此之謂也。」（季冬大儺の条、冒頭の資料Kと同じ）。

（33）前述（二九九頁）。

（34）月令篇季春に、「毋出九門。」とあり、「鄭注に天子九門者、路門也、應門也、雉門也、庫門也、皐門也、城門也、近郊門也、遠郊門也、關門也。」と述べている。今これに従っておく。

（35）爾雅釈天に、「祭風曰磔。」とあり、風のもたらす災厄を磔攘する儀礼のあったことも、ここでの検討に、重要な参考となる。

（36）ここで、神的な性格、霊的な性格と述べたのが、熟さないきらいがあるが、両者が共通の本質を有しながら、前者は、神々とともに在る（親近）が故に、正・善なる神的とし、後者は、神々によって打ち攘われる（背反）が故に邪・悪なる霊的として、それぞれに表記したのである。なお、この霊的な性格、本質が、前にふれた周礼方相氏などの厲鬼と関連するものであるが、その検討は、後の機会にゆずりたい。

(37) 孔疏、集解（孫希旦氏）など。

(38) 呂氏春秋孟春紀の当該箇所は、$A_3$と同文である。（毋・無の相違あり。）その高注。

(39) 前述（**2 四立**）のように、春気（天）のもたらす恩徳を承けて、天子（人）が、賞賜を施すのである。

(40) 前述（三〇三頁）。

(41) 二至に見える陰陽争（本章冒頭資料の$D_2$、$J_3$）について、鄭注が、「争者、陽方盛、陰欲起也。」（$D_2$）「争者、陰方盛、陽欲起也。」（$J_3$）と述べているのは、両者の勢力関係を、両極的に異なる、危険なものと見てのことである。

(42) 霜降の本文は簡略であるが、人々のあり方の基本は、二至の場合と共通して考えられる。二至における斉戒は誠敬そのものであり、また、二至の本文には、「百官靜事無徑」（夏至）、「身欲寧」、「事欲靜」（いずれも冬至）とあり、平静に努める明言がある。

# 第五章　礼記月令篇における気について（2）

## ——天地（天気・地気）をめぐって——

### はじめに

前章における主要な検討の内容を、節・項によって示すと次の通りである。

陰陽、陰気・陽気
（一）二至、二分をめぐって
（二）四時、暖・暑・涼・寒をめぐって
　1　全体の概観
　2　四立
　3　二至
　4　霜降
　5　難
（三）2、3、4、5のまとめ

右の内容をふまえながら、この章においては、天地（天気・地気）に関することを中心に検討を進めたい。

## 天地、天気・地気

### （一）　$A_2$・$I_1$をめぐって

第四章の冒頭に掲げた資料における、$A_2$・$I_1$に見える天地、天気・地気をめぐって、天気・地気の性格、本質の吟味を中心に検討を進めたい。

$A_2$　是月也、天気下降、地気上騰、天地和同、草木萌動。（孟春）

$I_1$　命有司日、天気上騰、地気下降、天地不通、閉塞而成冬。（孟冬）

天気・地気は、月令篇においては右のように見え、このほかに、$J_1$に地気が挙げられている。[1] 天地は、右のほかに数見する。資料的に乏しい憾みがあるけれども、$A_2$・$I_1$の内容が平明であることを頼りに、天気・地気について、吟味を試みたい。

$A_2$・$I_1$を見ると、表記、内容ともに、両者が、密接に関連し合っていることは、明瞭である。また、天気・地気が、天地とともに挙げられている点は、特に注目に価する。まず、$A_2$・$I_1$の意味内容について、かいつまんで述べると、

$A_2$　孟春には、天気が（天空から）下降し、地気が（大地の中から）上昇し、両気が出合って、天地が交流し、（その結果）草木が芽生え始める。

$I_1$　孟冬には、天気が上昇して（天空に帰着し、閉蔵せられ）、地気が下降して（大地中に帰着し、閉蔵せられ）、両気が隔絶して、天地は通じ合わなくなり、（その結果、万物は）閉塞（閉蔵）して、（その状態で）冬を達成する。すべての人々は、天地、万物の閉塞（閉蔵）に順応して、自らの閉蔵のあり方に心がけなければならないというほどになる。

ここに挙げられている天地は、万物の根源者である。天地が交流し、活動するのは、孟春に始まり、春～夏～秋の九か月間であり、孟冬になると、天地は通じ合わなくなり、そのまま閉蔵、活動を休止したまま、冬の三か月間が過ぎる、と明確に述べられている。草木は、この場合、代表的に挙げられたものであって、天地が交流した結果、草木、鳥獣、虫魚など、万物の活動が始まる、と述べているのである。もちろんこのような天地は、中国上代の文献には、数多く見られるものであって、ここでも、そうした慣例に従って挙げられているのである。(2)

さて、$A_2$と$I_1$とにおける、照応関係にある語句の組み合わせを並列してみよう。

$x$　天気下降、地気上騰、（孟春）
　　天気上騰、地気下降、（孟冬）
$x'$　天地和同、（孟春）
　　天地不通、（孟冬）

これらの記述から、いくつかの事象が、明確に見てとられる。その一は、天地と天気・地気とのかかわりである。ここでは、天地は、万物の根源者であって、天（天空）と地（大地）とは、それぞれ恒常的な、固定的な存在である。$x$において、天気が下降、上騰する、地気が上騰、下降するとあるのは、天・地そのものの下降や上騰でないことは明確であり、天（天空）と地（大地）との間において、天気と地気とが、前述の活動、作用をするのである。

活動、作用をするのは天気・地気であるが、それを$x'$においては、天地和同と表記している。天地が交流する、というのであるが、実際には、前述のように、天（天空）・地（大地）から遊離した天気、地気が、天・地の間において交流するのである。したがって、この場合の天気・地気は、天・地そのものではないが、天～天気、地～地気というような、一体的なものであって、天・地の作用を分担するものである。前に、天・地が、万物の根源者とせられていることを述べたが、天気・地気は、根源者に直結し、一体的なものとせられているのである。

その二は、天地ならびに天気・地気には、年間を通して見ると、活動、作用する期間と、活動、作用を停止、休止する期間とがあることである。前掲の$x'$によって、そのことは、明確に示されている。天地和同と天地不通は、緊密な照応関係をもって述べられてあり、前者は、孟春になると、天地が活動を始めることを述べ、後者は、孟冬になると、天地が活動を終息、休止することを述べている。このことは、$x$と連続、照応させて、明確に述べられている。

前述のように、孟春になると、天気・地気は、それぞれ、天（天空）・地（大地）から遊離して、天・地の間おいて交流し、活動を始める。それが天地和同という言い方でなされ、草木を始め万物が活動を始めるのである。天地～万物の活動が、春・夏・秋と九か月間つづき、孟冬になると、それまで天・地の間において、天気・地気が活動し合っていたのが一変して、天気は天（天空）へ、地気は地（大地の中）へと、分離し、帰着して、閉蔵せられ、隔絶した状況になる。それを天地不通と述べ、天地は通じ合わない、活動し合わない状況になるとし、そこで万物は、冬の三か月間、閉塞（閉蔵）して、活動を休止し、そのまま冬を達成する、というのである。

$A_2$・$I_1$に見える天気・地気について、以上のように吟味してくると、天気・地気は、すべての場合において、天・地と密接にかかわり合っていて、第一に、活動、作用する天気・地気が見られる。孟春に始まり、春～夏～秋の九か月間におけるものが、それである。この期間、天気・地気は、それぞれ、天（天空）・地（大地）から遊離し、天・地の間において交流、活動する。このような、天気・地気の交流、活動は、天・地の交流、活動であると明言せられている。したがって、この場合の天気・地気は、それぞれ、天・地から遊離するけれども、天・地と一体的に考えられているのであって、天・地そのものではないが、天・地の交流、活動を分担する両気である。万物の根源者である天・地と一体的な、天・地と本質的に直結した存在である。

第二に、活動、作用を終息、休止する天気・地気が見られる。孟冬に始まり、冬の三か月間におけるものが、それである。この期間、それまで天・地の間において、交流、活動していた両気が、分離、隔絶した状態となり、天気は天（天空）へ、地気は地（大地の中）へと帰着し、閉蔵せられ、そのままの状況を保つのである。ここでは、天気は天と、地気は地と一体化して在るが、それを、天気・地気としてではなく、天地不通と明言してある。活動しない、静止的な場においては、天（天空）と天気、地（大地）と地気とは、一体化した、ほとんど同一のものとせられているのである。

$A_2$・$I_1$に見える天気・地気について吟味してきたが、そのことを受けて天・地（天気・地気）と陰・陽（陰気・陽気）との関連について、若干の吟味をしておきたい。月令篇においては、天地と陰陽とのかかわり合いについて、直接的に述べたものは見られないが、両者のかかわり合いについて、ここで考えておきたいのである。

礼記楽記篇に、

地氣上齊、天氣下降、陰陽相摩、天地相蕩。鼓之以雷霆、奮之以風雨、動之以四時、煖之以日月、而百化興焉。如此則樂者、天地之和也。

とある。この文章は、末尾に明文があるように、音楽の本質、理想のあり方を述べたものであるが、ここでは、音楽と一体化したものとして述べられている、天地、陰陽について考えてゆきたい。最初の二句は、前に検討した$A_2$

に見える二句と同一であり、地（大地）から地気が遊離して上昇し、天（天空）から天気が遊離して下降し、両気が、天地の間において交流し、活動する、との意である。$A_2$では、それに続いて、「天地和同、草木萌動。」とあったが、ここでは「陰陽相摩、天地相蕩」となっている。先学の解に、

地気（陰気）はのぼり、天気（陽気）はくだりて二気相切摩し相感動して万物の萌芽生ず。〔字解〕（陰陽二句の）陰陽も天地も皆上の地気天気のことなり。ただ気の上より見て陰陽といひ、体の上より見て天地といひしのみ。摩は切摩すること、蕩は感動すること。（漢籍国字解全書、礼記下、二〇五頁）

とあるが、学ぶべき見解である。右の解は、陰陽相摩、天地相蕩の二句を互文表記と見て述べられたもので、正当である。したがって、ここの陰陽と天地とは、融合、一体的なものとして挙げられてある。この二句だけの意は、陰・陽（陰気・陽気）すなわち天・地（天気・地気）は、相互に近づき、活動し合う、となる。$A_2$の検討においてふれたように、天（天空）と地（大地）とは、恒常的であり、固定的な存在である。そういう天・地から、天気・地気が遊離し、活動する、その様相をも天地和同と表記するのは、天〜天気、地〜地気というように、一体的に考えられているからである。そして、ここの天気・地気、天・地についても、それと同様に考えられているのである。

このように見てくると、楽記篇の右の文章においては、天・地、陰・陽が、それぞれ融合、一体的なものとして考えられ、〔天＝陽〕〜天気〜陽気、そして〔地＝陰〕〜地気〜陰気というように、それぞれ一体的に考えられているのである。そして、ここで重要なことは、見てきたように、右の事象が、月令篇における記述（$A_2$）と同一の二句を含む、共通性を持たせながら述べられている点である。

以上のように吟味してみると、月令篇における天・地（天気・地気）と陰・陽（陰気・陽気）との関連は、楽記篇において見たのと同様であろうと考えられるのである。そこで、今ひとつ、呂氏春秋の資料を介して、さらにこの問題を考えてみたい。呂氏春秋十二紀の各首篇（ここでは十二月令紀と呼ぶ）と礼記月令篇とが、ほとんど同一の内容のもの

であることは、よく知られている。そういう十二月令紀と共通性の高い文章が、季夏紀音律篇に見られるのである。

> 大聖至理之世、天地之氣、合而生風。日至則月鐘其風、以生十二律。仲冬日短至、則生黃鐘。……天地之風氣正、則十二律定矣。
>
> 黃鐘之月、土事無作、愼無發蓋、以固天閉地陽氣且泄。
> 大呂之月、數將幾終、歲且更起、而農民無有所使。
> 太蔟之月、陽氣始生、草木繁動、令農發土、無或失時。
> 夾鐘之月、寛裕和平、行徳去刑、無或作事、以害羣生。
> 姑洗之月、達道通路、溝瀆修利、申之此令、嘉氣趣至。
> 仲呂之月、無聚大衆、巡勸農事、草木方長、無攜民心。
> 蕤賓之月、陽氣在上、安壯養侠、本朝不靜、草木早槁。
> 林鐘之月、草木盛滿、陰將始刑、無發大事、以將陽氣。
> 夷則之月、修法飭刑、選士厲兵、詰誅不義、以懐遠方。
> 南呂之月、蟄蟲入穴、趣農收聚、無敢懈怠、以多爲務。
> 無射之月、疾斷有罪、當法勿赦、無留獄訟、以亟以故。
> 應鐘之月、陰陽不通、閉而爲冬、修別喪紀、審民所終。

右の文章の主旨にふれておくと、天地の気～風、また天地の風気によって、十二律（年間十二の月、並びに十二の音階）が生まれ、仲冬の冬至に黃鐘（十二音階の基音）が生まれ定まる。以下、各月ごとに、その月に固有の音階が生まれる（引用略）。そして、黃鐘の月（仲冬）から始まる年間の十二の月が列挙せられ、その下に、各月の時令が[3]、すべて定型的な表記のしかたで述べられているのである。

右の文章のうち、黄鐘之月以下の部分は、十二月令紀の内容と、また、前述の事情から、礼記月令篇の内容と、共通性の高いものとなっている。[4] 当面の諸気についても、右の黄鐘の月以下における記述内容と、十二月令紀のそれとが、同様のものであるとの、先学の論考が見られる。[5] 右のことをふまえて、ここでは、太蔟、応鐘の両月の記述に注目して、当面の天地（天気・地気）と陰陽（陰気・陽気）との関連について吟味を試みたい。

直接的な関連箇所を列挙すると、

天地和同、草木萌動、（$A_2$、孟春）

陽氣始生、草木繁動、（太蔟＝孟春）

天地不通、閉塞而成冬、（$I_1$、孟冬）

陰陽不通、閉而爲冬、（応鐘＝孟冬）

というようになる。[6] 一見して、$A_2$と太蔟、$I_1$と応鐘の組み合わせが、密接にかかわり合っていることがわかる。$I_1$と応鐘から、具体的に見てゆくと、この両者は、天地と陰陽とが入れ替わっているだけで、同一の主旨、内容のものだと考えられる。第四章の冒頭に掲げた$I_1$を見れば明瞭なように、本節(一)項の始めにも述べたように、この天地不通は、その前の天気上騰、地気下降を受けたもので、天気（上昇）と地気（下降）とが分離、隔絶し（天気は天に、地気は地に、それぞれ閉蔵せられ）、天気と地気とが不通（活動の休止）となったのを、天地不通と表現しているのである。そして、この天地不通（両気は天・地に閉蔵）に従って、万物（自然界のすべて）は、閉塞（閉蔵）して冬（三か月間）を達成するというのである。

応鐘の閉而為冬の句が、右に見た$I_1$の閉塞而成冬の句と、同一の主旨、内容のものであることは明瞭である。そして、このように見てくると、応鐘の陰陽不通と$I_1$の天地不通とは、同一の主旨、内容のものであって、天地と陰陽とが入れ替っているだけと見るべきである。前述のように、$I_1$の天地は、天気・地気と一体的なものである。そういう天地、天気・地気と相俟って、応鐘では、陰陽（陰気・陽気と一体的）に置きかえたものと見られるのである。

次に、$A_2$と太蔟の組み合わせに移ろう。前述の$I_1$と応鐘の記述が、「天気上騰、地気下降」（孟冬）を受けたものであるのと照応して、$A_2$と太蔟の記述は、「天気下降、地気上騰」（三六二頁の$A_2$）を受けたものである。この中、$A_2$の天地和同、草木萌動については、前に詳述した。応鐘の二句の中、草木繁動は、この場合、$A_2$の草木萌動と同様に扱うべきである。[7] もちろん、繁と萌との間には、意味合いの差異がある。しかし、前述のように、草木萌動、草木繁動ともに、天気下降、地気上騰を受けたものである点は同一であるから、繁と萌との間の差異はそれとして、ここでは、草木繁動は、草木萌動と同様に考えるべきである。

今ひとつ、太蔟の陽気始生の句については、若干の吟味が必要である。前頁に挙げたように、$A_2$の天地和同の句との対応が明らかな一方で、意味内容に、かなりの差異が見られるからである。

これまで見てきたことから、この陽気始生は、応鐘の陰陽不通と照応関係にあることは明瞭である（このことは、同時に、$I_1$の天地不通と、同様な照応関係にあることを意味する。前述）。陰陽不通（＝天地不通）の状況が、冬の三か月間続き、それが孟春になると、陽気始生となると述べられているのである。したがって、照応関係を正確に表現すれば、陰陽不通に対して陰陽始生とすべきであるが、陽気始生と表記せられている。しかし、陰陽始生でなく、陽気始生と表記せられている点は、実質的には、重要な差異ではない。いずれに表記しても、陰陽を原理とする、陰陽なり陰気・陽気なりの相互関係、相互の活動、作用に変わりはないのである。陰陽なり、陰気・陽気なりは、表記において、いずれか一方が欠けていても、その意味する所は、常に、陰陽、陰気・陽気の相互のかかわり合いなのである。

実例を挙げてみると、第四章の冒頭に掲げた資料に、

是月也、日夜分。……殺氣浸盛、陽氣日衰、（$G_3$）

とあるが、ここの殺気は陰気であり[8]、このように、陰気・陽気がそろって記述せられるものがある。その一方で、

$C_1$には、

生氣方盛、陽氣發泄、句者畢出、萌者盡達、(季春)

とあり、ここで生気、陽気と見えているのは陰気・陽気の相互のかかわり合いの中で、春・夏においては、陽気が主導的、中心的に活動、作用するとの考え方によって、表記においては、陰気は消略せられ、生気・陽気の活動、作用として述べられているのである。当面の陽気始生の場合も、右の実例の$C_1$と同様な事情から、孟春における陰気・陽気の相互作用の中で、陽気が、主導的、中心的に作用する点を、表記において強調したものである。

右に見てきたことをふまえながら、当面の陽気始生の意味について見よう。述べてきたように、この陽気始生は、陰陽不通(＝天地不通)と照応関係にあるから、陰陽不通(孟冬)の状況が、冬の三か月間続いた後に、孟春になると、それまでと一変して、陽気が中心となって、万物を生育する根源者としての活動、作用を、始めて生起することを述べたもので、その結果、草木繁動(草木が地表に数多く出て、生じる。注(7)参照)、つまり、草木を始めとする万物が、数多く(生殖、発生などの)活動をするというのである。したがって、念のためふれておくと、この陽気始生は、それまで存在しなかった陽気が、ここで始めて発生、出現するというのではなくて、冬の三か月間、陰陽不通の状況の中で、陰気・陽気は存在し続けているのであり(隔絶したまま、活動は休止)、それが、孟春になって、両気ともに活動を始め、とりわけ陽気が中心的な役割を担って、前述のような活動、作用を生起するというのである。

以上のように見てくると、太蔟の陽気始生は、万物の根源者の活動、作用を述べている点では、$A_2$の天地和同と同一である。このことは、前に検討した楽記篇の「地気上齊、天気下降、陰陽相摩、天地相蕩。」と比較すれば、いっそう明瞭になる。楽記篇では、陰陽と天地とが、融合、一体的なことが明確であるが、太蔟の陽気始生、$A_2$の天地和同も、楽記篇に見えるのと同一の天気・地気の様相を受けて述べられているのであり(前述)、これらの陽気(陰陽)、天地も、根源者として同一的に考えられているのである。そして、それぞれの挙げられ方は、前掲のように、

$A_2$には天地、$I_1$には天地の組み合わせ（天地―天地）、太蔟には陽気（陰陽）、応鐘には陰陽の組み合わせ（陰陽―陰陽）というように、照応関係が整合するように選ばれたものであり、相互に入れ替わったとしても、実質の意味は変わらないのである。前に$I_1$の天地不通と応鐘の陰陽不通とについて、天地と陰陽とが、全く同一的に考えられていて、単に入れ替わって挙げられているにすぎないと述べたが、$A_2$の天地と太蔟の陽気（陰陽）とにおいても、それと類似の関係が考えられているのである。

以上、十二月令紀における天地（天気・地気）と、季夏紀音律篇における陰陽（陰気・陽気）とのかかわり合いについて、二組の注目すべき記述をめぐって、吟味してきた。その内容を要約すると、

(1)　孟冬においては、天地不通が陰陽不通と表記せられているが、これらの二句の主旨、内容は同一のものであって、ここの天地（天気・地気）と陰陽（陰気・陽気）とは、入れ替えて挙げられたに過ぎず、同一のものとせられているのである。

(2)　孟春においては、「天地和同、草木萌動、」とあり、「陽気始生、草木繁動、」とあるが、両者ともに、万物の根源者の活動、作用を述べている点では同一であり、天地和同と陽気（陰陽）始生との間に、具体的な意味の相違はあるけれども、ここの天地と陰陽（陽気）とは、同一的なものとして考えられているのである。

右のように、十二月令紀においては、天地（天気・地気）と陰陽（陰気・陽気）とが、同一、または同一的に考えられているという点がみられる。そこで当面の月令篇の場合であるが、最も重要な音律篇の文章が、礼記の中のものでないことから、天地（天気・地気）と陰陽（陰気・陽気）との関連について、十二月令紀におけるものと、全く同一であると主張するには、慎重であらねばならない。ただ、十二月令紀の内容と月令篇の内容とが、ほとんど同一であるという、明確な事実のあること、(9)また、見てきたように、楽記篇には、月令篇と同一の記述を含みながら、天地（天気・地気）と陰陽（陰気・陽気）との融合、一体的な関連が明記せられていることから、月令篇においても、十二月令

紀に見たのと同様な関連（右の要約の⑴・⑵）が考えられてあるものとしてよいであろう。

## （二）　生・長・殺・死をめぐって

前項では、月令篇における天地、天気・地気について検討した。天地は、万物の根源者として挙げられてあり、天気・地気は、天地そのものとしてではないが、天地と一体的に考えられてあり、また、天地とほとんど同一に考えられる場合もあった。この篇における天気・地気は、万物の根源者として、あるいは根源者と一体的な存在として挙げられている。

前項ではまた、天地（天気・地気）と陰陽（陰気・陽気）との関連について検討した。月令篇自体においては、両者の関連についての直接的な記述は見られないが、楽記篇の資料を通して、両者の関連が緊密なものであることを見出した。右に加えて、呂氏春秋の十二月令紀について、季夏紀音律篇の資料との比較検討を通して、両者の関連が、融合、一体的なものとなっていることを見出した。そして、十二月令紀と月令篇との内容全体が、ほとんど同一であるという事情を考慮に入れて、月令篇における両者の関連も、十二月令紀におけるものと同様であろうと見ることができた。

前項ではまた、天地、並びに天気・地気の活動、作用が、春・夏・秋の九か月間においてなされ、冬の三か月間は、終息、休止すると明記せられているのを見た。この節で検討する要点のひとつは、天地（天気・地気）の、右のような、年間を通してのあり方と、陰陽（陰気・陽気）のあり方との相違をめぐってである。第四章で詳述したように、月令篇における陰陽（陰気・陽気）は、年間を通して、瞬時も休むことなく、活動、作用する。このように、年間を通して活動（九か月間）と休止（三か月間）を見せる天地（天気・地気）に対して、陰陽（陰気・陽気）が、四時の移行、変遷に正確に沿いながら、瞬時も休止することなく活動、作用する、両者の相違と関連をめぐって検討を試みたい。

さて、天気・地気の活動、作用についてであるが、前項で見たように、$A_2$・$I_1$には平明な記述が見られるが、月令篇の年間を通して見た場合、孟春の活動開始（$A_2$）の後は、孟秋に天地始粛[10]（$F_2$）とあるほかには、直接的に表明せられたものはなくて、そのまま孟冬の活動休止（$I_1$）に至っている。このように、年間を通して天気・地気の活動について見ようとすると、非常に不十分な記述のなされ方になっているのである。そこで、このような空白的な点を究明する必要があるが、それには、前項において、天気・地気が、万物の根源者、または根源者と一体的であるということが明確になった点に沿って見てゆくべきである。

月令篇には、春＝生、夏＝長、秋＝殺、冬＝死という基本的な考え方、あり方が見られる。それぞれの気も挙げられている[11]。これら生・長・殺・死が、万物の根源者のあり方と緊密に関連していることは明瞭である。例えば、前項で見た$A_2$の内容には、万物の生に対する、根源者である天地（天気・地気）の活動、作用が明確に見られた。そこで、この篇における生・長・殺・死をめぐって、若干の吟味を試みたい。

第四章の冒頭に掲げた資料の中から、該当するものを挙げておこう。

是月也、生氣方盛、陽氣發泄、句者畢出、萌者盡達、不可以內。（$C_1$、季春）

是月也、日長至。陰陽爭、死生分。（$D_2$、仲夏）

毋舉大事、以搖養氣。……水潦盛昌、神農將持功。（$E_2$、季夏）

是月也、日夜分。……殺氣浸盛、陽氣日衰。（$G_3$、仲秋[12]）

是月也、日短至。陰陽爭、諸生蕩。（$J_3$、仲冬）

右の資料については、前章において検討している。ここでは、それをふまえながら、それぞれの内容を考えてゆきたい。

$C_1$は、季春において、陽気は、同時に生気ともなって、隆盛となり、発散し、すべての萌芽の類に作用を及ぼし、屈曲したもの、直立したもの、すべてが出そろい、殘らず発達する、という内容である。この場合、生気と陽気とが、融合、一体的なものとせられている点に注目すべきである。

$E_2$に見える養気は、長気と同一に見てよい。(13) $E_2$の内容は、季夏には、大事（徭役などに大衆＝農民を動員すること）を起こして、（万物を養成する）長気を動揺させることがあってはならない。（その理由は、）今は、（大地は降雨によって）水が満ち盛んであり、神農（農業神）が、（農作物を繁茂させる）功業を実現しようとしているからである、というほどである。この場合の養気、即ち長気は、暑気の最も盛んな季夏におけるものであり、勢力の隆盛な陽気が、暑気と密接にかかわり合い、長気とも融合、一体的となっているのである。(14)

$G_3$は、仲秋には、日夜分、すなわち秋分となる。秋分を経界として、殺気が徐々に隆盛に向かい、陽気は、日々に衰退に向かう、という内容である。この場合の殺気が、同時に陰気(15)でもあるとせられている点に注目すべきである。

以上、$C_1$、$E_2$、$G_3$と見てくると、生気〜陽気（$C_1$）、養気（長気）〜陽気（$E_2$）、殺気〜陰気（$G_3$）というように、それぞれの気が、陰気、陽気と融合、一体的なものとして挙げられ、活動、作用することが述べられている。そして、これらの諸気の活動、作用は、春〜夏〜秋の推移とともに、一連の事象として挙げられている。(16) しかも、これらの活動、作用は、前項において、万物の根源者として見た、天地（天気・地気）の活動、作用に直結するものである。

すなわち、孟春において、天地（天気・地気）が交流し、草木が萌芽し、万物の活動が始まる（$A_2$）とあるのを正に受けて、季春には、陽気〜生気が盛んに発散し、萌芽するものは、すべて出つくす（$C_1$）と述べられている。草木の萌芽を始めとする万物の活動の開始が、孟春に起こり、季春に至って達成される、と述べているのであるが、そのようにあらしめる根源者は天地（天気・地気）であるが、季春では、天地でなく、陽気〜生気が代わって挙げられているのである。

季夏において、長気～陽気が、農作物を順調に繁茂させる（$E_2$）とあるが、草木を始めとする万物の生・長の中で、農作物は最も重要なものであり、右の長気～陽気の活動は、前述の$A_2$～$C_1$の内容に連なったものである。農作物を繁茂させる根源者は天地（天気・地気）であるが[17]、季夏においても、天地でなく、陽気～長気が代わって挙げられている。

仲秋では、秋分を過ぎると、殺気～陰気が隆盛に向かい、樹木の落葉に象徴せられる、粛殺の作用が顕著になるのである（$G_3$）。前述のように、孟秋に天地始粛（$F_2$）とあり、孟秋になると、根源者である天地（天気・地気）が、万物に対して粛殺の作用を始める、と明記せられているが、$G_3$の記述は、正にこれを受けたものであり、同時に、生（$C_1$）～長（$E_2$）に連なった殺（$G_3$）として挙げられたものである。そして、天地始粛と根源者を明記した$F_2$の記述を受けながら、$G_3$では、天地ではなく、殺気～陰気が代わって挙げられているのである。

次に、$D_2$、$J_3$の吟味に進みたい。これまで見た$C_1$、$E_2$、$G_3$と同様に、$D_2$、$J_3$も、前章において、詳細に検討している。それをふまえながら、ここでは吟味を進めるが、$D_2$の気に関する部分は、仲夏には、日長至（夏至）となる。夏至には、陰気であり、同時に死気でもある側と、陽気であり、同時に生気でもある側とが、分立し、争闘する、というほどである。ここでは、陰気と死気、陽気と生気とが、それぞれ融合、一体的なものとして考えられている点に注目すべきである。そして$J_3$の気に関する部分は、仲冬には、日短至（冬至）となる。冬至には、陰気と陽気が争闘し、諸物の生気が動き始める、というほどである。ここの生気は、$D_2$に見える生気と比べると、陰気・陽気との関連が、明瞭に述べられていない。しかし、$C_1$、$D_2$と見てきたように、生気と陽気とは、融合、一体的なものとして挙げられていることから、$J_3$における生気も同様に考えられているものと見るべきである[18]。

以上のように見てくると、月令篇における生・長・殺・死の気は、すべて陰陽の気と融合、一体的なものとして挙げられていることが確かめられた。具体的には、生気〜陽気（$C_1$）、陰気〜死気、陽気〜生気（$D_2$）、養気（＝長気）〜陽気（$E_2$）、殺気〜陰気（$G_3$）、陽気〜生気（$J_3$）というように挙げられているのである。そうした中で、$D_2$、$J_3$における諸気には、独特の性格が見られるので、ここでその点を検討しておきたい。

　前述のように、月令篇には、春＝生、夏＝長、秋＝殺、冬＝死という基本的な考え方、あり方が見られる。$C_1$、$E_2$、$G_3$における生気、養気（＝長気）、殺気は、右のあり方に沿って述べられたものである。しかし、$D_2$、$J_3$におけるものは、それと異なる。$D_2$は夏至、仲夏におけることであるが、ここに挙げられた生気、死気は、生（春）・長（夏）・殺（秋）・死（冬）の通例に適合するものではない。$J_3$は冬至、仲冬におけることであるが、ここに挙げられた生気も、右の通例に適合するものではない。$D_2$、$J_3$におけるこれらの諸気は、どういう意図の下に挙げられているのであろうか。

　$D_2$から見てゆくが、陰陽争とある点（$J_3$も同じ。後述）が重要である。前章で述べたように、月令篇における陰陽は、日照とのかかわりを第一義とし、昼間〜光〜明〜陽気と夜間〜闇〜暗〜陰気というような、矛盾、対立するものとして挙げられている。そして、両者の関係は、盛衰、消長と言い習わされているように、年間を通して、矛盾、対立を孕みながら、全体としては、恒常的な、調和、安定の趣きを以て述べられるのである。前に見た、春＝生、夏＝長、秋＝殺、冬＝死が、陰陽と融合、一体的に述べられているのは、その代表的なものである。そうした中で、夏至と冬至においては、一様に陰陽争と明言せられ、両者の矛盾、対立が直接的に表明せられているのである。

　前章で述べたのであるが、右の陰陽争というのは、年間を通して盛衰、消長する陰気・陽気の様相は、年ごとに恒常であり、一定のものであるが、両者の勢力関係が極限状況にある二至（冬至には陰気が最盛、陽気が極微、夏至には、陽気が最盛、陰気が極微）については、両者の様相を、危険な状況（陰陽争）にあるものとしたのである。今は$D_2$（夏至）について見ているのであるが、ここでは、前述のように、陽気〜生気、陰気〜死気が、それぞれ融合、一体的となって分立（対立）し、相互にかかわり合っている。そうした中で、陽気は極盛、陰気は極微という極限状況に在って、両気が争闘する、そうした両気と融合、一体的となっている生気と死気とも、生と死という矛盾、対立をかけて、存亡を争っているとするのである。しかし、争闘する、危機的な状況も、一時的なものであって、夏至を過ぎれば、年間を通しての恒常的な、一定の様相に戻ってゆくのである。[19]このように見てくると、夏至という、年間区分の最大の経界（冬至も、後述）には、それにふさわしく、根源者である陰陽（陰気・陽気）が、存亡をかけた争闘という特異な活動をし、陰陽（陰気・陽気）とそれぞれ一体化している生気・死気も、万物の根源にかかわる生・死をかけた相互活動をすると述べたものと解するべきである。

年間を通して見られる、生・長・殺・死の四気の活動、作用が通例的にある一方で、右に見たように、$D_2$（夏至）には、生気・死気の、特異な活動が述べられている。このことは、万物の根源者である陰陽の活動、作用を、年間を通した生・長・殺・死として通例的に述べる一方で、夏至という特別な時期（最大の経界、陰陽の極限的な危機的な状況、前述）には、生・長・殺・死をつきつめて生・死（生気・死気）の対立と見、より根源的な生・死にかかわる活動をすると述べたものであろう。

次に$J_3$（冬至）についてであるが、前章で述べたように、$D_2$（夏至）と$J_3$（冬至）とは、日照（昼、夜）の長短、陰陽の盛衰が、両極的に相違し、対照的になっているほかは、両者の記述全体は、大筋において同様である。また、$D_2$の検討において注目した陰陽争の句は、$J_3$においても同一である。したがって、陰陽（陰気・陽気）についての検討は、$D_2$の場合と同一になるので、ここでは省略する。

$D_2$に、陰陽争、死生分、とあり$J_3$に、陰陽争、諸生蕩、とある点をめぐっては、若干の吟味が必要である。前者については、$D_2$の検討において詳述したが、ここで必要な点を再掲すると、陰気と死気、陽気と生気が、それぞれ融合、一体化したものとせられ、そういう両者が、分立し、争闘するとせられているのである。このような$D_2$に対して、$J_3$には、陰陽争は同一であるが、死気は見えなくて、諸生蕩（諸物の生気が動き始める）とある。ここの生気は、$D_2$の生気と陽気ほどには、陰陽との関連が、明らかに見えないが、やはり、陽気と融合、一体化したものとせられていると見るべきである（前述）。したがって、$J_3$の陰陽争、諸生蕩、の意味は、冬至において、（勢力の極盛な）陰気と（極微な）陽気とが、（極限的な、危険な状況の中で）争闘し、諸物の生気が、（陽気と融合、一体化しており、陽気に刺激せられて）活動を開始する、というほどになる。

月令篇には、年間を通して、春＝生、夏＝長、秋＝殺、冬＝死という基本的なあり方が見られ、それぞれの気が挙げられ、活動、作用が見られる。この点から見れば、$J_3$（冬至）においては、陰気の勢力は極盛であり、死気の活動、作用が、最も強力な状態にある。これに対して生気は、主として春に活動、作用するのであるから、$J_3$（冬至）においては、存在するとしても、きわめて微弱な状態（陽気が極微であるのと一体的）でしかないのである。

$J_3$には、死気の記載はないが、死気について、右のように見ることは、十分に可能である。ただ$D_2$（夏至）に、陰陽争、死生分、とあり、$J_3$（冬至）に、陰陽争、諸生蕩、とあって、両者が緊密に関連し合って挙げられながら、微妙に変異している点に注目すべきである[20]。したがって、ここでは、$D_2$の検討において見た、死気と生気との存亡をかけたかかわり合いはそれとして、$J_3$においては、$D_2$の場合とは異なり、生気の活動について述べたものと見ておきたい。すなわち、冬至においては、陰気の勢力は極盛であり、陽気は極微であって、極限的に相違する危機状況の中で、両気が争闘する。このような、根源者における争闘と密接にかかわり合って、諸物の生気が、活動を開始する、と述べられているのである。

月令篇における陰陽（陰気・陽気）が、日照とのかかわりを第一とすることは、述べてきた通りである。冬至においては、日照時間が最短である。昼は最短となり、夜が最長となる。日照、昼、夜の右のようなあり方と直結して、陰気は極盛となり、陽気は極微となる。そのような両気が争闘する中で、陽気と一体的な関係にある生気は、日照の最短という、年間区分の最大の経界を期して、微弱な存在でありながら、万物の根源にかかわる生の活動を開始する、と述べられているのである。そして当然、冬至以後、日照時間が徐々に増してくるにつれて、生気の活動も徐々に強まってゆき、やがて立春（孟春）に至ると、草木の萌芽に顕現するような、本格的な活動を開始することになるのである。

　以上、生・長・殺・死の四気が、陰気・陽気と融合、一体的となって、年間を通して、活動、作用するのを見てきた。すべての場合に、万物の根源者である天地（天気・地気）に代わって、陰気・陽気が挙げられ、それと一体化した四気の活動、作用が見られるのであるが、その様相は二種類となっていた。その一は、年間を通した、春＝生、夏＝長、秋＝殺、冬＝死というあり方に沿った、生気〜陽気（$C_1$）、養気（長気）〜陽気（$E_2$）、殺気〜陰気（$G_3$）の、それぞれの活動、作用である。その二は、二至という、年間区分の最大の経界における、特異な活動、作用であって、夏至（$D_2$）においては、陽気の極盛、陰気の極微という極限状況に在って、両気が争闘し、陽気〜生気、陰気〜死気とそれぞれ一体化している生気・死気も、より根源的な生・死をかけて、存亡を争っているのであり、冬至（$J_3$）においては、陰気の極盛、陽気の極微という極限状態に在って、両気が争闘し、その中で、陽気と一体化している生気が、日照（昼間）の最短という重大な経界を期して、万物の根源にかかわる生の活動を開始するのである。

　この項の始め、前項での検討を受けて、天気・地気の活動、作用について述べようとした。ところが、年間を通して見てゆこうとすると、記述に空白的な問題点があり、その点の解明にかかった。その結果、空白的に見られるものは、天地（天気・地気）に代わって陰陽（陰気・陽気）が挙げられ、補完せられていることが判明した。この場合の天地と陰陽とは、万物の根源者として、融合、一体的な関係にあるものとせられ、同時に、生・長・殺・死の四気が、陰気・陽気と融合、一体的なものとせられ、万物に対する根源的な活動、作用をすると述べられているのである。このように、月令篇における天気・地気の活動・作用は、直接的な記述のあり方に問題点（空白）が見られるものの、その実質は、陰気・陽気、生・長・殺・死の四気の活動、作用が織り込まれ、一体となった、複合的なものとして述べられているのである。

この項においては、万物の根源者である天地（天気・地気）の、以上のような活動、作用とからまった、もうひとつの要点を検討する。この項の始めに提起しておいたが、月令篇においては、天地（天気・地気）の活動、作用は、春・夏・秋の九か月であり、冬の三か月間は、休止すると記述せられてあり、これに対して陰陽（陰気・陽気）の活動、作用は、年間のすべてにわたって、瞬時も休止することなく為されるのであり、このような相違点と見られることについて検討する必要がある。

月令篇においては、年ごとの四時、十二の月の推移、循環の中で、万物の様相、あり方についての記述が、二通りになされていると見ることができる。その一は、日月、星辰の観測記事[21]によって代表的に見られるもので、万物の活動、作用が、瞬時も休止することなく為されるというものである。その二は、これまで$A_2$・$I_1$をめぐって見てきたもので、万物の活動、作用が、春・夏・秋における活動と、冬における活動の休止という交代によって為されるというものである。

その一、その二の根底には、根源者として天地、陰陽が考えられているのであるが、天地と陰陽とは、見てきたように、常に融合、一体的なものとして在り、その上で、直接的な記述においては、その一に関しては陰陽が、その二に関しては天地が、それぞれ深くかかわって述べられているのである。すなわち、その二に関しては、$A_2$、$I_1$ともに、天地、天気・地気が明記せられ、万物の活動と休止とが述べられている。孟春（$A_2$）に挙げられた、草木の萌芽は、万物の活動開始を表明したものであり、孟冬（$I_1$）の閉塞（閉蔵、活動の休止）については、具体的には、季秋に、「草木黄落、（草木の落葉、冬枯れに移行）、蟄蟲咸俯、（動物たちの冬ごもり、冬眠の開始）」というように述べられている。その一に関しては、前章で詳述したように、太陽の運行、日照、昼・夜の変化と深くかかわって、陰陽が考えられてあることは明確であり、年間のすべてを通して、陰陽、陰気・陽気が、瞬時も止まることなく活動、作用することが述べられている。具体的には、四時、八節の推移、変遷であり、生・長・殺・死の四気の活動、作用として、見てきた通りである。

月令篇における天地、陰陽、そして万物の様相、あり方についての記述が、以上のように二通りになされているのを見てきた。それらの直接的な記述の範囲では、天地と陰陽との間に、重大な相違点があるようにも見える。しかしそれは、単なる記述上のことに過ぎないのであって、根源者としての天地と陰陽とは、本質的には、常に融合、一体的なものとせられているのであり、万物の活動、作用が、二通りのものとして記述せられてあるのは、それらが、矛盾する関係にあるものではなく、年間を通して、併存、共在することを意味しているのである。そして、右の二通りのものに対して、天地と陰陽とが、それぞれ使い分けして記述せられる形になっているだけであって、そうした意図の下に、天地の方は、万物の活動そして休止（年間を通しての活動の開始と終了）を述べ、陰陽の方は、万物の年間を通しての活動が、瞬時も休止することなく為されることを表明しているのである。

**注**

（１）この地気は、大地の中に閉蔵せられたものが、異常な現象として泄れ出す、と述べられているもので、ここでは、検討の直接の対象とはしない。
（２）例えば、荀子礼論篇に、「天地合而萬物生、陰陽接而變化起、」とあり、礼記郊特牲篇に、「天地合、而后萬物興焉。」とある。
（３）十二月令紀、礼記月令篇などの時令の篇章における中心的な記述。各月（又は各季節）ごとに、必要な事柄が、天子（朝廷）の出す布告（命令）の形式で列挙せられる。
（４）参照、拙稿、秦漢期における時令説の動向、哲学（広島哲学会刊）第一五集、一九六三年、六〇頁。

(5) 気の思想、小野沢精一ほか編、東京大学出版会、一九七八年、九一・九二頁。
(6) 十二月令紀と月令篇との内容は、ほとんど同一のものであり、当該箇所についても同様である。そこで、ここでは、第四章の冒頭に掲げた月令篇のものを用いる。ただし、$A_2$の萌は、十二月令紀では繁とあり、$I_1$の塞は、十二月令紀には見えない。萌と繁については、後に吟味するが、いずれも、ここでの検討に支障のある相違ではない。
(7) 前注に示したように、十二月令紀では草木繁動とあり、応鐘のこの句と同じである。高注は、前者には、「繁、衆。動、挺而生也。」後者には、「動、生。」と述べ、草木が(地表に)数多く出て、生じる。ほどの意としている。
(8) 前章二九八頁、参照。
(9) 十二月令紀と月令篇との内容が、ほとんど同一である点については、異論の余地はない。そこで、それぞれ収められている、呂氏春秋と礼記との成立年代差から、月令篇の鄭注(礼記正義冒頭に引く鄭目録)が、呂氏春秋から礼記への継承と見ており、これが定説とせられてきた。近年、定説の見解を逆転させる異論が発表せられたが、それには、基本的な問題点がある。参照、拙稿、呂氏春秋十二紀と礼記月令篇、(その一)哲学(広島哲学会刊)第三三集、一九八一年、(その二)武庫川国文(武庫川女子大学国文学会刊)第二〇号、一九八二年。本書前篇第三章、所収。
(10) 鄭注には、「肅、嚴急之言也。」とあるが、これは、$F_2$に前接する文章が、刑罰を厳粛に行う内容であるのを重く受けて言ったものである。$F_2$の天地始粛とは、刑罰を厳粛に行うことも含めて、この時期の天地のあり方は粛殺となり、万物(人事も当然含まれる)は、天地の粛殺のあり方に従うべきことを述べたものである。
(11) 前章二九八頁、参照。
(12) 仲秋(秋分)のこの記述から見ると、仲春(春分)に、「日夜分、……陽氣浸盛、陰氣日衰。」とせられたに違いない。ただし、現行の本文(春分)には、日夜分が見えるだけである。前章二九九頁、参照。
(13) 前章三五七頁、注(7)参照。
(14) 前章二九八・二九九頁、参照。
(15) 前章二九八頁、参照。
(16) 参考、仲冬「飭死事」。ここの鄭注に、「飭軍士。戰必有死志。」とあり、国家の大事である戦争において、兵士たちが必死の覚悟を持つように勧め、戒める、というほどの意である。死気を直接的に記述したものではないので、資料に挙げなかったが、生・長・殺・死と連なった記述に相違なく、冬～死気と密接にかかわった記述であることを指摘しておく。

(17) 前述のように、農作物を繁茂させる神農（農業神）が挙げられているが、その功業は、天地（天気・地気）の活動、作用と併存、相関するものである。

(18) 前章三〇三頁、参照。

(19) 前章三五四・三五五頁、参照。

(20) 前章三〇二・三〇三頁、参照。

(21) 月令篇では、十二の月の冒頭に、天文観測記事が挙げられている。例えば、「孟春之月、日在營室。昏參中　旦尾中。」というように、十二の月すべてに、同一の形式によって挙げられている。

# 初出一覧

本書に掲載せられた順に従って、初出の論考を挙げておく。

夏小正について——欠落の所在と補塡への試み——　一九七三　哲学　第三十五集
夏小正の経文について——若干の問題箇所の検討——　一九七四　武庫川国文　第六号
七月詩の構成について——いわゆる「月にかけて」を中心に——　一九七五　武庫川国文　第七号
七月流火について　一九七六　武庫川国文　第九号
呂氏春秋十二紀と礼記月令篇——若干の相違点について——（その一）　一九八一　哲学　第三十三集
呂氏春秋十二紀礼記月令篇——若干の相違点について——（その二）　一九八二　武庫川国文　第二十号
管子幼官篇と陰陽五行説　一九八七　哲学　第三十九集
管子幼官篇再考　一九八八　兵庫教育大学研究紀要　第八巻
管子四時篇の構成について（その一）——五行的構成とその特色——　一九八三　武庫川国文　第二十二号
管子四時篇の構成について（その二）——五行的構成と陰陽——　一九八四　武庫川国文　第二十三号
管子五行篇について——構成上の特色を中心として——（その一）　一九八五　武庫川国文　第二十五号
管子五行篇について——構成上の特色を中心として——（その二）　一九八六　武庫川国文　第二十八号
時令の篇章における五行の色彩　一九八八　哲学　第四十集

時令の篇章における年間区分と五行——礼記月令篇の場合——（上）　一九九一　兵庫教育大学研究紀要　第十一巻
時令の篇章における年間区分と五行——礼記月令篇の場合——（下）　一九九一　武庫川国文　第三十八号
時令の篇章における年間区分と五行（続）——四立の儀礼における色彩と鸞——　一九九四　兵庫教育大学研究紀要　第十四巻
礼記月令篇における気について（上）　一九九六　兵庫教育大学研究紀要　第十六巻
礼記月令篇における気について（中）　一九九七　東洋史訪　第三号
礼記月令篇における気について（下）　一九九八　東洋史訪　第四号

（注）
哲学（広島哲学会刊）
武庫川国文（武庫川女子大学国文学会刊）
東洋史訪（兵庫教育大学東洋史研究室刊）

# あとがき

著者は、一九五五年、広島大学に入学、文学部中国哲学研究室において、中国古代の分野を中心とする勉学を始めた。五十九、六十の両年度、時令説を対象とする修士論文を手がけた。その際、指導教授の池田末利先生をはじめ、中国哲学研究室の先生方、中国文学、東洋史学の先生方、さらに多くの先輩、学友の多大な学恩を体得した。そして、その後の長い年月、以上の方々による親密なご指導に加え、武庫川女子大学、兵庫教育大学における研究生活を通して、また阪神中哲談話会でのふれあいにおいて、多くの先生方から色々とご指導をいただいた。このような恵まれた状況の中にありながら、本書の内容は未熟であり、為すべきことを多く残した結果となった。自責の念に駆られるとともに、ひそかに今後に期する次第である。

なお本書は、平成十一年度科学研究費補助金「研究成果公開促進費」の交付を受けて出版せられたものである。この度の出版に当たって、溪水社には、色々とご配慮をいただいた。著者の不手際が多々あって、迷惑を及ぼした点もあったが、適切な忠告をいただいたことも含めて、同社の方々に謝意を申し述べる。

長い年月の間、家族などの身辺に意を用いること乏しく、その分、妻の靖子には多大の労苦を強いることとなった。にもかかわらず、遅々たる研究進行の傍において、それとない支援が為された。言葉とてないまま感謝。

# 索　引

## ア　行



## カ　行

## サ　行

## タ　行

## ナ　行



## ハ　行

### マ　行



### ヤ　行



### ラ　行



○　天・地、陰・陽、春・夏・秋・冬、東・西・南・北など一連のものは、単独の場合も挙げている。
○　連続ページの場合は、－で表示している。

［著者紹介］

久保田　　剛　（くぼた　かたし）

1959年　広島大学文学部　卒業
1964年　広島国泰寺高等学校　教諭
1971年　武庫川女子大学　講師
1986年　兵庫教育大学　教授

専　攻　中国古代思想史

時令説の基礎的研究

2000年2月4日　発　行

著　者　久保田　　剛

発行所　株式会社　溪水社
広島市中区小町1-4（〒730-8691）
電　話（082）246-7909
ＦＡＸ（082）246-7876
E-mail: info@keisui.co.jp

ISBN4-87440-576-2 C3011

平成11年度文部省助成出版